中国当代文艺学话语建构丛书（第二辑）

吴子林　主编

居间美学

当代美学转型的另一种可能

·

汪尧翀　著

浙江工商大学出版社
ZHEJIANG GONGSHANG UNIVERSITY PRESS

·杭州·

图书在版编目(CIP)数据

居间美学：当代美学转型的另一种可能 / 汪尧翀著.
— 杭州：浙江工商大学出版社，2023.9
（中国当代文艺学话语建构丛书 / 吴子林主编. 第
二辑）
ISBN 978-7-5178-5589-7

Ⅰ.①居… Ⅱ.①汪… Ⅲ.①美学－研究－中国－现
代 Ⅳ.①B83－092

中国国家版本馆 CIP 数据核字(2023)第 138180 号

居间美学——当代美学转型的另一种可能
JUJIAN MEIXUE——DANGDAI MEIXUE ZHUANXING DE LING YI ZHONG KENENG
汪尧翀 著

出 品 人	郑英龙
策划编辑	任晓燕
责任编辑	唐 红
责任校对	夏湘娣 林莉燕
封面设计	朱嘉怡
责任印制	包建辉
出版发行	浙江工商大学出版社
	（杭州市教工路 198 号 邮政编码 310012）
	（E-mail：zjgsupress@163.com）
	（网址：http://www.zjgsupress.com）
	电话：0571-88904980,88831806（传真）
排 版	杭州朝曦图文设计有限公司
印 刷	杭州宏雅印刷有限公司
开 本	710mm×1000mm 1/16
印 张	22.75
字 数	315 千
版印次	2023 年 9 月第 1 版 2023 年 9 月第 1 次印刷
书 号	ISBN 978-7-5178-5589-7
定 价	118.00 元

总　序

　　2023 年 6 月,习近平总书记到中国国家版本馆和中国历史研究院考察调研、出席"文化传承发展座谈会"并发表重要讲话,从党和国家事业发展全局的战略高度,对中华文化传承发展的一系列重大理论和现实问题做出全面系统深入阐述,发出振奋人心的号召:"对历史最好的继承就是创造新的历史,对人类文明最大的礼敬就是创造人类文明新形态。希望大家担当使命、奋发有为,共同努力创造属于我们这个时代的新文化,建设中华民族现代文明!"①

　　历史表明,社会大变革的时代一定是哲学社会科学大发展的时代。当前,世界处于"百年未有之大变局",我们正经历着历史上最为宏大而深刻的社会变革与实践创新。这种前无古人的伟大实践,给理论创造提供了强大动力和广阔空间。这是一个需要理论且一定能够产生理论的时代,这是一个需要思想且一定能够产生思想的时代。

　　改革开放之初,当代中国文化曾有一种"文学主义",文学在整体文化中居于主导地位,深度参与到文化之中,激动人心,滋润人心,维系人心;文学

---

　　①　习近平:《在文化传承发展座谈会上的讲话》,《求是》2023 年第 17 期。

研究随之呈现出锐意进取、多元拓展的局面,取得了丰厚的学术积累与探索成果。进入 21 世纪,资本逻辑、技术理性、权力规则使人遁无可遁,一切被纳入一种千篇一律的"统一形式"之中,格式化、程序化的现实几乎冻结了应有的精神探索和想象力,既定的文化结构令人备感无奈甚或无为。当从"文学的时代"进入"文化的时代"后,文学在文化中的权重不断下降。在当代知识竞争格局中,文学研究囿于学科话语而一度处于被动状态,丧失了最基本的理论态度和批判意识。

当代著名作家铁凝说得好:"文学是灯,或许它的光亮并不耀眼,但即使灯光如豆,若能照亮人心,照亮思想的表情,它就永远具备着打不倒的价值。而人心的诸多幽暗之处,是需要文学去点亮的。"①奔走在劳碌流离的命途,一切纷至沓来,千回百折,纠缠一生;顿挫、婉转、拖延、弥漫,刻画出一条浓酽的、悲欣交集的人生曲线。屏息凝听时代的脉动,真正的作家有本领把现实溶解为话语和熠熠生辉的形象,传达出一个民族最有活力的一面,表现出一个时代最本质的情绪;他们讲述人性中最生动的东西,打开曾经沉默的生活,显现这个世界内在的根本秩序——一种不可触犯事物的存在。

在当代中国文学研究领域里,文艺学一直居于领军的地位,具备"预言"的功能与使命,直面现实并指向未来,深刻影响并引领着中国文学研究不断突破既有的格局。"追问乃思之虔诚。"(海德格尔语)与作家一样,当代文艺学研究者抓住文学的核心价值(追求"更高的心理现实",即"知人心"),并力图用蕴含着深刻的历史逻辑、理论逻辑和实践逻辑的话语释放这一核心价值,用美的规律修正人们全部的生活方式,引导人们"知善恶""明是非""辨美丑",帮助人们消除"鄙吝之心",向往一种高远之境。

21 世纪以降,文学创作、文学批评、文学传播乃至整个文学活动方式持续地发生广泛而深刻的嬗变;与之相应地,审美经验、媒介生态、理论思维、

---

① 铁凝:《代序:文学是灯——东西文学经典与我的文学经历》,《隐匿的大师》,译林出版社 2021 年版,第 5—6 页。

知识增量等交相迭变,人文学术思想形态发生裂变、重组,各学科既有的话语藩篱不断被拆除。"察势者明,趋势者智。"人们深刻体认到:中国作为一个拥有长期连续历史的巨大文化存在,其问题意识、思维方式、语言经验、话语模式需要重新发现与阐释,并且必须重新生成一种独立的、完整的、崭新的思想理论及其话语体系。这种话语体系是思想理论体系和知识体系的外在表现形式,与文化环境、传统习惯及社会制度等密切相关,具有深厚的历史积淀与现实根基。

进入新时代,文艺学研究者扎根中华大地,勇立时代潮头,与时代同行,发时代先声,积极回应当代知识生产的新要求,通过跨学科领域的研究致力于新文科观念与实践,重构当前各个知识领域的学科意识与现实眼光,有效参与对人类命运共同体的思考,孜孜于文艺学的学科体系、学术体系和话语体系的探索与创建,呈现中国特色、中国风格、中国气派的学术贡献与话语表达,为国家的现代化建设提供强大精神动力和智力支持。

理论的生命力在于创新。新领域的开辟,新学科的建立,新话语的生成,需要不同见解、彼此争议的砥砺。章太炎先生当年就慨叹孙诒让的学术之所以未能彰显于世,是因为没有人反对:"自孙诒让以后,经典大衰。像他这样大有成就的古文学家,因为没有卓异的今文学家和他对抗,竟因此经典一落千丈,这是可叹的。我们更可知学术的进步是靠着争辩,双方反对愈激烈,收效方愈增大。"①本着真理出于争辩及促进学科发展的愿望与责任,遵循问题共享、方法共享、思想共享的学术原则,浙江工商大学出版社邀请本人编选、推出"中国当代文艺学话语建构丛书"。本丛书拟分人分批结集出版相关的代表性研究成果,收录各人具有典范性的、在学界产生较大影响的佳作,以凸显"一家之言"的戛戛独造,为中国当代文艺学话语体系的建构尽绵薄之力。

"中国当代文艺学话语建构丛书"第一辑推出了当代文艺学研究界中坚

①　章太炎:《国学概论》,中华书局 2003 年版,第 33 页。

代学者陈定家、赵勇、张永清、刘方喜、吴子林、周兴陆的 6 部著作,备受学界同人关注。第二辑推出的是当代文艺学研究界青年才俊的 6 部著作:王怀义《中国神话诗学——从〈山海经〉到〈红楼梦〉》、王嘉军《他异与间距——西方文论与中国视野》、李圣传《人物、史案与思潮——比较视野中的 20 世纪中国美学》、王琦《当代西方书写思想之环视——以让-吕克·南希的研究为中心》、汪尧翀《居间美学——当代美学转型的另一种可能》和冯庆《诗与哲学之间——思想史视域中的文学理论》。这些青年才俊生于 20 世纪 80 年代,师出名门,大都精通外语,受过良好的西学训练,又有强烈的中国问题意识,而努力在中西思想的碰撞、交流、对话中,通过跨学科领域的研究,致力于新文科观念与实践,自觉构建崭新的文学理论、文艺美学理论话语体系。他们的学术思想比较前卫、先锋,6 部著作都是穷数年之功潜心撰写而成的,它们融思想与学术于一体,具有健全的历史和时间意识,并由此返归当下,呈现了崭新的理论话语、价值体系、思维方式和文化逻辑,汇入了 21 世纪的理论创造之巨流。

行文至此,不知何故,我突然想起了柏格森及其生命哲学——

1884 年暮春的一个黄昏,25 岁的柏格森散步到克莱蒙费朗城郊。这是法兰西腹地的高原地带,漫山遍野生长着各种高大的树木。晚霞在万里长空向东边铺洒开来,远处卢瓦尔河的支流潺潺流动。柏格森站在高处,目睹河水奔流、树木摇曳、晚霞飘逝,突然对时光之逝产生了一种非常震惊的感觉。

在与尘世隔绝的静谧与冥思苦想中,意识之流携带着一切感觉、经验,连续不断地奔涌;在那些棱角分明的结晶体内部,也就是那些凝固的知觉表面的内部,也有一股连续不断的流:"只有当我通过了它们并且回顾其痕迹时,才能说它们构成了多样的状态。当我体验到它们时,它们的组织是如此坚实,它们具有的共同生命力是如此旺盛,以至我不能说它们之中某一种状态终于何处,另一种状态始于何处。其实,它们之中没有哪一种有开始或终结，它们全都彼此伸延。"①

　　时间无边无际、缄默不语、永不静止，它匆匆流逝、奔腾而去、迅疾宁静，宛若那包容一切的大海的潮汐，而我们和整个世界则如同飘忽其上的薄雾。时间之流的感觉驱动柏格森在克莱蒙费朗任教期间潜心思考时间问题，写出了他的第一部著作《时间与自由意志》。从这部著作开始，柏格森发展了一套以"绵延"为核心概念的庞大的直觉主义生命哲学体系。1927 年，为表彰其"丰富而生机勃勃的思想及其卓越的表现技巧"，诺贝尔奖委员会将诺贝尔文学奖授予柏格森，并在"授奖辞"里写道：

　　　　柏格森已经为我们完成了一项重要的任务：他独自勇敢地穿过唯理主义的泥沼，开辟出了一条通道；由此通道，他打开了意识内在的大门，解放了功效无比的创造的推动力。从这一大门可以走向"活时间"的海洋，进入某种新的氛围。在这种氛围中，人类精神可以重新发现自己的自主性，并看到自己的再生。②

吴子林

2023 年 6 月 9 日于北京

---

　　①　柏格森：《形而上学导言》，刘放桐译，商务印书馆 1963 年版，第 5 页。
　　②　柏格森：《生命与记忆——柏格森书信选》，陈圣生译，经济日报出版社 2012 年版，第 204 页。

序 言

本书由若干论文汇编而成，其仿佛是一列候场队伍，离目标愈近，姿态愈分明。戏仿卢曼(Niklas Luhmann)的一句表述，形容这种姿态："理论材料已在手边随时可用，这些材料只需加到'(对)美学的观察'(Beobachtungen der Äesthetik)这个论题上。"换言之，若存在一个以"居间美学"命名的理论形态，则需透过一种现代性的思想史视野对之进行预见。本书的任务仅在于"构造"出这一思想史视野，所采纳的分析模式则是观察"美学"究竟"如何"嵌入不同的话语体系，并引发何等遭际。这么做的意图不妨一言以蔽之："美学的观察"意在表明，如果美学在未来仍称得上基础理论，便应有抗拒彻底成为文化批评的能力。

"美学"若成为"文化批评"，就意味着功能转型。诸多现代性理论均输出过类似旨趣，尽管名目各异。核心之处在于，美学的建构往往取决于主体内审美能力与世界—社会关切之间的转换关系。从学科视野出发，这意味着文学活动或审美活动自"内"而"外"的理论分解，形成了诸如作者(意图论)、读者(接受论)、作品(艺术作品论)、世界(艺术社会学)以及批评理论等不同层面的理论形态,但关键问题仍在于如何解释主体。主体性范式,保障主体内在的自我确证作为基准点始终有效。相比之下,主体间性范式,则试图翻转这层关系,要求从"世界—社会"视角出发,重新解释主体的起源及效力。这种向"外"翻转随着"语言学转向"确立了强大的理论效力,改写了西方现代思想的光谱。如果将上述范式转型带入美学,便会迎来以主体理论为基准点的传统美学的衰落。

更具体言之,这种衰落体现为美学统一性的瓦解:主体理论这一强势框架对诸种美学议题的收纳,如今随着主体理论的危机(崩解),分解为形形色色、各执一端的理论。面对一个复杂性日益提升的现代社会,美学还能维持其统一性,这似乎很难令人信服。换言之,如果"美学"意味着对一个随着韦伯(Max Weber)所谓现代性分化才逐步确立的文化领域的理论解释,那么,美学的危机也可以描述为解释权的争夺。只要留意伊曼努尔·沃勒斯坦(Immanuel Wallerstein)在《开放社会科学》中的阐述,便不难理解,美学不过是阐释这一文化领域的后来居上者,而解释这一文化领域的诸多学科及部门知识,早已在西方知识史中塑造了丰富的传统。理论形态的追根溯源难免为美学的当代合法性投下了阴影,毕竟作为同一对象域的解释模式,任一理论都可以说有其替代性选择。

本书第一辑"主体理论与批判理论"便围绕上述问题展开,只不过对论域做了限制,仅涉及德国"二战"之后的(不完整的)思想语境,对垒双方首先是列奥·施特劳斯(Leo Strauss)与尤尔根·哈贝马斯(Jürgen Habermas)。若按德国战后思想史的主流图景,这一论争并非主线,真正发挥核心影响的是哈贝马斯与德国当代主体理论之间的理论互动。但若从审美现代性话语的层面,即通常所谓美学的危机这一视角出发,这场论争倒是意外地包含了许多值得阐明的启示。无论如何,本书将施特劳斯与哈贝马斯首先视为美学合法性危机的初始见证者:施特劳斯从西方传统知识的源流追问出发,彻底否定了美学的当代合法性;哈贝马斯则在一个更为复杂的理论传统语境之中挑战这种合法性,认为批判理论必须通过"语言学转向"克服德国古典美学所孕育的审美主义危机,力主"美学"应缩减为伊曼努尔·康德(Immanuel Kant)旨趣的"趣味美学",并最终转化为一种旨在建立文化领域之规范的"批评"(详见第一辑第四章)。经过功能转型的美学,继续以合理化了的身份,嵌入生活世界的再生产之中,承担着意义转换器的有限角色。

哈贝马斯接纳的理论源流更为现代和复杂,至少包括了一个以瓦尔特·本雅明(Walter Benjamin)、西奥多·阿多诺(Theodor W. Adorno)及赫伯特·马尔库塞(Herbert Marcuse)为核心成员的美学传统。因此,哈贝马斯对审美现代性话语的阴暗面的分析鞭辟入里,立场鲜明。当然,这个观察也许会带来相对片面的结论,所以不妨再多谈几句施特劳斯之于美学的意义。事实上,只要触及施特劳斯关于"自然"奠基性之追问,很难不意识到康德"自然目的论学说"——尤其是其柏拉图(Plato)成分——的重要意义。第一辑中的"自然与主体:列奥·施特劳斯的元理论批判"一章已经触及康德"美学"学说的深层含义:"判断力批判既要说明自然秩序对于人之认知能力的必然性,又要将形而上学问题转渡为对人之理性形象的哲学证成。"(详见第一辑第一章)我当时并未真正理解,这种"转渡"及其引发的思想后果未必是一种彻底否定现代性理论成就的审美经验,除非始终从片面的视野去理解现代性理论的诸多成就,无视其日益提高的复杂性。

又过了好些年,我才意识到,理解这种复杂性必须经由一种事关语言哲学的考量。这最终形成了本书关于施特劳斯思想的某种理解:古典政治哲学方案始终内嵌于彼时德意志思想语境之中,并将自身确立为针对"自我意识"问题的一种替代性的时代选择。正如罗伯特·B. 皮平(Robert B. Pippin)所言,以"关于自然的知识"来取代"自我意识"远不够充分,因其需要一个负担过重的理据,即宣称德国古典哲学自我意识方案彻底失效。这恰恰是问题所在:施特劳斯接受了马丁·海德格尔(Martin Heidegger)关于"主体主义"的判定。汉娜·阿伦特(Hannah Arendt)作为海德格尔的另一弟子,则颇为隐晦地走上了直面和反思"主体主义"的道路(详见第一辑第三章)。但这个判定随着德国战后古典哲学复兴中重塑的自我意识问题而失去了效力，甚至哈贝马斯在"语言学转向"风潮之下另辟蹊径，试图抵达类似彻底抛弃观念论的方案，至今仍饱受质疑。顺便说，皮平所言具有强烈的黑格尔（G. W. F. Hegel）色彩，而黑格尔对《判断力批判》的决定性解释，我直到几年之后写作《试论康德〈判断力批判〉中的"居间美学"》（详见第四辑第一章）一文时，才真正触及和有所领会。

无论如何，随着上述议题的演化，重审法兰克福学派美学理论成为我近几年学术研究的基本路线，其支点是哈贝马斯以普遍语用学对审美主义危机的克服。因此，本书第二辑冠以"批判理论的语言转向"的名头，并非偶然。哈贝马斯倡导以"趣味美学"为基础的美学方案，标志着法兰克福学派美学传统的衰落，同时也暴露了这种解释的局限性。概言之，哈贝马斯之前的法兰克福学派美学理论传统仍具有相当的理论效力，只不过需要转换相应视角：不同于卡尔-奥托·阿佩尔（Karl-Otto Apel）与哈贝马斯所接受的"分析的语言哲学"，本雅明、阿多诺的语言哲学代表了法兰克福学派内部的另一脉语言哲学传统，引发了批判理论另一种语言哲学转向，为重审法兰克福学派美学理论奠定了基础。简言之，这种重审根本上旨在于法兰克福学派理论传统内部直接挑起"美学"与"批评"的纠葛与对峙。最直白地说，如果法兰克福学派美学传统（既指所谓集大成的阿多诺，更指得到了恰切审视的本雅明）尚未得到通盘重审，其当下的理论效力尚未完结，那么，文化批评只不过是美学的一个当代变种，同样需要一个通盘的考量。

第三辑虽然被冠以"批判理论的美学转型"之名，但所做工作仅仅触及冰山一角。哈贝马斯关于将美学"缩简"为文化批评的设想，归根结底源自他对观念论美学的判定。法兰克福学派美学的演变，根本上依赖于对观念论美学的吸收和转化。"有机体范式"可谓最具典范性，勾连起了从康德，途经弗里德里希·谢林（Friedrich Schelling）及浪漫派到黑格尔的观念论美学演化路径。在此意义上，"语言范式"的引入，必然会引发对一系列问题的重审。关键仍在于引入的究竟是哪一种"语言范式"。这和本书第二辑所讨论的话题形成了内在呼应。同时，德国当代美学的前沿发展也在不同程度上消化着批判理论的美学遗产。最直白地说,如何跃出"趣味美学"的窠臼,实际上是一个如何将更广阔的社会文化现象、更丰富的以"物"(形态)为载体的文化现象纳入美学分析的过程。吴兴明教授提出"物感"这一概念,试图使美学在这一方向上确立一种远远超出传统"趣味"规定的标准。应该说,在批判理论传统内部,马尔库塞的美学理论与这一分析路径最具亲缘性:爱欲、情感与当代资本主义文化生产方式的内在联系,构成了今天以"审美资本主义批判"为基本取向的美学路径。当然,在德国马克思主义美学的当代发展之中,类似的批判性路径不断涌现。可以说,历史唯物主义的基本取向就是克服观念论,势必要从内审美分析转向社会—世界分析,转向以商品价值形式分析为出发点。

诚然,上述理路之于复杂性日益提升的当代社会,具有相当的理论效力和分析潜力,但是,仍有一个关键问题亟须澄清。一方面,本书已开门见山地宣称美学并不能转化为彻底的文化批评,但另一方面,文化领域又确实是两者共同的对象领域。相比之下,美学究竟要在这个场域之内切中什么,才能继续保持自身作为基础理论的有效性和合法性? 今天的美学研究,既不能简单地等同于对内审美分析做术语上的拓展和改头换面,也不能仅仅沉湎于单纯地揭示诸多文化现象及文化产品所浸润其中的社会意识。换言之,任何一条路径都应当避免将婴儿和洗澡水一起倒掉。

出于上述考虑,借助"语言范式"重审批判理论美学的路径实际上包含了一次逆向考察。就批判理论内部的演化来说,哈贝马斯以"语言范式"推进了康德主义对黑格尔主义的反动:文化批评,无论是引导观众和作品进入可靠的文化感受,还是揭示社会意识和社会机制在文化感受的交流和传递之中造成的扭曲,归根结底确实是一种基于"趣味"的判断标准。批评在自我建构的时候,实际上不需要作品;批评对作品的介入,是一次对作品的反思,必然要返回自身,当然是以话语形成的方式。因此,文化批评最理想的状态是获得若干关于作品的合理标准,尽管这些标准很难说是终极的或完善的"规律",但只要关于作品的评判或感受能够在一个文化共同体内部顺畅地传递,就可以说批评达到了目标。同样显而易见的是,这种路子很难逃避"自上而下"的指责,因为批评只要是以对象的"真理性内容"为目标,那么在这一反思过程之中,其对象也势必要瓦解。

这种康德主义的建构缺乏"经验"的气息,但执着于"经验",又有陷入实证主义和历史主义的危险。黑格尔主义重视"经验",然而,一旦要揭示"经验"的普遍性机制,就很难摆脱一种必然的上升,即从纷繁复杂的"经验",走向经验之经验,即经验之后的那种统一性。第三辑的第四章"文哲之辩与突破康德:论本雅明早期思想中的理念论",便试图从本雅明早期思想的发展来探讨上述纠葛。本雅明拒绝走向黑格尔式的绝对观念论(当然,是否拒绝一种黑格尔式的整体论,仍然是一个值得讨论的问题),却必须在新康德主义批判的背景之下来解决"经验"问题。我当时做了一个大胆的设想,即本雅明的认识论批判脱胎于对康德《纯粹理性批判》"先验辩证论"的模仿,如今看来,多多少少有点儿合理性。因为,如果充分考虑到《判断力批判》并不是一部"趣味美学"专著,那么,康德本人也在认识论批判之后进行了某些艰苦卓绝的探究。从体系建构的意义上说,这种探究和本雅明的兴趣不谋而合,均指向了文化领域的规范性问题。换言之,从《判断力批判》当中是否能够引出一条特殊的文化分析路径,经过黑格尔强有力的中介,最后在卡尔·马克思(Karl Marx)的历史唯物主义之中获得完成形态?这一条理论路径,方才决定性地影响了批判理论的美学建构——至少说明,本雅明思想的晚期转向,已经蕴含了这条理论路径的基本轮廓,同时,再经过阿多诺的中介,形成了他那部集大成的《美学理论》的隐秘基础。必须指出,这个隐秘的基础随着"语言范式"所引导的对法兰克福学派语言哲学传统的重审,将会变得越来越清晰。语言,作为唯一有能力进行自我指涉、自我描述的人类媒介,恰恰是当代美学,尤其是文学理论理应获得的理论基础。

因此,我在本书第四辑中将上述反思希望达到的理论形态,称为"居间美学"。居间美学的提出,首先来自对康德《判断力批判》的重审,即重新恢复自然目的论批判在"第三批判"中的核心地位,从而超越目前以"趣味美学"为核心的康德美学理解。从这个角度出发,经过本雅明、阿多诺美学的转换,居间美学以分析"自然"之显象与"第二自然"之存在结构所聚合而成的社会历史编织物为理论任务,从而开启对生活世界的全面分析,释放其批判潜能与解放潜能。应该补充说明的是,这种关于生活世界之"显象"的分析,必须以一种批判性姿态从马克思的工艺学思想之中获得其当代动力。这种"工艺学批判"的再发现,归功于刘方喜教授的长期研究,促使我尤其是在第四辑第二章中,借此重新解读了本雅明的技术批判思想。如果"居间美学"想要保持批判姿态并面向未来,就不能够忽视工艺学批判在分析数字时代文化现象上的理论潜力。当然,必须承认,目前关于"居间美学"的理论探讨,仅仅搭出了一个尚未成熟的架子,所主张的无非对美学潜在的当代转型进行一次以思想史重审为契机的设想。

总之,这本书固执地要求从相关的思想史语境出发,论证"居间美学"作为当代美学转型的一种未来可能性。随着现代性进程的纵深推进,生活世界的复杂性日益提升,新的社会文化现象层出不穷,美学作为一门古老又常新的学科,作为审美现代性话语建构的核心环节,不得不面临转型的挑战。我为"居间美学"这一命名选择了"Intermediäre Ästhetik"这一德语译名,意在表明,自美学诞生以来,美学在人类知识领域中的功能及特殊性(按照康德的说法,居于科学与道德之间),也根本地决定了美学理论的统一性及普遍性,即其事实上始终依托并受制于其话语对象的感性特征,后者恰恰只能呈现为具体的、感性的显象及其历史过程。

换言之,根本不存在某种普遍的美学对象,后者只是我们在理论运用时习以为常的话语假设。"居间"一词作为美学的限定前缀,其词根"media"恰恰是"媒介"之意,即媒介之间。换言之,"居间美学"的分析接近于一种艺术类型学,其根本对象是"媒介"(media),但不是抽象的媒介,而是复数意义上的媒介,举凡绘画、音乐、建筑乃至文学,均属于这里所提及的媒介之一种。只不过,除了把握属于这些媒介之本质规定性的感性特征外,"居间美学"的核心任务是勘探和分析这些媒介形式究竟在话语建构的历史进程之中扮演了何种功能角色。譬如,若以"音乐"作为绝对艺术的设想,将从根本上影响一种美学理论的话语建构,进而也决定了这种理论朝向人之存在本身以及社会—世界的意识形态视野,即是说,在一个建构起来的理论视域内,人及社会的存在形态之中究竟什么得到了抬高,什么得到了贬抑。

当然,上述规定更多的是刻画了美学研究的经验层面。即便"居间美学"应当全力地投入关于不同媒介形式的研究,但它也绝不会回避美学作为基础理论的根本性难题:随着分散的、关于不同媒介形式的经验研究越来越深入,"艺术"乃至"文化"在理论上的统一性究竟何在? 换言之,美学研究当然应该尽可能地深入无限的文化对象中去,但它始终有别于文化批评的地方,就在于它始终存在着一种反思性诉求,即追求"艺术"乃至"文化"在审美上的统一性。在某种意义上,这也相当于"一"与"多"的关系在美学理论上的映射。

确实,如果没有(特定)概念的生成,也就谈不上所谓美学理论,但是,任何特定的概念,譬如"艺术"这类大词,作为一种对杂多的统摄,是对经验之杂多的整理,从根本上是一种抽象化。任何普遍的美学理论都不可能放弃追求对象在审美上的统一性意识,而一旦如此追求,理论就作为对统一性的把握,与经验之杂多截然对立起来。(无论是演绎还是归纳,都无法给出一种不脱离具体媒介类型的美学理论。)正如阿多诺所观察到的,"多"必须在"一"与世界之间扮演中介者的角色。当然,阿多诺也尖锐地指出了这一模式的悖论,即"多"若不包含"一"即统一性这个因素,"多"也就无法被思考,但如此一来,"多"必然失去杂多特性,最终归于"一"之中。换言之,一旦将形形色色的媒介类型纳入理论考察,就不得不预设一种审美上的统一性,至少在观念论美学的框架之下,这种预设意味着所有的媒介类型学最终会导向一种绝对性。彻底放弃这种绝对性,美学理论的统一性也就无从设想;但若坚持赋予这种绝对性以形而上学性质,美学理论最终也会变为围绕唯一的抽象审美经验运作的话语游戏。那么,"居间美学"究竟如何处理这一悖论呢? 即是说,如何才能摆脱观念论美学的绝对框架,从而能够在不失去与

"一"关联的前提下,恰当地处理"多"的显现呢?

至少说,"居间美学"不是指对艺术或文化的单纯的哲学阐释,即借用形形色色的哲学立场或观点来解释文化对象,或者说,以文化对象来例示某个哲学立场或观点,相反,"居间美学"关切的是对象非概念化的"本质",这种关切本身便是"哲学",并且,这种关切又唯有通过"语言"(概念)透显出来,才能获得其存在的合法性。显然,这种语言的透显绝非形而上的,而恰恰是历史的:只有语言之历史性的质地和外观,才能够最微妙地传达话语对象的建构,也就是本雅明所谓事物传达自身。顺便说,这可以部分地解释,为何文学始终是真正从事美学讨论时一个无法回避的话题,但也应该立即补充,这种重要性并非因为文学所承载的价值(尤其是对其无功利性的琳琅满目的说明),而只是因为文学作为表达,蕴含了思想与实在的指涉关系,并且有能力使这种关系不被概念化。

总之,"居间美学"不仅要面对繁复的研究对象及其历史语境,同时也要反思自身的统一性,在学术史和思想史的视野中思考理论的当代效力。因此,"居间美学"的任务乃是在一个复杂性日益提升的文化领域之中,指明美学的概念和话语模式的转化,使之生成一个新的建构性框架,不仅能继续接纳和深化传统的美学问题,而且尤其能够将当代最新的艺术及社会文化现象也纳入自身。与之同步的是,美学理论的话语方式也必须历经变革。

最后,我还想从上文的论述中,提炼出关于"居间美学"的若干规定性特征,以便让论旨更清晰。再次强调,"居间美学"这一提法,并非试图建立某种美学教义,而只是一种方向导引。"美学"一词在今天的语境之中,才更接近一种抽象的教义学表达,所有涉入其中的人难免会感受到一种模糊的边界感,并且,这种边界感更多的是来自美学号称要加以解决的那些形形色色的文化对象。实际上,最常见的做法,即将"美学"重新回译为"感性学",看似揭露或缩小了它的范围,实则无济于事。根本的原因在于,我们面向世界,面向万物,有了独特的言说,并且,这种言说意欲将世界和万物无碍地表达于某种与众不同的知识方式之中,才有了所谓理论的建构。美学,归根结底是一种话语方式，但究竟说什么，怎么说，仍然是处于建构进程中的历史事件。这种看法非但不会影响美学的普遍性，反而切中了美学存在的建构性根基：究竟什么是这种话语对象以及这种话语方式本身的规定性？在这种提问的引导下，我认为，"居间美学"的命名，至少蕴含了如下三种层层演进的规定性特征。

第一，媒介之二重性，即媒介的限制和敞开。前文已经交代过，"居间"即媒介之间，用学界更通行的表述，"居间"即"跨媒介"。媒介研究根本上属于经验研究，面对形形色色的媒介形式，首先要考虑的是其感性规定性，即媒介自身的感性特性、显现方式及历史性。另外，任何媒介并不是"空空如也"的存在，而恰恰具有"可传达性"（本雅明语）。当然，媒介本身或许并不能够言说什么，只能显现。譬如说，一幅画不说什么，一首曲子也不说什么，观众可以看，可以聆听。审美活动尽可以沉默地发生，不着一语地结束。但是，只要我们看或听，就可以说总已经看到了什么，听到了什么，作品也显现了什么。我们观画，看到画面，包括画框，观摩其笔触，琢磨其形迹。即便心领神会，但这种文化感受仍然首先处于思想与媒介的关系之中，即媒介的感性特征之于思想的关系，类同于戴着镣铐跳舞。我们要从中看出什么，听见什么，从"这一种"媒介去把握其所显示的思想，根本上就是面对思想的"表达"，而这种"表达"在不同媒介之中是非常不同的。况且，哪怕说思想即"表达"，"表达"甚至也会先行地预示或决定思想的性质。"居间美学"所要关注的就是媒介的这种二重性，首先是感性限制，同时也是思想感受的敞开：我们最好抱有谦卑的态度，认为自己所看到的或听到的，之所以寄托于"这一种"媒介形式，除了起源学上的偶然性之外，还具有非如此不可的必然性。这样，我们也许就能摆脱最为流行的一种说法，即美学研究中经验研究和理论表达之间似乎存在难以逾越的隔阂。这种流俗讲法预设了对所有观照"经验"的先行视角的彻底抽离，从而未能把握两者你中有我、我中有你的共生关系。

第二，语言的基础性，即语言的自我指涉性。毫无疑问，语言之为媒介具有特殊性,即所有媒介之中,唯有语言能够言说他者,并言说自身。更一般地说,语言能够负起理论表述的责任,对其他不可言说的媒介进行阐释。换言之,绘画理论无法用"绘画"来表达,音乐哲学无法以"音乐"来传达。唯有语言"介入"这些媒介之后,才能够形成"可传达/不可传达"或"可说/不可说"这一对区隔。不可说的媒介,可以显示,但这还只是其中一个层次。更进一步说,仍然要用"显示/可说"这一分析坐标来替代"不可说/可说"。其他媒介,可以显示,但不能言说,同样,语言本身是不是也能显示呢? 语言在说自身,与它能言说万物是完全一回事吗? 语言难道不是频繁地陷入无法说、不可说而只能显示的时刻吗? 语言哲学中仿佛迷宫般的纠葛环节,便发生于此,为此它不得不去探究文体、文类与思想之间的基本关系。

第三,话语的文体特征。"居间美学"强调"瞄准"依从媒介的显现形式(显像)而形成的言说,归根结底也是要形成一种话语表达。如果说,媒介之畔,语言在说,已然规定了未来美学的基本形态的话,那么,恰恰在上述运思框架之下,"怎么说"和上述"说什么"是须臾不可分的。这里存在的也许不是思想的文体学,而是思想"中"的文体学。思想与文体,并非简单的风格问题,而是结构性关联,毋宁说,这一结构早已隐潜于"表达"之中,只在关于"表达"的话语建构中现身。通过这种规定性,"居间美学"意图与文化批评拉开距离:实际上,并没有外在于话语运作的文化对象! 我相信,得到恰当理解的黑格尔《美学讲演录》,将是"居间美学"的一个不朽楷模。并且,只要意识到这种话语建构浸润着真正的历史唯物主义精神,在观念论美学的荒原之中以当代理论工具必将开辟出马克思当年所设想的"美学"道路。

此外,依托于语言哲学的视角,一种具有自反性的美学话语建构不仅具有广度(言说他者),而且具有厚度(言说自身)。正是在这个意义上,文学理论理应获得一种突出的基础性地位,即文学理论实际上不得不伴随着一切艺术哲学或艺术理论的建构。在这个框架之中,文学与美学、文学理论与美学的关系将得到重新思考,一如文学与哲学的关系所得到的理论考量。

最后,附加一条自我反思的声明作为这篇序言的结尾,就此论题而言,也许再恰当不过了。本书的表达不无晦涩之处,理应将之改写得更为晓畅明白。但是,往往灵感的火花燃尽之前,作者并没有为之找到尽陈其意的逻辑空间,或有能力将许多信息量过于密集的表述"稀释",令人一望便知其意。作者无意为"晦涩"辩护,今天谁还不能区分流俗的浅薄与深刻的简明呢?从这个意义上说,"晦涩"也是一种特殊的"居间"。当然,如果不能"亡羊补牢",即如果这些表述在后续的思考和写作中不可解释,不可阐明,不可重构,都应归咎于作者思想上的糊涂。就这一点而言,我深怀歉意。"居间美学"绝不是已然成熟的理论陈述,而只是一种尚待批评的初步尝试。

目　录

第二辑　批判理论的语言转向

第三辑　批判理论的美学转型

第一辑 | 主体理论与批判理论

| 第一章 |

自然与主体:列奥·施特劳斯的元理论批判

第一节　基础哲学的诉求

1992 年,理查德·罗蒂(Richard Rorty)在自传《托洛茨基与野兰花》中,将一种柏拉图式的、历久弥新的哲学魅惑描述为"在单纯一瞥中把握实在和正义的某个途径"①。站在两大主要哲学思潮——通常所谓大陆哲学与分析哲学——的汇聚点,罗蒂敏锐地看出了决定着现代哲学基本视域的、不妨专题性地把握为"主体性/主体间性"(Subjektivität/Intersubjektivität)的核心问题。对哲学而言,能否奠基于一个客观有效的"不可动摇的支点",或者"寻求客观性只不过是一件尽其所能地获取更多主体间同意(intersubjective agreement)的事情",②此两种旨在解决现代性危机的思想取径似乎互相冲突,且不可调和。

"二战"后"主体性/主体间性"问题逐步成为哲学讨论的焦点问题之一,大量的反思基本上集中于两条互动的思想路向中,其影响已经远逾地缘:1)对主体性的重新反思,包括对自我意识的重新分析(迪特·亨利希 Dieter

---

① Richard Rorty, *Philosophy and Social Hope*, Penguin books, 1999, p. 19.

② Richard Rorty, *Philosophy and Social Hope*, p. 15.

Henrich),对康德遗产的重新审视(阿尔弗里德·赫费 Otfried Höffe),对埃德蒙德·胡塞尔(Edmund Husserl)先验哲学的重新转换(丹·扎哈维 Dan Zahavi),等等,这些思想家立足德国观念论(尤其强调实践理性),对语言学转向或者说主体间性范式转型提出了强烈的质疑;①2)倡导哲学范式的语言学转向,包括对"自我—概念"(Ich-Begriff)做语义分析(恩斯特·图根德哈特 Ernst Tugendhat),坚持具有反讽效力的语境主义(理查德·罗蒂 Richaral Rorty),坚持语用学转向(哈贝马斯、阿佩尔),等等,这些思想家则坚持分析哲学与德国观念论的融合,对意识哲学的研究范式进行不懈批判。②

　　上述简略区分当然远远无法容纳纷呈的差异性。列奥·施特劳斯不属于其中任何一类思想家。施特劳斯明确拒绝了进一步澄清自我意识的结构,也排斥语言哲学的分析进路,从而在思想立场上告别启蒙现代性,以独特的方式倡导"回归古希腊"——当然特指以苏格拉底(Socrates)、柏拉图为代表的古典政治哲学。不过,施特劳斯对于理性元理论的诉求,细致解读历史文本的治学理路,却令人惊讶地靠近上述第一条思路。③ 因此,哈贝马斯虽然认为迪特·亨利希与所谓"反对'1789 年理念'的伟大同盟"[列奥·施特劳斯、海德格尔、阿诺德·盖伦(Arnold Gehlen)、卡尔·施米特(Carl Schmitt)等]在政治意义、思想抉择上完全相反,但仍然将他们关涉起来,作为对形而

---

　　① 亨利希:《在康德与黑格尔之间》,乐小军译,商务印书馆 2013 年版,第 75—77 页;Otfried Höffe, *Kants Kritik der Reinen Vernunft*: *Die Grundlegung der Modernen Philosophie*, Müchen: C. H. Beck, 2004, S. 17; Dan Zahavi, *Husserl und Die Transzendentale Intersubjektivität*: *Eine Antwort auf die sprachpragmatische Kritik*, Dordrecht: Kluwer Academic Publishers, 1994.

　　② 图根德哈特:《自我中心性与神秘主义:一项人类学研究》,郑辟瑞译,上海译文出版社 2007 年版,导论;威尔顿:《另类胡塞尔:先验现象学的视野》,靳希平译,复旦大学出版社 2012 年版,第 198—199 页;哈贝马斯:《后形而上学思想》,曹卫东·付德根译,译林出版社 2001 年版,第 3—9 页;倪梁康:《从"海德堡学派"看"自身意识"的当代诠释与诘难》,见赵汀阳主编:《论证 3》,广西师范大学出版社 2003 年版。

　　③ Dieter Freundlieb, *Dieter Henrich and Contemporary Philosophy*: *The Return to Subjectivity*, Ashgate, 2003, p. 129.

上学的回归。① 这充分提醒人们:重新解读自康德以降的德国观念论,旨在提供解决现代性危机的新出路,这种解读已然构成战后德国哲学最强劲有力的思潮之一,并在一种国际哲学沟通的层面上开辟了种种知识愿景。对是否应该全盘抛弃现代理性方案这一问题的回答,已然形成了掎角之势。

　　施特劳斯的学生斯坦利·罗森(Stanley Rosen)曾在《维特根斯坦、施特劳斯与哲学的可能性》一文中开门见山地写道:"施特劳斯受到柏拉图和亚里士多德(Aristotle)的决定性影响。他有一次告诫弟子们,要以他来抵制海德格尔,抵制作为结果出现的历史自我及语言哲学这种现象学的变种。这种说法的重要性远超出趣闻轶事。读者要心中有数,切莫把施特劳斯看成一个隐秘的尼采主义者。"②无独有偶,在分析哲学家内部,也有人探究分析哲学的现象学源头。③ 一方面,罗森展现了广泛存在于当代思想图景中隐匿又亟须阐释的思想关联。可另一方面,罗森也许不会同意如下说法:存在着施特劳斯的某种"基础哲学"(fundamental philosophy),而这一断言既吸引人去阐释,又似乎抵制人去阐释。④

　　赫费从捍卫康德哲学的视角出发,认为存在着一种与语言学转向并列的"基础哲学的可能性"。⑤ 实际上,就康德的解释而言,施特劳斯、赫费、迪特·亨利希之间存在着某种一致性。在施特劳斯早年通信中,他认为自17世纪以来的哲学运动,都是在反传统的意义上复兴古希腊思辨,但"在所有这些'奠基行动'中,在所有心理学和历史主义中所孜孜以求的都是:发现、重新发现一个原初的自然的基础"。"在现代哲学家中,康德的确是唯一的

　　① 哈贝马斯:《后形而上学思想》,第12页。

　　② 罗森:《维特根斯坦、施特劳斯与哲学的可能性》,张志林、程志敏选编:《多维视界中的维特根斯坦》,郝亿春、李云飞等译,华东师范大学出版社2005年版,第193页。

　　③ 达米特:《分析哲学的起源》,王路译,上海译文出版社2007年版,序。

　　④ 罗森:《金苹果》,见刘小枫选编:《施特劳斯与古今之争》,华东师范大学出版社2010年版,第297页。

　　⑤ Otfried Höffe, *Kants Kritik Der Reinen Vernunft*, a. a. O., S. 17.

柏拉图追随者。"①赫费和亨利希也都声称康德的哲学乃是解决柏拉图哲学问题的榜样,即现代科学与哲学之间应达成某种和解。② 在我看来,上述问题意识亦是施特劳斯基础哲学的出发点。基础哲学本身乃是一种具有可能性的,旨在对哲学的基础、任务以及性质做出规定的理性方案。元理论即是指此种对理性的理性反思,对基础理论的理论思考。因此,"元理论批判"这一说法便更进一步地表明,施特劳斯的基础哲学方案,其性质表达为对现代理性之根基的彻底批判。

对施特劳斯"元理论批判"的分析旨在彰显施特劳斯与康德—胡塞尔这一思想传统的紧密关联:1)施特劳斯的"自然"概念应当从现象学的意义上来理解;2)理智异质性学说,不妨视为一种康德式的认知批判,旨在将常识表述确立为对整体现象分析的起点;3)施特劳斯力图复兴古希腊意义上的目的论宇宙观,旨在弥合现代科学与哲学之间的裂隙,其必然结果是抛弃主体哲学的自我意识分析。

第二节　形式指引:对自然概念的现象学分析

在施特劳斯看来,"自然"概念所引起的误解,伴随着哲学与科学之关系的历史演变。17 世纪科学基于现代物理学的成就从哲学中分离,并被确立为规范一切经验事物及其认知的标准;同时,现代科学将古代的自然宇宙论分裂为一种自然科学的非目的论宇宙观与一种关于人的科学的目的论宇宙观。③ 作为现代性图景中最核心的部分,现代自然科学成就虽然在哲学发展的各个阶段都备受质疑,却无法被简单地抛弃。相反,施特劳斯坚持对哲学的

----

① 施特劳斯:《回归古典政治哲学》,朱雁冰译,华夏出版社 2006 年版,第 42、258 页。

② Otfried Höffe, *Kants Kritik Der Reinen Vernunft*, a. a. O., S. 23, 39;亨利希:《在康德与黑格尔之间》,第 108、146 页。

③ 施特劳斯:《自然权利与历史》,彭刚译,生活・读书・新知三联书店 2006 年版,第8 页;施特劳斯:《古今自由主义》,马志娟译,江苏人民出版社 2012 年版,第 239、240 页。

原初理解,即古希腊意义上的科学与哲学是一回事情,是对所有存在物之本性(存在物的本质区分)的探询。① 因此,施特劳斯赞同现象学—解释学传统,认为哲学认识论并不等同于在现代科学方法论中发育成熟并自我封闭起来的数学的普遍性方法与原则。② 与通常依据哲学的历史来规定哲学的做法不同,施特劳斯依赖于一种特殊的古希腊经验来解释哲学。③ 他将之视为古典自然正义论的兴起,或称之为"苏格拉底"问题。

施特劳斯重建自然正义论的工作,较为集中地表明了其基础哲学的思路。自然、自然正义的出现,源于哲学这一特殊的人类活动从政治生活中诞生:"自然一经发现,区别于神话的哲学就出现了,第一位哲学家就是第一个发现自然的人。整个哲学史不是别的,就是记录了人们反复不断地试图充分把握那一至关重要的发现的内涵;那个发现是一些古希腊人在 2600 年前或更早时候作出的。"④施特劳斯认为,对自然的发现,意味着对政治生活中固有权威的质疑。权威可以追溯至政治生活、政治行动中人们固有的"习惯"或"方式",尤其是"'我们的'方式,'我们'生活于'此地'的方式,一个人所从属的独立团体的生活方式"⑤。人们最终将对自身所处的时空环境的认同,追溯至对作为神或神子的祖先的尊崇。因此,习俗的最高表达方式是对神和神法之权威的认可和尊崇。⑥

在施特劳斯看来,权威的来源和性质,决定了不同语境、不同表达下的权威必然产生冲突。人们不得不去追问,哪一种权威才是可凭信的。在追

---

① 施特劳斯:《德意志虚无主义》,见《苏格拉底问题与现代性》,彭磊、丁耘等译,华夏出版社 2008 年版,第 117 页。

② Leo Strauss, Philosophy as Rigorous Science and Political Philosophy, *Studies in Platonic Political Philosophy*, University of Chicago Press, 1983, p. 30.

③ 施特劳斯:《自然权利与历史》,第 83 页。

④ 施特劳斯:《自然权利与历史》,第 83 页。

⑤ 施特劳斯:《自然权利与历史》,第 84 页。

⑥ 施特劳斯:《柏拉图〈法义〉的论辩与情节》,程志敏、方旭译,北京:华夏出版社 2011 年版,第 4、10 页。

问过程中,"耳听"与"眼见"的区分成为决定性的因素。耳听意味着反思关于事物的陈述或断言,眼见则意味着对事物的直观和个人体验。这两者实际上既传达了思维与存在的关系,又涵盖了知识论意义上反思与直观的区隔与互动:

> 借助于耳听与眼见之间的区别的普遍运用,人们可以区分清醒时所看到的一个真实无妄的共同的世界和那许多个由梦境和幻念所产生的虚幻的个别的世界。这似乎表明,衡量一切事物之真与假、有与无的,既非任何特殊团体的"我们",也非某一独一无二的"我",而是人之作为人。最后,人们就学会了区别那些他由耳听而知道的、因不同群体而异的事物之名,以及那些他自己和任何人一样可以亲见的事物本身。如此,他就可以开始用事物之间"自然的"区别,代替那些因群体而异的事物之间的武断任意的区别。①

这种追问的过程本身便是搞哲学,因此与以神启(权威)为标准的生活区分开来。哲学理性史发轫于对"自然"的发现,此前"自然"一直被权威的裁断所隐匿。这种发现使得政治生活中的习惯或方式分裂为"自然"概念和"习俗"概念。"自然与习俗,physis 与 nomos 之间的分野,就此与自然之发现,从而与哲学相依相存。"②施特劳斯明确地指出,"自然"并非通常意义上的实体:"如果把自然理解为'现象之全体'的话,发现自然的要旨就无从把握。因为自然的发现恰恰在于把那一全体分成了自然的现象和不属于自然的现象:'自然'是一个用于区分的名辞。"③

这表明,自然是一种理性的奠基标准,其意义堪比现象学意义上的形式

---

① 施特劳斯:《自然权利与历史》,第 88 页。
② 施特劳斯:《自然权利与历史》,第 91 页。
③ 施特劳斯:《自然权利与历史》,第 83、91 页;Leo Strauss, *City and Man*, University of Chicago Press,1978, p. 14.

指引(formally indicative)。此处取海德格尔现象学解释的含义:"'形式'或'形式的东西'是这样的内容,它指出指示的方向,标划道路。这里的'形式的东西'在哲学上不能拆分,形式的东西不是'样式'或对其内容的指示,毋宁说,'形式的'是规定之开始,具有开始的特性!"[1]正是在这种意义上,施特劳斯宣称"无论怎么理解,自然都不是被天然认知的。自然必须被发现"。[2]对自然的认识不是政治生活中的原有常识,而是理论生活的结果。自然,作为先天的"生成"(growth),便与人工的"创制"(making)区别开来,并分别为古典意义上的不同领域的分化奠基。就此而言,"自然"无法被抽象为世界的始基,毋宁说,"自然"仅仅指示着世界的始基,即"原初物"(first things)。而这种形式指引的真正对象,恰恰是使"自然"成为有环节的、有秩序的整体的那种关联,或者说统一性。[3]苏格拉底对自然的重新提问,意味着哲学希望获得一种关于全体存在物的新见解。哲学依赖着"自然"这一形式指引,重新去提出关于存在物的问题。

第三节　理智异质性学说:一种康德式的认知批判

对自然的发现,进一步导向了一种对整全之为整全进行分析的学说;该学说旨在将表达在人之意见陈述中的常识现象确立为政治哲学分析的起点。在施特劳斯看来,哲学起始于对日常事物的反思,它必然会寻求某种关于存在物的知识(自然)作为标准,或者说,它必然奠基于某种宇宙论。苏格拉底不同于前人的地方,在于他使哲学转向了对人间事物(human things)的研究。一般而言,该说法标示了前苏格拉底自然哲学与苏格拉底政治哲

---

① 海德格尔:《对亚里士多德的现象学解释:现象学研究导论》,赵卫国译,华夏出版社 2012 年版,第 31 页。

② Leo Strauss and Joseph Cropsey, *History of Political Philosophy*, The University of Chicago, 1987, Introduction, p. 3.

③ 施特劳斯:《自然权利与历史》,第 123 页。

学的根本区别。苏格拉底不仅对具体的人间事物,也对人间事物"本身"提出了"什么是"(what is)的问题。而认识到人间事物与非人间事物(神圣之物或自然之物)之间的区分,又必须以对神圣之物或自然之物的某些了解作为前提。那么,苏格拉底的研究,就必须以对"所有事物"或"现象之全体"的完备研究作为基础。苏格拉底不得不思考"每一个存在物是什么"的问题。[1]施特劳斯就苏格拉底的思想旨趣进行了一番理论化的表述:

> "什么是"这个问题指明了"本质",指明了"本质性"的差异——整全是由异质性(heterogeneous)的部分组成的这一事实,不仅是感性上的(比如火、空气、水和土),也是纯粹理性上的:理解整全意味着理解这些组成部分的每一个是"什么",理解诸存在的种类,以及它们如何与别的部分相联系。如此理解不能是将一种异质类还原为其他类,或是其他任何原因,或是超过类本身的其他原因;类本身,或者类的性质,是终极因。苏格拉底将其对"什么是"问题的返回设想为一种转向,或者说是向理智、向"常识"("common sense")的一种回归:当那整全的根隐藏着的时候,那整全显得是由异质的部分组成的。[2]

这便是施特劳斯的"理智异质性"(noetic heterogeneity)学说。为了便于阐明施特劳斯论点的独特性,我将引述康德的一段原文来做比较。这段原文出自《判断力批判》的导言,该导言是康德阐明自己哲学体系自身结构的唯一作品。康德试图解释"自然的形式的合目的性原则"作为先天原则的必要性。按照康德的理解,人类知性先天地具有普遍的自然规律,否则自然根本不可能成为某种经验对象;同时,知性也需要某种蕴含在自然特殊规则

---

[1]　施特劳斯:《自然权利与历史》,第 123 页。
[2]　Leo Strauss, *City and Man*, p. 19.

中的自然秩序,虽然这种秩序对于知性而言只是出于经验,隶属偶然。但康德认为,这些规则却必须被知性当作规律,当作必然性来思考,必须赋予这些经验性的所谓规律以一条先天的原则,从而保障一种可认知的自然秩序:

> 在自然中有一个我们所能把握的类和种的从属关系;那些类和种又按照一个共同的原则而相互接近,以便从一个向另一个的过渡并由此向更高的类的过渡成为可能;如果说我们的知性一开始似乎是不可避免地必须为自然作用的这种特别的差异性设定正好这么多各不相同的原因性种类的话,这些种类却毕竟可以从属于我们必须从事于搜寻的少数原则之下,如此等等。①

康德要求通过意识生活的假定,用判断力辅佐知性,来赋予自然之异质类的同一性。这种判断力的先天原则所起的作用,恰恰在于帮助知性将自然产物划分为类和种,以便把对一种产物解释和理解的原则,普遍运用到解释和把握另外一种产物上,使自然勾连为有序的整体。康德并不追问异质类产生的原因,而仅仅指出,对自然秩序的把握在人的意识生活中成为可能的假设条件。对于康德而言,"认知意识的先验同一性"是其出发点,他要提供的是一种基于自我意识概念的演绎,而非追求对自我意识的性质的描述和解释。② 在这一点上,对异质性和同一性的强调,不过是问题的一体两面。

对施特劳斯而言,整全的异质性构成这一事实不仅是经验性的,同时也是理性的。对异质性的体认起始于其被称为"纯粹真理被污秽了的片断"的常识意见。对于事物的常识意见则"基于对某一事物的某种意识或某种心灵的知觉"。政治生活中诸如此类的最初感知,乃是"通往实在的最重要的

---

① 康德:《判断力批判》,邓晓芒译,人民出版社 2008 年版,第 19 页。
② 亨利希:《在康德与黑格尔之间》,第 123—125 页。

渠道"。① 换言之,两者不能相互还原,并具有"形式"与"质料"意义上的本质关联。这与康德关于感觉(sensation)与认知(cognition)的独特区分如出一辙。② 同康德一样,施特劳斯关注现象本身,关注对所有人都可见的理念,并将此种理性与感性的作用视为知识构成的根基。在另一处关涉相同主题的文本中,施特劳斯描述道:

> 只有存在本质的异质性,在政治事物与非政治事物之间才能有一种本质性的差异。理智异质性的发现使人们让事物成为它们之所是,不再强求消除本质差异以混同万物。……苏格拉底发现了悖谬性的事实,即在一种意义上说,最重要的真理就是最浅显的真理,或者说就是表面真理。进而,在种类或等级的意义上存在一种多样性,这一事实意味着不可能有针对存在的一种单一而总体的体验,不管是神秘地还是浪漫地理解这种体验——典型浪漫式断言就是,感觉或情感或某一种情感才是这一总体体验。③

如果借助基于理智异质性学说的认识论,将基于某种形而上学关于本质与现象的二元假定消解为"表面—深层"的感知结构,那么在科学活动中,研究者首先考虑的是人们直接经验到的、关于事物的"常识"。无论研究者所发现的关于事物的自然规律(同一性)如何逾出常识,这种规律本身都不可能否定常识现象(多样性),换句话说,它只能反过来将观察到的自然规律运用于对常识现象的解释上(统一性)。这种观点已经十分靠近现代自然科学方法论反思的成果:"自然反对从内部进行理解和重建,而只接受通过观察得到的有悖直觉的规律知识;但社会整体性和文化传统却从内部展示出

---

① 施特劳斯:《自然权利与历史》,第 125 页。

② 亨利希:《在康德与黑格尔之间》,第 113 页。

③ 施特劳斯:《苏格拉底问题五讲》,见《古典政治理性主义的重生》,郭振华等译,华夏出版社 2011 年版,第 207 页。

一种同参与者的直觉知识密切相关的解释文化。"①

与现象学传统一致,施特劳斯将对整体的一种根本意识或洞见视为所有理解的先决条件。② 换句话说,任何科学知识,都是以主体所普遍具有的某种前理论直观知识为基础的。看来,这种直观知识似乎在某种程度上承认了理论领域与实践领域分野的必要性,从而暗示了柏拉图与亚里士多德之间的一个根本区别。而理智异质性理论的主要目的,在于将对整体的同一性预设转渡为一种现象上的统一性——前者乃是本体论的假定,而后者是对人之理智的认识论呈现——从而保证对政治事物认知的合理性。这种合理性通过现象学与解释学传统,冲击了现代科学的宇宙论观的僭越。③ 因此,理智异质性理论旨在消弭尤其是在现代科学意义上充分对立的常识与整体(真理)之间的冲突。作为哲学出发点的任何现象,其向人类显现的方式都是常识性的。即便是人亲眼所见的事物(类似感性直观),如果不与耳听的(类似理性认知)进行区分比较,人们也不会获得关于此事物的任何知识。因此,对施特劳斯而言,耳听的认知方式反而是决定性的。这不禁使人想起了海德格尔在《存在与时间》第四十四节中关于真理问题的著名表述。④

第四节　从主体到自然:对自我意识的批判与替代

在施特劳斯对哲学史的阐释中,对宇宙论的修改,决定了哲学主题的变化。宇宙论提供了对整体的分析,而人既是整体的一部分,也是一个微观宇宙,因此,强调理智异质性的宇宙论从整体上指引着不同学科的划分并为之

①　哈贝马斯:《后形而上学思想》,第 35 页。

②　施特劳斯:《自然权利与历史》,第 126 页。

③　伽达默尔:《实践理性》,见《真理与方法:补充和索引》,洪汉鼎译,商务印书馆 2010 年版,第 410 页。

④　海德格尔:《存在与时间》,陈嘉映、王庆节译,生活·读书·新知三联书店 2006 年版,第 250 页。

奠基。① 在施特劳斯看来,柏拉图—亚里士多德所持的此种目的论宇宙观认为:"一切自然的存在物都具有其自然目的,都有其自然的命运,这就决定了什么样的运作方式对于它们是适宜的。就人而论,要以理性来分辨这些运作的方式,理性就会判定,最终按照人的自然目的,什么东西本然地就是对的。"②同样一个问题也对从属于自然整体的人自身提出:"人到底是一种盲目进化的偶然产物,还是某种朝向人并以人为顶点的进程的产物?"③换句话说,有关人类自身的目的论观念,乃是有关宇宙或整体的目的论观念的一部分。

但是,当现代科学以机械论的宇宙观来代替目的论的宇宙观时,出现了截然不同的两种解决方案,两者都关乎人在宇宙中的位置。在施特劳斯看来,如果以非目的论的、自然主义的人生观来配合机械论的宇宙观,就会将人仅仅视为由欲望和冲动(激情)所支配的产物;在难以完全接受这一点的前提下,一种根本的、典型的"现代二元论"出场:"在自然科学上的非目的论和在人的科学上的目的论。"④施特劳斯认为上述进程规定了现代哲学的任务:"首先确保认知能力,然后才可能实施机械物理学,并因此而能够理解宇宙。这便是笛卡尔的《形而上学沉思录》——现代哲学这部基础读本的内容。圣经—经院哲学的主题只是参与其事:现代科学即现代哲学,根本上应从内在哲学上,应从内在理论上来理解。"⑤

这样,自然科学的自我理解问题,便成为对人之认知能力的说明;认知能力的明澈性必须依赖于自我意识的严格反思。主体哲学的危机,某种程度上体现为一种内在的奠基性的冲突要求——非目的论的理论理性与目的

---

①　施特劳斯:《自然权利与历史》,第 123 页。

②　施特劳斯:《自然权利与历史》,第 8 页。

③　Leo Strauss, *Social Science and Humanism*,见 *The Rebirth of Classical Political Rationalism*:*An Introduction to the Thought of Leo Strauss*, selected and introduced by Thomas L. Pangle, The University of Chicago Press, 1989, p. 7.

④　施特劳斯:《自然权利与历史》,第 8 页。

⑤　施特劳斯:《回归古典政治哲学》,第 332 页。

论的实践理性如何能作为主体性之结构环节得以统一。[①] 贯彻了科学主义的时代精神,在康德的体系中,便表现为以认知能力保证现代科学成就之合理性的同时,又必须捍卫启蒙意义上人的自我理解。因此,判断力批判既要说明自然秩序对于人之认知能力的必然性,又要将形而上学问题转渡为对人之理性形象的哲学证成。公正地说,正是康德哲学对"自在之物"的预设,否定了认知理性骄傲的特权,限制了工具理性的膨胀。不过,当黑格尔以其历史意识辩证法的绝对概念实现了先验反思作为"所有领域的最高审判官"的合理性,[②]并企图在主体哲学内部克服主体性的分裂时,理智异质性就彻底地从黑格尔的哲学体系中被扬弃了。认识主体与客体在认识能力中的同一性,终于在主体性的内部催生了一种统一的理性概念。在总体化的理性概念之下,哲学的反抗只有通过奠基于不同的分化领域才有可能,并且这种奠基都带有一种深刻的和解要求。不管是通过实践论领域奠基,还是通过感性论领域奠基,对此种属人能力的合理性论证,都赋予了此种能力以"理性的他者"的合法性。然而,对理性的否定,哪怕是对理性的非理性的否定,也必须是理性的。基于此种悖论性,"理性的他者"作为基础领域获得合法性,意味着理性本身的无力:随着黑格尔体系的崩溃,启蒙的理念无论是从激进的还是保守的一面,都被要求抛弃。更何况对于施特劳斯而言,启蒙的理念,不过是晚近西方精神没落——这一没落被把握为古典政治哲学理想的降格——的结果。[③] 那么,即便是从一种对自然科学和精神科学的优先性

---

① 施特劳斯在很大程度上,接受了胡塞尔对欧洲科学危机的诊断。这个诊断的关键点在于,对自然的研究属于人事之一,但现代哲学通过自然科学的物理—化学成就的特权,反过来不承认精神科学,或者说,不承认自然科学的真正合法性来源于并从属于"周围世界"。胡塞尔的这个看法,贯穿了整个现象学—解释学传统。见胡塞尔:《欧洲科学的危机与超越论的现象学》,王炳文译,商务印书馆 2001 年版,第 385—388 页。

② 哈贝马斯:《现代性的哲学话语》,曹卫东译,译林出版社 2011 年版,第 23 页。

③ Leo Strauss, The Three Waves of Modernity, 见 *An Introduction to Political Philosophy*: *Ten Eessay* by Leo Strauss, edited with an introduction by Hilail Gildin, Wayne State University Press, 1989, p. 81.

进行转换的视角出发,施特劳斯也抛弃了从自身意识(精神)的反思进行论证的要求。

那么,施特劳斯用什么代替了这种主体性分析——该分析最终在历史相对主义的视域下蜕化为对理性的彻底否定。历史相对主义所坚持的多元论价值观念,实际上是与实证主义科学的价值观协调一致的。[①] 施特劳斯极力反对这一点,并返回到一种特殊的经验,即苏格拉底问题。不过,基于不同的文献差别[主要是阿里斯托芬(Aristophanes)、色诺芬(Xenophon)和柏拉图],出现了两种对自我意识的替代选择。第一种对自我意识的替代出现在对阿里斯托芬的喜剧的分析中。在如下论述中,施特劳斯表明了一种建立在对黑格尔研究的修正的基础上的拒斥:

> 在阿里斯托芬谐剧中,黑格尔看到了主体性对一切客体性事物的胜利——亦即对城邦、家庭、道德和诸神的胜利。主体,自主的(autonomous)主体,意识到自身乃一切客体性事物的源头,并把客体性事物带回到它自身。这一点适于阿里斯托芬的几乎每个方面,只有一个方面除外,而这个方面的确至关紧要。这种"带回"(不管如何来称呼它)的基础,这种主体主义的基础,在阿里斯托芬那里并不是主体的自我意识,而是关于自然的知识,这恰是自我意识的对立面。……阿里斯托芬谐剧的基础是有关自然的知识,而这对古人而言意味着哲学。[②]

从对自然的发现导向对自然正义的追问,这一哲学活动最终产生了古典主体主义的基础。从理论生活中诞生的主体性理念势必以某种方式来重新规范政治生活。阿里斯托芬看到了理念的此种"渎神"的性质。换言之,

---

① 施特劳斯:《海德格尔式存在主义导言》,见《古典政治理性主义的重生》,第79页。
② 施特劳斯:《苏格拉底问题五讲》,见《古典政治理性主义的重生》,第181页。

哲学具有非政治性或非公民性的性质,这被胡塞尔认为是古希腊理论中生活的本质。[①] 因此,着眼于公民社会的整合,诗(爱欲或激情)就必须取代哲学的第一位置。相反,站在哲学这一方,施特劳斯指出了第二种思路,即哲学的基础不是阿里斯托芬意义上的"自然学",而是柏拉图所主张的"灵魂学"。要系统地陈述施特劳斯关于灵魂学的阐述,限于篇幅,十分困难。在此只需要指出,根据施特劳斯的看法,古希腊人将灵魂理解为实体,并将之解析为三个具有等级秩序的部分(理性、血气或意气、欲望),这种理解不同于在现代意义上将灵魂理解为心理学的"自我"(self)。具有等级秩序的灵魂实体使得激情始终被理性掌控,其各个部分的有序运行便会引导人超出关于良善生活的意见而去寻找知识(德性即知识)。而"自我"这一意识活动则导向某种"生存观念":生存观念无法导向知识,只能在存在论的意义上导向比知识更高的"筹划或决断"这一饱受批判的海德格尔式的激情理念。[②]鉴于此,就不难理解为何施特劳斯多次提到一个具有强烈隐喻色彩的事实,即苏格拉底笑过一次,而从来没有哭过,而耶稣则哭过两到三次,却从未笑过,哪怕一次。[③] 正如亨利·柏格森(Henri Bergson)所言:"在一个纯粹理智的社会里,人们也许不再哭泣,然而他们可能笑得更多。"[④]这暗示了施特劳斯对理性主义的坚持,并将之与信仰生活,也与海德格尔式的现代性氛围区分开来。也正是在这个意义上,可以说,施特劳斯的元理论批判延续了胡塞尔的思想,在当代意义上试图重新恢复柏拉图的学说。

---

① 胡塞尔:《欧洲科学的危机与超越论的现象学》,第 395、403 页。
② 施特劳斯:《古典政治理性主义的重生》,第 92、232 页。
③ Leo Strauss, *City and Man*, p. 60.
④ 柏格森:《笑》,徐继曾译,北京十月文艺出版社 2005 年版,第 3 页。

| 第二章 |

主体问题的延伸:施特劳斯解释学中的作者问题

第一节 "作者"之为主体

作者问题既是文学理论的经典问题,又是当下语境中的热点问题。准确地说,"作者"是解释学文论的核心问题。但是,鉴于"解释学"在当代西方哲学中的复杂性,[①]要准确、深入地理解作者问题,须构造出某种思想史视

---

　　① 关于解释学在当代西方哲学中的定位及影响,不妨采用 Dieter Freundlieb 在其专著中的分类。Freundlieb 认为,当代哲学的主要分支有三种:1)分析哲学,包括分析的心灵哲学、语言哲学以及科学哲学;2)以普特南、罗蒂等为代表的,试图融合分析哲学与大陆哲学传统的新实用主义;3)所谓大陆哲学,即哲学解释学、现象学以及后现代哲学。Freundlieb 主要将哲学解释学描述为海德格尔哲学之后德国哲学中的两大思潮,其代表一是伽达默尔,二是批判理论。现象学主要指从胡塞尔到梅洛·庞蒂这一谱系,而后现代哲学则主要指德里达、福柯以及利奥塔等法国思想家。广义上法国后结构主义理论也可以视为解释理论。而按照阿佩尔的分类,则分为三条主线:马克思主义;分析哲学;现象学—存在主义哲学—解释学。让·格朗丹在此基础上认为目前当代哲学实际上主要由后两者分庭抗礼,而批判理论的基础自哈贝马斯吸纳解释学、分析哲学以及实用主义以进行改造以来,在广义上也可纳入解释学传统。因此,在此意义上,解释学不仅仅是理解历史流传物,也是理解世界上各种事物的尝试。正如文学本身不仅仅是晚近所理解的审美静观,也是社会行动一样。以上 Freundlieb 的观点请参见 Dieter Freundlieb, *Dieter Henrich and contemporary philosophy*: *the return to subjectivity*, p.10—11。其余观点请参见让·格朗丹:《哲学解释学导论》,何卫平译,商务印书馆 2009 年版,第 19—21 页。

野。这也包含了从思想史角度来理解文论的普遍方法。因此,本章试图将作者问题嵌入当代欧陆哲学的解释学"星丛"中。此"星丛"包含了一系列围绕着相关问题互相竞争的解释学理论,其总体趋向是试图发展普遍解释学理论,并向以读者为中心的理论范式转型。但施特劳斯可谓一个例外,他逆流而行,不仅反对任何普遍解释学理论,而且坚持作者原意应成为释义活动的准绳。因此,以施特劳斯的解释学方法作为轴心和出发点,考察它就作者问题与其他解释学理论的竞争与对话,不仅最富理论张力,而且有助于将"作者"概念系统地把握为一系列问题的聚集。换言之,在有限的思想史视域内,"作者"概念本身也是一片"星丛"。因此,本文的出发点便是对作者问题进行再度理论化,即将之分解为三个问题:文类区别(解构理论)、解释的普遍性(哲学解释学)以及先验主体性(批判理论)。这三个问题不仅具有内在的逻辑关联,而且皆是当代最重要的解释学思潮之间争论的焦点。

从思想史角度来看,以讨论施特劳斯的解释学观念开篇,并不算是文论的题外话。虽然施特劳斯流亡美国,但其思想源自胡塞尔—海德格尔传统,其关于文本解释的独到观点很早便引起了关注。最早的讨论始自施特劳斯与汉斯-格奥尔格·伽达默尔(Hans-Georg Gadamer)的私人通信,随后《真理与方法》对之进行了公开回应。施特劳斯与亚历山大·科耶夫(Alexandre Kojève)的争论,也在法国思想界(诸如雅克·拉康 Jacques Lacan)产生了影响;在美国,诸如保罗·德曼(Paul de Man)等文学理论家也关注到施特劳斯的解释学思想。[①]

这些零星的关注之所以没有形成广泛且有成效的争论,内部与外部的原因兼有之。这些原因既包括美国严格且刻板的科系划分,也包括施特劳斯为自身事业增添的神秘色彩。[②] 不过,从现象学—存在主义哲学—解释学

---

① 坎特:《施特劳斯与当代解释学》,程志敏译,见《经典与解释的张力》,刘小枫、陈少明主编,上海三联书店 2003 年版,第 100—101 页以及第 166 页注 1。

② 例如,施特劳斯本人在公开场合或出版物中对其思想史背景着墨甚少,相关讨论可参斯密什:《阅读施特劳斯》,高艳芳、高翔译,华夏出版社 2012 年版,第 160—161 页。

谱系着眼,施特劳斯的古典政治哲学与同样源自该谱系的三大思想后裔,即解构主义(雅克·德里达 Jacques Derrida)、哲学解释学(伽达默尔)及批判理论(哈贝马斯),构成了一种潜在的对话及竞争关系。因此,若将批评视域集中在作者问题上,可以理出一条比较明晰的线索:首先,作者意图是否在文本解释中具有权威性,与传统形而上学密切相关,尤其是逻辑学与修辞学的关系问题;其次,它涉及解释学的普遍性要求,核心是如何看待历史主义原则;最后,它还涉及先验主体性问题,并与批判理论对此问题的处理形成了参照。在进一步讨论之前,不妨先弄清楚,施特劳斯关于文本解释的观点究竟有何特殊性。

众所周知,根据 M. H. 艾布拉姆斯(M. H. Abrams)著名的文学四要素,当代西方文学理论在释义上的出发点各有不同,例如:现象学文论关注的是作为意向性客体的文学作品;新批评则立足"意图谬误"和"感受谬误",强调文本的封闭性;读者反应批评和接受美学,则着力强调读者在激发文本释义潜力方面的决定性作用。上述理论可谓从文学活动的某一要素出发,对文本解释进行归因。相反,施特劳斯强调文本解释活动本身的复杂性及规定性,主要有以下几点:

(1)文学问题的本质是社会交往问题,因此,文学作品是修辞意义上的交往中介形式。

(2)某类作者能够根据特定的社会环境来决定写作风格,即"隐微写作",以便在释义活动中与理想读者进行沟通。

(3)读者应当像作者理解他自己一样来理解某个伟大的作者。或者说,按照作者自身的意图来理解作者。

就命题(1)而言,施特劳斯主要是从社会交往的层面区分了文学问题与哲学问题,并将文学问题定义为"社会与哲学的关系问题"①。施特劳斯与胡塞尔一样,认为不存在一种知识或真理标准,能够同时满足哲学严格的认知

---

① Leo Strauss, *City and Man*, p. 52.

要求与生活世界的交往需求:"由于要求全部由经验得来的认识服从理念的规范,即服从绝对真理的规范,由此立即引起人的存在的整个实践,即整个文化生活的深远变化;实践不应再由朴素的日常经验和传统来规范,而应由客观真理来规范。"①当哲学带着知行合一的要求进入社会时,就会因为社会的抵制而产生一类特殊的现象:对思想来源进行迫害。哲学家惊世骇俗的认知要求和伦理变革,成为社会交往保守本质的众矢之的。苏格拉底之死便是最鲜明的例子。因此,在特殊的社会环境下,哲学家的公开写作就必然要实现双重目的:保全自身和传播真理。命题(2)描述了所谓"隐微写作"。"隐微写作"遵循和利用了检查异端写作的固有程序中的疏漏。例如,匆忙的阅读或检查关注的是著作的开端和结尾,以便确定著作的主旨是否符合规定。这就提供了机会,让有心的作者能够把精心结撰的危险思想,隐藏在文本中通常被人所忽略的中间或不引人注意的地带。只有细心的读者,或者说,具有关注"异端"的心智的读者才有能力和有耐心去求索作者苦心孤诣的写作意图。命题(3)由此得出了一条理解原则。根据命题(3),首先被排除的是最狭隘的文学解释方式。因为文学解释基于艺术欣赏表面的非功利性和愉悦性,允许读者将复杂解释化约为追求个人趣味的即兴式读后感,坚持"误解"就是"理解"的原则。

从上述命题可以看出,施特劳斯所谓的文本解释,涵盖了创作、传播和阅读等复杂的文学现象,而并非单独强调文学活动的某个单一要素。不过,核心仍然是作者问题。按照施特劳斯的看法,不管是文学作品在社会交往层面上所具有的中介功能,还是读者在阅读中应该遵循的规则,都必须以作者的自我认知和有意识的创作为前提。更何况,作者的身份问题与对哲学的定义(哲学即追求智慧,而追求智慧必然是共同追求)紧密相关,并演化为政治哲学研究的根据。就此而言,作者操控语言媒介的能力便成了关键,并表现为文类区分的不同要求。

---

① 　胡塞尔:《欧洲科学的危机与超越论的现象学》,第 405 页。

第二节 "作者"的消解:文类的差异性

无独有偶,文类的差异性正是解构理论所关注的核心。保罗·A. 坎特(Paul A. Cantor)指出,施特劳斯的文本解释法和解构理论最相似的地方在于,两者都注重在文本中寻找作者的自相矛盾之处。但对施特劳斯而言,文本的自相矛盾乃是作者为了避免直接传达有害思想而有意使用的迂回表达,其功能正如路标,指向了作者的真实想法。而解构理论的关键则恰恰在于将作者的意图与文本彻底切割,视自相矛盾为西方话语内部的固有事实,从而宣告先验主体的死亡。因此,解构理论颠倒了西方话语基本的二元对立,即"字面意义"的优先性、源始性与"比喻意义"的次要性与派生性。[①] 话语的隐喻力量获得了解放,并被认为是语言的本质。坎特正确地看到,解构理论抹杀了所有读者与所有作者的差异性,而赋予了话语本身以无上的权威。这恰恰与施特劳斯的主张完全相反。解构理论非但没有在作者是否意识到文本的虚构性这个问题上做出任何区分,反而极端地推进了浪漫主义解释学所依赖的创作无意识,[②]从而完全否定了作者对文本的控制能力。但是,所谓"隐微写作"其实也陷入了作者对文本完全操控的另一个极端。其背后的原因究竟何在呢?

一言以蔽之,解构理论与施特劳斯都洞悉到审美话语在理性批判中的重要作用,但前者彻底依赖其颠覆作用,而后者则对此作用葆有完全的警惕性。就此我想:(1)分析解构理论的问题;(2)指出施特劳斯的警惕性源自柏拉图主义的语言观,并导向了对解释学普遍性的怀疑。

---

① 坎特:《施特劳斯与当代解释学》,见《经典与解释的张力》,第 120 页。

② 夏皮罗在绘画中观察到了作者无意识的作用:"绘画中的偶发因素在绘画中可以导入艺术家可能永远也无法通过计算获得的品质,这一点已不是什么新鲜事了。16世纪的蒙田早已注意到,一个画家有可能在他自己的画里发现不经意的笔触,而且比他苦心经营的东西还要精彩得多。因此,它是艺术创作中的一个基本事实。"参见夏皮罗:《现代艺术:19 与 20 世纪》,沈语冰等译,江苏凤凰美术出版社 2015 年版,第 260 页。

(1)诉诸作者之死来瓦解文本中的先验主体性,似乎是法国理论一贯的特征,例如罗兰·巴特(Roland Barthes)宣告作者死亡,米歇尔·福柯(Michel Foucault)视作者为文本中的话语功能。"作者"只不过是文本中话语多样性和异质性的替代名称。^① 哈贝马斯指出,包括德里达在内的后结构主义运动在语言学转向中,试图用语言来取代主体性。伴随着源自传统主体理论的自我意识等概念从哲学基本概念中被驱逐,字面意义与比喻意义、逻辑学与修辞学、严肃话语与虚构话语之间的界限也被普遍文本的无限增殖所取代。哈贝马斯从后海德格尔语境出发,将之理解为抹除与主体一切先验联系的语境主义,并指出其论证资源源于文学和文学理论领域的审美经验。^②

哈贝马斯将德里达在美国解构批评中的影响概括为以下几点:文学批评失去了专业化特征,不再是科学研究,而属于创造性活动;批评被提升为形而上学批判,成为揭示哲学文本内涵的策略手段,后者与文学文本几乎没有了文类差别;修辞学凌驾于逻辑学之上,打破了修辞及其功能在语言中的传统角色。总之,泛化的文学批评与失去论证力量的哲学最终只能与一种彻底的文本语境主义相适应。^③

文学批评获得了独立地位,实际上也继承了哲学传统中的老问题,即哲学作品何以能具有文学特征。这种古老的区分,从柏拉图、亚里士多德时代起就表达为逻辑学优先于修辞学的地位,并随着自然科学的胜利一直保持到伽达默尔关于精神科学方法论的讨论中,哲学作品何以能具有文学特征在根本上属于认识论批判问题。就通达知识的理性方式而言,哲学内部从未平息过论证或分析(analysis)与理解或综合(synthesis)之间的争论,对阵

---

① 巴特:《作者的死亡》,见《罗兰·巴特随笔选》,怀宇译,百花文艺出版社 2005 年版,第 300 页;福柯:《什么是作者》,见《后现代主义文化与美学》,王岳川、尚水编,北京大学出版社 1992 年版,第 287 页以下。

② 哈贝马斯:《后形而上学思想》,第 226 页。

③ 哈贝马斯:《现代性的哲学话语》,第 223—246 页。

双方业已扩大至大陆哲学与分析哲学阵营。[①] 在同样的背景下,德里达彻底反对自 19 世纪以来愈演愈烈的学科化和专业化,[②]另辟蹊径地找到一条通往真理的通道。就此而言,他对科学实证主义的尖锐批判,对技术官僚统治的前瞻,以及对知识分化包含的意识形态倾向的洞悉,都值得肯定。但关键是,德里达并没有在现代性分化所导致的各种文化形态之间的分化论证上下功夫,转而接受了自弗里德里希·尼采(Friedrich Nietzsche)以来依赖审美现代性话语的总体性批判。哈贝马斯指出,这种批判的要点在于,原本依循理性建筑术所分化出来的不同领域之间的话语论证,皆被还原为一种价值判断:"批评的正当意义就是价值判断的意义,它建立了一种等级秩序,用以权衡事物、衡量力量。所有的解释都是估价。"[③]换句话说,德里达从一种整体论出发,将现代社会中围绕不同有效性要求而形成的不同领域间的复杂关系一笔勾销,同时,也就取消了文学批评(或广义上的审美批判)扮演专家文化,与扮演日常生活世界的文化中介这两种角色之间的区别。修辞功能对论证形式取而代之的背后,是对修辞功能不恰当的本体论化。而修辞功能原本扮演的是文学批评和哲学之间的亲和性角色,其前提在于"每种研究的修辞学工具都属于一种完全不同的论证形式原则"[④]。

(2)与解构理论不同,施特劳斯完全意识到了文学批评与哲学之间的区别和关系。他将这个问题表达为哲学作品(尤其是柏拉图对话)的特殊形式问题。与德里达相反,施特劳斯恰恰强调作者和读者的独一无二性,因此关注柏拉图对话这类在哲学史上独树一帜的作品。他认为,柏拉图对话具有特殊优势,因为它模仿了口头交流的灵活性、精确性和丰富性。换言之,通

---

① Stanley Rosen, *The Limits of Analysis*, New York: Basic books, Inc., Publishers, 1980, Preface.

② 华勒斯坦等:《开放社会科学》,刘锋译,生活·读书·新知三联书店 1997 年版,第 7—11 页。

③ 哈贝马斯:《现代性的哲学话语》,第 142 页。

④ 哈贝马斯:《现代性的哲学话语》,第 245 页。

常意义上的写作具有"独白"的特性,尤其是论文写作。论文不存在选择听众,它预设了其模式能够对所有人都传达同样客观的意义。相反,柏拉图选择对话,是因为对话能够再现哲学教育的现场感,相比论文更具"因材施教"的特征。

就此而言,施特劳斯将对文学形式的强调,与哲学教育选择其门徒这一古典方式的苛刻要求等同起来。他认为,这种苛刻要求决定了哲学传播的严格形式。真理须世代相传,无法脱离理解问题,根本上也属于语言问题。我认为,施特劳斯由此对古典传统进行了某种修正,这种修正与当代语言哲学对传统语言论的反思紧密相连。与德里达一样,施特劳斯根本上也认为传统逻辑学所强调的纯论证形式具有某类缺陷。伽达默尔解读柏拉图的《书信七》时也提出了这一点,即作为自然之中的某种实存,语言自身并未提供任何保障来使人们相信事物可以通过它们完全地、无遮蔽地展示出来。[①]柏拉图表达了一种严苛的语言观念,他几乎将表达实在的所有途径都视为逻各斯的缺陷,认为语言的不稳定性将产生混淆,并使哲学讨论堕落为智者的诡辩。[②] 由此,柏拉图对语言的讨论引导了哲学史中对一种完美的人工符号系统(专门代码)的不懈追求,然而此种哲学努力在当代遭受了路德维希·维特根斯坦(Ludwig Wittgenstein)的严重挑战。在解释学传统中,此种反思促使了一种回返日常生活语言的努力:"语言和说话的全部基础,即它们得以可能的根据,是歧义性或者说(按以后的语法学和修辞学的叫法)是'比喻'。"[③]就对事物非认知性的理解而言,在交流对话的语境中,词的歧义性会极大地削减。因此,施特劳斯极其关注政治生活中语言使用的精确

---

① 伽达默尔:《柏拉图〈第七封信〉中的辩证法与诡辩》,见《伽达默尔论柏拉图》,余纪元译,光明日报出版社 1992 年版,第 115 页。

② 柏拉图:《柏拉图全集第四卷·书信》,王晓朝译,人民出版社 2003 年版,第 97—100 页。

③ 伽达默尔:《柏拉图〈第七封信〉中的辩证法与诡辩》,见《伽达默尔论柏拉图》,第 123 页。

性。① 与德里达以修辞学来直接瓦解逻辑学不同,施特劳斯认为从对事物的常识意见或者说日常修辞形式(日常描述)出发,就能提供无害的、通达纯粹思辨的基础和路径。

从此出发,柏拉图的对话便被视为一种引导。对话双方并不平等,一位哲人会引导青年(潜在的哲人)走向真正的哲学生活。哲人作为引导者,就必须在对话的写作中为此设置种种路标,考虑读者的差异性。正是对作者权能的肯定,反过来决定了"解释"的性质:作者通过特殊写作方式在文本中传达了特定意图,是否能够在解释中领会到此意图,并以此作为解读的引导,既依赖于也决定了读者的差异性。这种非对等的结构,使得文类差异转变为作者表达其意图的技巧,同时质疑了解释学普遍要求及其历史主义原则。后两者旨在摧毁作者对文本的控制权威。

第三节　解释学的"历史主义"之争

施特劳斯在与伽达默尔的私人通信中,对"普遍解释学"提出强烈的疑问:"我自己的诠释学经验则非常有限——不仅如此,我拥有的经验还让我怀疑,一种普遍解释学理论若不仅仅是'形式的'或外在的是否可能。我相信,那一怀疑来自我感觉到的每一个值得做的解释的无可弥补的'应时'(occasional)特性。"②

上述引文所提出的理论问题是:在解释文本所依循时间展开的解释过程中,读者究竟应该依凭何种标准来进行合理的解释? 从表面上看,施特劳斯根据哲学史上迫害与写作的状况以及哲人的生存问题来质疑伽达默尔,而伽达默尔也公开接受了此种批评。③ 但是,文本释义是否必须服从一个标

---

① 施特劳斯:《古今自由主义》,第 252—253 页。

② 施特劳斯:《回归古典政治哲学》,第 406 页。

③ 伽达默尔:《真理与方法(下卷)》,洪汉鼎译,上海译文出版社 1999 年版,第 709—710 页。

准,首先涉及近代哲学关于历史主义的著名争论。历史主义如何界定非常复杂,在此只需提到,施特劳斯将历史主义与战后德国哲学的危机联系起来,认为历史主义原则的流行造成了对理性的怀疑,使哲学或科学萎缩为一种对特定文化和历史的研究。在施特劳斯看来,上述原则在海德格尔哲学中达到顶峰,为哲学解释学开辟了道路。[①] 下面不妨考察施特劳斯对历史主义的著名驳斥,该命题被表述如下:"历史主义断定所有的人类思想或信念都是历史性的,因而理当注定了会陈腐朽落;然而,历史主义本身就是一种人类思想,因此历史主义就只具有暂时的有效性,或者说它并不是纯然的真理。"[②]

施特劳斯关于"历史主义"的表述,相当于伽达默尔"解释学的普遍要求"(hermeneutischen Universalitätsanspruchs)这一著名表述。有研究者认为,该表述表达了一种逻辑或实用的矛盾。[③]"解释学的普遍要求"基于"一切事物都是历史的"这一普遍性要求,但是,这一陈述要想具有普遍性,也就必须适用于其自身,所以其前提与结论矛盾了。这种论证方式导致:既然历史主义原则并非普遍有效,那么,其反题即"并非所有事物都是历史的",或"存在着一些非历史的事物"便可成立。这些非历史的事物便属于由哲学来把握的逻辑世界。这种任务在施特劳斯那里等同于复兴古典理性主义。

根据让·格朗丹(Jean Grondin)的引证,伽达默尔对上述类型的论证提

---

① 关于历史主义的流行和哲学解释学的兴起,施特劳斯以施宾格勒为例做了相应的说明,其论述涉及德国保守主义革命时期的思想氛围,请参见 Leo Strauss, The Living Issues of German Postwar Philosophy(1940),见 Heinrich Meier, *Leo Strauss and the Theologico-Political Problem*, Cambridge University Press, 2009, p. 115-120。另外,历史主义兴起与现代社会科学的兴起之间的关涉及其背后的意识形态分析,请参见华勒斯坦,等:《开放社会科学》,第 10—11 页,以及第 16—18 页。

② 施特劳斯:《自然权利与历史》,第 26 页。

③ 让·格朗丹的分析虽然没有明言是施特劳斯的,但其引述的反对解释学普遍性要求的观点与施特劳斯一致。参见让·格朗丹:《哲学解释学导论》,第 22 页。

出过反对意见,即承认这种反驳是不可反驳的同时,强调这类反驳并未真正消解掉历史主义或相对主义的真实性,而是使"反思"的真理价值成疑,进而威胁到一切形式论证的真理要求。[①] 但是,"反思"所导致的循环论证问题并没有得到处理。伽达默尔在另外的地方也承认,反思悖论只能通过先验主体性的破产而暂时消解。[②] 而这与其说是在解决历史主义问题,不如说是对之进行某种回避。让·格朗丹指出了这一点:

> 对历史主义的形而上学探讨试图通过要求超越历史性来解决这个问题,它是通过求诸一个超时间的权威(世俗的或宗教的权威),或求助于逻辑的最终结论,或有时通过证明它自己的基础地位,来保证非历史标准的有效性。所有这一切尝试性的解决办法与历史主义的相同之处是它们共同的形而上学基础,即这样一种观点:在没有绝对真理的情况下,一切都必然是相对的。[③]

让·格朗丹的论述很有启发意义,他指出了与形而上学论相伴随的先验主体性的困难。这种非历史标准的获取无非有二:一是通过外在的权威来赋予主体这一标准;二是自律的主体在自身内确立这一标准。随着形而上学或创世神学所保证的世界图景的破产,近代哲学走上了第二条道路。胡塞尔将此贯彻到极致,但还是无法阻挡海德格尔对之进行反驳。海德格尔指出了自我反思的时间性难题,即如果再一次地反思那对反思自我一直不断进行的反思,反思自我就不得不陷入一个无法停止的重复进程。但若

---

①　让·格朗丹:《哲学解释学导论》,第 22—23 页。

②　Gadamer, *Subjektivität und Intersubjektivität*, *Subjekt und Person*, in ders., *Gesammelte Werke. Bd.* 10. *Hermeneutik im Rückblick*, Tübingen: Mohr, 1995, S. 90-91.

③　让·格朗丹:《哲学解释学导论》,第 23 页。

此反思不停止,知识的确定性便无法被获得。[①] 从上述论断中可以看到,罢黜先验主体性的全部后果,会导致海德格尔的哲学走向原始哲学或语言神秘主义,并最终在德里达的普遍文本中走到顶点。伽达默尔从中正确地看到了"先验主体性"向"主体间性"转换的必要性,虽然后者仍是一个未彻底澄清的概念。

因此,在施特劳斯看来,近代哲学框架下的先验主体性与形而上学所遭遇的困难几乎一样多。如果不在文本解释中预设先验主体(即一个普遍主体)的地位,文本解释的可能性与有效性都无法得到保证,而文本的内在同一性也会成疑。但是,施特劳斯以作者和读者的个体特殊性来反对先验主体的统治。例如,细心且灵敏的读者似乎可以在有意识的作者所建立的文本召唤结构中,避免解释学所揭示的阅读的普遍结构,即每一个人带着其"前理解"的误读或误解。这种普遍结构决定了读者最理想化的境界是"必须比作者理解自己更好地理解作者"。[②] 因此,作者的个体特殊性必须预设某种特殊类型的人(哲人)。这个作者就不再是浪漫主义美学影响下的那个能凭借无意识写作的作者,而是一个高度理性的哲人。实际上,施特劳斯笔下的作者或读者,并不是某个相对于普遍主体的个体,而是某一类型的个体。因此,施特劳斯赋予了这个作者合法性的途径,便是去描述这类人的存在根据和理由。值得一提的是,这个作者天然地具有双重身份,即城邦的公民与哲学家。这双重身份既具有悖谬性,又必须在哲学事业中得到统一。唯有这种统一才能够为赋予作者写作的特权提供充分必要条件。

第四节　文本中的先验主体

对文本层面的现象学先验主体性的反思,会导致不同的后果。就解释

---

① Gadamer, *Subjektivität und Intersubjektivität*, *Subjekt und Person*, a. a. O., S. 93.

② 伽达默尔:《真理与方法》(上卷),洪汉鼎译,商务印书馆 2010 年版,第 265 页。

活动而言,对作者身份和读者身份的反思,会引发文学社会学的兴趣,也会引导文学批评去瓦解一种对作品的美学静观。夸张一点说,先验主体性的彻底破产,还会导致作品分析的麻烦:对艺术作品的意向性分析必须依赖于先验主体的定向感知,或者说普遍的原始直观。根据胡塞尔的观点,感知与对象的关系并非一种直接的对应关系,而是先存在一张由感知行为构成的网,其后主体与对象的意向性关系才从这张网中凸显出来。因而,首先是对事物的整体感知,然后才有具体的定向感知。海德格尔由此认为,艺术作品与艺术便处于前定向感知的层面,美学考察则处于具体的定向感知层面,换句话说,后者施行的乃是一种定向的视觉关系,一种主客间的认知关系。但回到康德美学的层面上,问题仍未得到澄清:这种具体的定向关系在我们对艺术的整个意识活动中处于什么位置?该问题的提法必然逾出艺术科学的规定,走向一种对先验审美能力的批判。在此意义上,致力于澄清整个普遍意识结构的现象学毫无疑问是"一种普遍的启蒙科学"(亨利希语)。海德格尔则将这条路径判为主体化倾向。亨利希认为,这是因为海德格尔已经将自我意识等同于自我权力,认为这种自笛卡儿以来的自我关系必然导致工具理性宰制。[①] 因此,在海德格尔看来,唯有一个具有自我揭示功能的、含有真理意蕴的客体领域,才能够彻底摆脱呈现为前理解认知过渡结构的主体主义。这种对先验主体性的彻底拒斥,结果是某种语言神秘主义。

显然,施特劳斯拒绝重蹈覆辙,从而坚持认为存在着能够控制文本的作者原意,并在文本中形成对理想读者的"召唤结构"。这个"意图"说到底依赖于苏格拉底对话的特殊经验,而并非先验自我意识的活动。这种经验超

---

① Vgl. Dieter Henrich, *Theorie formen moderner Kunsttheorie*, in ders., *Theorien der Kunst*, hrsg. von Dieter Henrich und Wolfgang Iser, Frankfurt am Main: Suhrkamp, 1993, S. 18—20.

越了新批评由对封闭文本苛刻诉求所引发的对作者意图的简单拒绝。① 在施特劳斯笔下,对话体哲学文本乃是哲学教育或者说公共生活形式,而作者必须是一位运筹帷幄的哲人,读者则属于具有特殊心性的潜在哲人群体。从事文本解释的活动,意味着进入哲学共同体的一种哲学行动。正如我们反复指出的,施特劳斯所描绘的这幅蓝图,取决于分析哲人这一特定类型,或者说哲人的身份问题。② 施特劳斯曾以"哲学社会学"来概括此处涉及的哲学与政治的关系,并与科耶夫产生了争论。双方的争论是从如何解释色诺芬的一篇对话作品《希耶罗》开始的,但落脚点都是为了解释苏格拉底哲学活动最突出的一个特征,即苏格拉底始终坚持在市场上与各类人谈话,虽然为此他遭受了死亡的厄运。

苏格拉底现象涉及如何看待"哲学"这一问题。首先,哲学依赖社会分工,哲人的生存需依赖社会大众。其次,哲人思考所得知识的正确与否,又须依赖哲人圈子的共识。这是因为,个体孤立的"主观确定性"不能作为真理的标准,真理须是"交互主体"的。但是,共识一旦形成,宗派或学派必然

---

① 新批评以四个命题来描述对作者意图的批评,其核心要点在于抨击传记式批评对作品的外部归因,从而忽略了作品的内在结构。施特劳斯的观点与新批评相反的地方在于,他并不预设从社会心理学角度对作者意图进行的静态归因,而是将作品内在结构的分析本身视为对作者意图(或者说作者对特殊社会状态的反应)的层层揭露。科耶夫曾经将之形容为"哲学侦探"。但是,侦探行动必须预设存在着一个"犯罪现场"。这个前提在施特劳斯思想中的对应物恰好是苏格拉底对话的特殊经验,这种经验是由哲学事业本身所产生的,源头就在于哲人作为一类特殊的人在城邦生存。参见威廉·K.维姆萨特、蒙罗·C.比尔兹利:《意图谬见》,见《"新批评"文集》,赵毅衡编选,中国社会科学出版社1988年版,第210—211页。

② 坎特在评述施特劳斯关于作者的观点时,认为其超越解构理论的地方在于老练地承认作者的区别,而不预设一个普遍的作者。就此而言,施特劳斯的教诲可归结为:文本可以有一种确定的意义,而并非只有一种单一的意义。因此,施特劳斯的理论便主要类似于读者反应批评,只是他也不假定只有一种读者类型。这种解读颇具启发性,但问题是完全忽略了施特劳斯的思想史意图,从而忽略了隐微写作所依赖的特定类型的作者/读者及其在哲学社会学中的意义。参见坎特:《施特劳斯与当代解释学》,见《经典与解释的张力》,第129页以及130页注1。

产生,这会使哲学行动转变为某种"意识形态"。在施特劳斯与科耶夫看来,真正的哲人不会满足于堕落为"常识"或"习见"的哲学观点,他必然要走出具有宗派倾向的哲人团体,产生进一步的交流欲望。两人的关键分歧在于如何解释"交流欲望"。科耶夫认为,哲人的交流欲望源自补救"主观确定性"的不足,或渴望得到他者承认的需要。① 从他糅合了存在主义与马克思主义的黑格尔式历史观来说,交流欲望当然会有历史终结。当真理或黑格尔意义上的绝对精神被揭示出来时,交流欲望便会终止,哲学也就转变为改变世界的行动。而施特劳斯则认为,哲学的动力乃是"无知之知",它无法占有真理,而只能永远求索。② 但哲学仍需预设存在着整全的真理,哲学行动就是以知识不断去取代意见的努力。哲学因而不考虑世俗意见,从而为自身招致政治迫害。那么,苏格拉底对话就不是勇气问题,而是策略问题。哲人采取隐微写作,为的是避免遭受迫害,从而通过哲学教育来改革社会。因此,施特劳斯便认为哲人交流欲望的终止源自"自我崇拜"这类不需要别人肯定的"良知"。③

显然,如果不把苏格拉底看作一个隐秘的社会革命家,就无法解释为何哲人在哲人圈子内部都得不到的满足,能够在与大众的交谈中获得。施特劳斯既坚持宗派意识不可能是真理的栖息地,又拒绝科耶夫所宣告的哲学终结或某种致力于哲学论辩公开化、普遍化的"文字共和国"。但这样一来,就必须预设哲人具有那种无须通过他人肯定来验证,又能够避免"主观确定性"危险的先天良知。斯坦利·罗森从中看到了一种混淆:如果"无知之知"归根结底是某种知识,是某种神秘的"知",是一个形式上的确信,那么,就其作为一种自我确信、一种意志行动而言,又怎么能和信仰区分开来呢?④ 施

---

① 坎特:《施特劳斯与当代解释学》,见《经典与解释的张力》,第218页。

② 施特劳斯、科耶夫:《论僭政》,何地译,华夏出版社2006年版,第212页。

③ 施特劳斯、科耶夫:《论僭政》,第221页。

④ 罗森:《作为政治的解释学》,见《施特劳斯与古今之争》,刘小枫选编,华夏出版社2010年版,第57页。

特劳斯几乎从未正面回应过此类质疑。确实,这个问题不过是自我认同问题的古老版本。施特劳斯既拒绝从先验主体性自我确证的角度,又拒绝从社会交往(主体间性)的角度来解决问题,几乎不可避免地陷入了意识理论的困境。[①] 哈贝马斯曾从相反的方向确认了这种困境:

> 的确,只有在一个其成员已达到法定年龄的解放了的社会里,交往才能发展为所有成员之间的非统治性对话,从中我们总是已经获得了一种相互建构的自我同一性模式以及真正一致的观念。因此,陈述的真理总是基于对成功生活的预期。纯理论的本体论假象,不仅使认知导向的兴趣消失了,还增强了如下假定,似乎苏格拉底式的对话(der sokratische Dialog)是普遍的,并且随时都可能发生。[②]

哈贝马斯的判断指明了一个关键问题,即复兴古老文本解释实践的前提,恰恰是对文本适用范围的缩小和特殊化,而并非普遍化;不设置某种特殊作者或读者类型,而求诸普遍类型的当代解释学,恰恰旨在寻找可达成理解的最低限度的普遍条件。这一条件在古代社会中其实是极其偶然和微弱的,因为正如施特劳斯指出的,它依赖于所谓自然秩序或创世神学所决定的特殊类型的人,即生活在伊壁鸠鲁花园中的哲人。而随着启蒙时代的来临,

---

① 社会理论中的自我认同或者说个体化问题至今也没有真正完满的解决方案,但基本路子是通过将先验自我的同一性问题转化为人称代词的使用问题,换句话说,以语言分析来替代意识分析。哈贝马斯诉诸米德的社会心理学方案,但是迪特·亨利希及曼·弗兰克都对之进行了质疑,并认为先验主体性问题无法降低到社会主体间性层面来解决。由于涉及的论述层面过于复杂,此处不再详述。参见哈贝马斯:《个体化与社会化:论米德的主体性理论》,见《后形而上学思想》,第 179 页以下;Vgl. Manfred Frank, *Ansichten der Subjektivität*, Frankfurt am Main：Suhrkamp, 2003, S. 296.

② Jürgen Habermas, *Technik und Wissenschaft als ＞Ideologie＜*, Frankfurt am Main：Suhrkamp, 1978, S. 164.

现代公共领域的兴起,才在某种程度上推动了理解条件的普遍化和制度化。① 后者恰恰是当代解释学所捍卫的对话原则的普遍前提。

从上述具体分析中,我试图从思想史视野中去把握施特劳斯文本解释观的诸前提。这些前提是在与当代诸种解释理论的争论中形成的。在对文类差异性的辨析中,施特劳斯赋予苏格拉底对话经验以特殊地位,并由此引发了与哲学解释学关于历史主义原则的争论。这种观点与现代思想中消解先验主体性的思潮合流,并与最初在美国社会哲学中成形的"主体间性"范式具有某种亲和性。② 但施特劳斯最终在对哲人类型的分析上与当代社会理论分道扬镳,这显示了其理论的内在困难:没有现代主体性概念的支撑,很难设想一位对文本具有完全控制能力的作者。施特劳斯暗示存在作者的原意,某种意义上相当于在文本中预设了一种无所不包的(或者说在理想条件下不出错的)视角,并将哲学解释学所允诺的理解差异性与相对主义画上了等号。伽达默尔曾反复地指出其中的危险:

> 质疑"主体性的自我透明性理想"(Ideal der Selbstdurchsichtigkeit der Subjektivität),并不仅仅指人确实会一直寻找所有意义理解的界限,而是指一种无限制的意义理解本身会削减理解的意义,甚至在根本上还会取消这种意义,正如一种无所不包的视角会取消各个视角的意义一样。③

---

① 麦卡锡:《哈贝马斯的批判理论》,王江涛译,华东师范大学出版社 2010 年版,第 19 页。

② 这里主要是指阿隆·古热维奇(Aron Gurwitsch)和阿尔弗雷德·舒茨(Alfred Schütz)以生活世界(Lebenswelt)概念在美国社会哲学中掀起的影响,这一概念标志着对先验主体性原则的最初拒绝。请比较 Gadamer, *Subjektivität und Intersubjektivität*, *Subjekt und Person*, a. a. O., S. 87.

③ Gadamer, *Subjektivität und Intersubjektivität*, *Subjekt und Person*, a. a. O., S. 94.

　　因此，作者问题的开放性和多维性实际上是有效的。解释一个文本，要辨清其文类区别，保证其最低限度的解释的普遍性，并考虑其社会功能及影响。

| 第三章 |

迟到的主体理论:阿伦特《论奥古斯丁爱的概念》中的主体批判

第一节　海德格尔化的奥古斯丁解释

对德意志民族来说,1933 年是一个不幸的年头。思想家们受纳粹迫害,被迫流亡,不少人才刚在思想界崭露头角。1941 年,一度滞留法国的德国犹太女学者汉娜·阿伦特,终辗转抵达美国。在有限的随身行李中,阿伦特仍带着一份磨损的手稿。这是她在海德堡大学通过雅斯贝尔斯(Karl Jaspers)答辩,于 1929 年在德国出版的博士论文《论奥古斯丁爱的概念》(Der Liebesbegriff bei Augustin)。[①] 正如那惨淡时代,这部著作及其承载的阿伦特早期思想,也在黑暗中沉睡了数十年之久。1996 年,该书英译本方才面世,并附有长文,交代此书与海德格尔及雅斯贝尔斯的思想关系。[②]比起英、法、美学术界对此书的关注,德语区较为滞后。直至 2003 年,德国

---

① Hannah Arendt, *Der Liebesbegriff bei Augustin：Versuch einer philosophischen Interpretation*, Berlin, 1929.

② Hannah Arendt, *Love and Saint Augustine*, edited by Joanna Vecchiarelli Scott and Judith Chelius Stark, Chicago, 1996.

才有新版面世。① 不过,三年后,德国又推出了一个目前为止最完备的版本。在重印 1929 年版的基础上,编者撰写了长篇导言,原书的拉丁文引文也首次被译成了德语,并附以人名和关键词索引。②

在某种意义上,美国成就了阿伦特的世界声誉,但也使之基础性思考的思想史意义姗姗来迟。大多数阿伦特研究者在论及此书时,皆作权宜处理,认为爱的概念涉及阿伦特早年不成熟的情感史,与她后期成熟的政治思想似不相干。即便伊丽莎白·扬·布鲁尔(Elisabeth Young-Bruehl)所撰的经典传记,也视之为阿伦特早年浪漫主义的产物,认为阿伦特后期的关注点已从哲学沉思转向政治,而两者之间似乎并不具备不可或缺的思想关联。③本章要旨则有别于这些观点,重在揭示阿伦特哲学层面上一以贯之的基础理论,实与其政治思想领域的开创性研究相为表里。终其一生,阿伦特都酝酿着一门主体理论,与现代哲学的主体危机问题相颉颃,其思想史意义不可小觑。这门迟到的主体理论,算得上是阿伦特作为哲学家的独特贡献。有趣的是,阿伦特此项哲学研究,偏偏挑中大神学家奥古斯丁(Saint Augustine)来做研究对象,其选择可谓别具一格。唯有从当时思想史的背景着眼,方能一窥究竟。

20 世纪 20 年代,正值存在主义思潮在德国如日中天,阿伦特先后在马堡、弗莱堡以及海德堡求学,深深地浸润其中。诸如新教神学家鲁道夫·布尔特曼(Rudolf Bultmann)、海德格尔、雅斯贝尔斯等思想巨子并肩作战,倡导领会人之在世存在的鲜活体验。在西方哲学史上,奥古斯丁向来以关注

---

① Hannah Arendt, *Der Liebesbegriff bei Augustin*：*Versuch einer philosophischen Interpretation*, Berlin, 2003.

② Hannah Arendt, *Der Liebesbegriff bei Augustin*：*Versuch einer philosophischen Interpretation*, Mit einem einleitenden Essay von Frauke Annegret Kurbacher, Übersetzungen von Kirsten Groß-Albenhausen und Registern von Christine Albrecht, Hildesheim, 2006.

③ Elisabeth Young-Bruehl, *Hannah Arendt*：*For Love of the World*, New Haven：Yale University Press, 1982, p.494.

生命、时间以及语言等思想主题著称,此时更被视为现代存在主义思想的先驱。存在主义思想席卷欧洲大陆之际,对它的反思和批判也悄然兴起,这股风气直接影响到战后实践哲学的复兴热潮。引领风气者,尤其有海德格尔的弟子,留在德国的诸如伽达默尔、约阿希姆·里特(Joachim Ritter)等,流亡海外的诸如阿伦特、列奥·施特劳斯等。诸家取径不同,思想立场也判然有别。阿伦特因犹太身份遭遇流亡,其思想虽浸淫于存在主义,但取义于政治生活。因而,阿伦特尤为关注奥古斯丁笔下爱的概念所具有的实践意义,所涉及的政治生活的共同规范问题。"爱"是诸种规范之一,既涉及人之情感,又作为在世行动,参与着社会—政治的意义生成。

不妨说,对奥古斯丁思想的阐释,凸显了其现代品质,核心是一种复杂的双重性。奥古斯丁早年沉浸于古希腊传统,中途皈依基督教,因而其思想混杂了新柏拉图主义传统与基督神学,表现为世俗性与神性的博弈。更具有革命意义的是,奥古斯丁吸收了保罗及新约神学,将世俗性与神性的争执转移到人的心灵之中。"我对于我自己而言成了一个问题",奥古斯丁此句箴言,可谓打开了西方思想向内转的趋向。思想的内转涉及主体的发现,由此主体性成为近代哲学的核心问题。阿伦特深受海德格尔和奥古斯丁阐释的影响,后者将主体问题置于现代性批判的中心位置。

无论是哲学还是神学,无论是自我反思还是信仰,都属于自我内在的行动。海德格尔将主体性问题理解为此在的生存问题。此在的真实生存,依托于对个体本真性的揭示。这种揭示并不根据理性,而是根据生存观念的引导。个体唯有凭靠生存观念来决断自身的生存,才能进入存在的澄明。据此,海德格尔坚持"存在者—存在"的存在论差异,导致理性的规范内容被降级为非本真性。在此意义上,海德格尔所标举的存在论差异,可谓暗中翻版了奥古斯丁世俗性与神性之争执。

如果爱上帝是至善,那么世俗性便意味着必死和速朽,神性则意味着永恒。在由神性主导的世界秩序中,世俗性之存在意义,就在于作为通往神性的功能和手段。如此一来,神性实际上也包含了某种工具性。海德格尔曾反复提及爱的箴言——"我爱,我意愿你是"(amo: volo ut sis/Ich liebe, ich will, daß Du seist)①,实际上表达了主体予以对象的一种无情涵摄。爱被视为此在之本真性的绽放,而本真性对非本真性的优先性,也暗中脱胎于神性对世俗性的凌驾。因此,作为此在根本特性的"向来属我性"(Jemeinigkeit)②,并不等同于此在日常生活中的延展。在海德格尔的共在分析中,共在(Mitsein)与共处(Miteinandersein)被清晰地区分开来。③ 共在属于存在论分析,分析的对象是此在。此在就是"在世界中存在"。世界为我与他人所共同分有,此在的存在方式便是与他人共同存在。他人之所以能够在世界中显示给此在,是因为此在本身也是这样一种以"共同此在"方式来存在的存在者。因此,共在被把握为此在的本质规定性。相反,共处则是指日常生活具有的现实性,指庸庸碌碌的平均状态。他人在这个意义上并非"共同此在"(Mitdasein),而是中性的"常人"(Das Man)。常人耽于操心与算计,疏离了存在。虽然,海德格尔洞悉了诸神隐退的现代性之世俗化进程,必然褫夺人之在世的家园感,但他思想中隐蔽的神学因素,导致了他对日常生活的贬抑。

世俗性与神性的争执,既是奥古斯丁思想的内部悖论,也是其思想的独特之处。按海德格尔的看法,现代主体问题的两难也肇始于此。海德格尔旨在消解现代主体的自我关涉和统治。但是,海德格尔将现代主体的自我关涉理解为自我反思。自我反思意味着对象化的主客关系。因此,自我反思以及由此推衍的现代知识论,具有一种算计性的本质,带偏了对人之此在的真正理解。尽管此在分析替代了主体性分析,此在的本质生存也在实践论上优先于认识论上的自我关涉,但此在的生存结构始终内蕴存在论差异,并未留下公共生活的可能性。这是因为,公共生活的意义恰恰并不基于存

---

① Tömmel, *Wille und Passion: Der Liebesbegriff bei Heidegger und Arendt*, Suhrkamp, 2013, S. 121.

② 海德格尔:《存在与时间》,第 50 页。

③ 海德格尔:《存在与时间》,第 134 页。

在论上的"共同此在",而是基于在世个体的日常差别。公共生活的组成并非无差别的、犹如上帝之前绝对平等的主体,而是具有差异性的个体。个体的差异性,关涉着政治生活中人之身份认同和位格区分。个体的差异性,需在主体理论中确证,才得以构成政治生活的前提。就此而言,阿伦特追问主体理论是否能够为政治生活提供合法性,从而为政治哲学奠基。

第二节　"爱"之概念的三种阐释

阿伦特开宗明义,声明自己要挖掘奥古斯丁笔下爱的概念的哲学意义,除导言之外,她将全书分为三章,讨论三种平行的爱的概念,分别是作为欲望的爱,作为回忆的爱,以及真正的论题即邻人之爱(die Nächstenliebe)。每一种爱的概念都在奥古斯丁思想中获得了系统的论证和支持,但这些爱的概念之间又相互矛盾。矛盾产生的原因,主要在于奥古斯丁思想兼及两大传统所导致的世俗性与神性的争执。阿伦特所使用的"世界"概念,集中地反映了此争执的特性。从根本上说,爱是人与世界发生的关系。对世界概念的理解,决定了对每一种爱的理解。而阿伦特对世界概念的理解,受到了海德格尔的直接影响。[①]

在海德格尔看来,希腊传统已不将世界理解为存在者或存在者之总和,而是将其理解为存在本身。这意味着世界是一个先验概念:世界被理解为与人之此在相关涉的状态(Zustand),或存在者整体如何存在的方式(Das Wie)。随着基督教对人之生存的全新领悟,世界概念开启了双重化的历程。在保罗和约翰福音那里,世界获得了一种世俗化的含义,意味着疏远了上帝的人之存在。奥古斯丁吸收了这一思想,以二元论建构世界概念:世界一方面意味着受造物之整体,即天、地、海以及其中一切的总和;另一方面意味着心灵居住于世界中的爱世界者。不爱世界者的心灵居于天上,仅仅以肉身

---

① 以下分析根据,请参阅海德格尔:《论根据的本质》,见《海德格尔选集(上)》,孙周兴选编,上海三联书店1996年版,第173页及以下。

滞留于世界。正是奥古斯丁，将一种全新的二元论赋予了对人的理解本身：人作为受造物归属于世界，这是人之世俗性或有限性。人作为爱者与世界发生联系。当人爱世界时，根本上也是爱自己；人唯有不爱世界，即不爱自己、否定自己时，才会爱上帝。人通过自我否定，从而否定世俗性或有限性，即走向完善。归根结底，奥古斯丁通过改造世界的概念，明确地提出了主体（自我）、世界（个体）与上帝的关系问题。世界始终是自我与上帝之间的中介：为了爱上帝，主体要否定个体。这种否定是主体对自身的一种活动，或者说自我认识。实际上，爱上帝已经包含了自我意识与上帝的基本关系。

因此，阿伦特讨论奥古斯丁时，接手了海德格尔对主体问题的批判，发展了一种主体理论（Subjekttheorie）。[①] 阿伦特的分析，围绕着主体理论最基本的两极建制：一端是主体，另一端则是世界。人以双重形式存在于世界中，既作为心灵在场的主体，又作为身体在场的个体；世界也据此以双重方式存在，既作为上帝所创造的世界，又作为人所创造和栖居的世界。问题在于，奥古斯丁始终坚持从基督神学的角度来理解世界，那么对人的真实生命而言，世界就只能是否定性的中介，人的真实生命是上帝之城中的永恒不朽，而世界作为人之世俗性的产物，被理解为终有一死之人暂时的财产。正是神学意图，使前两种爱的概念必须被理解为自我意识的两种否定形式。在此情况下，自我意识与上帝的关联，必然是一种否定性的关联。

第一种爱的概念被定义为欲望（Appetitus）。按照奥古斯丁的看法，人欲求世界，即在贪爱（Cupiditas）之中；人欲求上帝，则在纯爱（Cartitas）之中。但不管欲望的对象如何，欲望行动本身会导致两个截然相反的结果。如果人享受世界，沉湎于世俗生活，随着死亡的到来、欲望的止息，人就失去了世界。人的自我丧失无疑是堕落。人唯有主动地离弃世界，仅将世界作为通往上帝的手段来使用，人才会爱上帝。人否定世界便是行善。在奥古

---

① 　Hannah Arendt, *Der Liebesbegriff bei Augustin*, *Versuch einer philosophischen Interpretation*, Hildesheim, 2006, XIII.

斯丁看来,世界之存在必须被功能化、工具化,才具有存在的合理性。而世界也是人的造物,是人作为爱者的行动产物,归根结底是自我的产物。那么,当人自我否定的时候,也就否定了世界;人把自我视为物,并在否定意义上加以使用,便是爱上帝。这是自我理解的第一种否定形式。

不过,阿伦特指出,将爱理解为欲望,实际上忽略了一个根本的前提——人必须具有关于欲望对象的知识,才能够欲求。这种知识便是自我意识,其只能保存在人的记忆中。因此,第二种爱的概念被定义为回忆。回忆联结着"造物主与造物"(Creator-creatura)。人借此回忆起非感官意义上的幸福,回忆起自己作为上帝之造物的神圣来源。人回忆起神性的自我,就表现为对世界的否定,表现为对世俗自我的遗忘。这种自我遗忘是自我理解的第二种否定形式。相比之下,欲望强调人的死亡,因为死亡限制了欲望的效力,消解了人之世俗生存的合法性。而回忆强调人的出生,因为出生使得人始终携带着神性与世俗性的双重根据。人回忆起神性而逾越世俗性,超越终有一死的命运。

但是,上述两种爱的概念,皆无法支持作为基督教核心原则的邻人之爱。作为欲望的爱和作为回忆的爱,都是自爱(Selbstliebe)的特殊形式。自爱与爱上帝之间的关系,直接决定了邻人之爱是否可能。不过,邻人之爱无法与自爱协调一致,原因如下:在以爱上帝为至善的爱之秩序中,作为欲望的爱和作为回忆的爱,分别表现为"自我—否定"与"自我—遗忘",也就表现为自爱的否定形式。对自爱的否定,扬弃了世俗性而趋向神性。因此,否定自爱就等于爱上帝,人皆作为上帝的子民获得了绝对的、无差别的平等。在此平等主义中,并无邻人之爱的位置。这是因为,首先,人通过自我否定和自我遗忘,能够直接地爱上帝,他便根本无须关心自己是否有邻人,是否与他者遭遇并发生人际关系;其次,人通过自我否定和自我遗忘,摒弃了所有世俗纽带,邻人作为在世界中置于自我之侧的他者,也就失去了存在的意义。

邻人之爱的成立,须以爱上帝的尚未开始为前提。爱上帝的尚未开始,就意味着人应当在肯定意义上理解自爱。自爱不再是自我否定和自我遗忘，而是爱他人。阿伦特看到，就世俗生活而言，自爱的形成脱离不了他者，任何爱首先必有一个他者或对象。爱作为最根本的自我行动，并非对象化的行动，而是交往和对话。如此理解的爱，无法与爱上帝相调和，因为爱上帝首先是服从。但是，在救赎来临前，人类作为亚当的后裔，无法逃避世俗性的共同生活。这种世俗性共同生活的恰切含义便是政治生活。人作为社会—政治的动物，在世界上施行爱的行动，共同生活。因此，邻人之爱的概念，对前两种爱的概念形成了内在批判，从而摆脱了神学政治的框架，标志着一种政治哲学的形成。

综上所述，阿伦特主体理论的最特殊之处，在于她深刻地看到，在基督神学的框架下，或者在由奥古斯丁确立的对西方精神史的决定性影响下，人之主体性问题必然表达为人之自我理解的否定形式。现代性危机源出其中——在世俗（现代）意义上，主体性则亏空。在爱上帝的救赎意义上，人之世俗主体性失去了自律或自证的意义。所有理性规范的内容，终须让位于对自身的否定理解。"主体"一词意味着所有人的绝对平等。但这种平等，必须建立在人作为一个否定性主体的意义上，即在扬弃个体性的意义上，方才可能成立。阿伦特看到，一旦转向哲学框架，这种平等则空洞无物，毫无意义。因此，邻人之爱意味着在肯定的主体意义上阐释主体及个体。主体及个体的差异性构成了对话的前提，而对话则构成了世俗的世界概念的前提。

第三节　主体理论的思想史意义

与其说阿伦特在《论奥古斯丁爱的概念》中提出了一种主体理论，不如说她更多是刻画了一门主体理论的轮廓。这种主体理论是一份对现代性的病理学诊断书，奠定了阿伦特一生的思想基础。要进一步明了此项工作的思想史意义，还得从内外两个方面来看待其历史效力。首先，在阿伦特自身的思想发展史中,这一基础性思考如何与政治思想相协调?换言之,阿伦特哲学思考的政治意义何在?其次,在西方现代思想史的层面上,这条思想道路又有何意义?

首先来看第一个问题。国内对阿伦特主要著作的翻译也有经年之功,对其政治思想的讨论和研究也颇丰,但对阿伦特的哲学思想关注甚少,遑论两者的关联。阿伦特流亡美国之后,并没有搁置早年的基础性思考。这后继的、可谓集其一生哲学之大成的沉思,结晶为阿伦特晚年出版的《心灵生活》(*The Life of the Mind*)一书,包括摘自其未竟之作,经其好友麦卡锡编辑,以《康德政治哲学讲稿》为名付梓的遗稿附录《判断》。① 《心灵生活》一书讨论了三大思想范畴:思、意志以及判断。这条哲学之路,实与阿伦特自《极权主义的起源》发端的政治思想建构互为表里。

阿伦特在《论奥古斯丁爱的概念》中所宣告的主体理论,意在诊断现代性危机。这个诊断的病理学依据,就在于由三种爱的概念所引导的两组对立的政治关系。前两种爱的概念,其政治意义在于建构了一种政治神学。政治神学是为了实现上帝之城的永恒方案。上帝之城是信仰的王国,其中人人都作为绝对平等的上帝子民,立于上帝之前。为了达到这个目标,自我必须在否定的意义上被理解为自我否定和自我遗忘。同时,自我也必须在工具化的意义上被使用。因此,作为自我理解的两种否定形式,自我实际上失去了其所有的理性内涵。换言之,自我完全被从外部来理解,被功能化了。那么,这样一幅政治图景,不妨称之为"他治"。在阿伦特看来,极权主义就是政治神学的一种现代衍生物。极权主义要求人整齐划一,要求人成为空洞的主体。当人成为空洞的主体,就无法依赖其主体性来行事,现代公民的意义便失去了依托。阿伦特在论及艾希曼事件时,给了这种状态一个

---

① Hannah Arendt, *The life of the Mind*, New York: Harcourt Brace Jovanovich, 1981; *Lectures on Kant's Political Philosophy*, edited by Ronald Beiner, Chicago: University of Chicago Press, 1982.

著名的说法——"恶之平庸性"(Banalität des Bösen)。①

相反,邻人之爱则是对自我理解否定形式的批判。邻人之爱意味着人在世俗生活中对他人的依赖,以及人在社会生活中的相互依赖。阿伦特看到,人对他人的依赖,必须以对自我的肯定理解为前提。显然,对自我的肯定理解并非将自我意识理解为自我反思。自我意识的形成,必须由主体间性的框架所引导,即经由一个他者。因此,自我的自我确证本质是对话。这样一幅政治图景,可以恰切地被称为"他律"。在现代社会中,人与人之间依靠交往和对话,即依靠他律来形成新的政治关系。他律隶属于人的社会化过程,这与人的个体化是密不可分的。可以说,他治是神学政治的图景,而他律则是现代公民政治的图景。

当阿伦特确立此奠基性的思路之后,她一生的思想便沿着这条道路前进。她批判海德格尔的存在论,目的是批判海德格尔以此在分析来代替主体性分析引发的欠缺。主体问题居于现代性危机的核心,但在阿伦特看来,更确切地说,主体性亏空才是现代性危机的真凶。主体性亏空、自我意识的悖论,实际上皆可在奥古斯丁的神学叙事中找到根苗。海德格尔的诊断可谓精准,但他也没有真正摆脱主体哲学的框架。② 从此意义而言,我们可以将阿伦特晚年撰写《心灵生活》的意图理解为重塑主体性的雄心。放弃规定主体的意义,放弃主体性问题,放弃阐释主体内在的规范内容,无异于武断地告别现代性。从早年的奥古斯丁,到晚年的康德,这一路向的象征意味十足,表明了阿伦特始终清晰有力的思想道路。

第二个问题涉及阿伦特思想在西方现代思想史中的地位问题。毫无疑问,在战后实践哲学复兴的语境中,阿伦特跻身当代坚守启蒙现代性的最伟大心灵之列。与阿伦特同时代的极富影响力的思想家,如约阿希姆·里特、

① Hannah Arendt, *Eichmann in Jerusalem*: *A Report on the Banality of Evil*, New York: Penguin Books, 1977.

② 哈贝马斯:《现代性的哲学话语》,第 160 页。

列奥·施特劳斯,皆走向了保守主义思潮,创作出了令人瞩目的著作,同时也留下了必须加以积极反思的思想遗产。这些思想皆出于对海德格尔思想及历史效应的批判,但总体而言,对实践哲学复兴思潮的思考和清理,不过才刚刚开始。① 就此而言,阿伦特哲学思想的历史效力仍然有待发掘。但若考虑到阿伦特主体理论是一场迟到的发现,它至少关涉 2 个紧密关联且值得深究的方面。

第一个方面涉及发端于 21 世纪六七十年代,最终在欧美形成的影响广泛的主体理论研究潮流。与阿伦特一样带着深厚的德国观念论背景,诸如迪特·亨利希的自身意识研究、丹·扎哈维的现象学主体理论,以及保罗·利科的他者理论等,皆直面了现代主体理论的危机状况,力图打破自我意识陷入的僵局。这个层面更多涉及现代形而上学的探讨,与阿伦特晚年集中对主体性诸范畴的沉思可谓志趣相投。换句话说,阿伦特由《论奥古斯丁爱的概念》开端,以《心灵生活》作结的哲学思考,只有被置于当代思想的此类精神地图中,方能显出思想的深度和价值。

第二个方面则涉及社会理论在语言哲学影响下对主体性的理解。阿伦特对主体理论的理解,实则为后来哈贝马斯所大力倡导的"主体间性"范式转型的先声。阿伦特洞悉到,一个主体的形成无法脱离他者的参与。主体的规范内容,恰恰要从主体间性的角度来把握,才不至于被扭曲。爱便是最重要的主体间性范畴之一。在他律意义上的现代公民政治中,爱指向了人与人之间最重要的交往关系,具有规范含义。可以说,霍耐特(Axel Honneth)将爱把握为承认关系,正是阿伦特邻人之爱在现代政治思想上的有力拓展。②

---

① 关于约阿希姆·里特的初步介绍,请参见曹卫东等:《德意志的乡愁:20 世纪德国保守主义思想史》,上海人民出版社 2015 年版。

② 霍耐特:《为承认而斗争》,胡继华译,上海人民出版社 2005 年版,第 44 页及以下。

| 第四章 |

现代性理论的对峙：哈贝马斯与列奥·施特劳斯的潜在对话

第一节　共通的起点：审美主义批判

哈贝马斯与施特劳斯在命运历程、思想立场、治学方式上可谓南辕北辙。施特劳斯是伽达默尔、阿伦特的同时代人，算哈贝马斯的老师辈。施特劳斯曾在与洛维特(Karl Löwith)的私人通信中评价过哈贝马斯。[①] 从哈贝马斯的学术经验来看，他对施特劳斯的思想并不陌生。在哈贝马斯眼里，施特劳斯属于所谓"反对'1789年理念'的伟大同盟"，[②]主张"告别现代性"，复辟形而上学。暂且抛开复杂的思想史关系不论，至少两人最显著的差别在于，哈贝马斯认为现代性尚未完成，而施特劳斯认为现代性穷途末路。皮平曾如此评价施特劳斯怀疑精神的影响："现在，他的这些观念忽然又以不同的面目悄悄地、坚持不懈地出现在新亚里士多德主义者、批判理论家、社群

---

① "哈贝马斯将他新近发表的东西寄给了我。我对他洞察和探微的能力感觉良深。他无论如何都不会是单纯的马克思主义者，他自己的见解的基础在我看来始终十分含混。"(见1964年6月3日施特劳斯致洛维特的信件)。参见施特劳斯：《回归古典政治哲学》，第441页。

② 哈贝马斯：《后形而上学思想》，第12页。

主义者以及后现代主义者的议事日程之中。"①迄今为止,研究施特劳斯与西方现代思想之关系的著述已颇多。② 但在国内学界,还未有比较批判理论与施特劳斯思想的著述,这多少有点遗憾。

从中国当代思想语境出发,这种对照更具严肃的意义。批判理论在中国思想界的持续影响无须赘述。且近十来年,"施特劳斯热"更是席卷了中国思想界,其译介和研究均取得了丰硕成果。总体而言,施特劳斯以鲜明、宏阔的思想视野重释了西方思想史。他熔激进、凌厉的现代性批判与保守、典雅的古典复兴于一炉,一方面为当代思想界提供了诸如"古今之争""政治与哲学之争"等颇具张力的重要论题,另一方面奏响了回归古典思想的号角。施特劳斯式的思想范式,已经成为国内思想界最重要的思想取向之一。尽管如此,从德国思想史角度来反思施特劳斯思想的研究仍不多见。无独有偶,哈贝马斯与施特劳斯思想主题上的某些共性,恰恰提供了难得的出发点。更何况思想传统之间的对立越鲜明,其对话越有助于加深对现代性问题的思考。

本章聚焦于两人关于现代性问题的经典表述。施特劳斯提出了著名的浪潮理论,认为西方历史上现代性经验发生了三次大的浪潮,造成了一次比一次强烈的现代性危机。这三次浪潮最终耗尽了现代性的可能,因此唯一的出路是告别现代性,回归古典政治哲学传统。③ 而哈贝马斯在其著名演讲《现代性:一项未完成的计划》④中,试图将现代性的合理内涵从审美现代性、

---

① 皮平:《施特劳斯的现代世界》,张新樟译,见《施特劳斯与古典政治哲学》,刘小枫主编,上海三联书店 2002 年版,第 304 页。

② 刘小枫选编:《施特劳斯与现代性危机》,华东师范大学出版社 2010 年版;刘小枫选编:《施特劳斯与古今之争》,华东师范大学出版社 2010 年版。

③ Leo Strauss, *The Three Waves of Modernity*. Leo Strauss, The Three Waves of Modernity,见 An Introduction to Political Philosophy, ed. by Hilail Gildin, Detroit: Wayne State University Press, 1989。

④ Jürgen Habermas, *Die Moderne—ein unvollendetes Projekt*,见 *Kleine Politische Schriften* Ⅰ-Ⅳ, Frankfurt am Main: Suhrkamp, 1981.

悲观主义式的文化现代性以及后现代思想的不断磨损中释放出来。他坚持认为,诸种要么激进、要么保守的思潮,遮蔽了现代性分化的合理动力和可期待的前景。我想重点比较和分析这两个文本,从中挖掘出两者共有的现代性主题。在我看来,至少有三个主题在双方思想中不可或缺,并且融为一体——审美主义、主体问题、政治意义问题。

第一个主题我称之为"审美主义"。如果我们据此在施特劳斯的文本中去索引美学问题,一定会大失所望。《现代性的三次浪潮》开篇即将现代性危机表述为政治哲学的危机,堪称政治哲学导论。除了有两个地方涉及艺术之外,通篇不提及审美问题;相反,《现代性:一项未完成的方案》始于威尼斯建筑双年展,承袭阿多诺,聚焦美学问题。[①] 但是,这只不过是表面现象。相比哈贝马斯的其他论述,艺术问题在这篇提纲挈领式的文章中占据了核心位置,真是令人惊奇。[②] 要理解这种现象,首先要考虑如下两点:其一,施特劳斯和哈贝马斯都将美学问题视为现代性的必然产物;其二,两人都对现代艺术的显赫地位提出了病理学诊断。更确切地说,审美主义作为一个批判对象,特指源自德国观念论(经浪漫派到尼采)的思想方案。该方案旨在将审美经验确立为创造总体性的最高奠基原则,弥合现代性分裂,保障政治自由。有趣的是,在对抗审美主义的路线上,两人都是从后现代向前回溯。不过,施特劳斯力图恢复的是对诗的古典解释,哈贝马斯则试图将审美问题重新约束在康德所确立的分化框架中。

先来看施特劳斯。施特劳斯从不掩饰他对艺术及美学学科的"偏见"。他认为,必须将"科学"(理论理性)与"道德"(实践理性)视为文明支柱,以此来看待"诗"(审美)的地位。[③] 在与伽达默尔的通信中,施特劳斯强调,艺术在古希腊被理解为知识。伴随着这种理解,出现了诗与哲学之争,标志着对

---

① 请比较哈贝马斯:《现代建筑与后现代建筑(1981)》,见福柯等:《激进的美学锋芒》,周宪译,中国人民大学出版社 2003 年版。

② 哈贝马斯:《现代性的哲学话语》,作者前言。

③ 施特劳斯:《德意志虚无主义》,见《苏格拉底问题与现代性》,第 118 页。

于人类问题的两种终极解决方案的对抗。[1] 这种对抗贯穿了现代性进程。从此意义上来说,"浪潮"理论提供了一个理解审美问题的批判性框架。

在《现代性的三次浪潮》中,关于艺术的两个论断,被认为是第一、二次浪潮的精神后果。第一个论断的背景是所谓现代政治哲学与古典政治哲学的断裂。施特劳斯认为马基雅维利(Machiavelli)是始作俑者,认为马基雅维利摧毁了自然目的论,抛弃了追求应然(德性)的理想主义,创立了改造实际(最低限度)的现实主义。这种精神与现代自然科学精神合流,提升了人的知性权能——人为自然立法;且真理与意义均源于人自身。"与此相应,诗也不再被理解为一种有灵感的模仿或者复制,而被理解为创造力(Creativity)。"[2]换言之,诗不再被理解为关乎宇宙秩序的知识,而是人的主体能力。第二个论断的背景则涉及卢梭(Jean-Jacques Rousseau)。在施特劳斯看来,卢梭的思想功绩有二:其一,卢梭基于自然状态理论的道德(政治)学说,激发了康德及德国观念论哲学;其二,卢梭激发了浪漫主义的思想和感受。在卢梭看来,人性与社会形式是对立的两极。人创造了社会形式,并在其中锻造了人性。但是,自由社会尽管合法,其本身也是人性的枷锁。人的自由面临无法归复自然的悖论。因此,人不得不面对自然(善)与市民社会(理性、道德、历史)之间不可弥合的鸿沟。[3] 在此框架下,人之生存情绪的重要性,以及回归与自然合一的原初体验的重要性,均得到了提升。[4] 如此,第二次浪潮所带来的现代精神就被标识为"浪漫的"(Romantic),其意义与"古典的"(Classic)完全相对立。

第一、二次浪潮为古典自然观的转变奠定了基础。用卢卡奇(Georg

---

① 施特劳斯:《回归古典政治哲学》,第 408 页。

② Leo Strauss, *The Three Waves of Modernity*, p. 88.

③ Leo Strauss, *The Three Waves of Modernity*, p. 93.

④ 卢卡奇在《物化和无产阶级意识》的第二部分"资产阶级思想的二律背反"中,详细论述了艺术如何在此框架中成为弥合此现代性分裂、创造总体性的源泉。艺术借此获得了奠基性的地位。请比较卢卡奇:《历史与阶级意识》,杜章智、任立、燕宏远译,商务印书馆 2017 年版,第 218—220 页。

Lukács)的话来说,就是自然概念与价值概念愈发难解难分。① 卢梭赋予了自然概念社会形式与对立的价值倾向。在德国观念论中,这种价值倾向逐步被确立为人的真正存在。席勒(Friedrich Schiller)的审美乌托邦是其最重要的表达。换言之,在德国古典哲学中,浪漫精神激进地蜕变为审美主义,获得了一种创生总体性世界观的意义。施特劳斯特别强调卢梭与(虽经修正的)古典传统的密切关系,这导致了其生存情绪的底色仍是个人沉思的清静无为。但是,经尼采推动的第三次现代性浪潮,彻底重新解释了生存情绪:"那种情绪是对恐怖与痛苦而非和谐与平静的体验,并且它是(作为必然悲剧的)历史性生存的情绪。"②这是尼采价值哲学的底色,即对一切理性规划进行彻底怀疑和消解。尼采将权力意志等同于人类最高创造性,视价值重估为最高创造性活动,这无疑将审美奠基主义推到了极端。

　　物极必反,施特劳斯也视尼采为回归古典政治哲学的引路人。关键问题在于如何反驳尼采对苏格拉底的阐释。施特劳斯认为,尼采忽视了苏格拉底所开创的哲学目的论。③ 哲学目的论认为,万物在整全中皆有其终极目的或位置。就理解整全而言,苏格拉底发现了理智异质性(Noetic Heterogeneity)。整全既不是"一",也不是同质的,而是异质的。这种异质并非可感知的,而是本质上的——万物各得其所,无法归因于某个总体(范畴)。从哲学上说,这是对同一性问题的理解。施特劳斯的分析有明显的针对性:"存在着存在者之多样性——在种类或等级的意义上——这一事实,意味着不可能有对存在者的单一总体的体验,不管这体验被理解为神秘的还是浪漫的,明确的浪漫式断言是:感觉或情感,或某一种情感,才是这一总体体验。"④在这种对照中,克服审美奠基主义的是更原始的奠基行为。唯有从存在论上辨明事物的本质差异,

---

①　卢卡奇:《历史与阶级意识》,第 218 页。

②　Leo Strauss, *The Three Waves of Modernity*, p. 94.

③　施特劳斯:《苏格拉底问题六讲》,见《苏格拉底问题》,刘小枫、陈少明编,华夏出版社 2005 年版,第 13 页。

④　施特劳斯:《苏格拉底问题六讲》,见《苏格拉底问题》,第 49 页。

政治事物才能获得自成一类的合法性,得以为政治哲学奠基。

再来看哈贝马斯。与施特劳斯不同,哈贝马斯发掘了"古今之争"赋予现代性概念的时间内涵。在他看来,审美经验参与了现代意识和现代性经验的基础建构。浪漫主义与古典主义之间的对垒,被转述为现代与古典之间的历史辩证法。哈贝马斯特别引用姚斯(Jauss)的观点——"现代性自身创造了它的古典性(Klassizität)",^①来刻画这种时间意识。有了这种时间意识,现代性就释放出独特的经验。围绕这种经验,审美现代性的思想谱系可从超现实主义、达达主义、先锋艺术,一直追溯到波德莱尔(Charles Baudelaire)及爱伦坡(Edgar Allan Poe)。现代艺术孕育出来的时间意识,旨在冲破历史的连续性。在批判理论传统内部,这种时间意识首先表现在本雅明的历史哲学中;^②其次,这种时间意识也构成了审美经验的核心,瓦解了现代艺术的边界,向着后现代的失范状态狂飙突进。

一方面现代艺术不再满足于成为现实的虚构性补充,或者说,它打破了资产阶级古典艺术所确立的、对职业劳动领域进行补偿的角色;^③另一方面,现代艺术对日常生活的直接介入,导致了日常生活价值体系的改变。这种改变试图打破文化与社会、文化现代性与经济行政体系之间的对立和冲突,以日常生活审美化来变革社会。但这条道路根本上并未脱离卢梭的阴影。哈贝马斯援引贝尔的诊断,实际上想指明,(基于美学现代性思想的)文化现代性也会耗尽动力。现代主义引发了一种对抗性文化,这种审美文化不是补偿,而是瓦解了资本主义发展所形成的职业生活规范和以目的理性为道德基础的生活方式。^④ 换言之,审美奠基主义必然破产。在意识形态批判的意义上,它本身也成为激进理性批判的最终牺牲品;同时,它不可避免地酝

---

① Jürgen Habermas, *Die Moderne—ein unvollendetes Projekt*, S. 446.

② 哈贝马斯:《现代性的哲学话语》,附论1。

③ 比较哈贝马斯:《合法化危机》,刘北成、曹卫东译,上海世纪出版集团2009年版,第91页。

④ Jürgen Habermas, *Die Moderne—ein unvollendetes Projekt*, S. 449.

酿出对现代性方案的深刻怀疑和颠覆情绪。

在"启蒙方案"的标题下,哈贝马斯写道:"现代性的理念与欧洲艺术的发展关系密切;但是,只有当我们放弃继续习惯性地隔于艺术之内,我所谓的现代性方案才浮现出来。"①换言之,现代性分化的图景,不是艺术的总体性力量可以描绘的。以审美经验为衡量尺度,是对文化现代性的虚假扬弃,这种看待现代性方案的视野太狭小。韦伯所揭示的文化价值领域分化(科学、道德及艺术)及其相应的有效性要求(认知、规范及趣味),理应成为启蒙方案的基石。其中,艺术及美学重新获得了在现代性分化中的边界。这种分界必须具有两个条件:其一,艺术及美学获得了专门领域,具备了专业知识根据,这涉及审美主体性的明辨与确立;其二,作为专门知识领域,艺术及美学在合理化意义上参与了生活世界的再生产。

正因如此,哈贝马斯以一种批判的姿态接手了伽达默尔关于康德美学的杰出研究。② 现代艺术的发展,使得审美领域的认知结构成为哲学美学的对象。康德试图澄清审美对象领域的特性,他工作的核心是分析趣味判断(Geschacksurteil)。趣味判断虽然指向了主观意义上想象力的自由游戏,但它并非单纯的嗜好,而是主体间的共识。换言之,趣味判断乃客观判断(objektive Beurteilung)。据此,"美"构成了一个与认知领域、应然(der Sollen)领域并立的有效性领域,并建立起艺术与艺术批评之间的关联。③在哈贝马斯看来,趣味判断只涉及愉快或不愉快的情感,因而"只有在审美假象的媒介中,一个对象才能被审美地感知到"。④ 只有虚构的对象才能刺激感性,并表现为"摆脱客观思维与道德判断之概念化的东西"。⑤ 换言之,

---

① Jürgen Habermas, *Die Moderne—ein unvollendetes Projekt*, S. 452.

② 伽达默尔:《真理与方法(上卷)》,洪汉鼎译,上海译文出版社 1999 年版,第 54 页及以下。

③ Jürgen Habermas, *Die Moderne—ein unvollendetes Projekt*, S. 455.

④ Jürgen Habermas, *Die Moderne—ein unvollendetes Projekt*, S. 455.

⑤ Jürgen Habermas, *Die Moderne—ein unvollendetes Projekt*, S. 456.

哈贝马斯认为,趣味判断的特性决定了审美领域的边界。

哈贝马斯重新解释康德的天才概念(Geniebegriff),使之成为论证的核心。伽达默尔认为,天才概念标志着康德美学未能彻底摆脱浪漫主义的影响。康德美学由此导致了主体化倾向,遮蔽了美的客观意义(真理性)。但哈贝马斯认为:"如果我们将天才概念从其浪漫主义根源中解脱出来,我们就能将之自由地改写为:有天赋的艺术家在与一种去中心化的、解除了认知与行动之强制的主体性打交道的过程中取得了一些经验,并有能力赋予那些经验以本真性的表达。"①因此,从主体性层面来看,审美自主的规范性就表达为"去中心化的、自我经验的主体性的客观化"。② 这种客观化成为艺术批评或者审美批判的基础,并涉及主体间性。同时,它又同日常生活价值区分开来,成为一种高阶的文化价值,并发展出了相应的专业体制。在哈贝马斯看来,这种现代意识成形需要满足两个条件:其一是独立于市场的艺术生产(Kunstproduktion)和以批评为中介的、无目的的艺术享受(Kunstgenusses);其二是艺术家形成了唯美主义的自我理解,批评家则不再被理解为公众辩护人,而是艺术生产过程的解释者。③ 这两个条件描述了艺术活动(创作、欣赏、批评)的独立自主状态。独立的艺术活动必须以审美领域的分化及自证为前提,当然这也就表达为对审美奠基主义的批判。

第二节 先验主体性批判

第二个主题我称之为主体问题。审美主义只不过是主体问题遭遇危机的结果。主体问题是现代哲学最关键的症结。解决审美主义的不同方案,不过是对主体问题不同诊断及解决方案的延伸。施特劳斯与哈贝马斯正是两种对立方案的代表。我想先引述一段皮平的话:"'怎么可能有这样一种

①　Jürgen Habermas, *Die Moderne—ein unvollendetes Projekt*, S. 456.
②　Jürgen Habermas, *Die Moderne—ein unvollendetes Projekt*, S. 456.
③　Jürgen Habermas, *Die Moderne—ein unvollendetes Projekt*, S. 456.

存在,以至既在世界之中又是一个世界的主体',这对古老的苏格拉底的或者理性主义的问题来说并不是一个新的解决办法,而是一个新的问题……①"一个主体"既将自己把握为一个主体(自我意识),又将自己把握为世界中的一个个体,这种二元论难题构成了德国观念论的核心问题。当然,鉴于主体问题在当代哲学(英美分析、德国观念论及法国后现代思想)诸种取向中表现出来的复杂格局和形态,在本节的论述中,主体问题仅限于德国观念论范围。紧接着这个界定,我把施特劳斯的古典政治哲学与哈贝马斯的批判社会理论,刻画为走出主体问题危机的不同途径。施特劳斯和哈贝马斯都放弃了从哲学上来解决主体问题。

在施特劳斯看来,现代哲学已经抵达了它的终点;同时,主体问题也就获得了历史性的否定结论。施特劳斯习惯以斯宾格勒(Oswald Spengler)《西方的没落》为象征,认为其是历史主义臻于顶点的文化表达——一切理性规范,或者说所有的"抽象范畴系统"(Abstract Categorical System)必然具有历史局限性。② 结果,浮士德式的现代人以文化阐释取代了"知识理论或形而上学"。③ 这个论断与施特劳斯早年对哲学史的诊断相互补充:"自17世纪以来的反传统的斗争,本来目的是恢复希腊的哲学思辨自由;这本来是一场复兴运动;可见,在所有这些'奠基行动'中,在所有心理学和历史主义中所孜孜以求的都是:发现、重新发现一个原初的**自然的**基础。"④在施特劳斯看来,胡塞尔对此做了最后的努力,海德格尔则将之一笔勾销:存在主义是对斯宾格勒文化感觉精致的哲学证成。⑤ 但对施特劳斯而言,这些奠基行为所发现的"自然",并非哲学在原初意义上发现的自然。后者经由苏格拉底、柏拉图

---

①　皮平:《作为哲学问题的现代主义:论对欧洲高雅文化的不满》,阎嘉译,商务印书馆2007年版,第二版引言。

②　Leo Strauss, *The Living Issues of German Postwar Philosophy*, p. 119.

③　"战前历史主义至少还承认逻辑知识和理论知识是非历史的原则。"Leo Strauss, *The Living Issues of German Postwar Philosophy*, p. 120.

④　施特劳斯:《回归古典政治哲学》,第42页。着重为原文所有。

⑤　Leo Strauss, *The Living Issues of German Postwar Philosophy*, p. 119.

的古典理性主义而确立。原初自然的诸种替代物构成了自然权利的演历。

在《现代性的三次浪潮》中，主体问题伴随着三次浪潮逐步现身。马基雅维利的精神塑造了主体问题的第一个面向。施特劳斯认为，无论是哲学还是神学传统，都将人理解为（自然的或神创的）整体秩序中的一员。人虽然有其自身的意志（Will），但他的自然本性（Nature）源自独立于其意志的更高标准。[①] 人在自然目的论视域中被理解为一个过程。人必然朝向更高标准或者目的。正如前述，马基雅维利摧毁了自然目的论。他认为，人的出发点不是其理想状态（自然目的），而是其实际存在的状况。因此，人首先具有（凭借技术手段的）可塑性，能够自由地形成关于自身的理想；[②]其次，按照霍布斯（Thomas Hobbes）的理解，自我保存（Self-preservation）取代了自然法，成了首要权利。这就是说，人首先要自我保存，然后才能够自我实现。这个论断充分暗示了人之主体问题，或者说促进了自证问题的萌芽。

随着卢梭带来的第二次浪潮，主体问题获得了其历史根据。在卢梭看来，人出于自我保存目的而摆脱自然状态，获得了人性，也就同时遭受了人自身所创造的社会形式的压迫。自我实现被卢梭理解为一个漫长的历史过程。换言之，人性并不归因于自然，而是归因于一个非目的论的历史过程。[③]在此过程中，人必须建立市民社会以求保全自身。市民社会必须受"普遍意志"（General Will）创立的实证法支配。而这种普遍意志仅仅因其形式合理性（普遍性），就被认为是善的。如此，人之自然本性（自然法内容）就被彻底理解为过去历史发展的产物，而人的未来必须由普遍意志（理性）来决定。施特劳斯认为，过去和未来之间的关联在卢梭的精神后裔那里得到了合理解释。[④] 换言之，主体性首次获得了双重含义——它既是自我确证的自我意

---

① Leo Strauss, *The Three Waves of Modernity*, p. 85.
② Leo Strauss, *The Three Waves of Modernity*, p. 88.
③ Leo Strauss, *The Three Waves of Modernity*, p. 90.
④ Leo Strauss, *The Three Waves of Modernity*, p. 92.

识,又是主体以自我意识为起点在世界中的发展过程。① 在此意义上,德国观念论(康德和黑格尔)成了卢梭最伟大的继承者,理性与历史最终合流了。

第三次浪潮则由尼采引起,敞开了主体问题的否定结局,其关键恰恰在于理性与历史的合流。黑格尔将理性与历史的合流理解为主体自我意识的运动和实现,即绝对精神的辩证法。因此,真正的哲学(＝主体性＝绝对精神)将实现于历史的终结之处。尼采的历史主义批判,矛头直指黑格尔的历史哲学。在施特劳斯看来,尼采通过其特有的、激进的历史感,宣称一切思想原则和行动原则都是历史性(Historical)的。② 一切客观的标准(无论自然、神或者理性),皆为人主观的意义赋予。尼采否定了人类知识的客观性,也就肯定了人之主观性的创造:重估一切价值的活动;或者借用海德格尔的术语"一种筹划(Project)"。施特劳斯认为如下问题不可避免:尼采所揭示的筹划活动本身,究竟是(客观意义上的)真理,抑或仍是(主观意义上的)筹划或解释?③ 这导致尼采必须借助权力意志学说。权力意志替代了主体性(主体规范),只有超人才能具有权力意志。同样,为了避免黑格尔所预言的人人(或超人)追求平等的历史时刻到来,尼采赋予历史以永恒轮回的命运。因此,权力意志确立了人性的新内涵——永恒的"超克他人的意志"(Will to Overpower Others)。④ 至此,主体问题耗尽了所有的可能性,包括生命哲学及其衍生品,直接宣告了现代理性主义及其历史进步方案的终结。

相反,哈贝马斯对主体问题持批判、转换的态度。哈贝马斯认为,现代主体性之所以走向了没落,不是因为主体概念本身存疑,而是理解主体的框

---

① 这恰恰与迪特·亨利希对主体性所作的三种规定如出一辙。前两种规定源于传统理解,其一将主体性理解为属性,其二将主体性理解为实体,第三种则取自德国观念论这一现代传统,将主体性理解为过程(Prozeß)。参见 Dieter Henrich, *Denken und Selbstsein：Vorlesungen uber Subjektivitat*, Frankfurt am Main：Suhrkamp, 2007, S. 23-24.

② Leo Strauss, *The Three Waves of Modernity*, p. 96.

③ Leo Strauss, *The Three Waves of Modernity*, p. 96.

④ Leo Strauss, *The Three Waves of Modernity*, p. 97.

架有误。这个错误的框架被称为主体哲学。主体哲学意味着以主体的自我关涉为起点,来把握人与世界、人与人之间的关系。当然,广义上的自我关涉,又分化为自我反思、自我保存、自我实现等诸多自我现象,为主体的认知、道德以及审美能力奠基。主体哲学要想非独断地将一种具有优先性的理性能力作为根基,就必须进行自我批判。但自我批判反过来表明:"道德主体自身必须使自己成为客体,表现主体必然会自我放弃,或者出于担心依附于客体,或者自我封闭;所有这些都与关于自由和解放的观念风马牛不相及,而只是揭示出主体哲学的思想强制。"[1]如果以审美奠基主义来消解此种强制,则会造成主体屈服于匿名的、失范的前主体性原则或权力。[2] 因此,哈贝马斯认为,主体哲学或意识哲学已经耗尽了其可能性。

> 唯一的出路是,通过主体哲学笨拙地传达的对自由和自我—决定的渴望能够通过下述方式得以保存,即将主体描述为本质上通过其与他者的关系来建构的,以至于甚至自我意识以及反思等主体的基本能力也被视为一种对话的内在化,而并非潜在的包罗万象的客观化。在哈贝马斯的描述中,主体并没有被解构或放逐;相反,"自身关系出现在一种主体间的语境中"。[3]

我们看到,在《现代性:一项未完成的方案》中,审美奠基主义的克服需要回到康德意义上的分化框架中。在此框架中,审美不等同于主观体验,而是受主体间共识保障的审美判断。审美判断表达了专门领域中关于艺术的知识根据。在哈贝马斯看来,这种知识根据无须追溯到构成主体性的审美能力上去理解。这意味着放弃一种(意识哲学的)实质理性概念,而采取一

---

①　哈贝马斯:《现代性的哲学话语》,第 343 页。

②　哈贝马斯:《现代性的哲学话语》,第 359 页。

③　Peter Dews, *The Limits of Disenchantment*: *Essays on Contemporary European Philosophy*, London: Verso, 1995, p. 167.

种(语用学意义上的)程序主义理性概念,或(社会理论上的)合理性概念,后者包含了具体分化的工具—认知内涵、道德—实践内涵以及审美—表现内涵。[①] 实际上,艺术在此只是一个例子,哈贝马斯借助对艺术地位的设想来阐明处理主体问题的基本框架。

正是从上述背景出发,哈贝马斯将审美主义的失败称为"文化的虚假扬弃"(Die falsche Aufhebung der Kultur)。[②] 首先要明确的是,哈贝马斯以韦伯的方式来理解文化,将文化理解为西方理性主义发展之成就的总和。"所谓文化,包括科学和哲学解释世界和解释自我的潜能、普遍主义法律观念和道德观念所具有的启蒙潜能,以及审美现代性的激进经验内涵等。"[③]因此,文化的虚假扬弃就是指将理性批判的标准奠基于某一特定的文化领域,且该文化领域往往汇聚了被理解为非理性强制的异质资源。自席勒以来,艺术便成为这一特定的文化领域。卢卡奇早已揭示过,艺术受命于理性主义危难之际,成为世界观。[④] 哈贝马斯推进了卢卡奇的论断,他认为,如果艺术不被理解为关涉总体的"和解的乌托邦"(Utopie der Versöhnung),也就不会蜕变为对社会世界之难以和解状况的批判性映射。[⑤] 艺术之所以在超现实主义那里成疑,正是因为意识哲学赋予了艺术自律以审美乌托邦内涵。换言之,在主体哲学框架下,艺术不可能摆脱其"体系理论的、世界观性质的意义"。[⑥] 这种理解的结果将会带来下述悖谬:其一,艺术更加脱离日常生活,退回到遥不可触的自律(Autonomie)的内部,这带来了自我封闭;其二,艺术愈发成为日常生活的异在,一旦它的边界被取消或打破,它就要否定日常生活实践,并取而代之。对此悖谬的批判提出:"在日常生活实践的交往

---

① 哈贝马斯:《现代性的哲学话语》,第 367 页。
② Jürgen Habermas, *Die Moderne—ein unvollendetes Projekt*, S. 457.
③ 哈贝马斯:《现代性的哲学话语》,第 409 页。
④ 请比较卢卡奇:《历史与阶级意识》,第 220 页。
⑤ Jürgen Habermas, *Die Moderne—ein unvollendetes Projekt*, S. 457.
⑥ 卢卡奇:《历史与阶级意识》,第 220 页。

中,认知性解释、道德期待、表现和评价必须相互渗透。生活世界的理解过程需要一种完整的文化传统。"①哈贝马斯同样指出,不仅是艺术,教条主义与道德严格主义(der moralischer Rigorismus)也犯了同样的错误。"日常生活实践根植于认知、道德实践及审美表现之间的非强制性相互作用,它一旦物化,就无法通过与一种强制开放的文化领域建立关联来治愈。"②这就是说,专门知识具有体系性的自主性和独特性,必须经由中介,才能够与生活世界语境发生关系。③ 这个中介便是基于主体间性建构起来的公共领域。如此,主体问题并没有被抹除,而是发生了转向,主体性的核心乃是一种表达在语言中的主体间性经验,对主体性的分析不再通过意识哲学,而是通过普遍语用学。

当然,这种分析已经在《交往行为理论》中完成。在此,我想继续回到艺术这一例子。哈贝马斯讨论了替代文化虚假扬弃的方案,在艺术领域,这种方案表现为艺术批评的重要性。④ 艺术批评成为替代方案的前提,是对主体创造问题的解决。哈贝马斯认为,交往行为理论将主体的创造行为当作现象学前提。换言之,原本在实在论意义上理解的客观世界,被视为交往行为主体所共同分享的(主体间的)生活世界。⑤ 这样,创造问题就被理解为语言建构世界的功能。用哈贝马斯的话来说:

> 在交往行为中,语言建构世界的创造性因素同语言的内在功能(表现、人际关系及主观表达)所具有的认知因素、道德实践因素以及表现因素等构成了一个整体。到了现代,从每一个因素中都

---

① Jürgen Habermas, *Die Moderne—ein unvollendetes Projekt*, S. 458.

② Jürgen Habermas, *Die Moderne—ein unvollendetes Projekt*, S. 459.

③ 哈贝马斯:《现代性的哲学话语》,第 384 页。

④ Jürgen Habermas, *Die Moderne—ein unvollendetes Projekt*, S. 460.

⑤ 哈贝马斯:《交往行为理论(第一卷)》,曹卫东译,上海人民出版社 2004 年版,第 13 页。

分化出了一个"价值领域"——一方面是艺术、文化和专门讨论趣
味问题的批评，围绕着的是揭示世界这一轴心；另一方面则是解决
问题的话语，主要针对的是真理问题和正义问题，围绕着的则是内
在学习过程这一轴心。[①]

这样的结果是，分化过程及知识积累不再用来刻画一个主体在自我关
系层面上的成长。换言之，个体化与社会化的关系，也不再以个体意义上的
从先验层面出发的经验建构为前提。

无论是文化的反思化、规范和价值的普遍化、社会化主体的个
体化，还是批判意识、自主意志和个体化的增强——一度被归结到
主体实践当中的合理性因素的强化——都是以主体间性网络为前
提条件，而且，这种主体间性是用语言建立起来的，其网络不断扩
大，也不断精炼。[②]

与施特劳斯相比，哈贝马斯重新解释了现代性的规范内涵，也就保留了
现代理性主义的启蒙方案。

第三节　两种现代性路径及其政治意义

第三个主题我称之为政治意义问题。实际上，政治意义可谓两个文本
的核心关注点。《现代性的三次浪潮》最初收入《政治哲学导引》，而《现代
性：一项未完成的方案》则发表于《政治短论集Ⅳ》。不过，对政治意义的讨
论，必须以前两个主题的辨析为前提。不妨这样来描述审美奠基主义及主
体问题的政治意义：经验与先验，实在(the Is)与应在(the Ought)，人义论

---

① 哈贝马斯：《现代性的哲学话语》，第 382 页。
② 哈贝马斯：《现代性的哲学话语》，第 389 页。

与神义论之间的关系,决定了最基本的政治关系及其性质。按照施特劳斯的看法,现代性的起点是对实在与应在,或者对实际与理想之间鸿沟的不满。[1] 这种不满必然指向和解这一现代期望,其目标是实现所有人的解放。根据皮平的观点,施特劳斯所概括的"古代"立场中,政治问题根本没有得到和解。[2] 城邦(人类事务)永远是与理念的洞穴相对的。这个版本也被广泛地刻画为意见与知识的对立。施特劳斯对这两者的转换持有一种悲剧性的立场,哲学被视为用知识取代意见的尝试,但这种取代必须考虑知识对意见的颠覆带来的政治后果。知识(理念)的此种特性,源自现象学传统,也被视为柏拉图主义在当代最后的伟大回响。[3] 施特劳斯的最终立场可以表述为:"虽然存在着不可跨越的鸿沟,但哲学与政治可以通过政治哲学并行不悖。反过来,政治哲学成为哲学生存的必要前提。"苏格拉底卓越的个体生存及死亡,成为(作为生活方式的)哲学的榜样。

在施特劳斯看来,第三次现代性浪潮及其政治结果(纳粹政治),是人类迄今最严重的文明危机,是倒退、野蛮与蒙昧。尼采学说的政治滥用,要对之负思想上的责任。施特劳斯认为,自由民主理论诞生于第一次现代性浪潮,其理论谱系从马基雅维利,经由霍布斯到洛克(John Locke)。在此谱系中,自然法首先被理解为自我保存的权利,继而被理解为人对身体自由及生活舒适的正当追求,经济的重要性从而日益上升。[4] 共产主义理论则诞生于第二次浪潮中,其思想谱系从卢梭,经由黑格尔到马克思。在马克思看来,人的全面解放必然会随着历史发展的规律到来。在这个意义上,人成为自身命运的主宰。尤其值得注意的是,施特劳斯以尼采来对照马克思的观点。

---

[1]　Leo Strauss, *The Three Waves of Modernity*, p. 91.

[2]　请比较 Leo Strauss, *The City and Man*, p. 37. "现代民主制预设了哲学与人民之间的一种根本性的和解,这种和解是由普遍启蒙带来的……"

[3]　施特劳斯:《作为严格科学的哲学与政治哲学》,参见《柏拉图式政治哲学研究》,张缨等译,华夏出版社 2012 年版,第 42 页以下。

[4]　Leo Strauss, *The Three Waves of Modernity*, p. 89.

尼采认为,超人的到来必须依赖于个体的自由抉择。因此,未来人可能是"超人",也可能是"末人"。在施特劳斯看来,马克思的"未来人"就是末人。[①]末人的堕落在于失去了政治意识;与之相反,超人则具有残酷的政治意识。超人的政治意义有点像黑格尔主奴辩证法的循环往复,其间并无追求主体间平等的承认关系(科耶夫),而只有对他者的"超克"。值得注意的是,施特劳斯将超人政治视为自由民主制最深刻的危机。换言之,现代性思想无法支持自由民主制的正当性,这种支持必须到古典政治哲学中寻求。[②]

上述结论未免有点模棱两可。自由民主制显然不是施特劳斯心目中最好的政制,因为其前提并不牢靠。[③] 首先,施特劳斯认为现代政治的目标降低了;其次,他认为不可能存在一种人类经过启蒙便共同具有的、相互尊重的能力。施特劳斯通过两个举世闻名的原则来解决上述问题。其一,政治生活的目标是追求卓越,而唯有哲人才能追求卓越。但正如阿里斯托芬笔下苏格拉底思想的遭遇,哲人必然面临哲学(知识)与政治(意见)的冲突。哲人必须设法着手解决自身的悖论:他既属于并依赖于城邦,又在本质上超越了城邦。[④] 这就涉及哲人立法或建国,即"哲人王"的讨论。但是,哲人建立的城邦必然是"言辞中的城邦"。同时,按照柏拉图在《理想国》卷九、卷十结尾的表述,这样的城邦无法预测是否能实现,而且还依赖于人对灵魂不朽的信念。其二,哲人靠思想行动解决问题,且哲人并非政治家。因此,哲人通过隐微和显白的教诲来克服自身的悖论。哲学因此被理解为以知识取代意见的秘传行动。实际上,不妨说哲人唯一有效的现实政治行动就是苏格拉底的对话。我们看到,作为成熟政治哲人的苏格拉底,总是在市场及其他任何可能的地方与他人对话。可以说,上述两点被施特劳斯奇妙地合并在

---

① Leo Strauss, *The Three Waves of Modernity*, p. 97.

② Leo Strauss, *The Three Waves of Modernity*, p. 98.

③ 比较皮平:《施特劳斯的现代世界》,见《施特劳斯与古典政治哲学》,第312—313页。

④ 施特劳斯、科耶夫:《论僭政》,第215页。

一起,构成了西方哲学史的政治意义,即哲学行动巧妙地避免了暴力或革命,承认却又温和地掩饰了人类天然的不平等。而在(由主体问题统治的)现代思想史中,这种不平等却是暴力和革命的必然根源。如果哲学是善的,那么哲学就要致力于消除野蛮和蒙昧,追求正义。但正义并不等于善。[①] 正义有私人和公共之分,并且只能在城邦的范围内实现;而善(即追求人之卓越)本质上是私人的,并且超越了城邦。[②] 因此,我们应该将古典政治哲学的追求,理解为寻求善与正义之间最恰当的关联。同时,这种关联的永恒显示了人自身永恒的有限性,也就显示了现实方案的种种局限性。讽刺的是,通过宣称人类基本问题永远不能一劳永逸地解决,施特劳斯的方案(及其各种形式的衍生品)本身显示为某种对人类问题一劳永逸的解决。

　　相比之下,哈贝马斯的现代性方案的政治意义十分明确,即反对各种形式的保守主义思潮(Konservativism)。哈贝马斯区分了三种保守主义,分别是青年保守主义者的反现代保守主义、旧保守主义者的前现代保守主义以及新保守主义者的后现代保守主义。其中,哈贝马斯将施特劳斯视为旧保守主义者。

　　青年保守主义者主要指法国后现代思想的中坚力量巴塔耶(Georges Bataille)、福柯、德里达。其要旨是借助审美现代性的基本经验,从现代世界中逃离。这种审美经验是"对去中心化的、摆脱了所有劳动要求和实用性要求的主体性的揭露"。[③] 其反现代主义的思想背景是尼采在 20 世纪 70 年代的复兴。旧保守主义者除了施特劳斯,还囊括了汉斯·约纳斯(Hans Jonas)以及罗伯特·施佩曼(Robert Spaemann)。哈贝马斯认为,旧保守主义者并未受到文化现代性的侵袭。这就是说,旧保守主义者至少同样拒绝审美主义。但在哈贝马斯眼中,分水岭就在于,"他们虽然密切关注实质理

---

　　① 施特劳斯:《苏格拉底问题六讲》,见《苏格拉底问题》,第 40—41 页。

　　② 这在施特劳斯看来是古典自由主义的精髓。参见 Leo Strauss, *The City and Man*, p. 49. 并比较施特劳斯对哲学宗派的讨论,参见施特劳斯、科耶夫:《论僭政》,第 197 页。

　　③ Jürgen Habermas, *Die Moderne—ein unvollendetes Projekt*, S. 463.

性的瓦解,科学、道德及艺术的区分以及现代世界观,但仍对程序合理性(prozedurale Rationalität)抱有怀疑,并(在韦伯所观察到的实质合理性倒退之处)标举一种对前现代立场的回返"。① 换言之,施特劳斯把实质理性的瓦解、审美主义的兴起以及现代世界观中的主体强制,皆阐释为现代理性主义崩盘的象征。与前两者不同,新保守主义者对现代性成就持肯定态度,但他们在科学、道德及艺术分化所形成的专家知识与生活世界之间建立了鸿沟。这样,文化现代性的发展便只能借助语义模糊的传统。当然,新保守主义者[包括早期维特根斯坦、卡尔·施米特、戈特弗里德·本恩(Gottfried Benn)]这样做的关键是为了获得一种免受道德实践束缚的政治概念。②

根据哈贝马斯的论述,新保守主义者和青年保守主义者的取径刚好相反。在没有中介的情况下,青年保守主义者径直将专家知识(或高阶价值)移入日常生活之中,既破坏了专门知识的边界,又伤害了生活世界语境。而新保守主义者用"传统"来替换论证中介,使专家知识隔离在生活世界的再生产之外。这最终会带来系统的过度发育,导致生活世界殖民化。双方都提供了激进的政治模式。实际上,后现代思想对主体问题的彻底消解,以及施米特、本恩对审美政治化的追求,都可以视为审美主义的变种。③

相对而言,施特劳斯虽然免除了审美主义的困扰,但他仅在非常狭隘的意义上承认日常生活的理性潜能。施特劳斯坚持认为,从意见(生活世界)到知识(专门知识)的转换,只能通过对少数人的哲学教育才能完成,苏格拉底的对话便是这种教育的最高模型。这个结论使他对待政治意义问题的态度始终是暧昧的,④这正如他笔下的苏格拉底对此问题的态度。对于苏格拉底来说,政治的迫切性是第一位的,但政治问题本身的重要性比起哲学而言

---

① Jürgen Habermas, *Die Moderne—ein unvollendetes Projekt*, S. 463.

② Jürgen Habermas, *Die Moderne—ein unvollendetes Projekt*, S. 464.

③ 关于施米特与本恩的思想,请比较曹卫东主编:《审美政治化:德国表现主义问题》,上海人民出版社 2015 年版。

④ 罗森:《作为政治的解释学》,参见《施特劳斯与古今之争》,第 258 页。

却是次要的。个体化与社会化之间的关系问题,始终没有得到明确的说明,而哈贝马斯系统地阐明了这个问题。① 在早期认识论批判中,他已经深刻地指出坚持传统理论概念的弊端,其锋芒恰好指向施特劳斯。

> 的确,只有在一个其成员已达到法定年龄的解放了的社会里,交往才能发展为所有成员之间的非统治性对话,从中我们总是已经获得一种相互建构的自我同一性模式以及真正一致的观念。因此,陈述的真理总是基于对成功生活的预期。纯理论的本体论假象,不仅使认知导向的兴趣消失了,还增强了如下假定,似乎苏格拉底式的对话(der sokratische Dialog)是普遍的,并且随时都可能发生。②

总体而言,国内学界的"施特劳斯热"有其深刻的学理背景。某种程度上,可以将"施特劳斯热"视为对"海德格尔热"的延续及反应。③ 施特劳斯的古典政治哲学构想,是对德国观念论传统深刻的批判之一,亦是重要的思想转向之一。从此思想史角度来看,施特劳斯思想源自战后德国思想语境,与战后德国诸思想流派均分享了共同的思想主题。

正是从思想史角度入手,遮蔽之处才自幽暗中得以显现。虽然对审美奠基主义的批判,是施特劳斯重要的贡献,但施特劳斯的思想方案低估了德国观念论的论证潜力,因为施特劳斯对主体问题做了彻底的否定性理解。④ 但沿着对海德格尔思想的反思,战后德国思想语境中酝酿了至少两条颇值研究的主体理论路向。第一条路向的代表是同样流亡美国、以政治哲学家

---

① 请比较哈贝马斯:《后形而上学思想》,第 170 页以下。

② Jürgen Habermas, *Technik und Wissenschaft als ＞Ideologie＜*, S. 164.

③ 吴兴明:《海德格尔将我们引向何方?》,《文艺研究》2010 年第 5 期。

④ 皮平不同意哈贝马斯范式转换的立场,但同意亨利希的立场,他特别指出:"施特劳斯对于第二次浪潮(即第一次危机)的诠释误解并低估了受卢梭影响的德国思想家特别是康德、费希特、黑格尔等唯心主义者所表达的另一种可能性。"参皮平:《施特劳斯的现代世界》,参见《施特劳斯与古典政治哲学》,第 305 页。

闻名的汉娜·阿伦特。阿伦特在其博士论文《论奥古斯丁爱的概念》中，针对海德格尔的存在论分析，发展了一种主体理论。① 阿伦特晚年重新以《心灵生活》的哲学计划，来接续自己早年的基础研究，以思、意志及判断来刻画现代主体性的规范内涵。这条哲学路线与其政治思想史的研究可谓相为表里，有力地支持了现代性方案。第二条路向的代表是同为思想史家的迪特·亨利希。亨利希重新阐释了从康德到黑格尔的哲学史，尤其从后康德哲学的诸种主体理论出发，论证了现代启蒙方案的潜力。② 上述两条思想路向，都充分说明了主体问题在现代哲学视野下积极的规范内涵。因此，施特劳斯对主体问题的彻底否定，显然不太站得住脚，值得进一步研讨反思之处颇多。

　　与施特劳斯不同，哈贝马斯不仅活跃在此思想语境中，而且他已经与上述思想传统建立起了积极的对话关系。他深受阿伦特影响，重新反思主体问题的思路，认为必须从主体间性视角来重新理解主体性的内涵。因此，范式转型是对主体性问题的转换，而不是否定。在此意义上，哈贝马斯也与亨利希构成了一种持久的对话关系。③ 同样，如果充分考虑这种思想语境的复杂性以及思想传统间的交锋，施特劳斯思想本身也会暴露出局限性。这是我们充分反思"施特劳斯热"，理解其伟大遗产的关键。在我看来，哈贝马斯的思想恰好提供了参照。无论是在思想深度，还是在理论系统性方面，哈贝马斯都不失为施特劳斯的一个有力的批评者和对话者。本章即已从三个重要主题的角度进行了粗浅的尝试。

---

　　①　Hannah Arendt, *Der Liebesbegriff bei Augustin: Versuch einer philosophischen Interpretation*, Hildesheim, 2006.

　　②　亨利希:《在康德与黑格尔之间》。

　　③　哈贝马斯:《后形而上学思想》,第10—26页。

| 第五章 |

批评作为论证：论哈贝马斯的批评观念

第一节　"主体"的内与外

随着现代化进程的不断深入,文化及价值领域的现代转型使批评作为一种媒介形式日趋成熟。一般而言,批评是旨在描述和解释文化对象的话语实践及交往实践,但批评观念并非指对这种实践的阐明,而是指批评运作所涉及的一般性知识前提。因此,每一种批评观念几乎都在自身独特的思想史背景中形成了规定性。哈贝马斯的批评观念也不例外,随着批判理论的范式转型,关切文化及审美价值领域的媒介方式也随之改变,一种有限的趣味美学转变成了作为论证的"批评"。本章试图重构这一历程,阐明哈贝马斯批评观念的形成过程及基本意义。

哈贝马斯批评观念的形成始于他的主体哲学批判。从大方向上说,批评在现代思想中地位的提升,与从主体到语言的哲学转向密切相关。要理解这一转型,主体哲学批判可谓第一条门径。实际上,主体哲学这一表述已是哈贝马斯最为人耳熟能详的术语之一,通常指以反思性自身意识或非反思性自身意识为出发点的哲学范式。[①] 具体而言,自身意识指涉一种特定的

---

① 哈贝马斯:《后形而上学思想》,第 44 页。

主客关系,即自我回视自身,视自身为客体,从而形成关切自身的特殊意识,区别于关切外物的意识;自我通过自身关系,成为具有统一性的"主体"。[①]

从古希腊到中世纪,西方哲学已经开始讨论自身意识问题。但从近代开始,自身意识才被提升为思想体系的奠基性原理。从笛卡尔到莱布尼茨的大陆理性主义传统,尤其开始强调自我是所有有效命题能够进行推论的出发点。与之相反,英国经验论传统持怀疑主义态度,其中最具代表性的人物休谟(David Hume),就试图取消自我的实存。相比之下,卢梭调和了两大传统,视自我意识为判断之基本前提,提升"自我"为逻辑理论之原理。《萨瓦牧师自白》把"我"看作既能消极被动感知,又能积极主动思考的感官生物。思考就是积极地下判断,把感觉中孤立的物体相互联系,辨析异同,概括特征,"能动的或聪慧的生物的辨别能力是能够使'存在'这个词具有一种意义的"。[②] 用现代术语来说,主体能够借助概念有意义地运用系词结构下判断,赋予形形色色的表象以统一性。[③] 康德受到了卢梭的影响,既反对怀疑论对经验概念的去先验化,又反对笛卡尔主义自我的实体化,认定自我只是纯粹的逻辑原则。[④] 先验自我仅作为纯逻辑的形式主体,保证知识客观性,规定批判哲学的边界。[⑤] 康德反对传统形而上学以自我为原则的自上而下演绎,但他晚年已介入自我内涵的探究,因为"我思"的含义虽不免歧义丛生,但毕竟关系到观念论体系的闭合、理性大厦的奠基。[⑥] 康德的未竟之业,成为后康德观念论史的核心主题。

---

① Joachim Ritter und Karlfried Gründer (Hrsg.), *Historisches Wörterbuch der Philosophie*. *Bd*. 9, Basel: Schwabe&CO AG Verlag, 1998, S. 350.

② 卢梭:《爱弥儿:论教育(上)》,李平沤译,商务印书馆 1996 年版,第 384 页。

③ Manfred Frank, *Selbstbewußtseinstheorien von Fichte bis Sartre*, Frankfurt am Main: Suhrkamp, 1991, S. 417.

④ Joachim Ritter und Karlfried Gründer (Hrsg.), *Historisches Wörterbuch der Philosophie*. *Bd*. 9, S. 357.

⑤ 哈贝马斯:《后形而上学思想》,第 147 页。

⑥ Ulrich Pothast, *Über einige Fragen der Selbstbeziehung*, Frankurt am Main: Vittorio Klostermann, 1971, S. 14.

　　上述思想史即理解主体演化的大背景。不妨说,主体哲学批判取决于追问反思模式(即主客关系)是否应在自身关系中占据主导地位。反思模式意味着主体通过"反思活动"将自身关系解释为一种主客关系,即自我回视自身,将自身把握为自身的客体。这样,自我既是反思活动的出发点(主体),也是反思活动的结果,即一个可表象、可计算的客体。从这个角度看,自身关系就是反思关系,并成为主体的自我确证。因此,主体一旦从自身出发理解世界,也就是将主客关系作为认知的出发点,推及世界及他者,将之当作可表象的、可计算的客体,当作可加以操控的手段或工具。由此可见,自身关系的反思模式最终会导致工具理性的困境。反之,则需重新确立反思的自身关系,即自我回视自身,并不将之视为可计算的客体,而将之视为熟知的对象;回视自身并不构成主客关系,反而首先缔结起先于反思的亲熟关系。两种选择都依赖于理性的内在视角,即理性的自我批判。但主体始终处于关涉他者及世界的基本关系之中,其自由也关涉社会历史的经验语境。因此,个体(心灵)与社会(表达)之间的距离,决定了理解"主体"时外部视角与内部视角的互补。在 21 世纪 60 年代德语学界的一场哲学论战中,内外视角的分歧被反映得淋漓尽致,构成了理解"主体"演化的小背景。① 这场论争旨在阐明主体哲学的当代效力及局限,图根哈特和亨利希分别代表了外在视角和内部视角的理解。

　　其一,从外部视角看,主体理论根本关切的是表达问题,即心灵状况能否可靠地通过命题分析来把握。图根哈特受英美分析哲学的决定性启发,借哲学语义学批判德国观念论。简要地说,图根哈特用个体与其意识状态的描述命题之间的认知关系取代"自我"关系。描述自我意识的任务由内向外,旨在分析"人称代词＋心理谓词(如希望、相信等)"类型的句子。图根哈特通过对命题关系的解析,消除传统哲学的自我同一性问题。然而,倘若说

---

　　① 关于这场争论的全景扫描,可参倪梁康:《自识与反思》,商务印书馆 2002 年版,第 655 页及以下。

话者有能力使用第一人称表达式,便已具备关于"我"的知识。这种理解已预设了指示一个特殊客体的"自我"概念。[①] 图根哈特则认为,真实的命题关系之中并不存在"大写的我"(Das Ich),有效的只是"小写的我"。"大写的我"一词是小写的人称代词(Ich)的名词化,后者不过是句子中的语法主语。名词化带来的主体化被视为德国观念论的特殊创造,而人称代词"我"仅指一个存在于时空之中的物理个体。[②] 与其说个体有能力使用第一人称代词,不如说个体掌握了关于人称代词系统的知识。解开自我意识之谜的钥匙不再是"自我"的结构,而是指示代词"我"在代词系统中的性质及用法。一言以蔽之,图根哈特反对内省方法,转向命题分析,认为认知离不开命题,命题表达具有可从外部确认的公共性。

其二,亨利希认为,源于内部视角的知识是命题分析的前提,坚持内部视角之于理解自我意识的必然性。认证一个人是有能力的说话者,意味着首先从内部视角承认他具备合格的语言能力及运用第一人称代词的知识。内部视角即自身意识本质特征的源头。如果要将自身意识归因于外部视角,也必须首先表明内外视角之间的具体关联。亨利希由此质疑了哲学语义学的隐含前提。图根哈特认定,人称视角的转换能够确认表达式的语义分析是否把握住了自我意识的认知意义,譬如,如果一个人有能力使用第一人称表达式,且能够被另一个具有同样能力的人所意识到,那么,命题使用者能够从第三人称视角确认第一人称视角的意义;相反,亨利希指出,说话者若能凭借"他"确认"我",至少意味着双方已能够支配关于第一人称表达式的知识,"他"已先行自我确认为有能力的说话者。[③] 若无上述前提,也无

---

① Peter Dews, *The Limits of Disenchantment*: *Essays on Contemporary European Philosophy*, p.176.

② Manfred Frank, *Ansichten der Subjektivität*, S. 268.

③ Dieter Henrich, *Noch einmal in Zirkeln*: *eine Kritik von Ernst Tugendhats semantischer Erklärung von Selbstbewußtsein*, in C. Bellut und U. Müller-Schöll (Hrsg.), *Mensch und Moderne*, Würzburg, 1989, S. 102.

从谈及第一人称表达式的语义分析。从外部视角分析"我"的前提是"我"从内部视角的自我确认,即"我"已经是一个有意识的主体。

总之,这场争论虽然陷入了命题知识和前命题知识的对峙之中,但如何刻画知识,则推动了哲学范式的转型。就所有知识归根结底都经由语言表达而言,哲学的立足点将不可避免地从主体转向语言。

第二节 "语言"的内与外

哈贝马斯作为参与自身意识论争的第三方,有保留地接受了外部视角的批判路径,具有两方面原因。一方面,哈贝马斯带着强烈的现实关怀介入这场哲学论证,彼时德国的战后重建也亟须在社会文化规范层面上进行,包含着对德国古典哲学思想资源的阐释和转换,采取外部视角意味着吸收不同于大陆理性主义传统的、英美分析哲学传统的相关资源;另一方面,哈贝马斯接受了法兰克福学派的历史唯物主义立场,关切点始终在社会现实层面,因此,从方法论上拒绝了内部视角关于主体内意识状态的先验分析,转而透过外部视角将"语言"(符号)确立为分析社会主体及其互动的载体。哈贝马斯认为,内部视角无法避免自我意识的悖论,但站在外部视角的立场上,他也并不认同始于弗雷格和维特根斯坦的形式语义学传统,因为语义学仍模糊地保留了自我的预设知识,弱化了而非摆脱了自我的实体化。[①] 相反,哈贝马斯认为,心灵状态不仅无法独立于语言表达,且恰恰显示于语言表达,他从语用学视角出发,强调自我关系成型于语言互动,不再接受以自

---

① 例如,图根哈特分析了指示词"我"(Ich)和"这一个"(Dies)的区别,认为后者的指涉具有观察基础。相比之下,前者也不能理解为指涉一个不能被观察的非物质对象,因为从语义分析的角度,"实体虽然不能被确认,但被认为是可确认的;虽不能被观察,但被认为是可观察的"。Ernst Tugendhat, *Selbstbewußtsein und Selbstbestimmung*, Frankfurt am Main: Suhrkamp, 1979, S. 84.

我意识为起点的哲学范式。① 总之,语言哲学是包括西方马克思主义在内的诸种思潮的基本知识背景,是理解批评观念现代转型的真正基础。哈贝马斯正是在推进语言批判的过程中,方才逐步形成其批评观念。

实际上,语用学推进的阻碍在于"语言"范式内部的竞争。从海德格尔到德里达,语言批判并不采取语用学模式,反而酝酿出瓦解文类界限、蕴含激进批判潜能的另一种语言哲学。② 作为语言批判的对象,主体既是超越客观世界的先验自我,又是寓于客观世界的经验实体,这种双重性质自康德以来便令人困扰。海德格尔用"此在"取代"主体",抵达了德国观念论内在反思的临界点。此在以实践性筹划替代先验性建构,但筹划世界的功能并不因语境化与历史化,便褪去先验色彩,反而受制于内在筹划与世界筹划之间的本体论区别,仍表现出二元性。考虑到共在的日常性与流俗性,此在作为在世生存的孤立个体,类同于"单子",已经丧失了先验意识的同一性。单子作为封闭心灵,是否能够缔结满足社会整合要求的主体间性,始终是绕不开的唯我论难题。存在论分析因此残留了主体哲学的内外视角模式。哈贝马斯指出,海德格尔为主体哲学残留付出的代价是求援于语言之神秘的内在性质,试图用决断论及源始哲学直接使主体间性问题失效。③ 换言之,海德格尔也没能真正回避"内"(主体性)与"外"(主体间性)之别,始终将"自我"确证作为潜在的基础主义前提。

语言因此在自身内部复刻了主体的自我批判,核心疑难在于理性与审美的不相容(Inkompatibilität)。④ 在理性主义范式下,理性的自我推演完全独立于审美。美学隶属于主观主义,与理性的客观性及严密的推论等性质

---

① Peter Dews, *The Limits of Disenchantment*: *Essays on Contemporary European Philosophy*, p. 178.

② 哈贝马斯:《现代性的哲学话语》,第218页及以下。

③ 哈贝马斯:《后形而上学思想》,第40—41页。

④ Amós Nascimento, *Rationalität*, *Ästhetik und Gemeinschaft*: *Ästhetische Rationalität und die Herausforderung des Postmodernen Poststrukturalismus für die Diskursphilosophie*, 2002, S. 13.

势不两立。正如其原意"感性学",美学更多关涉无法直接理性化或数学化的领域,无法就对象或事件提出话语论证。因此,非强制性经验只能表达为工具理性所无法占有的一切,即作为理性之他者的内审美经验。① 内审美经验作为批判理性强制的思想源泉,恰恰是建构主体之内外关系的新起点。主体哲学的自我批判是一种内在批判。

实际上,"语言"基础主义也是语言的内在批判,是针对自身内部语言力量的激烈反动,而原本从内部语力与外部世界的履行性关系出发,足以形成满足卡尔·毕勒"语言功能图式"的意义模式。② 哈贝马斯认为,尼采是语言基础主义的始作俑者。

> 尼采首先贬低了断言命题的真实性和规范命题的正确性,为此,他把有效性与非有效性还原为积极的价值判断和消极的价值判断;也就是说,他把复杂命题(比如"P 是真的""H 是对的"),即我们为陈述命题和应然命题要求有效性的复杂命题还原为简单的评价命题。通过评价命题,我们表达的是价值判断;也就是说,我们强调真理高于谬误、善高于恶。这样,尼采把有效性要求重新解释为为了偏好,并提出这样的问题:"假如我们更喜欢真理(或公正);那么,我们为什么不是更喜欢谬误(和不公)呢?"而正是趣味判断,回答了真理和公正的"价值"问题。③

哈贝马斯从语言哲学角度批判了尼采的视角主义。如果一切命题都能还原为价值判断,那么"真理"也不过是偏好何种"视角"的问题。尼采将视角主义称为"致命真理",但对真理的揭示包含着悖论——真理和理性恰恰

---

① 哈贝马斯:《现代性的哲学话语》,第 358 页。
② 哈贝马斯:《后形而上学思想》,第 90 页及以下。
③ 哈贝马斯:《现代性的哲学话语》,第 143 页。

在"真理"中贬值了。真理最终不过是某种先验幻觉,至多是一种人如果失去它就无法生存下去的历史视域。[①] 由此,尼采将主体悖论及其内外视角的克服方案统统弃之不顾,采取一种极端化的康德式分析支撑趣味判断。价值评价必然是主观的,其余的有效性诉求不过来自异化了的旁观者视角。价值评估的真正尺度是价值创造。因此,主体须彻底审美化,自行塑造为一个不断创造价值的天才艺术家,以其趣味判断为价值张目。从这个角度来说,语言基础主义要对"审美失范"的危机负责,其导致了语言论的审美主义。[②]

为了克服语言基础主义,又不至于将审美领域的规范问题一笔勾销,哈贝马斯选择了另一种康德模式。尼采要求抹除一切具有主体间性效力的有效性宣称,因为他把审美价值还原为语言所蕴含的实体性真理。但"价值"本身不必是实体性的,"价值"可以仅仅涉及"有效性"(Geltung)。从思想史角度来说,这是新康德主义者洛采的逻辑学方案。[③] 一旦把价值理解为有效性,就美学而言,价值评价便回归了传统的趣味美学。趣味美学关涉主体间关于艺术作品的对话与评价,标志着问题意识已转向审美合理性。同时,"美学"不再以关切感性——自在的形而上知识概念来建构自身,这虽然与历史唯物主义对"美学"的意识形态祛魅一脉相承,但"美学"仍要面对如何确立自身形态的基本问题。

第三节 "美学"作为批评

审美表达一旦从合理性视角着眼,便涉及知识的普遍性,但语用学很难一以贯之地勘定认知、道德及审美领域不同的知识诉求。哈贝马斯认为,审

---

① 韦尔默:《后形而上学现代性》,应奇、罗亚玲编译,上海译文出版社 2007 年版,第 311 页。

② 关于语言论审美主义的思想效力,参见汪尧翀:《"词的美学尊严":阿多诺早期语言论纲中的审美主义》,《文艺理论研究》2020 年第 2 期。

③ 海德格尔:《论哲学的规定》,孙周兴、高松译,商务印书馆 2015 年版,第 154 页。

美批判不同于认知及道德领域中通行的话语论证,无法提供可精确检验的论据,取而代之的是建立在深层审美感受基础之上的艺术作品,旨在将个人情感引向某种可靠的文化感受。艺术作品作为论据的效力,转而取决于公共的文化环境或共通感。① 文化价值的表达不仅取决于具体文化语境或特殊生活方式,而且受制于公共表达的意义。因此,艺术作品的合理性归根结底是表达的合理性。这提醒我们,趣味美学之名仍是一种遮蔽,美学一词似乎始终暗示了感性、自在的话语体系的优先性。实际上,后批判美学的真正形态应是批评,所关切的核心是审美合理性问题。就此联系的建立而言,哈贝马斯的两个观点尚需讨论,一是审美合理性的基本规定,二是批评的基本定位。

其一,有关审美合理性的讨论是基于"从主体向语言的转变根本上是知识概念的转变"这一观点的。如果知识关乎理性的内在结构,那么,其运思模式仍是主体哲学,即首先从主体上考虑前命题知识的合法性,进而从语言上考虑,表达是否会导致对前命题知识的物化。相反,哈贝马斯认为合理的(Rational)概念已预设了关切合理性的知识是命题知识,并以陈述形式表达,且可经批判检验。② 知识概念带来的理论框架转变是一目了然的——人与客观世界的关系不再取决于主体的意识结构,而取决于语言之中诸种命题知识的使用方式。哈贝马斯的出发点是言语行为理论,将语言与社会行动相关联,并依据自然语言之于交往的不同功能,区分了策略行为和交往行为。策略行为依据对客观世界的干预,交往行为则依据语言理解的共识力量,即就世界上的事物达成一致的沟通。

在这幅图景之中,实践理性占据了优先地位,显示了哈贝马斯意图借助交往行为理论,统一由命题知识的不同使用方式决定两种内在终极目的(工

---

① 比较利奥塔对艺术作品地位的讨论,他认为崇高的观念搅乱了这种共通感或和谐。参见利奥塔:《非人:漫谈时间》,夏小燕译,西南师范大学出版社 2019 年版,第 136 页。

② 哈贝马斯:《交往行为理论(第一卷)》,第 24 页。

具性支配和交往性沟通）。这样一来,判断一种言语行为是否合理,意味着就其涉及的命题知识的有效性提出论证;如果不同论证类型所对应的有效性宣称能够得到满足,那么就可以对之做出合理的评判。众所周知,哈贝马斯为有效性宣称提供了论证类型的范畴表,区分了理论话语、实践话语、审美批判、疗法批判等论证形式,分别对应认知工具性的、道德实践性的评价性的、表现性的表达等提问方式,以区别其所涉及的不同有效性要求,如命题的真实性、行为规范的正确性、价值标准的恰当性、表现的真诚性等。①

　　然而,容易令人误解的是,哈贝马斯似乎在合理性类型的区隔上坚持僵化的康德式三分法。实际上,区隔只是为了满足形式论证的需要。误解的根源也许在于,人们习惯性地忽略言语行为所使用的是日常语言,其意义来源是交往行动。日常语言意味着语言及其意义的"含混",但这种含混恰恰在交往语境中具有积极意义,即理据的展开、有效性宣称的兑现绝不可能仅仅依赖单一类型的论证形式。当然,贯穿始终的认知因素也决定了合理性类型的基本格局,"具有语言与行动能力的,且论及事态与目的—手段—关系的可能性时不自欺的主体,我们称之为合理的。然而,显然也有一些其他的表现类型,尽管与真实性宣称或其他有效的宣称无关,却可以有充分的理由"②。所谓"有充分的理由",指其他表现类型及其论据也能满足合理性的核心要求,即可论证性与可批判性。不妨设想如下图景:交往实践仿佛一根通电转动的语言轴线,随着不同频率显示不同颜色,而每一种颜色代表一种合理的有效性诉求;与此同时,转动频率对应着论证类型的使用语境。

　　这幅图景例示了哈贝马斯对审美合理性的基本定位。首先,审美合理性在表达类型上涉及表现性的自我陈述及评价性的表达,它们富有意义,且在语境中能够被理解,也关联着可被批判的有效性宣称。例如,表现性的自

---

① 哈贝马斯:《交往行为理论(第一卷)》,第42页图2。

② Jürgen Habermas, *Theorie des kommunikativen Handelns*, Bd. 1, Frankfurt am Main: Suhrkamp, 1981, S. 34.

我陈述对应着表达的真诚性；其次，表现性的自我陈述指涉的不是现实事态，而仅仅是主观体验，区分于关涉事态的认知性表达；最后，评价性表达并无明确的有效性宣称，但所传达的价值判断符合康德式"趣味"的特征，即虽然达不到主体间规范的普遍性，但也绝非纯粹私人的、任意的。私人肆意创造的价值标准只会导向合理性的反面，即乖僻、偏执。不过，哈贝马斯也从趣味美学的立场出发，为私人评价的创造性预留了有限的空间。

> 这些私人性评价中也许存在少许创见。这些显然都表现为可信的表达方式，例如通过艺术作品清楚明了的形式（即审美形式）。相反，偏执的表达却照搬刻板的模式，其意义内涵不是凭借诗意言说或创造性形态的力量便可抵达的，而是纯粹私人性质的。①

诚然，审美合理性观念仍有诸多可商榷之处，但初步克服了审美与理性的不相容性，不再考虑后者的知识论疑难，也拒绝了其之于语言学转向的对应物，即语言论的审美主义。换言之，有意义的、可理解的审美命题或价值评价，才有资格进入交往领域，通过论证来表明自身是否合理。因此，审美合理性的建构脱离不了认知因素的参与，与其他合理性一道服务于生活世界背景下的交往实践。在此视野之中，美学作为处理文化及价值领域的交往媒介，实际上已经转化为一种历史唯物主义取向的批评。

其二，对哈贝马斯而言，批评是一种媒介，即一种言语类型或论证形式，与更严格且具普遍性的论证形式话语一样，都属于反思性中介。② 反思意味着追溯论据或价值标准的前提是否正当，即进行由论证逻辑加以支持的合理性论证。从这个意义上说，不妨把哈贝马斯的批评观念概括为"批评作为

---

① Jürgen Habermas, *Theorie des kommunikativen Handelns*, Bd.1, S. 37.
② 正如批判/批评是对德语"Kritik"一词的不同译法，媒介/中介（Medium）亦然，显示了侧重点的不同。

论证"：批评是话语中介,论证是其理论内涵。哈贝马斯同时期的核心作品皆贯穿着这一观念线索,一是《交往行为理论》对论证理论的专题讨论;二是《现代性的哲学话语》对批评的思想史定位。在考量哈贝马斯对论证理论的重构之前,不妨先概览他对批评的定位,以明确其思想史视野。

《现代性的哲学话语》关于批评的背景讨论集中于一篇附论,即《论哲学和文学的文类差别》,这篇附论体现了哈贝马斯主体哲学批判的基本路线,即前拒阿多诺的"否定辩证法",后斥从海德格尔到德里达的后现代思想。在从海德格尔到德里达的思想路线上,批评不再是文学的附庸,而成为文学本身,超逾了文类差别。但哈贝马斯反对这种地位提升,因为文类混淆从内部抹除了语言内在功能的区隔。相反,"批评作为论证"的观念反而更接近否定辩证法。否定辩证法利用了黑格尔主义悖论式的自我批判,即以推论方式进行自我否定的推论。哈贝马斯因此有所保留地肯定了阿多诺对推论思想的态度。

> 阿多诺(与海德格尔不同)没有从精英的立场出发蔑视推论思想,这就可以解释清楚,他为什么会坚持一种再也无法保证其基础的批判方法。我们迷失在推论之中,如同遭到放逐。……推论思想无法把自己明确为自身的堕落形式,它必须借助审美经验,而这种审美经验是在同先锋派艺术的接触中培养起来的。[①]

但先锋派要求瓦解的恰恰是原本依据审美合理性论证所支撑起来的艺术自律,就此而言,否定辩证法也难以摆脱语言论的审美主义。

实际上,否定辩证法之"否定"显示了其形而上学的负担,反衬出批评之为论证的语用学内涵。值得强调的是,哈贝马斯也将罗蒂看作否定辩证法的同路人,虽然在后者那里,实用主义路线已将"否定"的形而上学负担一笔

---

① 哈贝马斯:《现代性的哲学话语》,第219页。

勾销,文类差别的消除也被视为哲学积极的终极事业。罗蒂认为,正是形而上学将逻辑论证规定为思想的最高义务。与之相反,反讽主义者的论证是辩证式的,其语用单位是语汇而非命题,其方法是再描述而非推论。罗蒂认为黑格尔是始作俑者,以修辞学取代了逻辑学,以再描述局部取代了推论。因此,"黑格尔所谓的辩证方法,根本不是一种论证的程序或统一主客体的方式,而只是一种文学技巧,用来从一个语汇平顺、迅速地过渡到另一个语汇,以制造骇人听闻的格式塔转换(Gestalt Switches)效果"。① 罗蒂更将这种避免论证的"辩证法"径直称为"文学批评"。

众所周知,哈贝马斯将罗蒂的批评方案视为语境主义或相对主义,这种反对罗蒂的核心论点反过来恰恰是他捍卫批评之处。其一,所谓"格式塔转换",实际上就是"语言"的整体论转换,这种变更忽略了语言内在功能所决定的现代性话语分化的复杂性。只有抹除这种原本应该进行合理性论证的复杂性,整体论转换才得以可能。因此,格式塔转换多少仍残留着总体性批判的影子。其二,批评成为文学,意味着批评也是纯粹的语言创造,否定了批评的中介功能。这种观点不过是一种经语言学转向的生命哲学,尼采的影响历历在目。② 相反,批评作为反思性中介,旨在沟通专家文化与日常生活领域,担负社会团结的使命。在哈贝马斯看来,只要忽略专家话语与日常语言交往的真正关系,即让前者从后者中分离,以便应对复杂性日益增长的社会需求,推动社会在更复杂的分化中的整合和团结,批评就不会找到其在语言学转向后的真正位置。

第四节　批评作为论证

透过思想史背景可以发现,哈贝马斯以"批评作为论证"观念反对"批评作为文学"观念(该观念持有者包括德里达、罗蒂,也不妨算上晚期的海德格

---

① 罗蒂:《偶然、反讽与团结》,徐文瑞译,商务印书馆 2003 年版,第 112—113 页。
② 哈贝马斯:《现代性的哲学话语》,第 242 页。

尔），关键在于其内核是一种关切审美合理性的论证理论。论证理论旨在通过论证逻辑阐明合理性所牵涉的一套有效性宣称的系统。必须强调，尽管就表达提出的各种有效性宣称取代了传统"真理"概念，但只要有效性宣称仍诉诸语言本身的内在普遍性，那么，真理诉求就仍存在于关切具体领域的追问之中。就审美领域而言，反思关切艺术作品的论证是否"好"或是否具有说服力，也就提出了真理诉求。从这个角度来说，不同的批评观依赖于不同的真理观。因此，哈贝马斯重构论证理论所依据的真理观，决定了进一步讨论批评在审美领域的可能性。

首先，哈贝马斯《交往行为理论》中的合理性理论建构，是基于对图尔明（Stephen E. Toulmin）论证理论的重构的。[①] 在哈贝马斯看来，图尔明反对绝对主义和相对主义的立场，正符合语用学转型的基本直觉：一方面，形式逻辑或演绎逻辑无法简单地统摄道德实践认知和审美判断；另一方面，知识观念并不能简单地抛弃推论语言及有效性宣称的普遍主义内涵。因此，论证逻辑的任务就在于，阐明能支撑有效性宣称的论据及一般前提。

哈贝马斯首先将论证的结构分为三个层面，即过程（起诉）、程序以及结论。具体而言，这三个层面又分别涉及理想化的交往形式、话语沟通的互动形式以及令人信服的论点生产。哈贝马斯将此三个分析层面与不同的学科视角链接起来："修辞学研究作为过程（Prozeß）的论证，辩证法研究论证的实用程序（Prozeduren），逻辑学则研究论证的结果（Produkten）。论证在上述各层面的确展现出不同的结构。首先，是一种理想的、对压制与不公有特殊免疫力的言说情境的结构；其次，是围绕更好的论据所展开仪式化的竞争的结构；最后，是决定了各个论点的构造及其交互关系的结构。在上述任何一个分析层面上，论证言语的内在理念本身都无法充分地展开。"[②]这些形式

---

① 　关于图尔明的论证逻辑概览，参见陈伟：《非形式逻辑思想渊源》，复旦大学出版社 2017 年版，第 94 页及以下。

② 　Jürgen Habermas, *Theorie des kommunikativen Handelns*, Bd.1, S. 49.

结构是抽象的,但一旦落实于直观感受,便具体表达为说服大众、理性地达成共识、兑现有效性宣称等行动环节。而当实际的论证活动发生时,上述环节便不可分离,融为一体。这就解释了哈贝马斯何以认同图尔明,即从日常语言出发,才能有效阐明交往实践中的论证形式;从有效性宣称的多元化承诺出发,才能有效阐明文化及价值领域的现代性分化。

在深入分析图尔明的论证逻辑时,哈贝马斯关切的核心始终在于论证类型的内在结构及有效性宣称的超语境特征。就此而言,图尔明的论证逻辑并不彻底,仍面临逻辑和经验两大层面的内外视角之分。哈贝马斯认为,图尔明更多依据社会学标准来区分论证领域。一方面设定五大代表性的论证领域,即法律、道德、科学、管理以及艺术批评,认为能够从中提炼出同一个论证图式;另一方面又避免普遍主义诉求,认为不能够直接获取一个基础性的、恒定不变的合理性框架。图尔明的立场更偏向于黑格尔主义,认为论证逻辑"主要应当涉及那些在历史进程中才建立起科学、技术、法律、医学等事业各自的合理性的实质性概念"。① 这种经验立场拒绝了先验的理性标准,也避免了相对主义,"在合理的事业及其合理性标准的转型中,有效的不仅仅是参与者当时认为'合理的'(Rational)事物。历史学家抱有重构意图,如果想对客观精神的形态做出'理性的比较',就必须遵循一个批判性的标准"。②

在哈贝马斯看来,图尔明虽然将批判性标准称为"不偏不倚的立场",但并未为之赢得真正的普遍性。他并未深究论证逻辑,仅根据制度性标准将之让渡给了现成的合理性概念。这样一来,批判性标准就有丧失其批判性的危险,因为尽管批判性标准本身是在历史发展中形成的,但又必然依赖于超语境的有效性。而在哈贝马斯看来,必须借助康德式提问,才有望触及真理与合理性之间的真正联系,但这已经超出了图尔明的理论框架。

---

① Jürgen Habermas, *Theorie des kommunikativen Handelns*, Bd. 1, S. 59.
② Jürgen Habermas, *Theorie des kommunikativen Handelns*, Bd. 1, S. 60.

只要图尔明不阐明协力追求真理的一般性的交往前提与程序，他也就无法从形式语用学的角度说明：作为论证参与者采取一种不偏不倚的立场意味着什么。这种"不偏不倚性"（Unparteilichkeit）是无法从所用论据的结构中发现的，只能根据诸种有效性宣称的话语兑现的前提才能得以阐明。①

归根结底，哈贝马斯从自己的普遍语用学出发，重构了图尔明的论证理论，旨在暴露其在真理观上的局限性，为理解"批判作为论证"观念的内涵指明了方向。

其次，哈贝马斯所持的真理观，维尔默（Albrecht Wellmer）称之为"真理共识论"。真理共识论强调，语言理性的基本结构包含了一种摆脱了形而上学的"强"真理概念，其对立面是德里达的语言批判。德里达坚持，"真理"概念本身是语言为了逃脱语言游戏和符号秩序的先验幻觉，是语言自我施加的指称的形而上学约束，是概念本身包含的虚假心理观念。② 语言的使用实际上是彻底语境化的，具有不受限的重复性。显然，最符合此种规定的是文学语言。就此可以理解，德里达及其相近的思想立场何以支持"批判作为文学"的观念。这种立场以语言之名，行主体之事，仍暗藏语言基础主义。后现代的语言理性批判拒绝接受合理性概念，认为其不能够涵摄（Ungreifend）所有的"语言游戏"，因而必然走向语言论的审美主义。

相反，对哈贝马斯而言，真理被他视为在理想言说情境中所达成的理性共识的内容。正如韦尔默所言：

"真理共识理论试图根据一种非相对主义的合理性概念提出

---

① Jürgen Habermas, *Theorie des kommunikativen Handelns*, Bd.1, S. 60.
② 韦尔默：《后形而上学现代性》，第313—314页。

　　　　一种'绝对的',也就是非相对的真理概念。根据这个定义,如果一
　　　　种共识是在理想的交往结构的条件下产生的,那么它在一种非相
　　　　对的意义上是理性的;而'真理'就是这种共识的内容。"①

　　这种理性共识内容的理想前提在于标志性的"理想言说情境"(die ideale Sprechsituation)概念。哈贝马斯如此解释这一概念:"处于交往中的言说情境既不受外在条件的影响,也不受交往结构内部自发形成的强制的阻碍,我就称之为理想的。理想言说情境排除了交往的系统性扭曲。"②换言之,理想言说情境除受"追求更好论据"的强制之外,不再受任何内外的强制。"真理"即取决于这种被韦尔默称为"必要的理想化"的概念策略。③ 不难理解,哈贝马斯试图以普遍语用学重构理想言说情境的一般形式前提,旨在确保论证参与者能够接受这类普遍性前提,以便能够机会均等地参与商谈,并达成理性共识,由此,既保留了"真理"概念,又摆脱了绝对主义和相对主义。总之,无论是真理概念本身,还是以真理为取向的交往行动,都蕴含了必要的理想化。

　　有了必要的理想化这一导向,"批评作为论证"也就意味着参与者通过论证过程达成共识,而论证的效力最终在于兑现具有普遍性的有效性宣称。问题在于,有效性宣称所对应的论证类型并非任意或无限的,而是由论证形式的内在结构所决定的。上文已指出,这种内在结构完全可以通过语内力量,不涉经验地加以形式重构。这就意味着,批评作为话语中介,在面对艺术作品或文化价值时,实际上是一种外在的尺度。换句话说,批评在此意义上是动用概念标准介入作品的,因而不可避免地会陷入康德主义式的强批判模式。这种自上而下的批评模式决定了,一方面,凡是不符合交往共同体

———————————

　　① 韦尔默:《后形而上学现代性》,第 317 页。

　　② Jürgen Habermas, in: ders., *Rationalitäts-und Sprachtheorie. Philosophische Texte*, Bd. 2, Frankfurt am Main: Suhrkamp, 2009, S. 262.

　　③ 韦尔默:《后形而上学现代性》,第 323—324 页。

承认的有效性宣称的本真经验都会"出局",另一方面,扮演论据角色的艺术作品的类型将受到很大限制,例如哈贝马斯主要依据的是现代主义艺术。换言之,强批判容易导致的教条主义危险,恰恰是"批判作为论证"观念所必须避免的。

也许,有必要转换视角来理解真理观所依赖的必要理想化。实际上,马克思主义批评及文论对这种理想化的讨论由来已久,尤其反映在诸如"典型""现实主义"等关键论题上。一言以蔽之,"批评"作为反思中介,无法不设置标准,也无法不形成求实求真的意志。通过论证理论来阐明的真理观念,旨在确保批评的标准及意志的形成在程序上的合理性和公正性,但这些标准在面对具体的文化现象或艺术作品时,如何与经验语境相链接,实际上是康德主义模式一直突出的问题。但必须看到,哈贝马斯坚持以康德主义模式来建构批评观念,突出和强调批判性,是与其始终坚持的历史唯物主义立场一脉相承的。仅就艺术批评而言,他坚持马克思主义立场和语用学立场,是为了防止批评再度退回到观念论美学的模式。观念论美学仍依赖主体哲学的效力,归根结底是要证明或展示反映在艺术作品中的资产阶级公民的主体精神,从而掩盖资本主义的历史及社会矛盾。①

鉴于此,我试图依据哈贝马斯的批评观念,将"必要的理想化"贯彻于批评的方法论建构中,尝试为批评与经验语境的链接提供一个初步框架。这种链接的关键思路在于,无须把针对艺术作品本真经验的有效性宣称(例如"真实性""艺术真实"等)视为必然具有经验关涉的先验范畴,而应将其视为范导性范畴或康德意义上的调节性范畴,由此,可以借助重审哈贝马斯关于艺术作品在审美批评中取代论据的观点,论及批评作为论证的积极意义。

首先,评价性范畴的范导性将一劳永逸地杜绝其转变为经验化的实质性概念。例如,"真实性"并不意味着参与者要在批评的对象或事件中,寻找与自我认知完全相符的经验实体。这可以用来解释,某些"出格的"乃至

① 哈贝马斯:《合法化危机》,第 90—91 页。

"荒谬的"具体文化对象,何以能够具有历史或社会的"真实性"。在某些历史语境中,"荒谬"是对"媚俗"的反抗,具有丰富的社会历史意义,而不只是一种语义区隔。进一步说,甚至"现实主义"这样的经典性评价表达,也不意味着能够在艺术作品中,识别出如实反映彼时社会现实中存在的社会意识结构。在马克思主义文论史的讨论中,"无边的现实主义"已经从概念扩容的角度提供了范例。① 总之,范导性意味着认知与实践、审美之间知识诉求的区隔,即不可能将一个经验性的认知问题,混同于实践领域诉诸"应然"的规范性要求;但反过来,范导性也意味着评价性表达可以将认知要素和规范要素借用为表现素材,以便引导更适当的文化感受。换句话说,诉诸真实性不必彻底卸下其认知性负担,而是将之合理地转化至具体的经验场景中。

其次,范导性对应于必要的理想化,将"理想言说情境"视为艺术作品"真理"的前提,而"真理"作为范导性的价值范畴,不仅是有效的,而且作为可错论的收敛(即"极限"),扮演占位者(Plazhalter)的角色。② 共识的可错论旨在保证"批评"是社会交往行动,其所揭示的艺术作品的理想化经验则是社会的共同期许和追求。换言之,完整的艺术作品实际上已经包含了达成共识的理想条件。从这个角度来说,艺术作品本身包含了理想化,其审美形式的完满或本真经验的显现,会在某一个时刻引起交往的凝固,即所有的交往前提得到满足,有效性宣称得到兑现,艺术作品就在客观意义上赢得了审美合理性;同时,其可传达的意义似乎在此刻是畅通无阻的。换言之,(哪怕是无限的)意义也将收敛为可理解的、适当的审美形式。这也符合人们面

---

① 罗大冈:《"无边的现实主义"还是无耻的"现实主义"?》,参见《文学评论》1964年第6期;白烨:《现实主义与艺术现实:评加洛蒂的〈论无边的现实主义〉》,参见《外国文学评论》1987年第2期;刘倩兮:《选择与超越:浅析〈论无边的现实主义〉》,参见《大众文艺》2012年第8期。

② 该词取自哈贝马斯著名演讲《哲学作为占位者与阐释者》,强调哲学作为程序合理性之守护者角色,也是摆脱了形而上学负担的范导性角色。参见 Hauke Brunkhorst, Regina Kreide und Cristina Lafont (Hrsg.), *Habermas Handbuch*, J. B. Metzler, 2009, S. 214.

对文化对象之际的真实经验。因此,可以说,"真实性"是面对批评对象或事件的审美体验无限趋近符合论(或反映论)的一种收敛。同样,"现实主义"则表明对某一历史时段的风格及评价性表达无限趋近符合论或道德规范性的一种收敛。无论如何,这些评价性范畴所表达的极限情形,本身无须再次附加"真实""规范"等价值概念,因为问题的关键已经转变为这些评价性范畴在论证活动中如何能够"有效地"得到运用。

总之,批评作为论证所必然依赖的理想化前提提醒我们,"批评"始终是社会文化再生产的一个有机组成部分,作为社会交往的重要媒介,履行着去伪存真的社会及文化功能。因此,理解和反思哈贝马斯的批评观念,也许能够为建设中国马克思主义的批评话语及体系提供启示。

第二辑 ｜ 批判理论的语言转向

| 第一章 |

通向审美复位的新异化理论：法兰克福学派美学传统的观念论根源及其克服

第一节　范式之争：批判理论当代发展的三次转型

"范式转型"是法兰克福学派当代发展的标志。面对经典批判理论对审美主义的依赖，哈贝马斯创立"沟通范式"，借助语言分析哲学克服意识哲学的困境，为认知及道德领域重新奠定了规范基础，但也终结了美学在社会规范论证中的思想效力。如此一来，新的难题也随之产生：美学作为知识话语体系，不仅在"沟通范式"中几近缺席，更在后继的"承认范式"中难见踪影。然而，批判理论的"整体论"诉求，又必然要求其规范基础的证成，能够阐明认知、道德及审美的分化理据及统一性。迄今为止，"范式转型"并未完成，这不仅反映出合理性论证在现代性分化领域（知、情、意）中的差异，而且暴露出，观念论美学的权威仍决定着批判理论美学传统的基本形态。①

---

①　伊格尔顿曾引述佩里·安德森的类似判断，可作旁证："佩里·安德森注意到了'西方马克思主义'是如何突然退回到哺育它的唯心主义源泉的；这种回退表现得最明显的也许莫过于西方马克思主义的主导支脉，即种种艺术理论。"参见伊格尔顿：《瓦尔特·本雅明或走向革命批评》，郭国良等译，商务印书馆 2015 年版，第 109 页。

　　有鉴于此,本节尝试勾勒法兰克福学派"范式转型"的谱系,并试图以此为基础,追问其美学传统的发展形态及思想效力。当代批判理论发展的不同范式均受制于不同的观念论取向。同样,不同阶段批判理论的美学建构,均借助于观念论美学模式的权威,形成了征用"艺术自律"社会批判潜能的共通框架(即"系统美学")。批判理论美学传统在"范式转型"的冲击下由盛转衰,显明了系统美学无法胜任审美领域的规范论证诉求。相比之下,作为批判理论发展的最新阶段,语言范式将"语言"重置为批判理论的规范基础,克服沟通范式及承认范式关于"语言"的偏见及盲视。"语言"的"整体论"取向由此开启了新的可能性——本雅明的思想可再系统化一种以语言批判为核心的新异化理论,为审美领域的规范论证提供了具体的思想支撑。

　　自哈贝马斯起,批判理论的当代发展可划为三个阶段:沟通范式(Verständigungsparadigma)、[①]承认范式(Anerkennungsparadigma)及语言范式(Sprachsparadigma)。[②] 三者既在时间上有先后,又在内涵上有差异,故称为"范式之争",择要阐明如下。

　　(1)沟通范式的确立,意味着批判理论的哲学基础从意识哲学转向语言分析传统的普遍语用学。意识哲学又称为主体哲学,通常指从自身关系出发,理解人与他者及世界关系的知识范式。笛卡尔以来的现代哲学通常将反思性自我意识视作自身关系的优先内涵,即主体将自己视为自身客体的反思活动,导致工具理性成为主体对待他者及世界的基本态度。同样,工具理性批判又取决于"理性的他者"的反动,但意识哲学不可能瓦解自身,要么

---

　　① "Verständigung"的准确含义是"通过沟通达成理解"。凡单独出现时,酌情译为"通过沟通达成理解""达成理解"以及"沟通"。鉴于"Kommunikation"在汉语学界也有"沟通"的译法,为免混淆,本文凡"交往"均指"Kommunikation",凡"沟通"均指"Verständigung"。

　　② Vgl. Philip Hogh und Stefan Deines, "Sprache und Kritische Theorie: Zur Einleitung", in ders. (Hrsg.), *Sprache und Kritische Theorie: Frankfurter Beiträge zur Soziologie und Sozialphilosophie*, Frankfurt am Main: Campus Verlag, 2016, S. 9-26.

将理性的他者从理性中驱逐，要么将之同化于理性。① 因此，工具理性批判容易走入极端，一旦主体性原则遭遇"一种解中心化且得到理性他者授权的主体性以肉体为核心的审美经验"，②其自我瓦解往往会成为后现代思想取向诞生的土壤。"审美主义"通常不可避免地成为意识哲学的逻辑终点，美学的扩张同步于社会分析之理性根据的萎缩。

相反，哈贝马斯认为，意识哲学误解了主体性原则的构成，人与他者及世界的优先性关系不是工具理性，而是交往关系，故主体性的发生不是神秘的意识内在运动，而是以符号交往为中介的社会历史进程。③ 他转借语言分析传统，将"合理性理论与语言理论的要点熔铸于沟通（Verständigung）这一规范内涵丰富的概念中"，④确立起沟通范式。沟通范式的方法论核心是"普遍语用学"，旨在"辨认及重建可能发生的沟通的普遍条件"。⑤ "沟通的普遍条件"（又可称为"一般的交往前提"或"交往行为的一般前提"）指可充当交往行为语用前提，并可在话语实践中兑现的"有效性宣称"，即认知的正确性、实践的正当性及审美的真诚性。当说话人与听话人进行沟通以期达成一致时，各自的表达（话语/命题）不仅必须是可理解的，而且蕴含的有效性宣称也必

① See. Dieter Freundlieb and Wayne Hudson, "Reason and Its Other: Some Major Themes", in Dieter Freundlieb and Wayne Hudson (eds.), *Reason and Its Other: Rationality in Modern German Philosophy and Culture*, Providence and Oxford: Berg Publishers, Inc., 1993, p. 2.

② 哈贝马斯：《现代性的哲学话语》，第 359 页。

③ 迪特·亨利希从意识哲学的角度指出，哈贝马斯以符号及语言使用的视野重释了原本由先验哲学表达的基础研究，赋予了道德与知识概念经主体间确认及能由经验科学担保的新基础。Vgl. Dieter Henrich, "Die Anfänge der Theorie des Subjekts", in: Axel Honneth (Hrsg.), *Zwischenbetrachtungen: Im Prozeß der Aufklärung*, Frankfurt am Main: Suhrkamp, 1989, S. 109.

④ Jürgen Habermas, "Einleitung", S. 9.

⑤ Jürgen Habermas, "Was heißt Universalpragmatik?", in: ders., *Vorstudien und Ergänzungen zur Theorie des kommunikativen Handelns*, Frankfurt am Main: Suhrkamp, 1989, S. 353.

须得到承认,否则,对方会提出异议,无法达成共识。① 因此,依据普遍语用学的方法论视野,交往参与者的言语行为具有规范力量,不仅可进行话语重建,而且具有普遍有效性。总之,沟通范式的规范核心在于一种源自语言分析传统的特殊语言观,即"以通过沟通达成理解为取向的语言使用"(der verständigungsorientierte Sprachgebrauch)。②

(2)沟通范式标志着批判理论的"语言学转向",但它规范性太强,忽略了经验立场。霍耐特提出"承认范式",承袭了"主体间性"视角,却主张放弃"语言学转向",重拾经典批判理论的"经验"立场。他认为,社会规范分析的出发点应是社会中可理性重建的承认结构,而非以沟通为取向的言语行动。承认范式借此把社会理解为爱、法律与团结等承认媒介阶序演化的历史结果,旨在批判地重构这些社会历史形态,释放其解放潜能。"承认"作为规范视野,试图重新链接"社会"与"主体性",既不把个体与社会形态之间的关系简化为工具性,又从互动视角出发理解个体的自律。③

霍耐特的核心著作《为承认而斗争》便从主体间的承认关系出发,重审了黑格尔关于自由与社会、个体与超个体之间的关联。简言之,"为承认而斗争"的成果既需要转化为社会的制度化保障,又反过来构成个体自由及自我实现的前提。霍耐特曾在与弗雷泽(Nancy Fraser)的争论中表达了承认范式的主旨:"主体带给社会的规范性期望集中于形形色色的普遍他者对主体能力的社会承认。这种道德社会学诊断蕴含了两个方向上的拓展:一是涉及主体在道德上的社会化,二是涉及社会在道德上的整合。"④换言之,承

---

①　Vgl. Jürgen Habermas, *Theorie des kommunikativen Handelns: Zur Kritik der funktionalistischen Vernuft*, Bd. 2, Frankfurt am Main: Shurkamp, 1995, S. 184.

②　此种语言观的思想史背景,参见 Vgl. Jürgen Habermas, "Einleitung", S. 10-12.

③　Vgl. Rahel Jaeggi und Robin Celikates, *Sozialphilosophie: Eine Einführung*, München: C. H. Beck, 2017, S. 20.

④　Axel Honneth, "Umverteilung als Anerkennung: Eine Erwiderung auf Nancy Fraser", in: ders. (Hrsg.), *Umverteilung oder Anerkennung? Eine politisch-philosophische Kontroverse*, Frankfurt am Main: Suhrkamp, 2003, S. 204.

认范式要求以理性的主体间性规范内涵,去重构具体社会形态(例如爱、法律、团结),后者则以整合或团结的社会功能,构成了社会批判的尺度。这种颇具辩证色彩的"理性病理学",强调个体与社会、经验描述与规范分析在方法论上的统一。

(3)语言范式可谓批判理论内部的自我反思,克服了沟通范式及承认范式的偏颇,成为批判理论当代发展的新焦点。承认范式虽克服了沟通范式重规范、不重经验的局限,但又忽略了"语言"之于批判理论的核心重要性,忽略了批判理论自身的语言哲学传统。[①] 与英美语言分析传统不同,经典批判理论语言哲学的效力更多体现在认识论、历史及艺术哲学方面,或发挥"复魅—神学的超越性功能",或扮演"趣味的审美媒介",总体而言比较弱势。[②]

近十来年,德国学界开始系统性地反思批判理论自身的语言哲学脉络。2016 年,著名的"法兰克福社会学与社会哲学文库"出版了一本名为《语言与批判理论》的论文集,编者正式提出"语言范式"这一说法,用以概括经典批判理论语言哲学研究的复兴。霍耐特也为之作序,肯认"语言"作为批判理论知识范式的核心地位。[③] 语言范式旨在重新将一种扩容的"语言"观,重置为批判理论的规范根基。

总之,语言范式作为批判理论的最新发展阶段,究竟能够为审美领域的合理论证带来怎样的改观,仍有待进一步阐明。而至少就目前来说,沟通范式及承认范式并未真正回应审美领域的规范诉求。审美作为与认知及道德

---

① 最显著的例子是霍耐特在 2003 年的阿多诺研究综述中,丝毫未提及其语言哲学。Vgl. Alex Honneth, "Vorbemerkung", in: ders. (Hrsg.), *Dialektik der Freiheit: Frankfurter Adorno-Konferenz 2003*, Frankfurt am Main, 2003, S. 9.

② Vgl. Philip Hogh und Stefan Deines, "Sprache und Kritische Theorie: Zur Einleitung", S. 11.

③ Vgl. Axel Honneth, "Vorwort", in: Philip Hogh und Stefan Deines (Hrsg.), *Sprache und Kritische Theorie: Frankfurter Beiträge zur Soziologie und Sozialphilosophie*, S. 8.

并驾齐驱的现代性分化领域，仍滞留于观念论的阴影之中。这表明范式转型并未彻底告别观念论，反而在更复杂的论证层面上重新陷入了与观念论的纠葛。这层关联成为理解批判理论当代发展不可回避的关键因素。

第二节　"范式转型"的观念论根源

范式之争隐含了批判理论与德国观念论的亲缘性。霍克海默（Max Horkheimer）早已在《社会哲学的当下处境与社会学研究所的任务》中揭示了两者的关联——批判理论一方面浸润于德国观念论的理想，基于理性重构社会形态；另一方面接受了马克思的基本信念，认识到单凭哲学的认知潜能不足以理解起阻碍作用的社会力量。① 这表明，德国观念论的主导取向（即康德与黑格尔之争）仍深刻地影响着批判理论不同阶段的基本取向。简言之，沟通范式取法康德主义，针对的是经典批判理论的黑格尔主义；承认范式回归黑格尔主义，是对康德主义的再一次纠偏。

（1）霍克海默、阿多诺的黑格尔主义取向，鲜明地体现在其观念论批判中。霍克海默着眼于"个体"与"社会"的关系，强调康德意义上的先验主体并非处于真实社会关系中的个体。他对康德的先验图式进行了意识形态批判，②判定主观上普遍主体证成的失败，反映了个体之理性目的与社会生活之非理性之间的客观矛盾。③ 他认同黑格尔的看法，认为渗透于现实诸环节

---

① Vgl. Rainer Forst, Martin Hartmann, Rahel Jaeggi, Martin Saar, "Vorwort", in: ders. (Hrsg.), *Sozialphilosophie und Kritik*, Frankfurt am Main: Suhrkamp, 2009, S. 11.

② 霍克海默引证康德的原文为："我们知性的图式就显现及其单纯形式而言，乃是人类心灵深处一种隐藏的艺术，我们任何时候都难以从自然那里猜出其真实的操作方式，并使之无遮蔽地呈现于眼前。"译自 Immauel Kant, *Kritik der reinen Vernuft*, Hamburg: Felix Meiner Verlag, 1993, B·181. 中译参见康德：《纯粹理性批判》，邓晓芒译，杨祖陶校，人民出版社 2004 年版，第 141 页。

③ 霍克海默：《传统理论和批判理论》，参见《霍克海默集》，曹卫东译，上海远东出版社 2004 年版，第 179—180 页。

中的"实质理性"能矫正康德的"形式理性",克服个体与社会发展的不和谐,同时,"社会"由此也成为社会哲学研究的有效对象。① 正如耶基(Rahel Jaeggi)所言:"霍克海默方案的直接对立面,是康德个人主义视角以及彼时在精神科学和社会科学中占支配地位的新康德主义。"②

与霍克海默一样,青年阿多诺断言,康德主义只是陈旧、静态的形式理性原则。③ 他洞察了先验主体论的悖论。

> 观念论批评家们虽非始作俑者,但也发现建构经验内容的先验主体是从鲜活的个体中抽象而来的。显而易见,先验主体这个抽象概念——其思想的诸形式、诸形式的统一以及意识的源初生产性——已经预设了它许诺要带来的东西:真实、鲜活的个体。④

因此,阿多诺仍从黑格尔那里发现批判工具,即"激进化黑格尔模式,其方法是在接受自我—批判任务的同时,将批判限制在概念性语言(Conceptual Language)能够清晰表达的东西之中"。⑤ 这样一来,同一性批判也依赖于悖论,以非体系性来坚持体系性的分析要求,逾出了康德所允许的理性的自我批判。

(2)哈贝马斯批判的矛头主要对准霍克海默、阿多诺的黑格尔主义取向,具有浓厚的康德主义色彩。在他看来,经典批判理论中关于个体与社会

---

① 霍克海默:《黑格尔和形而上学》,参见《霍克海默集》,第 35 页。

② Rahel Jaeggi und Robin Celikates, *Sozialphilosophie: Eine Einführung*, S. 16.

③ 阿多诺:《胡塞尔与唯心主义问题》,参见《社会批判理论纪事(第 2 辑)》,张一兵编,中央编译出版社 2007 年版,第 272 页。

④ Theodor W. Adorno, Subject and Object, in Andrew Arato and Eike Gebhardt (eds.), *The Essential Frankfurt School Reader*, New York: Bloomsbury Academic, 1982, p. 500.

⑤ Espen Hammer, *Experience and Temporality: Toward a New Paradigm of Critical Theory*, Macmillan: Palgrave, 2017, p. 617.

矛盾的判词,一方面体现为主体性原则内部的互相批判——"话语层面上的分化结果,在道德生活世界范围内,被发现是一种直觉总体性的'分裂'";①另一方面则表明主体哲学模式(包括任何对自我意识进行扩容或消解的努力)会陷入僵局。例如,阿多诺陷入悖论思考的困境,后现代思想则消解主体。总之,黑格尔主义所念兹在兹的实质理性,尤其是那些契合于先验主体性特征的客观化表达(艺术),已经失去了奠基意义。

不止于此,哈贝马斯曾进一步剖析整个观念论谱系,认为黑格尔及马克思虽以实践来克服先验自我的抽象统一,但并未有效区分劳动与互动。② 随着吸收卢曼的社会系统论,哈贝马斯于 20 世纪 70 年代初开始以"系统/生活世界"来重释"劳动/互动"的关系。③ 按照系统论的视角,现代社会中的支配形式不仅源自生产过程,也包括社会分化子系统中促成社会交往的功能媒介或符码,例如权力、货币、爱等。④ 因此,传统的异化劳动批判,即对商品形式所支配的劳动过程的批判,凭借工具合理性及功能合理性的视角,转化为社会系统分析。⑤ "异化"的含义随之转化为主体间"被扭曲的交往",其社会病理学标准也由"物化"转变为"生活世界殖民化"。⑥ 一言以蔽之,哈贝马斯在重组社会分析话语的过程中,倾向于从人类言语及行为实践中辨识出以沟通为取向的理性话语的先验规则,后者或许具有经验支撑,但必然是普

---

① 哈贝马斯:《现代性的概念》,参见《后民族结构》,曹卫东译,上海人民出版社 2002 年版,第 182 页。

② Vgl. Jürgen Habermas, "Arbeit und Interaktion: Bemerkungen zu Hegels Jenenser ＞Philosophie des Geistes＜", in: ders., *Technik und Wissenschaft als ＞Ideologie＜*, S. 44-46.

③ See. Espen Hammer, *Experience and Temporality: Toward a New Paradigm of Critical Theory*, p.615.

④ 克内尔、纳塞希:《卢曼社会系统理论导引》,鲁贵显译,巨流图书公司 1998 年版,第 169 页。

⑤ Vgl. Jürgen Habermas, *Kleine Politische Schriften I-IV*, S. 467-490.

⑥ Vgl. Rahel Jaeggi, *Entfremdung: Zur Aktualität eines sozialphilosophischen Problems*, Frankfurt am Main: Suhrkamp, 2016, S. 31, Amk. 21.

遍的。① 这是典型的康德主义立场,也解释了为何对哈贝马斯而言,与康德主义取向的思想家(如罗尔斯)进行"家族争论"更具决定性意义。

(3)霍耐特回归黑格尔主义立场的前提则在于厘清与继承了哈贝马斯的基本旨趣。他认为,霍克海默《传统理论与批判理论》所传达的纲领性理念,后来鲜有追随者,"哈贝马斯自己也完全有意识地接近康德主义,直至今日对之坚信不疑;不过与罗尔斯不同的是,他试图把经验合理性作为话语的创立实践转移到社会的社会性再生产中去"。② 霍耐特敏锐地把握住了哈贝马斯思想中不占主导的、带有矫正性质的黑格尔因素。哈贝马斯认为,理解自我意识的范式从主体性到主体间性的转向,其实在黑格尔耶拿体系哲学中已经完成。黑格尔发展精神理论(Theorie des Geistes)以解决自我同一性问题,关键在于把"精神"理解为主体自我确证的"媒介"(Medium)而非"基底"(Fundamentum)。换言之,黑格尔并不认为自我意识是精神的源初现象,从而为以主体与他者的交互视角(承认)把握自我意识留足了空间。③

可以说,承认范式并非简单地复辟黑格尔,而是重返其洞见。霍耐特的历史贡献就在于"始终保持了其方案的黑格尔内核,即要求以理性的历史可能性来探究现存的非理性,并同时使两者彼此对照"。④ 他从社会哲学视角更新了黑格尔耶拿哲学及法哲学方案,强调其分析方法的当下意义。黑格尔把自身时代已经社会制度化了的现实内涵作为理性来阐释,同时,又反过来将道德理性作为现代社会核心制度中已经实现了的事实来加以证明。⑤

---

① 哈贝马斯:《交往行为理论(第一卷)》,第 17—19 页。

② Axel Honneth, "Rekonstruktive Gesellschaftskritik unter genealogischem Vorbehalt", in: ders., *Pathologien der Vernunft: Geschichte und Gegenwart der Kritischen Theorie*, Frankfurt am Main: Suhrkamp, 2016, S. 64.

③ Vgl. Jürgen Habermas, "Arbeit und Interaktion: Bemerkungen zu Hegels Jenenser >Philosophie des Geistes<", S. 13.

④ Rainer Forst, Martin Hartmann, Rahel Jaeggi, Martin Saar, "Vorwort", in: ders. (Hrsg.), *Sozialphilosophie und Kritik*, S. 13.

⑤ 霍耐特:《导论:正义论作为社会分析》,见《自由的权利》,王旭译,社会科学文献出版社 2013 年版,第 11 页。

值得强调的是,"经验"优先的批判模式,亦非简单重复黑格尔对康德的批判,而是以"强/弱"批判模式重新反思与区分两者。

霍耐特认为,凡是针对制度秩序或社会实践的规范性批判,必须预设对相关社会中优势道德文化的肯定,若不辨明现存价值视域,批判者殊无凭据去诊疗社会弊端。[①] 但是,社会批判也可以超语境,借助外部的、普遍的道德原则来悬置或超克特定的价值视域。换言之,批判若自上而下地无视批判对象的经验存在,或借助诠释学原则将自身翻译至现存语境,都可以称之为强批判,难以避免精英主义嫌疑和滥用权力的风险。霍耐特认为,康德主义式规范理论便属于强批判,只不过其仍有一定合理性,"虽然没有社会的真实性,但却有着道德的理性"。[②] 相比之下,弱批判强调语境关联,更多地考虑规范与经验的辩证依存——社会分析应涵括所有重要的社会真实性,并追问其是否能作为个体自由的社会前提,是否具有道德上的普遍性与合法性。因此,霍耐特及其学生在当代批判理论中重拾"异化"等概念,将之不同程度地运用于社会具体结构的病理学分析与批判中。[③]

第三节　系统美学批判:"美学"衰落的必然性

"范式转型"背后,无不是批判理论与德国观念论思想遗产的博弈。任何新范式的出现,都意味着对不同领域的历史素材进行清点,重新完成其合理性论证。"范式转型"的成功与否,意味着告别观念论模式的彻底与否,由此解释了批判理论美学传统衰落的必然性。总之,一方面,康德与黑格尔之争同样发生在美学领域。对于康德而言,美学仅仅是体系意义上的先验话语,属于主体的内审美建构,无涉具体艺术;对于黑格尔而言,美学则是艺术

---

① Vgl. Axel Honneth, "Rekonstruktive Gesellschaftskritik unter genealogischem Vorbehalt", S. 58.

② 霍耐特:《导论:正义论作为社会分析》,参见《自由的权利》,第 11 页。

③ 这里主要指耶基的异化研究及生活形式批判、以罗萨为代表的社会加速理论等。

哲学,即对契合先验主体性特征的精神客观化表达作知识阐释。因此,"美学"实际上包含美学、艺术哲学的二项对立,其背后是从康德到黑格尔的观念论史。另一方面,批判理论的基本信念是将唯物辩证法整体运用于现代性分析。众所周知,马克思也展望美学的全新可能性。就此而言,沟通范式及承认范式仍在审美领域的规范论证中保留了观念论美学的遗产。

可以说,到目前为止,批判理论美学建构的核心旨趣仍是服务于社会批判,贯穿着一个共通的核心标准:几乎所有的批判理论家(本雅明除外)均征用艺术自律的社会批判潜能。艺术自律作为一个始于 18 世纪的资产阶级核心概念,标志着艺术在社会中的无功能恰恰成就其社会功能。[①] 从历史上看,艺术自律在 19 世纪遭遇分水岭,彼时,现代艺术自律的激情及创造性个体的神圣化已从市民阶层转移至高雅文化的制度机构(譬如博物馆),艺术逐渐与日常实践所支配的市民生活世界拉开距离。[②] 鉴于此,本节尝试创造一个术语,即"系统美学",用以描述批判理论征用"艺术自律"的社会批判功能、建构美学理论话语的基础视域。换言之,系统美学不是某种特定的美学理论(例如阿多诺美学、马尔库塞美学),而是关于诸种批判理论美学之共通性的描述标准。"系统"(System)在此具有认知与历史的双重含义。就知识论而言,系统刻画了艺术既作为独立价值域,又作为社会子系统的存在形态;从思想史角度观之,"系统"意即"体系",例示了美学经观念论史而获得的功能性含义,即弥合理论与实践之分裂的总体性建构。因此,本节试图重构"系统美学"在不同范式下的知识形态,指明批判理论美学传统的衰落恰恰为语言范式下的审美复位提供了参照。

---

① Vgl. Berthold Hinz, "Zur Dialektik des bürgerlichen Autonomie-Begriffs", in: ders. (Hrsg.), *Autonomie der Kunst: Zur Genese und Kritik einer bürgerlichen Kategorie*, Frankfurt am Main: Suhrkamp, 1972, S. 173-174.

② Vgl. Christine Magerski, "Kunstautonomie als Problem. Avantgarde, Kulturindustrie und Kulturpolitik", in: Uta Karstein und Nina Tessa Zahner (Hrsg.), *Autonomie der Kunst?*, Wiesbaden: Springer Verlag, 2017, S. 105.

（1）经典批判理论阶段，系统美学的主要任务在于消解先锋艺术及文化工业对艺术自律的冲击，捍卫美学理论的合法性。观念论美学曾设想，话语层面的分裂能在一个具体的总体领域中得到统一，而美学能阐明并创造这个具体总体的原则，具有卢卡奇所谓的"世界观意义"，即"个体与社会，正如质料与形式，在艺术创造中和谐统一"。① 这种先验知识论要求反映在康德体系中，为艺术划分了属己领域，但霍克海默认为，这个过程也反映了现代个体与社会的矛盾。纯粹美感表明，独立主体的个人判断并不受社会流行标准的影响。美是无功利的愉悦，意味着个体无须考虑社会价值与目的，只需关切审美判断中的自我表现。② 康德把"共通感"概念从人文主义传统中传承下来，并将其转化为审美判断的先验原则，就是为了阐明，审美判断虽因人而异，但其共性又绝不等同于大众流行情感的一致性。这种一致性往往是社会控制的产物，是文化工业的操控对象。

黑格尔比康德更进一步，以审美纲领统筹个体与社会的和解。他受席勒启发，从有机的艺术品来辩证地把握"个体"，质料彻底融化为形式，表达出个体总体性（die individuelle Totalität）。个体总体性显现于感性形象，集个体化与社会化为和谐一体，游戏冲动调和形式与物质，使内在外化，并赋予其审美形式。③ 因此，黑格尔赋予艺术美的社会意义一目了然：审美假象容纳了资产阶级文化所放逐的人性价值与理想，旨在从虚构角度补偿日常生活的压抑。④ 马尔库塞有句美学箴言，很好地阐明了艺术美的补偿特征："艺术的美和理论上的真不同，它是可以同恶劣的现实状况和平共处的。"⑤

但是，系统美学所面临的是一个挑战理论的当下艺术语境，完全不同于

---

① 卢卡奇：《历史与阶级意识》，第 219—220 页。

② 霍克海默：《现代艺术和大众文化》，参见《霍克海默集》，第 213 页。

③ 哈贝马斯：《后形而上学思想》，第 178 页。

④ 哈贝马斯：《合法化危机》，第 90 页。

⑤ 马尔库塞：《审美之维：马尔库塞美学论著集》，李小兵译，生活·读书·新知三联书店 1989 年版，第 30 页。

观念论美学。此时,先锋艺术革了艺术美的命。历史先锋派运动(如未来主义、达达主义、超现实主义及立体主义)的宗旨即扬弃艺术于生活实践,撤销艺术的自律边界。[①] 艺术蜕变为对社会实践的激进否定,表达出个体在社会中不可弥补的牺牲和绝望。当然,资产阶级的文化收编会消解先锋艺术的批判潜能,此处暂且不论。至少,先锋艺术的颠覆性使经典批判理论家认识到,艺术是否维持其自律表象,是否通过美学话语传达艺术经验,关系到艺术能否作为意识形态批判的价值尺度。这个问题直接触及了系统美学的有效性。

阿多诺不仅最早意识到先锋艺术导致的艺术自律危机,而且其回应也最为系统和深刻。他与卢卡奇就"现实主义"展开争论,已触及对先锋艺术的批判。比格尔(Peter Bürger)认为,阿多诺只是从历史视角把先锋艺术理解为符合晚期资本主义的新艺术类型,从而反对卢卡奇的现实主义教条。[②] 但实际上,阿多诺批判卢卡奇的关键,在于指认艺术反映论有取消美学合法性的危险。

> 艺术于现实中发见自身,获得了社会功能,并促成与现实的多样性关系。但同时,就其概念而言,艺术之为艺术,又是实际所发生的事情的反命题。哲学思考这种情况,并称之为审美假象。卢卡奇也无法回避,艺术作品的内容在审美假象中并不能如其在真实社会中一样有效。如果消除这种区分,任何建立美学的努力都将落空。[③]

[①]　Peter Bürger, *Nach der Avantgarde*, Weilerswist: Velbrück Wissenschaft, 2014, S. 7.

[②]　比格尔:《先锋派理论》,高建平译,商务印书馆 2017 年版,第 166 页。

[③]　Theodor W. Adorno, *Noten zur Literatur*, in: ders., *Gesammelte Schriften*, Bd. 11, hrsg. von Rolf Tiedemann, Frankfurt am Main: Suhrkamp, 2017, S. 260.

　　阿多诺的基本立场表达为"反先锋艺术",强调从内审美理论层面重建观念论美学范畴以捍卫艺术自律。[①] 这种典型的黑格尔主义路线主要体现在他对超现实主义的具体批判中。批判所隐含的基本视野是艺术自律意义上的完整艺术作品。阿多诺认为,超现实主义者只能生产空洞的形式,蒙太奇、拼贴、材料并置等手法所独创的"静物"(Nature Morte),不过是作为无内在之物的外在物堆砌,属于"商品拜物教"。在他看来,超现实主义援引精神分析进行的自我辩解并不成功,因为抽掉了内在灵魂的装饰物并不是"内在无意识主体的客体",而恰恰是对外部社会中历史物的模仿。[②] 马尔库塞持有同样的看法,认为先锋派拯救社会所禁忌的废弃物,结出了悲观主义的文化果实。社会将超越性形象也纳入无处不在的日常现实,从而使难以解决的冲突得以被驾驭。[③]

　　因此,先锋艺术批判已经预示了后来的文化工业批判,只要艺术中非严肃的滑稽、戏谑或讽刺反过来掩盖了社会操控,艺术就有堕落为娱乐的风险。在"二战"后阿多诺将文化工业作为艺术自律的反面来理解,批判的锋芒对准了资本主义文化收编的秘密,即"相似性"(Ähnlichkeit)。[④] 斯科特·拉什(Scott Lash)把握住了相似性的含义,即"阿多诺对文化产业的怀疑不是因为其产品太像低级文化,而恰恰是因为其产品太像高级文化"。[⑤] 换言之,相似性表明,自律艺术的经验逾出体制边界,渗透至看似与自身对峙的、不合理的乃至禁忌的文化成分中,但目的却是利用后者的抵抗表象来掩饰

---

　　① Vgl. Peter Bürger, *Zur Kritik der idealistischen Ästhetik*, Frankfurt am Main：Suhrkamp, 1983, S. 12-13.

　　② Vgl. Theodor W. Adorno, *Noten zur Literatur*, S. 105.

　　③ 马尔库塞:《单向度的人》,刘继译,上海译文出版社 2014 年版,第 59—61 页。

　　④ 阿多诺《文化工业:作为大众欺骗的启蒙》的第一句话便是:"文化今天为所有的事物都贴上了相似性标签。"Zit. Max Horkheimer, ＞*Dialektik der Aufklärung*＜ *und Schriften* 1940-1950, in：ders., *Gesammelte Schriften*, Bd. 5, hrsg. von Gunzelin Schmid Noerr, Frankfurt am Main：Frscher, 1987, S. 144.

　　⑤ 贝克等:《自反性现代化:现代社会秩序中的政治、传统与美学》,赵文书译,商务印书馆 2016 年版,第 173 页。

文化收编。从这个意义上来说,阿多诺关于先锋艺术的悲观腔调,在他动用"真理性内容"(Wahrheitsgehalt)这个源自本雅明的术语去捍卫艺术的普遍乌托邦内涵时,听起来也像黑格尔美学精神的重现,"哲学与艺术在其真理性内容中彼此交汇:艺术作品不断显示的真理不是别的,正是哲学概念所不断阐发的真理"。[①] 不同之处在于,阿多诺借"真理性内容"之名,目的在于获取审美经验全然抽象的非同一性特征,并将之运用于理性的同一性批判。这种黑格尔主义的激进化批判显示出系统美学的某种失范,无论是趣味的雅俗之分,还是主体内部的规范要素,均变得无关紧要。

(2)哈贝马斯彻底否定了阿多诺为系统美学确立的决定性视野,也勾销了审美经验在合理性论证中的核心地位。沟通范式回到康德主义的阵地,他坚守康德意义上的艺术自律,批判先锋艺术的激进性,但已放弃建构系统性的美学理论。哈贝马斯也承认阿多诺所意识到的先锋艺术的批判力量:"只要先锋派艺术没有完全丧失其语义学内容,没有像宗教传统那样日益衰弱无力,它就会强化社会文化系统所提供的价值与政治系统和经济系统所要求的价值之间的矛盾。"[②]但在他看来,先锋艺术的解决方案又具有审美扩张的颠覆性:扬弃艺术于生活实践,相当于将艺术自律瓦解所产生的激进审美能量直接引入社会实践批判。与之相反,哈贝马斯要求严格限制审美经验,强调审美判断力优先:审美批判并不经受严格的论证检验,只服务于不具备普遍有效性的文化价值,如引导参与者进入某种可靠的审美感受。[③] 审美批判提供适当的筛选标准,例如"真诚性"或"真实性",对艺术表达中的审美经验起严格的过滤作用,祛除其失范效力,但同时,正如下文颇具说服力的批评所言:

---

① Theodor W. Adorno, Ästhetische Theorie, in: ders., *Gesammelte Schriften*, Bd. 7, hrsg. von Rolf Tiedemann, Frankfurt am Main: Suhrkamp, 2016, S. 197.

② 哈贝马斯:《合法化危机》,第91页。

③ 哈贝马斯:《交往行为理论(第一卷)》,第41页。

　　这为美学理论提出了一个难题：不仅艺术作品的有效性宣称，而且关于艺术作品的价值评价，都必须归入表达的真诚性宣称。对哈贝马斯而言，真诚性宣称与一个主体所能优先理解的体验和感情冲动有关。问题在于，上述分类是否能够充当一种艺术哲学的可靠基础。正如韦尔默（1985）所指出的，这种分类似乎并不能祛除艺术作品不受约束的恣意任性，因为艺术作品的"合理性"并不能仅仅就其语言表达形式的真诚性来衡量。[1]

　　哈贝马斯也承认，不是任何美学范畴都能还原为真实性或真诚性。例如，"刺激和冒险""奇异和新颖""震惊和恶心"[2]等浪漫派美学范畴，虽不符合日常用语规范，但具有情感及体验的合理性。故有批评者建议哈贝马斯专门设置名为"艺术真实"（Kunstwahrheit）的有效性宣称。[3] 但有效性宣称的数目不能无限增加，否则规范性难以为继。归根结底，沟通范式的普遍语用学方法论无法支撑美学的可能性，故有批评者更直接地批评道："哈贝马斯所理解的语言学/实用主义转向，排除了任何种类的、认知意义上有效的前语言知识的可能性。"[4]

　　当然，哈贝马斯尽管无意于美学建构，也不介入艺术实践，但从未放弃过对审美领域规范论证的思考。2002 年，他发表了迄今为止唯一的现代艺术评论，通过评论肖恩·斯库利（Sean Scully）来探讨现代艺术的规范性质。他认为，斯库利带有明显先锋色彩的抽象画之所以区别于先锋艺术，仍属于

---

　　[1]　Julian Nida—Rumelin und Monika Betzler (Hrsg.), *Asthetik und Kunstphilosophie: Von der Antike bis zur Gegenwart in Einzeldarstellungen*, Stuttgart: Alfred Kroner Verlag, 1998, S. 345.

　　[2]　哈贝马斯：《现代性的哲学话语》，第 40 页。

　　[3]　Vgl. Julian Nida—Rumelin und Monika Betzler (Hrsg.), *Asthetik und Kunstphilosophie: Von der Antike bis zur Gegenwart in Einzeldarstellungen*, S. 345.

　　[4]　Dieter Freundlieb, *Dieter Henrich and Contemporary Philosophy: The Return to Subjectivity*, 2003, p.140.

现代主义传统,是因为艺术抽象的高度自律拒绝了任何外部意义的加载。同时,艺术家又足够自主,不仅自觉地反思创作过程,预期公众对画作的反应,而且主动思考自身的艺术史定位。哈贝马斯把艺术作品视为"自我指涉的封闭系统",意味着作品纯粹自洽的"感性自在"(das sinnliche An-sich)无须任何附加阐释。艺术展示了自身媒介的尊严,艺术批评则显得多余且不可能。① 因此,艺术批评的传统角色(即充当再现艺术的前命题与命题内容之间的翻译工具)不再有效,但作品本身的不可译性反而"强制性"地激起观赏者的翻译欲望,并促使翻译体验内化于审美体验。但上述论点仍然招致批评,语义翻译不加载任何外部或形而上学意义,则有沦为客观性丧失的主观描述或语言游戏的风险。② 更直接的后果也许在于,艺术作品感性自在的不可译性及其触发的强制性翻译游戏,恰恰规避了感性自在作为知识的可能性,后者至少是一门系统性美学或艺术哲学的先行。因此,哈贝马斯关于现代艺术的具体思考,反而印证了沟通范式对系统美学的限制。

(3)如果说沟通范式至少保留了系统美学的基本诉求,那么,承认范式便彻底将系统美学扬弃于伦理学,限定了美学作为批判理论知识部门的理论形态与社会功能。承认范式将分析整体"经验"即黑格尔"伦理"(Sittichkeit)的任务,托付给了社会哲学或道德哲学,标志着上述定位的完成。此时,美学的任务并入了伦理学,但两者的界限并未完全消失。实际上,唯有在黑格尔的同一性哲学中,美作为理念的感性显现,同时对个体与社会有效,均统一于伦理。美学与伦理学并无界限,美与善也统一于绝对精神(哲学),美学方始为美的艺术哲学。但随着承认范式依据主体间性视野重建伦理,两者的关系又牵涉观念论更深层的对立,此时,伦理的规范已由

---

① Vgl. Jürgen Habermas: *Traditionalist der Moderne. Glossen und Assoziationen zu Sean Scully*, Neue Zürcher Zeitung. 28, Dezember 2002.

② Vgl. Dirk von Petersdorff, *Fliehkräfte der Moderne: Zur Ich-Konstitution in der Lyrik des frühen 20. Jahrhunderts*, Tübingen: Max Niemeyer Verlag, 2005, S. 303.

传统理念"善"转化为了"正义"。善与正义的对立,规范了伦理学的不同品质与路径,决定了美学隶属于伦理学的有限方式。一方面,美学作为感性感知的完善,尤其作为对特殊事物的感知,为个体对于道德及良善生活的追求提供启发;另一方面,美学的效力仅限于价值伦理学或个体伦理学(Individualethik),因为"所有关于正义(以及团结)的问题都不可能归结为得到了正确理解的追求幸福的问题"。① 换言之,系统美学至此完全脱离了诱惑性角色,仅充当"一种受制于情境的、偶然的道德规范的基础"。②

第四节　重建审美规范论证:本雅明的新异化理论论纲

　　系统美学批判反映了批判理论美学传统衰落的历史,表明批判理论的当代发展到承认范式为止,尚未实现"整体论"。只要审美活动的主体性根据还未还原为符合主体间性规范的知识理据,"范式转型"就很难谈得上完成。虽然,主体间性视角客观上确实具有理论奠基的普遍效力,也包含着重新合理化观念论美学的契机,但下述问题仍会对之构成根本的挑战:批判理论的美学建构若以艺术自律为根基,是否符合源自马克思的基本信念? 换言之,艺术若保持资产阶级文化意义上的自律性,是否能与去先验化批判相容?

　　在上述问题的激发下,"范式转型"显示出另一层更深刻的争议——批判理论究竟是否应当阐明认知、道德及审美等分化理据及其统一性? 这涉及"整体论"取向与后现代思想取向的分歧,后者则彻底否定了阐明分化领域统一性的理论诉求。无论如何,系统美学与范式转型的龃龉,暗示了批判理论需澄清自身规范根基的普遍性。毫无疑问,批判理论的"整体论"取向,要求对人类历史成就进行总体评估,迫使自身回答"美学"的命运。

---

① Martin Seel, *Ethisch-ästhetische Studien*, Frankfurt am Main: Suhrkamp, 1995, S. 13-14.

② 贝克等:《自反性现代化:现代社会秩序中的政治、传统与美学》,第 169 页。

　　幸运的是,路标已如此迫近。首先,语言范式恰恰针对其他规范视角的缺陷而兴起。正如上文反复申明的那样,无论是作为特殊语言观念的"沟通",还是作为社会团结规范的"承认",均无法真正满足"整体论"诉求,阐明认知、道德及审美等分化理据及其统一性。而"语言"恰好能够规避导致康德主义与黑格尔主义论争不休的二元论。其次,语言范式指出批判理论内部实际存在着两条不可偏废的语言哲学路线。长期以来,第一条亲近英美语言分析传统的路线占据上风,以阿佩尔及哈贝马斯的语用学思想为代表。[①] 第二条路线则相对弱势,主要以阿多诺语言哲学的再发现为契机,但其创造性要素应归于本雅明的语言哲学。

　　然而,本雅明作为批判理论家的面目,长期以来被遮蔽于形形色色的文化标签之下。本节则试图将本雅明视为一位"迟到的"历史唯物主义者,原因如下:首先,本雅明尝试从去先验化批判出发建构艺术社会学。他在面对传统美学论域时,以艺术自律在新社会历史、技术条件下的瓦解为出发点;其次,本雅明语言哲学的意义往往被低估,事实上,它不仅是本雅明从早期观念论批判向历史唯物主义过渡的桥梁,而且作为社会批判的语言批判,对社会的全面异化实施病理学诊断。通过上述路径再系统化本雅明的思想,至少为回应系统美学的必然衰落提供了另一种可能性。

　　限于篇幅,本节仅能提供新异化理论的论纲,从主体、自然及语言三大规范要素的思想史关联来阐明其统一性。首先,主体批判将一切需要超克的他者(人及自然)带回主体性,力求以自我意识的重新奠基来解除主体哲学的僵化。青年马克思则以去先验化批判彻底破除先验主体的困境——主体走向其对立面,将自我重新设定为改造自然的个体。因此,自然作为一个独立于主体的陌生要素,从主体(具体总体)中分裂出来。其次,自然的独立

---

　　① 阿佩尔坚持论证语境在理性上是真诚的,或不可欺骗的(Unhintergehbar),从论证—交往维度为语言建立了批判标准,对商谈理论具有核心影响。Vgl. Walter Reese-Schäfer, *Karl-Otto Apel und die Diskursethik：Eine Einführung*, Wiesbaden：Springer, 2017.

仍服从于观念论的解释,即自然的复魅或神话。然而,本雅明同样在自然概念中贯彻去先验化视角,将自然表达为自然历史观念,突破了人与自然"和解"的观念论模式,揭示出人对自然的戕害就是人对自身的剥削及压迫。最后,自然作为他者形象,经语言哲学转译为语言内部表征不可支配性的规范极点。换言之,新异化理论既是关于人与自然的全面异化危机的语言批判,又是对语言作为"整体论"意义媒介的证成。正因如此,文学语言(艺术)才获得了新的正当性与思想效力。从这个意义上说,新异化理论为批判理论的审美复位提供了具体方案。

(1)本雅明继承了马克思观念论批判的要旨,即主体的去先验化批判。马克思认为,《精神现象学》虽把握住了人的异化现象,但这个"人"仅作为精神形式出现,而非现实的人。因而异化只是思想内部"抽象的思维"同"感性的现实或现实的感性"的对立。[①] 这种仍基于自我意识批判的异化理论,可追溯至斯多亚派(Stoa)的观点,斯多亚派从理性存在者是否具有自我保存的正当倾向的角度,演绎出"异化/亲熟"的二元论模式。[②] 在斯多亚派看来,异化与亲熟最终统一于一元论的世界图景,这预示了后来德国观念论的核心理念"统一"(Union /Vereinigung)。[③]

因此,马克思对基于自我意识的异化批判持否定态度,认为"统一"不再发生于自我意识之中,而是发生在具体的社会历史层面。《共产党宣言》结

---

① 马克思:《1844 年经济学哲学手稿》,中共中央马克思恩格斯列宁斯大林著作编译局编译,人民出版社 2016 年版,第 96 页。

② 斯多亚派伦理学将理性存在者因保存自身而具有朝向自身的正当倾向称为"Oikeiôsis"。这个希腊词的动词形式意为"变成自己的、据为己有",其词源"Oikos"则有"家人、亲戚"之意,可对译英/德语中的"Self-acquaintance/Selbsterhaltungstrieb",即"自我认识/自我保存的本能",指具有奠基性质的自身关系或自我意识状态。相反,若理性存在者缺乏自我保存的能力,就处于"Allotriôsis"中,该词有"疏远、厌恶"之意,译为"异化"(Self-alienation/Entfremdung)。这段关于观念论史的简介,参见亨利希:《在康德与黑格尔之间》,第 179—183 页。

③ Vgl. Arnim Regenbogen und Uwe Meyer (Hrsg.), *Wörterbuch der philosophischen Begriffe*, Hamburg: Felix Meiner Verlag, 2013, S. 184-185.

尾的著名呼唤——"全世界无产者,联合起来!"(Proletarier aller Länder, vereinigt euch!)①,恰恰表明人的解放不是结合,而是联合、统一。这反映了马克思改造自费尔巴哈(Ludwig Feuerbach)的"类本质"思想。类本质指每个个体能够在无限多的不同个体中实现自身。换言之,人作为类存在物,具有"有意识的生命活动",其本质规定和活动的多样化,实现为其现实及生命表现的多样化。② 这就引发了文化批判的要求:文化作为人对自身类本质的表达,沦为先验化的意识形态,是人"有意识的生命表现"的异化表达。

马克思的文化批判思路滋养了西方马克思主义,本雅明则直接继承了这份遗产。至少从 1931 年开始,本雅明通过艺术社会学研究,已充分意识到马克思的革命性结论对文化(审美)领域的前瞻性影响,并试图拓展唯物辩证法的理论运用范畴。③ 他追求文化批判的彻底性,直接援引青年马克思对纯思维领域分化的批判,"没有什么政治历史、法律历史、科学历史、艺术史、宗教历史等等"。④ 以审美为例,一旦"艺术"失去自律超脱的表象,"美学"作为关于艺术的意识也就随之丧失了合法性。同时,他拒绝恩格斯(Friedrich Engels)的主张。恩格斯强调,各门失去了独立表象的学科研究,可以重新结合为一门文化史研究。⑤ 然而,文化史研究视文化为人可以占有的财富,又将文化送回了掩盖剥削关系的超脱性。他将阿尔弗雷德·韦伯(Alfred Weber)的文化概念视为时代的典型症候。韦伯在 1912 年德国社会学年会的开幕致辞中,把艺术视为"文化"的范型,又将文化规定为超越生

---

① 转引自亨利希:《在康德与黑格尔之间》,第 180 页。

② 马克思:《1844 年经济学哲学手稿》,第 53、81—82 页。

③ 尤其需要注意《技术复制时代的艺术作品》的"前言"以及《爱德华·福克斯》一文的开头。参见本雅明:《艺术社会学三论》,王涌译,南京大学出版社 2017 年版,第 44—45、99 页。

④ 本雅明:《艺术社会学三论》,第 102 页注释 2;本雅明:《〈拱廊计划〉之 N》,参见《作为生产者的作者》,王炳钧等译,河南大学出版社 2014 年版,第 137 页。

⑤ 本雅明:《艺术社会学三论》,第 117 页。

活的生命目的,这已蕴含了审美政治化的野蛮胚芽。[1] 相反,历史唯物主义者惊骇于文化的真相:"艺术和科学的存在不仅归功于创造它们的伟大的天才,而且还不同程度地归功于它们同时代人的众多无名的劳役。没有哪一种文化记载不同时也是一种野蛮记载。"[2]

显然,本雅明要求彻底剔除先验主体及其创造的权能,以此为历史的进步表象祛魅。他赋予历史的非连续性以紧急状态,与他 1940 年目睹的现实状况休戚相关——革命须立即为世界历史的火车刹车。[3] 本雅明希望把握住觉醒意识的震惊效果,即糅合了超现实主义与犹太神秘主义要素的现时(Jetztzeit),建立起过去与当下化合的辩证图像。这种从当下召唤出过去以满足历史建构的诉求,从浪漫派到马克思莫不如此。[4] 本雅明以干预历史的意图来批判历史的异化,坚持认为,若不完成对压抑因素的揭示,历史就无法完结,并始终闪烁着批判过去的锋芒。一旦摆脱先验主体对一切客体的收视返听,历史的压抑因素便作为"自然"而表达为主体的他者。换言之,本雅明并不关注人为了改造自然而创造"和解",相反,他以"废墟"来形容第二自然(历史)的创生,目的是将"自然"独立为不可化约的规范因素,这就是所谓的"自然历史观念"(Die Idee der Naturgeschichte)。

(2)"自然历史观念"既强调"自然"的独立,又以自然与历史的并置表达了两者之间不可还原的规范潜能。在批判理论的意义上,"自然"牵涉了辩证唯物主义(恩格斯)与历史唯物主义(马克思)的分歧。分歧产生于 1932

---

[1]　本雅明:《艺术社会学三论》,第 117 页注释 1。

[2]　同样的论点也出现在稍晚的《历史哲学论纲》(1940)中,后者将"文化财富"直接形容为"新天使眼帘中不断堆积的历史废墟",为文化批判补上历史哲学基础。参见本雅明:《艺术社会学三论》,第 118 页。

[3]　蒂德曼:《历史唯物主义还是政治弥赛亚主义?》,参见《论瓦尔特·本雅明:现代性、寓言和语言的种子》,郭军、曹雷雨编,吉林人民出版社 2003 年版,第 377 页。

[4]　现代性创造了自身的古典性。参见马克思:《路易·波拿巴的雾月十八日》,中央编译局编译,人民出版社 2015 年版,第 9—11 页;本雅明:《德国浪漫派的艺术批评概念》,王炳钧、杨劲译,北京师范大学出版社 2014 年版,第 147—148 页;本雅明:《巴黎,19世纪的首都》,刘北成译,商务印书馆 2018 年版,第 21 页。

年《巴黎手稿》出版后引起广泛讨论时。[①] 据韦尔默研究,恩格斯只是从字面意思上颠倒了黑格尔辩证法,认为担保世界统一或自然—历史统一的原则不再是精神,而是物质。恩格斯将辩证唯物主义规定为"科学",旨在研究自然、历史及人类思维本身活动及发展的普遍规律,具有浓厚的自然科学色彩。换言之,辩证法是历史的自然化,包含了自然主义的形而上学立场。相反,马克思的辩证法则是自然的历史化,意味着去形而上学立场。两者的核心分歧就在于,"对马克思而言,辩证法的概念在此并不适用于自然本体(die Natur-an-sich),而仅仅适用于人与自然之间的关系(即物质交换),也就是历史。马克思的历史唯物主义意味着辩证法的去神秘化,恩格斯的辩证唯物主义则表达了唯物主义的再神秘化:他将唯物主义又变回了形而上学"。[②]

按照马克思从历史角度的设想,人与自然的必然关联存在于人对类存在本质的实现,即人是自身劳动的结果,并且这一结果首先表达为"异化"。

> 人同作为类存在物的自身发生现实的、能动的关系,或者说,人作为现实的类存在物(即作为人的存在物)的实现,只有通过下述途径才有可能:人确实显示出自己的全部类力量——这又只有通过人的全部活动、只有作为历史的结果才有可能——并且把这些力量当作对象来对待,而这首先又只有通过异化的形式才有可能。[③]

---

① 哈贝马斯:《马克思和马克思主义哲学讨论综述(1957)》,见《理论与实践》,郭官义、李黎译,社会科学文献出版社 2010 年版,第 294 页以下。

② Albrecht Wellmer, "Kommunikation und Emanzipation", in: Urs Jaeggi und Axel Honneth (Hrsg.), *Teorien des Historischen Materialismus*, Frankfurt am Main: Suhrkamp, 1977, S. 471.

③ 马克思:《1844 年经济学哲学手稿》,第 98 页。

　　因此，自然作为客观对象向历史转化，既表达了人之类本质力量的异化，又揭示了人与自然关系的异化。但受观念论模式的制约，自然作为批判的引擎，必然会面临两难。如果自然只是劳动的客观质料，那么它与人的"和解"作为人之类本质的和谐表达，在最好的情况下类同于艺术作品的创造。换言之，自然的审美化实际上是自然的内在化、价值化。但同时，自然的价值化也可以表达为超逾主体的神话，主体虽然可以接近它、把握它，但它绝不是主体自身活动的产物。从这个意义上说，《巴黎手稿》的精神以不同方式照耀着"自然"的复苏——自然重新成为异化理论的爆破性引线，至少有如下两种结果。

　　其一，异化批判依赖于生产范式发挥批判潜力。黑格尔仅把抽象的、精神的劳动视为人的本质，而历史唯物主义则将劳动内涵把握为"物质生产"，视之为对自然的改造。作为历史的异化形式，劳动的产物表明，人有意识的活动沦为了纯粹维持肉体生存的手段。人越沦为客观自然（物质交换）的纯粹环节，其主观自然便越贫困化。经典批判理论将自然理解为技术批判的对象，物的工具化必然导致人的工具化，即内在自然的贫困化，后者正是美学负责批判和拯救的对象。但只要内在自然的反抗通过社会进程中的补偿性情感或感性要素来表达，反抗便屈从于日益增长的统治逻辑。在这条路向上，技术批判重新设定了爱欲与理性原则（技术）的关联（马尔库塞），启蒙辩证法则揭示了主观自然的不可支配性与客观自然内部残留的非同一性（霍克海默、阿多诺）。

　　其二，如果考虑到马克思在费尔巴哈提纲中使用的并不是"劳动"，而是"实践""感性活动"（sinnliche Tätigkeit）等概念，生产范式便显示出局限性。[①] 沟通范式据此调校了人类学规定的优先性——人首先是符号的动物，

---

　　① 恩格斯：《路德维希·费尔巴哈和德国古典哲学的终结》，中共中央马克思恩格斯列宁斯大林著作编译局编译，人民出版社 2014 年版，第 59、63 页。

而不是制造工具或从事生产的动物。① 对劳动与符号互动共属于人的现实感性活动的强调,革新了技术批判。哈贝马斯借鉴盖伦(Arnold Gehlen)的哲学人类学,强调技术与目的理性行为之结构的内在关联,从社会发展层面阐明了技术与人之自然机体的不可分割性。技术批判应考虑劳动与互动的实践区分,"无论如何,技术之成就既不可抛弃,也肯定不能置换为令人耳目一新的自然概念。现有技术的替代方案(即将自然筹划为技术的对立面而非技术的对象)涉及另一种行动结构:不同于目的理性行动的以符号为中介的互动"②。这样,自然就失去了作为异化批判尺度的效力。

毫无疑问,如果肯认范式转型的合理性,哈贝马斯已为作为自然批判的异化理论盖棺论定。③ 然而,他坚持"自然"研究应当完全托付给自然科学,"人"或社会事务的规范内涵则应由交往行为理论来阐明。换言之,"主体"作为现实的、能动的人,其"对象性本质力量的主体性"表现为生产劳动还是符号互动,决定了理解人与自然关系的视野究竟是生产范式(主体哲学)还是沟通及承认范式(主体间性)。而随着生产范式的"过时","自然"的内在化和价值化只不过体现了观念论的残余。无论是谢林、早期浪漫派,还是本雅明、马尔库塞,自然批判不过是诉诸自然复活秘闻的现代神话。④

尽管如此,至少有一点非常确定,即理解自然批判的关键在于批判理论的规范基础的转换。就此而言,语言范式启发了新的理解路径。当然,就批判理论的基本旨趣而言,语言范式既不可能,也不应当否定沟通范式关于自然科学与社会研究之现代性分化的合理论证,否则"语言"又有使自然退回

---

① Vgl. Albrecht Wellmer, "Kommunikation und Emanzipation", in: Urs Jaeggi und Axel Honneth (Hrsg.), *Teorien des Historischen Materialismus*, S. 467.

② Jürgen Habermas, *Technik und Wissenschaft als >Ideologie<*, S. 57.

③ 伯麦(Gernot Böhme)曾从生态学的角度提出批判理论的自然批判理论,但由于他的看法不在本书所针对的观念论史脉络中,故不予讨论。参见伯麦:《自然批判理论》,见《多元视角与社会批判:今日批判理论(下卷)》,施威蓬豪依塞尔等著,张红山等译,人民出版社 2010 年版,第 3—15 页。

④ Vgl. Jürgen Habermas, *Technik und Wissenschaft als >Ideologie<*, S. 54.

到神秘主义的风险。相反,重置"语言"的基础地位,目的不过是阐明某一特定规范视野无法涵摄的论域。本节所谓新异化理论的"新",无非指语言范式及时补充了因沟通范式及承认范式的偏颇而错失的思想资源。

因此,如果充分考虑到本雅明思想的系统重建必须坚持其早期语言哲学与后期历史唯物主义的内在统一性,那么,哈贝马斯驳斥自然批判的论点便会受到挑战。本雅明反对关于"自然"的技术化理解,并非要退回到自然神话。根据历史唯物主义框架,当去先验化的主体成为现实的人时,他仍握有处置自然的权能,可无情地改造作为陌生他者的自然,生产进步的历史。而历史的压抑因素绝不可能凭空消失。许多研究者认为,只有神学或弥撒亚主义,才能为本雅明对历史之为"废墟"的控诉提供思辨及革命的能量。本节不打算沿着神学解释的路径探索,仅限于在"批判"层面上来思考。本雅明作为历史唯物主义者,其自然历史观念意味着将"自然"设定为批判的一个规范极点。换言之,意识形态批判既不可能矫枉过正,也不可能将过往美化为进步的基石。所有关于人与自然"和解"——这种"和解"不可能是实践的结果,而只能是文化的先验表象——的观念论设定必然失效,因为改造自然的历史不过是人剥削人、人压迫人的历史。"自然"是不可消解的异化指示器,只不过它恰恰位于语言的内部。

至此,本雅明新异化理论的规范核心已经显现,而证成新异化理论的规范视野,并非人与自然二分的观念论视野——迄今为止,该视野以观念论之争的形态仍制约着批判理论的当代发展——而恰恰是具有"整体论"视角的"语言"。为此,必须充分考虑本雅明早期语言哲学的洞见,不是将他的宣言——如万物无不以某种方式参与语言、语言的自我传达根源于万物本性——简单地视为语言神秘主义或语言神学,而是将其视为旨在弥合主客关系的"整体论"。①就此而言,本雅明的去先验化批判始于"主体/自然",最终在语言批判中获得其决定性。

(3)归根结底,本雅明的自然批判不仅并未偏离青年马克思的信念,而且创造性地将之重构为语言批判。本雅明的语言哲学与历史唯物主义立场的化合,从思想史角度而言,完全可以在《巴黎手稿》中得到检验和证明。

马克思在《巴黎手稿》中谈及人改造自然的类本质表达时,有一段至关重要的论述:"人不仅像在意识中那样在精神上使自己二重化,而且能动地、现实地使自己二重化,从而在他所创造的世界中直观自身。"②当语言范式的视角投射到这段引文上时,有一个至关重要的论断便浮现出来:人恰恰是通过语言"直观"自身,或者说,作为人的类本质表达"直观自身"就是语言。当然,上述论断并非否定人直观自身具有其他方式,并且在不同的论述要旨及框架中,"直观"所表达的优先性是不同的。然而,本节所要强调的恰恰是语言的优先性。换言之,人是语言的动物,所以人通过命名既创造又把握了自身对象性本质力量的对象化产物。甚至可以说,人的类本质就在于语言。③因此,人出于其类本质,必然对作为自身对象的劳动产物进行理解和解释——世界图像终究是由语言建构起来的。

---

① 本雅明早期语言哲学的要旨在此无法深入讨论,仅概括如下:语言旨在打破主体论的释义结构,语言并不直接是传达意义的符号,但意义的传达也无法舍弃符号或概念。语言本身是,或"径直是"(ist Unmittelbar)传达或表达。Vgl. Walter Benjamin, *Über Sprache überhaupt und über die Sprache des Menschen*, in: ders., *Gesammelte Schriften II·1*, hrsg. von Rolf Tiedemann und Hermann Schweppenhäuser, Frankfurt am Main: Suhrkamp Verlag, 1977, S. 142.

② 马克思:《1844 年经济学哲学手稿》,第 54 页。

③ 哈贝马斯据语言学转向重新发掘了费尔巴哈的语言哲学,提及后者至关重要的论断:"语言不是别的,就是类的实现。"费尔巴哈的"类"(Gattung)就是指"类本质"。这充分说明,对《巴黎手稿》做语言哲学解读,具有不可回避的思想史背景。换言之,青年马克思是否从语言哲学角度转化费尔巴哈这个有待澄清的问题,并不能否定对青年马克思转化费尔巴哈的思想进行语言哲学解读的可能性。Vgl. Jürgen Habermas, *Auch eine Geschichte der Philosophie: Vernünftige Freiheit. Spuren des Diskurses über Glauben und Wissen*, Bd. 2, Berlin: Suhrkamp Verlag, 2019, S. 608.

　　沟通范式因而采纳洪堡(Wilhelm von Humboldt)的语言哲学洞见,认为生活世界与语言世界图像具有结构上的内在关联。但在沟通范式看来,语言既不在形式上与生活世界完全相符,也不将自身显示为内在于生活世界的某物,语言是解释现实的符号工具和沟通媒介。哈贝马斯赋予作为沟通媒介的语言以独特的准先验(Halbtranszendenz)状态,强调语言之于生活世界的规范性。① 换言之,交际行为理论用合理化论题牢牢地把握住了语言世界图像与生活世界之间的不一致性,从而阐明了作为学习过程的生活世界的合理化。

　　但对本雅明而言,语言建构世界的功能更具决定性。人通过命名万物,(包括自身行动所创造的事物)建立起生活世界。语言建构着历史,但同时在语言内部留下了不可控制的演化痕迹。换言之,语言见证了人改造自然以实现自身类本质表达的历史伤痕。正是在这个意义上,本雅明将自然批判转译为语言批判。"自然"作为生产力残酷开采的遗迹,作为缔结了人与人之残酷关系(牺牲、压迫)的资产阶级废墟,被客观化为自然图像。② 这幅自然图像并不外在于语言——图像一旦外在于语言,也就客观化为具有彻底可支配性(Verfügbar)的命题形式——相反,作为语言的不可支配性(Sprache der Unverfügbarkeit),恰恰存显于语言的文学使用中。17世纪的巴洛克讽寓(Allegorie)概念发其端,更延续至从早期浪漫派到超现实主义的词语使用的历史。

　　如果说语言的可支配性是语言的"历史",那么,语言的不可支配性就是语言的"自然"。在语言层面上自然历史观念就必然表达为语言的自然史(Sprache der Naturgeschichte),即通过语言批判,不断回溯和捕捉语言不可支配性的历史。只有当人从语言的不可支配性中意识到自身的自然属性

---

　　① Vgl. Jürgen Habermas, *Theorie des kommunikativen Handelns*: *Zur Kritik der funktionalistischen Vernuft*, Bd. 2, S. 190.

　　② 本雅明:《巴黎,19世纪的首都》,第30页。

时,才能意识到,统治人必须彻底支配自然,统治自然就是统治人自身。当语言彻底可支配时,它实际上不过是压迫者得胜并书写的异化的文化史。因此,异化不仅表现为语言运转的彻底可支配性,即语言的意识形态滥用,还表现为社会制度化的自我欺骗。在这个意义上,语言的社会运转越顺畅,其掩盖的不公就越突出。与此相反,语言的不可支配性是语言内部的临界点,无法通过语用学去除,始终保有觉醒的潜能。语言的不可支配性不仅防范了人与人之间话语交往的潜在统治(如恐吓、威胁等),而且防止了对自然的异化(如命题的彻底数学化)。正因如此,现代社会生活世界的合理化才不可能光凭概念论证。在这个意义上,批判理论的审美复位又可以表达为"语言的不可支配性作为词语的审美尊严",这正是文学语言的尊严。

| 第二章 |

从语言再出发:本雅明的先锋文体与历史唯物主义

第一节　背景:体系与历史

在现代思想中哲学写作的审美或修辞问题获得了至关重要的地位,文体的规范性已然是思想取向的风向标。通常认为,阿多诺不仅在批判理论中正式提出上述问题,且身体力行致力于颠覆传统的论文形式,堪称后现代思想的先驱。①不过,阿多诺的写作形式问题源自本雅明,后者已对作品形式有了高度自觉。一般认为,本雅明受到犹太教传统写作方式的影响,逐步颠覆以观念论或自然科学为范本的哲学写作形式,青睐超现实主义的文体表达。固然,本雅明早期思想的神学内涵具有重要性,但他青年时代即为未来哲学做设想,深受彼时观念论批判语境的启发,试图借语言哲学来超克"体系"困境。如果本雅明意在在观念论批判语境中同样达到对历史或现实的

---

① Vgl. Philip Hogh und Stefan Deines, *Sprache und Kritische Theorie*：*Zur Einleitung*, S. 16.

综观,追求一门"关于现实的科学",①那么,文体问题便不仅受超脱性和神秘性的神学—美学动因的驱使,而且提供了本雅明早期经验论与后期马克思主义立场得以创造性结合的基础。换言之,本雅明的语言批判不仅与其同时代的观念论批判具有共通取向,而且内蕴唯物论转向的理论萌芽。从学术史角度来看,本雅明转向左翼思想,主要受卢卡奇思想的激发。卢卡奇从早期美学转向历史唯物主义的审美主义文化逻辑,为批判理论的兴起提供了共通的思想史语境。

通常认为,本雅明转向左翼思潮,始于 1924 年他逗留意大利卡普里岛(Capri)撰写教授资格论文期间。他结识俄国女革命家拉西斯(Asja Lacis),获悉《历史与阶级意识》一书,并首次接触马克思的作品。② 1924 年年底,他返回柏林,给好友朔勒姆(Gershom Scholem)去信,声称卢卡奇的震撼之处在于"从政治考量出发……抵达了认识论"。③ 彼时,卢卡奇也处于思想彻底左转的前夜,《历史与阶级意识》熔其早期的末世论视野与青年马克思的去先验化批判于一炉,尝试以无产阶级的革命性实践解决棘手的认识

---

①　这个短语借鉴自洛维特的韦伯研究。洛维特认为,要真正理解韦伯与唯物论或唯心论的方法论之争,就要超出韦伯自己的描述,看到其社会科学方法论与"他对现实的整体态度,包括对科学的整体态度"的关联。韦伯的事业被刻画为一门"关于现实(实在)的科学"。Vgl. Karl Löwith, *Max Weber and Karl Marx*, London and New York: Routledge, 2003, p. 122-123.

②　Vgl. David Ferris, *The Cambridge Introduction to Walter Benjamin*, Cambridge: Cambridge University Press, 2008, p. 11.

③　Walter Benjamin, *Gesammelte Briefe* (*Bd*. 2,1919-1924), hrsg. von Christoph Gödde und Henri Lonitz, Frankfurt am Main: Suhrkamp Verlag, 1996, S. 483.

论困境。① 关键在于,上述批判路径之所以适时地引起本雅明的共鸣及反思,②是因为卢卡奇在 1918 年左右十分关切未来哲学的批判性思考。因此,为准确理解本雅明思想的发展脉络,应先尝试勾勒卢卡奇的早期思想转向,把握彼时西方马克思主义兴起的共通语境。③

卢卡奇《历史与阶级意识》一书,尤其以《物化与无产阶级意识》为核心,例示了从近代批判哲学到历史唯物主义的转向,批判性总结了观念论体系的内在困境。与备受瞩目的"物化"议题相比,本节将重点考察通常不引人注目的两大背景性论题,即"体系"与"历史"。概言之,其一,卢卡奇对近代批判哲学"体系"问题的批判,为历史唯物主义做了逻辑准备;其二,观念论体系的总体性追求,促使"艺术原则"合法化,但后者作为先验准则的确立,又因同样的体系逻辑,不得不遭遇现实(具体艺术)的挑战,导致批判哲学把"历史"提升为另一个本体。

第一,卢卡奇认为,"体系"问题表征了近代理性主义对总体性的不懈追求。总体性作为近代理性主义的科学理想,引导过去的"部分性体系"转变为"形式体系",并"发现了人在自然和社会中的生活所面对的全部现象相互

---

① 阿多诺在其演讲《自然历史观念》(1932)中认为,本雅明将卢卡奇末世论神学视野中的自然历史问题,带入了无限的内在,使之成为哲学解释的议题。这一描述虽极其精准,但结论却更类似于阿多诺的夫子自道,即重启"哲学"的观念论信念。本节认为,本雅明受卢卡奇触动,因其意识到认识论批判与唯物论立场恰好有结合的创造性可能。参阿多诺:《自然历史观念》,张亮,译,见《社会批判理论纪事(第 2 辑)》,第 240—241 页。

② 本雅明在同一封信中坦言:"此外,我将立即钻研卢卡奇此书,并且,如果我的虚无主义根基没有在对抗这种剑指共产主义的黑格尔式辩证法概念及命题时体现出来,我必将感到困惑。但这毫不妨碍我在此以不同于过往的眼光,去看待共产主义的政治实践(其并非理论问题,而首先是具有约束力的立场)。" Zit. Walter Benjamin, *Gesammelte Briefe* (*Bd.2*, 1919—1924), S. 483.

③ Vgl. Bernd Witte, *Benjamin and Lukacs: Historical Notes on the Relationship between Their Political and Aesthetic Theories*, in *New German Critique*, No. 5 (Spring, 1975), p. 3-26.

联系的原则"。① 但是,现象与本体的区分,早有"自然"的分裂作为背景。一方面,若承袭伽利略以来的科学理解,"自然"不过是外部客观事件及其规律的总和;另一方面,从卢梭开始,"自然"已内在价值化了,具有了与文明相对立的含义。近代批判哲学"哥白尼式革命"的文化冲动由此产生,即重回人真正的、统一的存在。但这种要求越彻底,就越难从主—客形式去克服其出发点的分裂。原因在于,首先,认知领域要求自然与认知主体相契,彻底克服可归因为"绝对不可溶化的被给予性(Gegebenheit)""非创造性(Unerzeugtheit)"的非理性事物;②其次,认知主体转向自身的实践活动(无论是康德的"活动"还是费希特的"行动"),试图把握住自身的结构。但此类对自我意识之意识结构(主—客同一)的追求,仍寄希望于主观上的形式原则。

近代理性主义的矛盾就在于,既把自然(客体)直观地理解为整个存在,又只有通过自由概念才能确认客体的超感性基底。自由难题本身便内蕴于康德哲学:"自由既不能打破认知体系的感性必然性、宿命论自然规律的无感情,也不能赋予它们以意义,而认知的理性提供的内容,它所认识的世界,也同样不可能用活生生的生活来填充自由的纯形式规定。"③因此,文化具备了二元论和解的功能:"文化(即资产阶级社会的文化)再好不过地在此担当了将已创造的整体与可创造的整体缔结在一起的视域(der Horizont)。文

---

① 卢卡奇:《历史与阶级意识:关于马克思主义辩证法的研究》,杜章智、任立、燕宏远译,商务印书馆 1996 年版,第 180 页。部分引文依照卢卡奇作品集(Georg Lukács, *Geschichte und Klassenbewußtsein*, in ders., Werke, Bd. 2, Neuwied und Berlin: Luchterhand Verlag, 1968.)做了改动,凡有改动之处,先标中译,再附原文页码。

② Vgl. Georg Lukács, *Geschichte und Klassenbewußtsein*, a. a. O., S. 293. 中译也将 Gegebenheit 译为"既定事实""既定性",为理解方便,本书将其统一翻译为"被给予性"。胡塞尔是从意识活动的角度将事物(感觉材料、对象)的显现称为被给予性的。卢卡奇认为,近代批判哲学的成就正是要求从主体的意识活动方面去克服非理性事物,从而完成一个形式体系。

③ 卢卡奇:《历史与阶级意识:关于马克思主义辩证法的研究》,第 211 页。

化是不可推导出来的,是绝对要加以吸收的,是古典哲学意义上的'事实性'。"①一旦资产阶级思想教条主义式地屈从于"文化"(意识形态),便放弃了把握整个现实的总体性要求。资产阶级主体此时必须默默忍受着与自身创造物(即"第二自然")的疏离。

第二,"体系"疑难导向了理论与实践的分裂,由此产生了两类决定性的思维方式:要么搁置总体性,走向具体部门的科学主义,要么满足于某种唯意志论。同时,这两种方式要么使自然不断祛魅,要么使自然产生复魅倾向。德国观念论则做出第三种选择,即把自然肯认为人的真正存在。人之"自然"作为价值标尺,让近代批判哲学捕捉到一线生机,因为艺术正是现实的例外状况。艺术作品既是人的感性造物,又表达了自由,是必然性与自由的合题,即"具体的总体"。卢卡奇认为,"艺术原则"不仅为体系完成提供可能,也提供具体路径,即要么在先验结构中寻找直觉知性,要么在具体领域中寻找总体表达。前者再度陷入无休止的主体性探索,后者则不可避免地遭遇"历史"问题。

换言之,资产阶级思想虽然发现艺术在先验维度上的特殊重要性,但"绝不意味着,艺术本身同时也经历了一种无与伦比的、客观的艺术的繁荣时期。相反,从客观上来看,这一发展过程中生产出来的艺术作品(除极个别外),和早先繁荣时期是无法相比的。但重要的是,这一时代的艺术原则获得了体系理论的、世界观性质的意义"。② 马克思曾从艺术发展与生产力发展不相吻合的角度做过解释。问题在于,伟大的艺术作品先于资产阶级社会而产生,但美学作为关于自律艺术的意识,又是近代理性主义的产物。③对康德而言,艺术的具体现实几乎是"真空"的,他只是出于"体系"臻于完备的目的,指出艺术的先验可能性。因此,康德意义上的美学致力于内审美范

---

① 卢卡奇:《历史与阶级意识:关于马克思主义辩证法的研究》,第 190 页;Georg Lukács, *Geschichte und Klassenbewußtsein*, a. a. O., S. 298.

② 卢卡奇:《历史与阶级意识:关于马克思主义辩证法的研究》,第 211 页。

③ 哈贝马斯:《交往行为理论(第一卷)》,第 156 页。

畴的主体建构。然而,美学之于"体系"的功能与意义在于"和解",反过来又要求"体系"从论证起点就必须出离先验抽象性,即从"现实"、从鲜活具体的艺术经验出发来构想和解。但是,批判哲学无法在同时代的艺术处境中发现具体总体,唯有作为伟大艺术(譬如古希腊艺术)的同时代人,才能触及表达于艺术的具体总体。因此,当务之急是将过去的伟大艺术转化为当下经验,历史由此获得了形而上学的重要性。黑格尔的历史哲学提供了最伟大的范型。他把"现实"或整个存在设想为绝对精神在历史中的逐步实现,"艺术—宗教—哲学"的先验逻辑能够对应于绝对精神在不同历史阶段的具体表达。一方面,艺术获得了超历史的效力;另一方面,哲学扬弃了艺术,但又将其先验的形式结构吸收回"体系"中,继续保持自我意识的统一。

因此,观念论模式的"和解"仍是片面的、纯认识论的,历史只是在先验结构中出场,为新的文化哲学张目。克服物化的"钥匙"仍在主体性深处,并未涉及个体在社会中的具体生存。黑格尔的历史哲学一旦破产,作为创造者的艺术家不得不服从具体社会历史的未来构想:当生产力提升至必要程度时,艺术的繁荣与人的解放会一同到来。只有解放了的个体才能真正从事艺术创造。这样便可以解释,资产阶级社会虽然已在意识中生产出了作为进步意识的"艺术自律",但无法在落后的现实中产生媲美过去的艺术作品。因此,认识论问题转变为了实践问题,即如何创造出人之解放的前提。

总之,从"体系"到"历史"的审美主义文化逻辑,可解释卢卡奇从早期美学向历史唯物主义的急转。卢卡奇曾效仿康德批判,追问艺术作品何以可能。不久后,他自觉地转向黑格尔主义,追问审美经验的纯粹内在性(这种性质自康德以来就被作为不证自明的前提)是否必然符合其任意的恰当客体。[1] 显然,康德的自由难题首先是认识论意义上的自然问题(目的论),其

---

① Georg Lukács, *Heidelberger Philosophie der Kunst* (1912-1914), in ders., Werke, Bd. 16, hrsg. von György Márkus und Frank Benseler, Darmstadt: Luchterhand Verlag, 1974, S. 10.

次才是艺术的发现问题,两者都归结为主体内在的判断力问题。但如果具体总体已经在历史中被创造出来,就不再有认识论的烦恼。艺术的发现彻底动摇了康德后继者们对经验的设想,转而走上黑格尔—马克思的道路。

第二节　从康德批判到语言论的经验理论

如果说,卢卡奇"完全从常规的角度追溯了从席勒到黑格尔的康德批判路线",[①]那么从"体系"到"历史"的批判路径最终试图将审美原则落实为生活关系,指向黑格尔主义式的总体性问题。相比之下,本雅明并未轻易越过康德,其早期语言哲学路径试图从认识论批判内部革新康德的经验理论。

第一,本雅明意识到,康德的认识论同样具有"体系"意义,其中两大要素分别是认知的永恒有效性和时间性经验的确定性,前者的优先性决定了后者的依附性。因此,"经验"从未成为科学研究的独立对象,它必须削足适履,以符合科学(数学及几何学)的认知要求,又只能依附于先验形式(即作为改造自身以完全契合于认知要求的内容)才能进入科学体系。于是,本雅明断言:"毋庸置疑,康德认识论的决定性错误可归咎于其当下经验的空洞。"[②]"空洞"意指当下经验必须被设想为数学上可计算的、可为先验形式所溶化的质料,但这种强制性的体系性,无异于取消把握存在总体的"体系"诉求。

本雅明转而认定,未来哲学应奠基于康德认识论的创造性改造。康德主张"我思"伴随着一切表象,但按照先验综合判断的知识模式,"我思"并不能源自通过经验感官形成的感性自我。知识与经验概念之间的矛盾,证明康德认识论存在着无法克服的形而上学残余。本雅明认为,这种主体认识

---

①　哈贝马斯:《交往行为理论(第一卷)》,第451页。

②　本雅明:《未来哲学论纲》,参见《写作与救赎:本雅明文选》,李茂增、苏仲乐译,东方出版中心2009年版。Benjamin, *Über das Programm der kommenden Philosophie*, in ders., *Gesammelte Schriften* II · 1, hrsg. von Rolf Tiedemann und Hermann Schweppenhäuser, Frankfurt am Main: Suhrkamp Verlag, 1977, S. 160. 以下引文凡有改动之处,先标明中译,再附原文页码。

论与原始人及精神病人的认知模式同构,均属泛灵论的认知"神话",并构成康德知识论中最重要的观念,即"个体之活跃的自我通过感官获得感知,并在此基础上形成理念"。① 换言之,主体从感官(客体)出发以形成最终的理念,是主—客关系建构的一种说法,类同于万物有灵论或精神病人的认知,即处于认识活动中的主体不能直接认识客体,而需借助或设定一个中介。原始人仿照"神圣的动物和植物"自我命名,精神病人将自己的身体感觉视为他者,均属于前科学的认识方式。真正科学的认知,则指非中介地、直接地认知事物。因此,本雅明的康德批判即主体批判,一方面证明了笛卡尔式主体"我思"及其认识论模式的独断;另一方面,神话论反映了失败的认知关系,意味着认识的误置,即人将自身行动、意愿及情感上的特征强加给自然。

不过,问题自有另一面。本雅明认为,只要康德认识论从主体论中出离,便可开启新的形而上学可能性——"经验"一旦擢升为知识的唯一基础,必然王国与自由王国、经验与先验意识便完全衔接。知识概念作为形而上学理念,与可辨析的"经验"类型——后者此时不再是完全被动的认知对象——并未构成统摄性的认识关系。但是,这种新的知识要求,也不类同于海德格尔意义上的"筹划",后者追求一种更本质、更原始的关系。

换言之,本雅明拒绝任何意义上的还原论或奠基主义,而强调知识与经验之间必然存在着"距离",指出认识论的理想范型——无论是理念接纳经验,还是经验进入理念,都构成非主客的非强制性关系。换言之,事物并不能依从先验逻辑强行化约为某个范畴,但作为对事物之经验的主题化,有关事物存在的知识又必然包含同一性诉求。如果批判无法从主体论的意识哲学中抽身,始终会陷入两难的境地。当它试图从主体或客体出发,单方面克服异质性时,反而从康德所抵达的知识界限处倒退。毕竟,康德早已从唯理主义与经验主义的自身逻辑中发现其同一性的独断。

第二,为了捍卫康德的知识视界,本雅明避免直接从"体系"批判迈向"美

---

① 　本雅明:《未来哲学论纲》,参见《写作与救赎:本雅明文选》,第 23 页。

学"的历史化,而是从语言哲学出发改造康德的经验论。蒂德曼(Rolf Tiedemann)精当地观察到本雅明在康德视界上的停留,其哲学意图异于同时代的其他思想家。

> 本雅明既未接踵以尼古莱·哈特曼为表率的新托马斯主义(Neothomismus),在形而上学框架中详细地论述认识论问题,也没有效仿存在主义,简单地否定认识论中的主—客分裂;他最终也未尝亲近胡塞尔现象学的意图,去单纯描述一个"绝对源始的存在领域"。对本雅明而言,"哲学科学的存在概念不仅仅要穷尽现象,更要穷尽现象的历史"。这种借助主体的穷尽,这种认识论上的穷尽,蕴含了把"存在"作为"事件"(Ereignis)的本体论规定:批评了一种独立于认知与经验的"显现"(Geschehenden)。①

不得不说,"体系"批判的传统路径具有自身难以克服的困境。一旦坚持主体与存在之间的联系,便包含人要真正地把握存在总体(现实)的理想,唯有如此,存在之于人才不是纯粹的异在。这种"人义论"在近代最深刻的表达,是胡塞尔"哲学作为严格科学"的追求。② 关键在于,如果不预设关切存在之整体直观(伦理)的真理性,意识结构或先验范畴的推演或许将无休无止。但同时,追求整体直观之真理性,又可能导致彻底放弃规范主义。海德格尔便觉察到胡塞尔工作之艰巨,以至于难以完成,因此放弃从析分先验范畴而通达存在的科学任务,把真理发生的基础颠倒过来,将其置于人遭遇存在的生存方式之中。换言之,他将对存在的情绪化体验或人在世存在之方式现象学式地描述出来,以作为通达存在的出发点。海德格尔的思路显

---

　① 　Rolf Tiedemann, *Studien zur Philosophie Walter Benjamins*, Frankfurt am Main:Suhrkamp Verlag, 1973, S. 16.

　② 　胡塞尔:《哲学作为严格的科学》,倪梁康译,商务印书馆 1999 年版。

示为消解观念论"体系"疑难的一种极端后果,即将获取存在知识的权利托付给一种神秘的发生,从而彻底放弃关于现实的科学分析或规范分析的合理性要求。

因此,与现象学及存在主义的路径不同,本雅明有意捍卫认识论中主客分裂之间的张力,认为经验既不是知识的纯粹客体,也不能脱离主体而存在。[①] 这种捍卫从语言论视角对康德认识论提出了批判,旨在澄清其真正目标,即经验本身的完整性。这被本雅明视为康德哲学的最大缺憾:"对康德而言,关于哲学知识是绝对确定和先验的意识,关于哲学完全要与数学对等的意识,使他几乎没有意识到,所有的哲学知识都是在语言中,而不是在公式或数字中得以独特地表达。"[②]实际上,本雅明康德批判的语言论视野,已于稍早的《论原初语言与人的语言》(1916)之中基本成形。[③] 具有参照意义的是,索绪尔的《普通语言学教程》也于同一年出版,确立了结构主义语言论,即从实证科学视角出发把语言看作一个符号系统。

相比之下,本雅明则借助作为历史—神话文本的《旧约》发展其语言理论。[④] 但阐释视域看似浓厚的神学色彩,并非其语言论的真正指归。至少从其康德批判的视野出发,"语言"明确针对观念论的"体系"诉求,即收纳一切事物的奠基性自我意识结构。换言之,只有在主观的意识活动中,主体才能不由分说地牢牢掌控作为客体的事物。一旦从"语言"视角出发,主体哲学追

---

① 本雅明:《未来哲学论纲》,参见《写作与救赎:本雅明文选》,第 28 页。

② Benjamin, *Über das Programm der kommenden Philosophie*, in ders., *Gesammelte Schriften* II · 1, S. 168.

③ 本文关于本雅明语言哲学的讨论仅限于早期某些文本,并不触及其晚期,即大致写于 1933—1935 年期间的语言哲学文本。其晚期语言哲学的讨论请参见 Anja Lemke, *Zur späteren Sprachphilosophie*, in *Benjamin-Handbuch: Leben*, *Werk*, *Wirkung*, hrsg. von Burkhardt Lindner, Stuttgart: J. B. Metzler Verlag, 2006.

④ Vgl. Sven Kramer, *Walter Benjamin zur Einführung*, Hamburg: Junius Verlag, 2003, S. 15.

求的同一性便受到动摇。^① 如果坚持对语言作符号学理解,符号的表意功能与其表达的实际交流功能则是分裂的。换言之,前者取决于独立的意识生活,后者则是对意义的使用;前者是自在的,而后者凭借符号才能表达出来。从上述角度来看,本雅明的"意义论柏拉图主义"(Bedeutungsplatonismus)也接近于符号学视野。^②

但对本雅明而言,万物皆参与着语言,并在语言(表达)中传达其精神存在(das geistige Wesen),且精神存在唯有在可传达时,才与其语言存在(das sprachliche Wesen)同一:

> 事物的语言存在就是其语言。……这个命题并非同义反复,因为它意味着精神存在中可传达的东西,就是其语言。一切都以这个"是"(即"径直是")为根据。——精神存在中可传达的东西,并不最清晰地显示在其语言中,正如其于言说中"过渡";而是,这种可传达(Mitteilbar)径直是语言本身。^③

这一命题的批判矛头直指标举"词语应传达自身之外某物"^④的资产阶级语言观,但其意不在拆解语言作为"符号/表达"的维度,而恰恰是反思其中介性。因为,语言也具有类似"自我意识"的自反性结构,即自我指涉。用

---

① 本雅明"语言传达了事物的语言存在"与伽达默尔革新观念论所宣称的"能够被理解的存在就是语言"可谓同声相应。Vgl. Nathan Ross, *The Aesthetic Ground of Critical Theory: New Readings of Benjamin and Adorno*, Rowman & Littlefield, 2015, p. 50.

② 哈贝马斯曾以"语言论柏拉图主义"刻画胡塞尔及弗雷格的语言哲学,即区分语言的意义及其使用的基本立场。但明确将这个术语用于本雅明的,是克罗伊策(Johann Kreuzer)。Vgl. Johann Kreuzer, *Die der Gewalt vollständig unzugängliche Sphäre der Sprache: Über ein Denkmotiv Walter Benjamins*, in Philip Hogh und Stefan Deines (Hrsg.), *Sprache und Kritische Theorie: Frankfurter Beiträge zur Soziologie und Sozialphilosophie*, S. 37.

③ Walter Benjamin, *Gesammelte Schriften* Ⅱ · 1, S. 144.

④ Walter Benjamin, *Gesammelte Schriften* Ⅱ · 1, S. 153.

本雅明的话来说,当语言在自身之中"传达"(Mitteilung)自身时,语言自身也就成为传达的"媒介"(Medium)。但从符号学视野来看,符号的自我指涉必然预设符号的任意性,否则,符号就不可能杜绝对外物的指涉,从而实现形式上的自指。正是在这一点上,本雅明出离了结构主义符号学,他动用一个难以翻译的隐喻词汇"通灵"(Das Mediale),试图消解"媒介"一词所必然引起的中介性联想。语言的自我指涉,恰恰并非符号的形式自指,而是精神存在可传达的、神灵附体般的直接性(Unmitteilbarkeit),这才是语言理论的基本问题。[①] 因此,命名或从语言起源处产生的名实合一的构想,占据了语言之意义绝对性这一极,从而成为判准语言的尺度。但必须强调,本雅明机锋所指始终在语言的悖论之处。"命名"绝对性的确立,并不彻底摧毁语言作为符号/表达(Ausdruck)的中介性,而是保证另一种意义上的"表达"(Darstellung),或阿多诺所谓的"构型语言",能够转述出语言中可彻底溶化为语言存在的、具有传达直接性的精神存在。[②]

　　第三,沿着早期语言哲学的路径,本雅明在《认识论批判序言》中发展了一种新的经验理论。此时,康德已完全退居幕后,"亚当"的形象取而代之。[③] 亚当作为哲学之父及人类之父,其寓意无疑更偏向哲学之为世俗筹划的一面。不过,哲学作为综观的总体性诉求,并未脱离本雅明早期的未来哲学构想——"艺术、法学和历史以及其他领域都必须根据范畴理论,以比康德更大的力度,来定位自身"。[④] 一方面,哲学之于存在的认识论任务要求见微知著,穷尽现象及其历史;另一方面,范畴之为秩序,不再是"概念",而应是"理念",因为"将

---

　　① 　Walter Benjamin, *Gesammelte Schriften* Ⅱ・1, S. 142.

　　② 　"构型"出自本雅明《德意志悲苦剧的起源》,但由阿多诺在其早期语言哲学论纲中详细论述,形成思想的呼应。Vgl. Theodor Adorno, *Gesammelte Schriften*, Bd. 1: *Philosophische Frühschriften*, hrsg. von Rolf Tiedemann et al., Frankfurt am Main: Suhrkamp Verlag, 1997, S. 368.

　　③ 　Vgl. Ilit Ferber, *Philosophy and Melancholy: Benjamin's Early Reflections on Theater and Language*, Stanford University Press, 2013, p. 119.

　　④ 　本雅明:《未来哲学论纲》,参见《写作与救赎:本雅明文选》,第 29 页。

语言的最普遍指向理解为概念,而不将其认识为理念,是错误的"。①

　　换言之,理念论旨在拯救认识论成果,从知识意义上把握现象而又不损害现象的实质。当然,本雅明动用隐喻性术语刻画理念达至现象的方式,拒绝传统认识论模式的主客析分。概念作为主客关系的工具,化约现象/经验的多样性——理念一旦溶解现象,拯救现象也无从谈起。相反,理念作为单子,使众现象居于其间,但进入理念的现象,已是经概念中介提纯、去伪存真的元素,或者说,概念已得到转述。因此,理念不是虚设的形而上学实体,相反,它具有语言性,即可"现实化"为概念的构型(Konfiguration)。理念的功能在于"再现"现象,通过"再现"或"模仿",对现象进行非主客关系的把握,构成对现象元素或"纯粹本质"的"客观化阐释"。② 理念(认识论秩序)与物(即认识对象)并不构成自上而下的摄取关系,相反构成"星丛"关系——关切存在的经验既显现于秩序,又无法彼此还原。阿多诺后来曾借现象学批判阐明这一点:如果意义来自存在者的自我意识(即主体性),存在的多样性便会丧失在意义嵌入存在的过程之中。③ 总之,理念论作为认识论批判,虽一如既往地显示出于隐喻性的语言织体,但已具有明显的去先验化色彩。正是这一点,构成了本雅明走向历史唯物主义的基本视域。

第三节　"先锋的"历史唯物主义

　　若再回顾本雅明 1924 年的宣言,即"以不同于过往的眼光,去看待共产主义的政治实践",④其朝左翼思想的转向并非空穴来风,而是像他效法的卢卡奇那样,具有哲学内核。不妨说,在他转向历史唯物主义的过程中,语言

---

　　①　本雅明:《德意志悲苦剧的起源》,李双志、苏伟译,北京师范大学出版社 2013 年版,第 40 页。

　　②　本雅明:《德意志悲苦剧的起源》,第 39 页。

　　③　阿多诺:《自然历史观念》,参见《社会批判理论纪事(第 2 辑)》,第 234—235 页。

　　④　Walter Benjamin, *Gesammelte Briefe* (*Bd*.2, 1919-1924), S. 483.

论的经验理论成为最重要的中介,使他后期受超现实主义影响的文体自觉能够与历史唯物论的政治立场发生内在的共鸣与关联。这主要关涉两个需阐明的重要问题。其一,出于理论及文体自觉,本雅明的晚期文体试验比早期隐喻性、文学性的写作更进一步,具有化合其语言哲学与唯物论立场的方法论意义;其二,本雅明历史唯物主义的先锋面貌,使他超出了传统的马克思主义,但他仍坚持去先验化的社会历史方法。这揭示出本雅明的思想具有更隐蔽的思想史根源。

第一,先锋文体问题集中表明了本雅明早期语言及经验理论与其历史唯物主义取向之间的化学反应。本节尝试以"先锋文体"这一术语来形容本雅明晚期风格的特点,并视之为对其早期隐喻性写作的推进。实际上,彼时与巴洛克戏剧研究几乎同期出版的《单向道》,已显明本雅明文体上的自觉过渡。克拉考尔(Siegfried Kracauer)认为,格言体写作已包含本雅明独特的唯物主义立场。[①] 而恩斯特·布洛赫(Ernst Bloch)更直接地称这种形式实验为从事超现实主义式哲学。[②] 如果不仅从形式角度考虑,而且也考虑其理论取向的转变的话,《单向道》第一则格言关于文学形式之社会效益的思考,已把眼光从传统书籍(即"纯文学")形式转向传单、宣传小册子、杂志文章及广告等包含行动导向的形式,而格言末尾的隐喻,正如克拉考尔所言,更彰显了文体追求的独特程序,具有方法论意义。"观念对于社会生活这部庞大机器来说,好比机油与机器之间的关系,人们并不是站在涡轮机前用机油浇它,而只需往看不见但必须知道的铆钉接口里注入一点点机油。"[③]

这则格言举重若轻,为理解本雅明"先锋的"历史唯物主义开启了窗口。首先,本雅明转向对传单等政治倾向明显的文学活动形式的关注,已接踵马

① Siegfried Kracauer, The Mass Ornament: Weimer Essays, trans. by Thomas Y. Levin, Harvard University Press, 2005, p.263.

② Ernst Bloch, *Revueform in der Philosophie*, in: ders., *Erbschaft dieser Zeit*, Frankfurt am main: Suhrkamp Verlag, 1962, S. 369.

③ 本雅明:《单行道》,王涌译,译林出版社 2012 年版,第 1 页。

克思及恩格斯,跨越传统文学形式所依赖的"艺术自律"。若参考本雅明稍晚的艺术社会学写作,即《摄影小史》(1931)、《技术复制时代的艺术作品》(1935—1939)及《爱德华·福克斯:收藏家和历史学家》(1937)等文章,其唯物论取向就更为清晰;①其次,往铆钉里注入些许机油这个隐喻,毋宁说是本雅明征用超现实主义的"蒙太奇""拼贴"等手法的夫子自道,也隐隐有后来"辩证图像"的先声。因此,一方面,文体自觉贴合本雅明早期语言论的经验理论诉求,助力他建立关切现实对象的分析程序;另一方面,超现实主义恰好是以形式革新来落实其政治立场的典范,借比格尔的历史性总结,即撤除艺术自律的边界,扬弃艺术于生活实践。②

在这个意义上,认为本雅明先锋文体具有社会历史批判倾向,符合实情。本雅明早在关于 17 世纪的巴洛克戏剧的研究中,便专门谈及并肯定了其奇崛夸张的语言使用,评价"生造词处处可见"。③ 有趣的是,他在后来也将"生造词"视为 19 世纪"为艺术而艺术"运动及 20 世纪超现实主义运动的共通之处。就前者而言,"'为艺术而艺术'的诗人是最后一批可以说是'来自人民'的诗人。他们一无所有,但形势紧迫,这就要求他们'生造'他们的词语。……这是一些没有被纳入生产过程的词语"。④ 对后者来说,"那是文字的神奇实验,而非艺术的嬉戏"。⑤ 从语用上说,"生造词"脱离了象征(Symbol)功能,转入了讽寓(Allegorie)的行列。换言之,"生造词"冲击了文化作为进步与革新的先验表象,后者掩盖了艺术富有短暂性和阶级性的社会根源。因此,超现实主义激进标举"语言"革命,而超现实主义者通过日常符码的变形或物的创造性运用揭示出世俗顿悟——商品繁盛的语境下隐含

---

① 本雅明:《艺术社会学三论》。

② Peter Bürger, *Nach der Avantgarde*, Einleitung.

③ 本雅明:《德意志悲苦剧的起源》,第 70 页。

④ 本雅明:《巴黎,19 世纪的首都》,第 187 页。

⑤ 本雅明:《本雅明文选》,陈永国、马海良编,中国社会科学出版社 1999 年版,第 203 页。

着凋敝,不公正的社会关系仍寓于其中。超现实主义更直接地要求从"生活实践"上攻占世界,其目的在于求"真","艺术几乎从未被真'为'过,它几乎总是一个幌子,底下载着因为没有品名而无法申报的货色"。① 本雅明与超现实主义的亲和,恰恰是非审美主义的,不是从艺术的角度去补偿生活,而是立足生活拉平艺术。

总之,本雅明的文体愈到晚期,愈容易给人这样的印象:无论从思想还是形式上,本雅明的文体都如同异质性部件组合起来的装置。如果不从本雅明借道先锋文体转向唯物论的角度去考辨,几乎难以发现其中潜藏的整合线索。蒂德曼作为本雅明文集的编辑,曾从《拱廊计划》的出版情况讨论,其散见的大量摘录和笔记是否应当与有明确意图和编排的材料一起出版,前者是否会影响到读者对《拱廊计划》整体面貌的理解。至少在蒂德曼眼中,《拱廊计划》好比一座房屋,摘录和笔记都是其重要构件,全部出版符合本雅明的根本意图。② 但如果说本雅明思想具有可再系统化的潜能,就不能只关注其写作程式的纯文体特征。

实际上,过去对本雅明语言论的关切,由于出于不同的理论立场,恰恰未能准确把握住其化合不同取向的综合性。例如,哈贝马斯便认为,本雅明基于模仿性语言论的经验理论,无法与历史唯物主义协调。③ 这个颇具代表性的观点也许得益于朔勒姆的论断,后者曾旗帜鲜明地指责马克思主义干扰了对本雅明神学的理解。④ 毫无疑问,过分强调本雅明早期语言论的形而上学内涵,会导致其论证潜能完全屈从于现代主义语言观。现代主义语言观认为,"诗歌或艺术本身,尤其是在现代性中,暗含了一种主张:人类生活

---

① 本雅明:《本雅明文选》,第 203 页。

② Vgl. Rolf Tiedemann, *Dialektik im Stillstand*：*Versuche zum Spätwerk Walter Benjamins*, Frankfurt am Main：Suhrkamp Verlag, 1983, S. 13.

③ 哈贝马斯:《瓦尔特·本雅明:提高觉悟抑或拯救性批判》,参见《论瓦尔特·本雅明:现代性、寓言和语言的种子》,第 421、425 页。

④ 朔勒姆:《瓦尔特·本雅明和他的天使》,参见《论瓦尔特·本雅明:现代性、寓言和语言的种子》,第 227 页及以下。

很多最有意义的方面不可化约的个性和偶然性,不可能凭借普遍主义的、抽象的哲学和科学的语言来说明"。① 例如,阿伦特虽然看到本雅明对语言神学的部分放弃,但仍只是在上述意义上称赞他十分稀罕的"诗意思维的禀赋"。② 问题在于,如果赞同上述语言观,那么必然要在一定程度上接受基于艺术自律的审美主义。但这意味着,退回卢卡奇的文化逻辑之前,批判的尺度重新锚定于市民社会与宗教、艺术等价值自主领域结构上的分殊与对峙。然而,本雅明在康德批判阶段便已明白无误地与上述观念论模式划清界限,否则不可能赞赏卢卡奇将认识论批判与左翼取向化合的努力。这再次说明,先锋文体问题绝不能只停留于"美文学"问题,这样做会偏离且淡化其思想史意图。

第二,先锋文体的重要性自然引导我们考辨其背后的哲学内核。通常认为,本雅明深受浪漫派及青年马克思的影响,但从观念论批判的语境着眼,其思想的另一重要背景(即笛卡尔知识论所导致的自然与历史的截然二分,或者自然科学与人文科学的方法论之争)便浮现出来。从思想史角度看,维柯(Giovanni Battista Vico)是打响自然科学与精神科学方法论之争的第一人,但此标签很容易掩盖其知识论革命的颠覆性。维柯知识论中的核心角色恰恰是语言学与历史哲学的结合,甚至可以说,批判理论的黑格尔—马克思主义进路几乎都受到维柯思想的隐蔽塑造。③

在上述背景之下,不妨具体考虑维柯的知识论建构。首先,维柯知识论的出发点仍是其时代严格的笛卡尔主义,认为唯有创造者认识自身的创造物,才称得上完美的知识形式。因此,人能彻底认识的唯一对象,是完全由

---

① 皮平:《作为哲学问题的现代主义》,第 78 页。

② 阿伦特:《瓦尔特·本雅明:1892—1940》,参见《启迪:本雅明文选》,阿伦特编,张旭东、王斑译,生活·读书·新知三联书店 2008 年版,第 66—68 页。

③ Vgl. Joseph Maier, *Vico and Critiacal Theory*, in *Social Research*, Vol. 43, No. 4, *Vico and Contemporary Thought*-2(Winter 1976), p. 845-856. 此文主要考察了霍克海默对维柯的具体论述,几乎未提及本雅明。

自身创造的历史,并且,真正知识的有效性,必须"通过理解它如何产生,即其起源和历史发展,才能够被表明"。① 按此观点,人类知识的金字塔结构便发生了位移。数学是人类头脑的自由创造,所以在知识层级上最清晰也最严格。几何学作为对空间的度量,只能是试验性工具,因其依赖于人无法创造的物理空间。换言之,一旦有非自由创造的因素(自然的既定性)介入知识对象,就与思维相抵触。可以明显看出,德国观念论后来作为"体系"的认知理想,早已有了雏形,并且深刻影响了关于"创造"及"生产/再生产"的讨论。重点在于,维柯知识论在此意义上已包含了历史主义的理论契机,因其激进锋芒直接打击了笛卡尔式自我意识的先验论——人并未创造其个性(即心理特征或思想内容),因而无法彻底认识自己。那么,人只能通过其自身行动的创造物(即所谓历史领域),才能真正地认识自身之所是。知识的重心由此转移至历史领域。

其次,维柯认为,人类历史的真知包含在不同历史阶段的"语言、神话和古物"之中,理解过去就是解码象征。象征与观念、话语与思想是不可分割的。语言模式即思想模式,直接反映了语言使用者的思维及社会文化。② 就此而言,维柯与哈曼(Johann Georg Hamann)在语言观上有共通之处,即彻底反对经当代语言分析哲学系统表述的语言信条。③ 从这个意义上说,历史学不仅范围得到拓展,其哲学内核也发生了偏移。历史学不仅是"起源"科学,而且是"语言"科学,亦是语言的自然史。维柯强调,特定类型的措辞、运用及结构具有人类经验的合法性及普遍性基础,隐喻、象征、寓言等语用皆与特定的社会历史结构有着有机的联系。例如,"诗意的逻辑"中"诗意的"一词,指人类早年纯朴的大众及传达他们全部经验的手段。④ 因此,历史主

---

① 柏林:《启蒙的三个批评者》,马寅卯、郑想译,译林出版社 2014 年版,第 30 页。

② 柏林:《启蒙的三个批评者》,第 95 页。

③ 柏林:《启蒙的三个批评者》,第 345 页。关于哈曼与维柯的历史关联,则参见该书第 341 页注释 1。

④ 柏林:《启蒙的三个批评者》,第 66 页。

义方法论应运而生,研究者须从当下更人性的本质降到野蛮本性的水准之上,才能真正理解早期人类的象征与表达。当然,有一点至关重要,那就是维柯所设想的回退,本身包含着进步论视野。换言之,"文明"与"野蛮"至少在释义活动中具有超出历史演化的关联。

尽管如此简化维柯思想,也仍能看出,本雅明思想的关键要旨(包括认识论批判、早期语言论的经验理论及文明与野蛮相辩证的历史唯物论取向等方面)无不透露出维柯的影响。下述引自赛亚·柏林(Isaiah Berlin)对维柯研究的论述,精当地概括出维柯革命性方法论的思想史影响。

> 当维柯先于赫尔德、黑格尔和马克思而做出如下断言时,即社会变化的每个阶段都有与其相适应的特定类型的法律、政府、宗教、艺术、神话、语言和态度;寓言、史诗、法律准则和历史表达了制度进程和结构,这些结构都属于结构的一部分,而非"上层建筑"(马克思主义术语)的一部分……①

当然,上述论断的背景,或许也得益于西方学界对青年马克思的再发现风潮,其核心问题在于破除基础结构与上层建筑之间的因果性教条。

换言之,维柯的洞见作为参照,照映出本雅明历史唯物主义立场的关键创新,在于反思和批判传统的马克思主义学说,后者往往固守经济决定论。简言之,本雅明并非不承认经济对文化的决定性影响,而是更强调经济与文化能直观表达的复杂关联。

> 马克思展现了经济与文化之间的因果关联。但就此而言,关键是表达上的关联(Ausdruckszusammenhang)。这里所要展示的并不是文化的经济起源,而是经济在文化中的表达。换言之,这涉

---

① 柏林:《启蒙的三个批评者》,第95—96页。

及试图将经济过程作为直观的原初现象来把握，由此我们可以得知拱廊街（在 19 世纪）的所有生活表现。①

实际上，本雅明的立场后来遭到阿多诺的批判，阿多诺将基底动因与上层建筑（意识形态）之间的关系，理解为意识形态批判的对象，将文化表达理解为"中介"，并强调其作为符码的一面。阿甘本曾关注这场争执，认为阿多诺固守辩证中介的教条，指出"实践不需要辩证的中介，以再现为肯定的上层建筑形式，从一开始就是'真实的现实'，从一开始就拥有完整性和具体性。……如果这是事实，那么，基础结构与上层建筑之间的关系就既不是因果决定的，也不是辩证中介的，而是直接沟通的"。② 但是，阿甘本过于强调两人之异，简化了青年马克思论述中生产实践创造现实的复杂性，未能考虑"异化"问题，指出"人确实显示出自己的全部类力量——这又只有通过人的全部活动、只有作为历史的结果才有可能——并且把这些力量当作对象来对待，而这首先又只有通过异化的形式才有可能"。③ 显然，对实践的意识形态再现才可能表达为匹配现实形式的上层建筑形式，但此时，这种形式显然是扭曲的。

因此，正如本节反复申说的，理解本雅明历史唯物主义取向的关键，在于将其早期语言论及经验论的洞见考虑进来，否则会重蹈观念论解释的覆辙。具体来说，如果抽象地理解基础结构与上层建筑的关系，其模式不过是将复杂的现实经验纳入奠基性或还原性的视域。换言之，将"自然"从形而

---

① 本雅明：《〈拱廊计划〉之 N》，参见《作为生产者的作者》，第 115 页。部分译文据德文版《本雅明文集》第五卷（Benjamin, *Das Passagen-Werk*, in ders., *Gesammelte Schriften* Ⅴ·1, hrsg. von Rolf Tiedemann und Hermann Schweppenhäuser, Frankfurt am Main: Suhrkamp Verlag, 1977.）有所改动。以下《〈拱廊计划〉之 N》引文凡有改动之处，先标明中译本出处，再附原页码。

② 阿甘本：《王子与青蛙：阿多诺与本雅明的方法问题》，参见《幼年与历史》，尹星译，河南大学出版社 2011 年版，第 181—182 页。

③ 马克思：《1844 年经济学哲学手稿》，第 98 页。

上学的内在化价值领域中抽离,并直接颠倒为历史实践的对象,绝非自然的历史化,而是历史的自然化,即设想历史如同科学研究对象一般,具有客观规律,因而可以由历史叙事来把握其连续性的本质。[①] 但是,本雅明早已表明,恩格斯要对这种观点负责,因其选择了辩证的、抽象的历史主义叙事,舍弃了历史的直观性。因此,本雅明正确地强调两者的对立——"历史主义展现的是过去的永恒画面,而历史唯物主义展现的是对过去的每一次经验,这种经验是以唯一的方式出现的。由建构因素去剔除叙事因素,就是这种经验的条件"。[②]

"建构因素"清楚地表明,本雅明实现了认识论批判与唯物论立场的化合。首先,其早期经验理论要求批判性地把握现象,但不可自上而下地进行摄取,也不能将之还原为某个范畴;其次,在此前提下,直观性与唯物论的立场化合方才具有社会历史批判的意义。直观性本身是建构而非叙事,既类似于巴洛克研究强调理念的"客观化阐释",又涉及《拱廊计划》中反复提及的"辩证图像"。总之,其指归在于,"具有创新意义的当下用它的本真瞬间打断了历史的连续性,并从历史的同质化流变过程当中逃逸出来"。[③] 毫无疑问,本雅明本人也将之视为"历史唯物主义最终无法回避的核心问题",从方法论视角追问:"从马克思主义角度理解历史就必然要求以牺牲历史的直观性(Anschaulichkeit)为代价吗? 或者怎样才能将直观性与马克思主义方法的实施相结合?"[④]

这种提问方式毫无疑问地透露出整体性诉求,但综观现实的历史唯物主义,其已告别观念论模式。换言之,本雅明历史唯物主义所追求的历史真

---

① 韦尔默则从形而上学批判的角度雄辩地驳斥了恩格斯的科学主义立场。Vgl. Albrecht Wellmer, *Kommunikation und Emanzipation*, in: *Theorien des Historischen Materialismus*, hrsg. von Urs Jaeggi und Axel Honneth, S. 471.

② 本雅明:《艺术社会学三论》,第 104 页。

③ 哈贝马斯:《现代性的哲学话语》,第 14 页。

④ 本雅明:《〈拱廊计划〉之 N》,参见《作为生产者的作者》,第 118 页;Benjamin, *Das Passagen-Werk*, S. 575.

实,恰恰需借助超现实主义语言试验的直观性来论证历史对象的真实性。这种再创造包含了深刻的(类似福柯所言的)"知识型"要求。因此,本雅明甚至认为,应将"蒙太奇"作为基本原则引入历史研究。文学蒙太奇(literarische Montage)、[1]语文学(Philologie)等并置措辞,反映了本雅明在社会实在分析中效仿了超现实主义者。他专门从马克思的术语里借来"觉醒"一词,将所有非历史唯物主义的、潜在观念论的历史意识推上了批判法庭,"那种'按事情的本来面目'展现事情的历史是 21 世纪最强烈的麻醉剂"。[2] 有学者颇为准确地将本雅明的历史研究方法或程序称为"建构性的断片主义"(Konstruktiver Fragmentarismus)。[3] 正如其字面含义,断片主义坚持,"现实"并非简单的、日常的感知建构,或一个符合牛顿力学及数学测量方法的客体;相反,"现实"是以"断片"存在的、摆脱了"文化"超脱性的、非连续性的、多样化的经验,而对其最客观、最充分的表达就是撰写其批判性历史。[4] 因此,从辩证图像所倾注的历史经验的再历史化而言,本雅明确实称得上维柯的当代传人。

纵观本雅明一生的思想道路,莫不与文学、艺术有天然的亲缘性,但也容易造成不假思索的流行理解,即不追问其思想先锋面貌背后的哲学硬核,反而避重就轻,使其思想的复杂性化约为本雅明本人早已告别了的观念论美学议题。哪怕仅就文学及美学研究领域而言,流行理解也无益于真正把握本雅明思想的创造性与革命性。而实际上,作为最富创造力的批判理论家之一,本雅明对时代的思想政治氛围有深刻体悟及反思,使他能从卢卡奇处领受启发,将早期语言论及经验理论的肌体,经超现实主义文体形式的试

---

① 本雅明:《〈拱廊计划〉之 N》,参见《作为生产者的作者》,第 118 页;对比 N1a, 8。

② 本雅明:《〈拱廊计划〉之 N》,参见《作为生产者的作者》,第 111 页;对比 N1,11,N2a,1,N2a,2,N2a,3 及 N3,4。

③ Vgl. Detlev Schöttker, *Konstruktiver Fragmentarismus*：*Form und Rezeption der Schriften Walter Benjamins*, Frankfurt am Main：Suhrkamp Verlag, 1999, S. 11.

④ 本雅明:《〈拱廊计划〉之 N》,参见《作为生产者的作者》,第 126 页。

验,与青年马克思去先验化批判的基本精神相融合,创造一种新的历史唯物主义综观,或一门关于实在的新科学,替代当时已陷入窘境的总体性批判。今天,要重新估量本雅明思想的规范力量,必须沿着他的观念论批判重回其语言哲学,从语言再出发。

| 第三章 |

"词的审美尊严":阿多诺早期语言论纲中的审美主义

第一节 语言范式:阿多诺语言哲学的复兴背景

阿多诺晚期思想享有盛誉,但其早期思想受关注较少。哈贝马斯曾在1981 年的一次访谈中提及,20 世纪 50 年代初求学法兰克福时,曾惊讶于阿多诺对同时代哲学的淡漠,直至"阿多诺去世之后,当我在 70 年代读到他的就职演讲以及论自然史的文章时,我才清晰地认识到阿多诺年轻时的所思所想"。① 哈贝马斯所提及的阿多诺就职演讲及自然史论文,即《哲学的现实性》(1931)与《自然历史观念》(1932),均收录于蒂德曼编阿多诺《文集》卷一中的"演讲与论文"小辑,十来年前便已有中译本。② 唯独该小辑的第三篇论文——《关于哲学家语言的论纲》(下文简称《论纲》),甚至在西方学界也长

---

① Cf. *The Dialectics of Rationalization*, in *Autonomy and Solidarity*: *Interviews with Jürgen Habermas*, ed. and Introduced by Peter Dews, London: Verso, 1992, p. 97.

② 阿多诺:《社会批判理论经典拾遗:阿多诺》,参见《社会批判理论纪事(第 2辑)》,第 233—260 页。

期受冷遇。[①] 该文仅十小节，可谓短小精悍，无论是主题还是谋篇布局，皆明显地透露出本雅明的影响，称得上阿多诺早期关于语言问题最集中的表述。据《文集》的编排体例，上述三篇论文实则具有共同主题，正因如此，如果缺乏对阿多诺早期语言哲学的理解，不仅阿多诺早期思想的概貌，其至阿多诺的思想全景都会受到某种遮蔽。因此，近些年来阿多诺语言哲学研究在西方学界的复兴不是偶然。相比之下，国内学界对阿多诺语言哲学的研讨才刚刚起步。[②] 有鉴于此，本文拟立足批判理论的当代发展，聚焦论纲的思想史背景，辨析其基本结构，阐明阿多诺语言哲学之为审美主义范式的内涵。

　　阿多诺语言哲学重回批判理论研究的焦点，得益于近年来经典批判理论语言哲学研究在德语学界的复兴，也表明批判理论内部发生了新的范式迁移。[③] 毫无疑问，早在语言学转向之前，语言已是经典批判理论的核心主题，其立论源于观念论—精神科学传统，更多活跃在认识论、社会理论、历史哲学、艺术哲学等方面。此时，"语言"通常具有双重性质：一方面是"否定的"，即"作为意识形态、压迫及物化的潜在源泉"；另一方面是"肯定的"，即"作为规范性的基数及批判的媒介"。[④]

　　关键转变始于哈贝马斯倡导的"范式转型"，哈贝马斯借语言学转向思

---

　　① 对阿多诺此文的专题关注反而始于英语学界，包括英译及数篇讨论文章。参见 Theodor W. Adorno, Theses on the Language of the Philosopher, *Adorno and the Need in Philosophy*：*New Critical Essays*, edited by Michael Pala, et al., Toronto：University of Toronto Press, 2007. 凡《关于哲学家语言的提纲》的引文，皆采纳华东师范大学中文系黄金城老师的译文，夹注德文版页码，以备查阅。该译文刊于中国社会科学网：http://ex.cssn.cn/wx/wx_yczs/201808/t20180801_4522140.html.

　　② 陶锋：《阿多诺美学中的"语言转向"》，尹树广编：《语言哲学：国外马克思主义、现代西方哲学》，人民出版社 2016 年版，第 175—190 页。

　　③ 作为语言范式的倡导者之一，Philip Hogh 关于阿多诺语言哲学的系统研究已出版。参见 Philip Hogh, *Kommunikation und Ausdruck*：*Sprachphilosophie nach Adorno*, Weilerswist：Velbrück thesis, 2015.

　　④ Philip Hogh und Stefan Deines, "Sprache und Kritische Theorie：Zur Einleitung", S. 10.

潮,重新修葺了批判理论的哲学基础。哈贝马斯将语言与合理化理论相结合,并将其擢升至批判社会理论的核心规范尺度,形成了沟通范式。沟通范式亲近语言分析传统,主张将以沟通为取向的语言使用作为批判的规范尺度,直接影响了对经典批判理论语言哲学的接受和研讨。例如,本雅明及阿多诺关于语言的思考,最初仅仅在文学研究、艺术哲学研究等方面产生影响。从韦尔默开始,已有不少学者试图反驳上述片面印象,探究语言学转向之后,经典批判理论语言哲学在社会理论领域中的论证潜能,但多多少少仍受制于哈贝马斯强有力的影响。[①] 具体而言,沟通范式更是直接规定了理解和反思阿多诺语言哲学的基本途径。[②] 总之,在以沟通范式为主导取向的视野下,"由于经典批判理论的代表们边缘化了主体间的、以沟通为取向的立场,语言要么作为和解思想的消失点,占据着一种复魅的、神学的超越性功能,要么仅仅扮演着一个次要的角色,顶多成为趣味的审美媒介"。[③]

如果说沟通范式至少运行在"语言"这个大方向上,那么批判理论的最新发展则偏离了语言学转向——"批判理论的那些最新分支似乎已经不再给予语言以突出的系统性意义"。[④] 这些分支主要包括目前可笼统归为法兰克福学派第四代的理论探索,譬如弗斯特(Rainer Forst)以"宽容"概念为核

[①] 韦尔默在晚期维特根斯坦对德语学界产生影响的背景下讨论阿多诺语言哲学。本节暂不讨论阿多诺语言哲学与语言学转向的相似性,而主要关注阿多诺对语言学转向的"背离"。Albert Wellmer, "Ludwig Wittgenstein: Über die Schwierigkeiten einer Rezeption seiner Philosophie und ihre Stellung zur Philosophie Adorno", *Wie Worte Sinn machen: Aufsätze zur Sprachphilosophie*, Frankfurt am Main: Suhrkamp, 2007. S. 234.

[②] Samir Gandesha, "The 'Aesthetic Dignity of Words': Adorno's Philosophy of Language", *Adorno and the Need in Philosophy: New Critical Essays*, edited by Michael Pala, et al., Toronto: University of Toronto Press, 2007. p. 78.

[③] Philip Hogh und Stefan Deines, "Sprache und Kritische Theorie: Zur Einleitung", S. 11.

[④] Philip Hogh und Stefan Deines, "Sprache und Kritische Theorie: Zur Einleitung", S. 12.

心的政治理论,耶基的异化理论及生活形式批判,罗萨(Hartmut Rosa)的社会加速理论,等等。① 当然,从范式转型角度看,霍耐特所引导的从沟通范式到承认范式的又一次转向起了决定性作用。相较而论,哈贝马斯的沟通范式依据一种基于主体间性的、以沟通达成理解的语言使用为取向的特殊语言立场,旨在变革经典批判理论的意识哲学基础;②霍耐特则诉诸"承认"这一规范性视野,发掘社会历史进程中具体社会形态的主体间性内涵,从而不再依赖于社会中以沟通为取向的言语行动结构。当然,上述两种范式都削弱和忽视了经典批判理论语言哲学潜在的论证效力。

随着批判理论内部反思的推进,经典批判理论语言哲学的再发现和系统化研究渐成气候,表现为新一轮的范式转型,即"语言范式"的出现。③ 语言范式既质疑承认范式把语言完全排除在其理论取向之外,又反对沟通范式对语言性质的特殊化取用。因而,语言范式一方面广泛地参照当前西方语言哲学的最新成果,另一方面从批判理论内部推进对既有范式转型的反思。目前来看,语言范式已形成了一定的共识,众多学者的最新成果已作为"法兰克福社会学与社会哲学文库"第 21 辑《语言与批判理论》(2016)出版。霍耐特为之作序,并指出语言范式的主旨。

> 语言并非法兰克福学派某些代表人物笔下任意的研究对象,而是核心主题,因为没有其他媒介能像语言那样,反映了我们对世界进行一种理性建构的可能性与界限;正如对社会关系的观察,我

---

① Amy Allen and Eduardo Mendieta (eds.), *Justification and Emancipation: The Critical Theory of Rainer Forst*, The Pennsylvania State University Press, 2019; Amy Allen and Eduardo Mendieta (eds.), *From Alienation to Forms of Life: The Critical Theory of Rahel Jaeggi*, The Pennsylvania State University Press, 2018; Hartmut Rosa, *Alienation & Acceleration*, Lancashire: Gazelle Book Services, 2010.

② Jürgen Habermas, "Einleitung", 2009.

③ Philip Hogh und Stefan Deines, "Sprache und Kritische Theorie: Zur Einleitung", S. 13.

们也可以从语言与世界相关联的每一种状况中觉察出好与坏。①

　　这种肯认不仅意味着语言范式具有作为批判理论又一标志性理论范式的论证潜能，而且暗示了经典批判理论蕴藏着一种别开生面的系统化知识的潜能。

　　可以说，语言范式重新将阿多诺的语言哲学引至讨论的前台。但本节不拟全面评述阿多诺语言哲学，仅把重心置于《论纲》，原因有二。其一，《论纲》无论立意或文体，皆鲜明体现了阿多诺早期思想对本雅明早期语言哲学之核心洞见的依赖。相比之下，《哲学的现实性》及《自然历史观念》反而因对现象学术语的大量使用，遮蔽了这组文献内在的核心动因及相通主题。因此，研究《论纲》有助于初步估量阿多诺早期思想之于全局的意义。其二，自哈贝马斯以来，审美主义（Ästhetizismus）作为现代性思想最重要的范式之一，已失去基础性的方法论地位。② 但这并非意味着审美主义的思想效应及学理探究就此告终。《论纲》恰恰见证了审美主义在语言论中的确立，对于理解阿多诺晚期以《否定辩证法》与《美学理论》并置的论证策略及理论姿态而言，具有不可回避的思想关联。当然，为了达成上述目标，首先应将目光投向本雅明的早期语言哲学，考察其与《论纲》之间的思想史关联，作为进入《论纲》的必要过渡。

第二节　过渡：从语言哲学/神学到社会批判

　　众所周知，本雅明早期语言哲学，虽常冠以语言神学之名，但总体上仍

---

　　① Axel Honneth, "Vorwort", in Philip Hogh und Stefan Deines（Hrsg.）, *Sprache und Kritische Theorie：Frankfurter Beiträge zur Soziologie und Sozialphilosophie*, S. 8.

　　② 哈贝马斯在《现代性的哲学话语》的六个附论中，依次处理了六种具有决定性意义的审美主义范式。据此理解，审美主义主要指以取用和改造审美经验为理论奠基的现代性方案，或者说，缔结于理性及其他者之对峙关系的理性批判模式。因此，对哈贝马斯而言，审美主义批判也几乎等同于主体哲学批判。

是关于语言的形而上学沉思。语言范式的兴起虽以阿多诺语言哲学的再发现为契机,但其源头仍在本雅明。但同样,本节既无可能,亦无必要考察本雅明语言哲学的全貌,仅有选择地以《未来哲学论纲》《论原初语言与人的语言》《认识论批判序言》等早期语言哲学文本为线索,重述其要点,尤其兼及《暴力批判》中的同构性论证。这种重述旨在突出本雅明早期语言哲学关切社会批判的规范内涵。阿多诺能从社会批判角度吸收本雅明的核心洞见,毫无疑问取决于本雅明语言哲学中不可忽略的社会批判性。

　　本雅明最早在《未来哲学导论》的结尾,已示出其基本的哲学背景,提出以语言哲学来改造康德经验概念的设想,并表达了以此重新把握哲学与宗教关系的认识论诉求,由此形成了两条关键思路。其一,本雅明批判康德哲学的体系诉求,实际也是主体批判——体系意味着所有的认识对象都要回返主体,即作为扬弃了的环节回返自我意识;其二,神学及宗教经验从一开始便与本雅明的语言概念难分难解。在最初的语言专论《论原初语言与人的语言》中,本雅明借形而上学语言观,转化并兑现了其富有直觉性的语言经验。他开宗明义,强调语言不是传达某种精神内容的工具,相反,传达本身就是语言。语言作为沟通工具的论点,隶属于资产阶级语言观——"传达的手段是词语,传达的对象是事实,而传达的接受者则是人"。① 相比之下,"沟通即语言"显明了本雅明主体批判的思路,他认为主体批判的关键在于寻求一种在主体之外的传达。②

　　在本雅明看来,传达自是万物本性,万物都以某种方式参与着语言。同时,他采用了一个特殊概念,即"精神存在(geistiges Wesen)",来刻画事物

---

① Walter Benjamin, *Gesammelte Schriften* Ⅱ·1, S. 144. 中译参见本雅明:《论原初语言与人的语言》,参见《写作与救赎:本雅明文选》,第3—19页。本节所引译文均在原文基础上有所改动。

② Georg W. Bertram, "Gesellschaftskritik als Sprachkritik?", in Philip Hogh und Stefan Deines (Hrsg.), *Sprache und Kritische Theorie*: *Frankfurter Beiträge zur Soziologie und Sozialphilosophie*, S. 11.

中可传达的部分——"语言传达什么? 它传达与之相符的精神存在。根本性的东西在于,这个精神存在在(in)语言中而非通过(durch)语言来传达自身"。① 因此,"在语言中传达自身"这个精神存在实际上并非语言本身,换言之,语言的使用不等于其意义。克罗伊策(Johann Kreuzer)把这种将语言的意义与其使用分割开来的做法,称为"意义论柏拉图主义",即把一个对象的精神存在同其传达的语言形式(语言存在)分割开来。② 这样看来,意义论柏拉图主义的基础在于一个悖论:语言既要作为沟通媒介,但又不能通过其使用来达成此目的。③ 语言是对事物的传达,但反过来,只有事物中可传达的部分才能在语言中传达。

因此,关键在于区分"可传达的(Mitteilbaren)/不可传达的(Nicht-Mitteilbaren)"这组对立的概念,"语言在任何情况下都不仅仅是对可传达物的传达,而且也是不可传达物的象征。语言的象征层面与它和符号的关系有关"。④ 克罗伊策认为,不可传达之物才决定了语言的原则。

每一种语言表达都是来自其自身之多样性的"某物的符号"。这种无法由概念来表述的多样性因此属于语言的结构或性质。因

---

① Walter Benjamin, *Gesammelte Schriften* Ⅱ·1, S. 142.

② Johann Kreuzer, "Die der Gewalt vollständig unzugängliche Sphäre der Sprache: Über ein Denkmotiv Walter Benjamins", in Philip Hogh und Stefan Deines (Hrsg.), *Sprache und Kritische Theorie: Frankfurter Beiträge zur Soziologie und Sozialphilosophie*, S. 37.

③ 与本雅明不同,哲学解释学并未停留在此悖论上,反而认为传统逻辑学强调的纯论证形式具有某类缺陷。伽达默尔解读柏拉图《书信七》时提出,作为自然之中的某类实存,语言自身并不能保证人们相信事物可以通过它们"无遮蔽地"展示出来。这种语言观念苛刻到几乎将表达实在的所有途径都视为逻辑的缺陷,认为语言的不稳定性将产生混淆,并使哲学讨论堕落为智者诡辩。因此,柏拉图的语言论引导哲学不懈追求完美的人工符号系统。参见伽达默尔:《柏拉图〈第七封信〉中的辩证法与诡辩》,参见《伽达默尔论柏拉图》,第 115 页。

④ Walter Benjamin, *Gesammelte Schriften* Ⅱ·1, S. 156.

此，我们不会在那看起来超越了语言的东西那里触碰到语言的界限。倒不如说我们在那看起来超越了语言的东西那里把握到了——或者说它向我们传达了——语言自身之所是。①

显然，铭刻于语言内部的对立贯穿于本雅明的论述之中，呈现出了哲学/神学的双重性。因而语言神圣的一面既是上帝之言，又是无声的自然之言，是单数的语言，也是纯粹语言；语言世俗的一面则是人类词语，是有声的传达之语，是复数语言或语言之多样性，是语言具体使用的变格变位。上述对立结晶为本雅明取譬于弥赛亚神学的批判，"词语应当传达（除了自身之外的）某物。这的确是语言精神的原罪。词语作为外部传达者，同时也是一种对创造性的上帝之言的滑稽模仿，是极乐语言精神的衰落"。②

显然，若径直将语言神学视为本雅明的最终追求，则容易忽视其语言论寄托于康德哲学的历史意义。应该说，本雅明如此构造语言论，无疑有意识地将之视为在当下世俗状态之中重新激活哲学思辨的规范动因。在《认识论批判序言》中，亚当被赋予了哲学之父的头衔："亚当的命名远非游戏与率意之为，由此恰恰在这种命名中，天堂的状态被证明是尚无须在词语的传达意义上费力挣扎的状态。"③因而哲学思辨以理念论的形式，重新提出了真理要求，旨在担纲世俗拯救（词语）的使命。蒂德曼敏锐地看出，本雅明关于神学的运思路径显然包含着与众不同的规范要素。

海德格尔的存在之思（并不少于本雅明所思考的神学对象）致

---

① Johann Kreuzer, "Die der Gewalt vollständig unzugängliche Sphäre der Sprache: Über ein Denkmotiv Walter Benjamins", in Philip Hogh und Stefan Deines (Hrsg.), *Sprache und Kritische Theorie: Frankfurter Beiträge zur Soziologie und Sozialphilosophie*, S. 40.

② Walter Benjamin, *Gesammelte Schriften* II·1, S. 153.

③ 本雅明：《德意志悲苦剧的起源》，李双志、苏伟译，北京师范大学出版社2013年版，第43页。

力于思考"宗教",它借助着对仍未到来的哲学的决断,作为"自行隐匿者"而献祭自己,并将自己永远托付给了一种彻底神秘化的、前哲学的经验。但是,本雅明的真理概念表明,自康德以来被教条地排除出哲学部门的关于自在之物的经验,仍然应由科学认识来补缺;本雅明并未将神学内容回置于一个未从逻辑中分离的、神话式的领域,而试图于世俗性中拯救之。这就赋予了他的公理以启蒙的核心动机。[①]

这种启蒙意图具有深刻的认识论含义,虽经本雅明语言沉思之晦涩形式的中介,亦难掩其社会批判色彩。但当本雅明试图将这种沉思拓展至更具体的社会领域,其规范意义愈发显明的同时,也暴露出局限性。最典型的例子是本雅明在《暴力批判》一文中关于法律中暴力的探讨。他专门谈及非暴力平息冲突的可能性及手段,认为会谈(Unterredung)作为能够达成民事一致的技术,是这类手段最深刻的例子。不过,其最初起源却在于:"可能地球上没有一种立法在起源上对谎言进行惩罚。其中表达出的是,在这种程度上,即在暴力完全不可及的领域,存在着人与人之间达成一致的非暴力领域:'沟通'的原本领域——语言。"[②]

毫无疑问,本雅明视语言为通过"沟通"(Verständigung)达成一致的非暴力领域,已然透露出对语言使用的主体间性规范内涵的积极洞见。但考虑到其论证语境,这一洞见实则转向了反面。本雅明为从原则上排除暴力,提供的是尼采式论据,即欺骗(Betrug)本身是无暴力的,因而法律在起源时取信于自身暴力,才暂时给予欺骗以豁免权。但法律暴力始终旨在驾驭异己暴力,随着法律对自身暴力信赖的瓦解,欺骗便不能再免于惩罚。这并非出于道德考量,而恰恰是畏惧欺骗可能在受欺骗者身上引发的暴力活动。

---

① 　Rolf Tiedemann, *Studien zur Philosophie Walter Benjamins*, S. 17-18.

② 　本雅明:《作为生产者的作者》,王炳钧等译,河南大学出版社 2014 年版,第 58 页。

本雅明的结论是："由于对欺骗的禁止,法律限制了完全非暴力手段的使用,因为这些手段可能通过反应的方式制造暴力。"①当然,上述对法律中暴力及非暴力手段的溯源性区分,显示了本雅明对世俗法律秩序之脆弱性的洞见。但这样一来,不仅谎言/欺诈作为非暴力领域的前提显示出非道德性,而且世俗法律的正当性也受到动摇。因此,本雅明论证暗含某种哲学人类学的预设,实际上否定了社会层面上不可避免的语言沟通(法律作为其表现形式之一)所内蕴的不得不遵循的真诚性前提。

尤其关键的是,本雅明在《暴力批判》中运用了与语言哲学/神学同构的论证,最终认定上帝暴力能制止负责设立法律及维系法律的神话暴力。本雅明将上帝暴力界定为"神圣的、纯粹的、法律之外的暴力",相当于在社会规范领域中复写其语言哲学/神学论点,映射出对语言可沟通性(Kommunizierbarkeit)和可支配性(Verfügbarkeit)的深深疑虑。进一步说,《暴力批判》有关语言的社会哲学运用,与阿佩尔及哈贝马斯从交往理性角度对非暴力领域的语用学重建背道而驰。② 相比之下,阿多诺可谓另辟蹊径,从社会批判角度触及了本雅明早期语言沉思的规范含义,并在《论纲》中进一步发挥了其形而上学沉思中潜藏的道德语境。

第三节　社会批判作为语言批判

可以说,对本雅明早期语言哲学之社会规范性的探讨,开辟了通往阿多诺语言哲学论纲的航道。本雅明主要为阿多诺提供了两大理论构件:其一,语言的可传达性示出语言的界限;其二,语言的界限示出批判的规范性,体现为对语言可传达性的质疑甚至否定。总体而言,《论纲》的历史性贡献在

---

① 本雅明:《作为生产者的作者》,第 59 页。

② 关于阿佩尔的语用学洞见,即坚持论证之于理性的不可欺骗(Unhintergehbar),参见 Walter Reese-Schäfer, *Karl-Otto Apel und die Diskursethik*:*Eine Einführung*,2017.

于,将上述取于本雅明早期语言哲学的洞见,系统地转渡至社会批判层面,正式将社会批判作为语言批判,提升为批判理论具有奠基性的方法论要求。

《论纲》虽然表述晦涩,结构上也缺乏明确的连贯性与完整性,但在上述思想史背景的引导下,呈现出清晰的运思路径。从体例而言,前一至五小节恰好构成一个主要论题,后五到十小节则构成另一个主要论题。简言之,第一个论题旨在表明语言批判作为社会批判的必然性,其要点在于,把本雅明关于语言可传达性(即语言可沟通性和可支配性)的思考,转化为关于语言可理解性(Verständlichkeit)或社会可沟通性(gesellschaftliche Kommunizierbarkeit)的讨论;第二个论题重点讨论哲学应如何完成语言批判的历史使命,其核心是构型语言(konfigurative Sprache)。最后,阿多诺高度概括构型语言令"词语的美学尊严"(即语言批判)的规范内涵,出离传统审美批评,确立起语言论的审美主义——艺术被认为是语言实践的根本载体,即艺术与认知合流。尤其《论纲》第十节表明,语言论审美主义作为思想范式,对于理解阿多诺晚期思想具有指引性意义。鉴于此,本节将首先厘清《论纲》结构,并讨论前两个论题。

首先来看第一个论题。阿多诺对哲学语言的思考,是从批判资产阶级观念论关于概念的思想开始的。在他看来,"概念,以及借着概念的词语,是诸特性之多样性的缩略式,而这些特性的统一性则单纯由意识构成"。[①] 概念是主体(形式)对事物(内容)的把握,因而从物的角度(阿多诺称之为"实事领域")来看,事物是主体性的对象;而从语言的角度来看,概念包含了主—客分裂,已经是一种物化形式。对概念的批判,呼应了《哲学的现实性》中的现象学主体批判。阿多诺写道:

> 观念论体系瓦解之后,现象学仍竭力凭借观念论的工具[即自
> 主理性(Autonome Ratio)]来赢得一种超主体且具有约束力的存

---

① Theodor Adorno, *Gesammelte Schriften*, Bd. 1: *Philosophische Frühschriften*, S. 366.

在秩序。一切现象学的目的都存在着深刻悖论，即它们力求借助
由主体产生的，源自后笛卡尔思想的同一些范畴，去获得恰恰与这
*种初始目的相矛盾的客观性。*①

现象学的初始目的源于"自主理性"的总体性宣称，即为所有"科学"奠定客观性基础。但胡塞尔最终将理性与实在性之关系的裁断置于理性自身。换言之，这种向主观理性的复归，不过是将基于自我意识的形式理性推向了终点。

因此，概念的物化意味着语言传达其自身，即其精神存在的直接性，被约定俗成的符号所掩盖。只要面对的是既定、既存的语言，物化就不可避免。在阿多诺看来，事物可以被随意命名，就意味着主体通过中介（符号、概念）来实施对物的社会控制，或者说，意识形态控制。由此可以理解，当阿多诺引入真理概念时，他标识性地断言："意在真理的哲学语言并不在意符号（Signa）。"②但这并不意味着，阿多诺反对语言中介，毋宁说，阿多诺反对的是供主体随意取用，并借此对物实施社会控制的语言中介。因此，"哲学的语言是由含有实事性（die Sachhaltigkeit）在先规定的"。③ 历史与真理在词语中聚合为一种先行规定，成了哲学家取用语言的真理标准。明确了这一点之后，阿多诺立即转向了对哲学语言之可理解性或者说社会可沟通性的批判。

阿多诺语言批判的关键在于，把本雅明关于语言的可传达性概念引入了社会维度。如前所述，本雅明坚持认为，只有事物可传达的部分才能在语言中传达，突出的是对语言本性的思考——"语言本身并未完全地表达于事物本身"。④ 不过，本雅明对语言与物（即语言的表达特征、符号特征）的思

---

① Theodor Adorno, *Gesammelte Schriften*, Bd. 1: *Philosophische Frühschriften*, S. 327.

② Theodor Adorno, *Gesammelte Schriften*, Bd. 1: *Philosophische Frühschriften*, S. 366.

③ Theodor Adorno, *Gesammelte Schriften*, Bd. 1: *Philosophische Frühschriften*, S. 367.

④ 本雅明：《写作与救赎：本雅明文选》，第9页。

考,立足形而上学或神学维度,阿多诺则以社会批判取而代之。在阿多诺看来,语言的符号特性是由表达对象与表达方式是否相即(Adäquation)来决定的,而这种相即是由社会的历史特性来决定的。因此,关于"哲学语言必须是可理解的,继而是可传达的"这种客观性要求,是由一个(资产阶级意识形态所表象的)同质化社会先行给定的。而"这种使语言相即于对象和社会的抽象观念论要求,恰恰是真实的语言实在性的对立面"。① 换言之,同质化社会所给予语言的貌似"先验的"客观性,无非在社会层面上复写了主体通过物化语言对事物的无情占有。一旦词语获得了客观性,那么,取用词语就意味着接受作为社会控制的物化。物化力量已反过来超越了主体本身,因而从根本上抽空了原本作为取用词语之根基的主体经验。因此,阿多诺的语言批判,归根结底是对表征了社会控制的、作为社会进程的语言中介的批判。

其次,第一个论题的结论,自然过渡到第二个论题,即哲学语言究竟如何克服物化。相应地,《论纲》第六节伊始,阿多诺便明确地批判海德格尔的语言观念,将之视为革新哲学语言的失败尝试。在他看来,海德格尔对语言进行的历史批判(这种批判最大限度地显示为海德格尔依据词源学对存在论的溯源),却以非历史的态度告终:"致力于建立一种立足个体的新的哲学语言","海德格尔的语言逃离历史,但依然摆脱不了历史。其术语所在的方位,都不出离于那种微光闪闪并在词语诞生之前便在先形塑了词语的传统哲学——和神学——术语;与此同时,海德格尔那显白的语言无从做到,在与传承下来的哲学语言的辩证关联中完整揭示后者的崩解。"② 相反,阿多诺针锋相对地明确提出了关于传统的新释义模式:"传统的术语,即便已被摧毁,仍然需要加以

---

① Theodor Adorno, *Gesammelte Schriften*, Bd. 1: *Philosophische Frühschriften*, S. 367.

② Theodor Adorno, *Gesammelte Schriften*, Bd. 1: *Philosophische Frühschriften*, S. 368.

保存;如今,要塑造哲学家的新词语,只有立足词语构型的变迁"。①

毫无疑问,"构型"一词源于本雅明的《认识论批判序言》,主要牵涉其理念论(或者说经验理论)。从某种意义上说,本雅明设置"理念",是对主体的认知力量的无情削弱。但同时,理念既非彻底与认识割裂的"存在",亦非超主体的语言结构,而是有着具体的可分析的结构,即本雅明所谓的理念现实化为"概念的构型"。② 概念意味着认识对象向知识的转换,但在主体论的认识论中,它代表主体对对象之特性的消解;而通过理念论,成为提取现象元素的认识程序。换言之,现象通过概念的构型进入理念,理念则通过"再现"(Repräsentation)触及现象。这种互不还原、互不化约的状态便是"星丛"这一隐喻所阐述的客观知识状态。换言之,理念论对于认识论批判的意义在于,人的求知求真不是对世界万物主客关系式的占有,而是认识到万物之真实存在的面相。只有在这个意义上,本雅明神谕般的断言"理念是语言性的"才能得到恰当的、非神秘化的理解。③

阿多诺的敏锐之处在于,他洞察到那环绕理念论的道德意境。尽管,本雅明语言崩解的"废墟"意象及关于语言衰退的神学解析,稍晚才显露其社会批判的激进色彩,但《论纲》更明确地将之直接挪用于理解哲学语言与社会实在的同构关系。这种同构关系展现于历史—社会—真理的交叠之中,彻底拒绝创造出离于历史的个体语言,以及用旧语言来传达新内涵等批判方式。实际上,个体语言创新旨在以私人特质规避历史,旧语言翻新也需割裂与历史的关联,两种路径皆依赖于能指/所指之任意性,因而无视构型语言出场的解释视域的历史规定性。因此,哲学家取用词语,既要摆脱概念主观上对经验的强行化约,又要从概念客观上对经验的(哪怕意识形态性质的)把握中获取构型素材。这种辩证深刻触及语言的批判之维——概念作

---

① Theodor Adorno, *Gesammelte Schriften*, Bd. 1: *Philosophische Frühschriften*, S. 368.

② 本雅明:《德意志悲悼剧的起源》,第 39 页。

③ 本雅明:《德意志悲悼剧的起源》,第 42 页。

为符号,与语言中的实事性(Sachhaltigkeit)并不构成直接性关系,而共处于历史性关联之中。这种历史性关联的敞现,则表征了词语在日常世界或社会维度上的废墟状态。

因此,阿多诺语言批判的侧重点,跨越单纯的语言哲学讨论,尽管其批判命名之任意性的理论直觉,完全可参照当代语言分析哲学的相关论题加以重建。限于论题,在此仅概言之。阿多诺语言批判的核心,在于对语言悖论性质的洞悉和使用,但始终不脱离一种社会规范性视野,其深刻意义在于:

> 词语的完整和谐,对应着事物的完整和谐。同质化社会即是以主客关系强行"同一"事物的社会,此时,事物之于其自身之所是,乃是破碎的。一个破碎的社会,却装配了一套具有"可理解性"的"完整"语言,这便是意识形态的欺骗。正是观念论所捍卫的名称与意指物之间的任意关系,给意识形态诡计留下了操作空间。因此,意识形态批判或者说社会批判即是语言批判。与之对应的是,唯有哲学语言的"不可理解性",或者说哲学家以"词语的废墟"为材料,按照词语中的历史真理而进行"词语构型",才能构成对同质化社会的批判。换言之,正是在意识形态批判所动用语言的"晦涩""断裂"之处,非同一性才作为蕴含了历史真理的可能性突显为旧本体论根基处的裂隙,并作为"词语的审美尊严",凌厉地揭示了同一性的强制。①

---

① 转引自匡宇等:《批判理论与语言哲学:阿多诺语言哲学五人谈》。中国社会科学网, 2018 (8), 2020-02-25。http://ex. cssn. cn/wx/wx _ yczs/201808/t20180801 _ 4522140_2. shtml

第四节　语言论的审美主义

《论纲》的运思路径表明,阿多诺确立起语言批判作为思想方法论及形式论证策略的基础地位。那么,这种语言论自觉的思想范式何以成为"审美主义",并因此与沟通范式所代表的批判理论语言学转向分道扬镳?我想先解析《论纲》最后两节的审美主义倾向,再评析其对阿多诺晚期思想的影响。

广泛地说,审美主义有复杂的演化史,但仅从经典批判理论框架着眼,可专指缔结于理性及其他者之对峙关系的理性批判模式。理性的他者意味着解除了主体性强制、以身体为核心的审美经验。[①] 在这个意义上,审美主义作为辅助意识形态批判之社会学还原的价值论设,具体揭露规范及约法在具体历史语境中的错位及扭曲。换言之,审美经验的非强制性,能够判准经社会学还原之后的现实为"异化"。[②] 这种批判性依赖于逐步体制化的艺术自律与作为生活世界的市民社会之间的历史距离,而一旦将生活世界的合理化等同于工具理性的扩张乃至全面统治,或者说,将理性自我关涉的整体性视为现代理性的唯一内涵,理性他者便以消解理性一切规范内涵的颠覆性力量,介入对生活世界日趋僵化的诊疗。因此,审美主义的社会批判意义表达为一种内在批判的还原倾向,又可称之为美学的扩张,即将关切审美经验之自律功能及意义的一般性分析,提升为总体性批判的价值标尺。当然,审美主义作为一种行之有效的现代性思想范式,传达出与以意识哲学为基础的观念论美学的深刻关联。

上述论证只表明审美主义的一般性,并未考虑语言哲学的影响。如果从批判理论的当代发展着眼,沟通范式的语言分析哲学取向,自然构成对审美主义的克服。但阿多诺依附于另一脉语言哲学传统,因而从语言的内部

---

① 哈贝马斯:《现代性的哲学话语》,第359页。

② 关于审美主义作为批判理论价值论设的讨论,参见吴兴明:《美学如何成为一种社会批判》,见《文艺研究》2006年第12期,第18—28页。

重新确立起审美主义范式。因此，《论纲》与审美主义的亲缘性，首先取决于对观念论美学遗产的语言哲学考量，如下述取自《论纲》第九节的关键引文所言。

> 　　与此相关的标准，本质上是词语的美学尊严（die ästhetische Dignität）。这些词语迄今仍允许完整地享有哲学的厚爱，而当此之时，它们在语言艺术作品中——只有语言艺术作品对立于科学二元论，保存了词语与实事的统一性——一度径直沉溺于审美批评，这样的词语现在显然是无力的。因此，审美批评的构成性意义让位于认识。也就是说，真正的艺术如今不再具有形而上之物的特征，相反地，它转而以非中介的方式来表现真实的存在内涵。[①]

这段相当简化的论述比较晦涩，但总体上显示了阿多诺的黑格尔主义取向。阿多诺对审美批评（ästhetische Kritik，或译为"审美批判"）的态度，承袭对康德主义一贯的批判态度。审美批评作为典型的康德主义趣味美学的路径，旨在阐明艺术作品的文化价值，但其重点不在于完满的艺术作品，而在于参与者就此作品进行的解释性对话或共识达成。同时，审美批评还包含一个前提，即文化价值并不具有普遍有效性，而是取决于具体的文化视界或特定的生活方式。如果用哈贝马斯式表达，即审美批评要求艺术作品对自身提出相应的有效性宣称。[②] 反观黑格尔主义立场，美学之为艺术哲学，意味着艺术作品示出绝对精神或理念，完满的艺术作品直观性地、历史

---

① Theodor Adorno, *Gesammelte Schriften*, Bd. 1: *Philosophische Frühschriften*, S. 370.

② 哈贝马斯虽无系统的美学理论，但其美学立场明确为康德主义取向，他在《交往行为理论》中专门谈及"审美批判"，表达的问题是评价性的，有效性宣称在于价值标准的恰当性。但"批判"一词也意味着，关于文化价值的判准达不到认知及实践领域中话语论证的普遍性及有效性。参见哈贝马斯：《交往行为理论（第一卷）》，曹卫东译，上海人民出版社 2018 年版，第 39 页。

性地保有真理。因此,按此一元论精神,康德意义上的先验审美范畴与具体的艺术作品或艺术经验方始合流,实现了自席勒以来艺术在观念论体系中承担的和解功能,即对非强制性的具体总体性的先验设想。[1] 关键在于,阿多诺在此仅仅立足语言艺术作品(即文学)来构想完满的艺术作品,超出了通常的艺术类型区分,其目的直指哲学写作方式的革新。这是因为,语言唯有在语言艺术作品之中才获得一种绝对视界,拒绝自我意识(即主体)加诸自身之上的强制。换言之,语言是基底而非媒介,是内蕴自发性和创造性的现实本身(命名的绝对性),而非现实的中介(沟通的有效性)。语言艺术作品或文学语言,自觉意识到自身之中词语与实事的统一性,不仅对立于包含同一性强制的同质化语言,而且不再辗转地借助其他作为中介的语言来传达自身的意义。

阿多诺认为,"命名"的直接性与绝对性使语言享有词语与实事统一的认识特征,迫使哲学从内部重新开启自我理解。

> 在哲学中,语言批判的意义日益增长,它表达为艺术与认识开始合流。当哲学转向这种迄今仍只是在美学层面上被思考的、非中介的语言与真理的统一体时,当哲学必须紧靠语言来辩证地衡量其真时,艺术便获得了认识特征,它的语言是审美的。而只有当其为"真"(wahr)时,才是和谐的,亦即当它的词语按照客观的历史状况而实存时。[2]

换言之,构型语言具有非概念性认知的特性,越过传统认识论的藩篱,想要以概念(认知)与直观(艺术)彼此依存的新认知来克服主体论、认识论

---

[1]　卢卡奇:《历史与阶级意识》,第218—224页。

[2]　Theodor Adorno, *Gesammelte Schriften*, Bd. 1: *Philosophische Frühschriften*, S. 370.

的强制性。这不禁再次令人想起本雅明《认识论批判序言》中关于柏拉图《会饮篇》的寓言式讨论。[①] 当然,阿多诺后来以著名术语"真理性内容"(Wahrheitsgehalt)来译解,"真"与"美"的交织如何作为实现艺术与认知合流的完备形态——"哲学与艺术在其真理性内容中彼此交汇,艺术作品不断显示的真理正是哲学概念不断阐发的真理"。[②]

可以说,阿多诺自觉向语言哲学转渡,是对黑格尔主义立场的激进化。作为黑格尔的思想后裔,阿多诺坚持内在批判的立场,从而选择从内部突破主体哲学的困境。因此,《论纲》开门见山地批判了"概念"的资产阶级思想基础,即主体论的符号论及其包含的物化关系。但是,主体哲学的自我批判既无必要,也无可能真正摆脱概念或表达,遑论倒退前的观念论水平的唯名论学术。阿多诺的深刻之处恰恰在于跃入语言悖论的旋涡,接受自我批判任务的同时,又将之严格限制于概念性语言的运转之中。[③]《论纲》在探索哲学如何克服语言物化的路径上,猛烈批判海德格尔的哲学语言的立意也在于此。海德格尔晚期的哲学试验,实际上与阿多诺晚期对哲学写作方式的革新去之不远,目的都在于批判主体论的语言论。但是,海德格尔更极端地拒绝了任何概念表达,从而将对存在的把握托付给神秘莫测的语言经验,导致其思想与道德哲学或政治哲学划清界限。用浅显的语言说,海德格尔无视时代的政治事件与日常经验。相反,阿多诺的语言哲学始终包含深切的道德语境。对他而言,哲学的转向(即哲学的现实性)必须关切这种道德语境,重新实现自身于奥斯威辛之后的自我确证。

《论纲》最后一节由此过渡至对哲学作品的实质结构及思想力量的讨论。阿多诺认为,"一部哲学作品的实质结构,如果不与它的语言结构恰好

---

① 本雅明:《德意志悲悼剧的起源》,第 35 页。

② Theodor Adorno, *Gesammelte Schriften*, Bd. 1: *Philosophische Frühschriften*, S. 197.

③ Espen Hammer, *Experience and Temporality*: *Toward a New Paradigm of Critical Theory*, p. 617.

重合的话,那么至少也可能与之处于一种成形的张力关系中"。[①] 上述断言可谓《论纲》逻辑的自然推论,并不令人称奇。真正的哲学作品,在其实质结构与语言结构重合之际,也就蜕变为语言艺术作品。这种论调已经可被视为对传统论文形式的颠覆,并明显具有后现代思想倾向。[②] 但语言表达方式的审美色彩还只是阿多诺关于审美主义较表层的附议,其深层含义关涉从早期到晚期整个思想脉络的展开。

至少说,《论纲》的再发现,使审美主义之于阿多诺晚期思想姿态的意义变得更清楚了。哈贝马斯对阿多诺晚期思想的判词,已清晰地刻画了阿多诺思想从早期至晚期的转渡。

> 《否定辩证法》可谓一举两得:一方面试图转述出话语所不能表达的一切;另一方面又提醒人们在黑格尔那里还能找到出路。而《美学理论》(*Ästhetische Theorie*)才彻底克服了把认知潜能转让艺术的做法,而艺术是模仿能力的具体体现:否定辩证法和美学理论只有"相互支撑"了。[③]

上述宏论亦表明,阿多诺凭借语言哲学,抵达了审美主义的根基之处。看上去,阿多诺从《否定辩证法》到《美学理论》的思想终曲,已在工具理性批判的意义上前进至极限。在主体哲学框架下,对理性的批判已经找到了另一种更源初的理性能力(即模仿冲动),这种理性能力至少不再是主体无情侵占客体的关系力量。[④] 但若从学术史角度着眼,阿多诺的晚期写作,实际

---

① Theodor Adorno, *Gesammelte Schriften*, Bd. 1: *Philosophische Frühschriften*, S. 370.

② Philip Hogh und Stefan Deines, "Sprache und Kritische Theorie: Zur Einleitung", S. 16.

③ 哈贝马斯:《交往行为理论(第一卷)》,第 477 页。

④ 哈贝马斯:《交往行为理论(第一卷)》,第 474 页。

是在社会理论上的一次撤退,而撤退的终点,正是《论纲》结尾对"哲学"的呼唤与依恋。[①]

　　显然,撤退并不意味着阿多诺在《论纲》同期的就职演讲中宣称哲学应放弃总体性问题,只是表面姿态。至少从卢卡奇开始,批判理论已看清,放弃虚假的总体性问题之后,社会理论或具体的社会科学部门,必须担负起解释社会的责任。[②] 魏格豪斯(Rolf Wiggershaus)从学术史的角度提出,阿多诺晚期放弃社会理论而回返"哲学",也许出于他的急躁或信念执拗,期待从哲学层面获得跨学科研究无法获得的明证性。[③] 这类佐证虽富有参考价值,但似乎太过轻易地将思想论据替换为个人心性或魅力。应该看到,无论"可以获得还没有落入虚假总体性符咒之下的东西"[④],还是"通过概念去理解超概念事物的一种努力,但又决不将其化约为概念",[⑤]只不过是对《论纲》要旨的再方法论化。在这个意义上,阿多诺的撤退再度表现为一种激进,表明他已触及批判社会理论的建构性——所谓批判理论的哲学基础,正是支撑着具体社会理论及其部门分化—整合的合法性知识根据。换言之,在具体社会科学运用其专门语言(中介)捕捉现实的地方,哲学必须先行回退一步,先于它们运用语言批判,揭示出现实的同一性强制,从而为社会理论或社会科

---

　　① 《否定辩证法》的导论,正是对《论纲》结尾的遥远呼应。参见阿多尔诺:《否定辩证法》,王凤才译,商务印书馆 2019 年版。

　　② 实际上,自马尔库塞以来,取社会理论还是哲学,已是批判理论内部的斗争路线,涉及对批判理论的自我理解。这种路线斗争直至哈贝马斯与卢曼仍未消解,因为,卢曼展示了一种作为系统论的全社会理论的可能性,但哈贝马斯变革经典批判理论的康德主义路线最深刻的意义还是在于,阐明一门批判社会理论的哲学基础,后者也许仅能视为批判理论的全社会理论分析的前奏。我认为,当哈贝马斯讨论卢曼系统论继承了主体哲学遗产时,他所指的应包含上述含义。参见哈贝马斯:《现代性的哲学话语》,第 429 页。

　　③ 魏格豪斯:《法兰克福学派:历史、理论及政治影响(下册)》,孟登迎、赵文、刘凯译,上海人民出版社 2010 年版,第 793 页。

　　④ 魏格豪斯:《法兰克福学派:历史、理论及政治影响(下册)》,第 793 页。

　　⑤ 魏格豪斯:《法兰克福学派:历史、理论及政治影响(下册)》,第 801 页。

学准备其合法性视域及科学对象。但是,阿多诺始终挣扎于一种意识哲学的奠基性冲动,难以割断其思想与形而上学的脐带,也正因如此,下述断言才获得了知识奠基的正当性:"所有哲学批判,现在作为语言批判,成为可能。"①

总之,为《论纲》示出的审美主义范式缀以语言论之名,不仅因为其语言批判本身的审美文体特征,更因"语言"内蕴的批判性规范(即词语的美学尊严)隐含了新的总体性诉求:构型语言必须把握哪怕虚假的总体性,以便历史性地从中揭示出客观真理的崩解,从而完成批判的使命。一言以蔽之,语言论审美主义示出经典批判理论之规范的界限:只要其哲学基础始终以自我关涉为出发点,审美经验的奠基功能便是规范成型难以跨越的视界。

归根结底,阿多诺终其一生践行哲学家的语言,绝非故弄玄虚的晦涩,而是存在特殊的历史局限及严肃的道德关切。不过,阿多诺的语言论审美主义虽作为破碎时代的挽歌,至哀至痛,但其思想锋芒及效力不应取决于不假思索的共情,而应取决于进一步涉入其论题的辩论史(die Debattengeschichte),即规范与语言之间的历史性关联。

---

① Theodor Adorno, *Gesammelte Schriften*, Bd. 1: *Philosophische Frühschriften*, S. 369. 类似的更具强调性的表达在阿多诺晚年讲座中再次出现:"今天实际上完全无法设想一种并非语言哲学的哲学。"参见 Theodor Adorno, *Ontologie und Dialektik* (1960/1961), hrsg. von Rolf Tiedemann, Frankfurt am Main: Suhrkamp, 2006, S. 61.

| 第四章 |

论"语言"的限度：本雅明与维特根斯坦思想的错位

第一节　"未来哲学"的隐含问题

本雅明早在《未来哲学论纲》(1918)一文末尾，就提出了改造康德经验概念的诉求，康德奠基于数学—力学之维，无法容纳更多经验类型(譬如宗教、伦理)。本雅明追摹哈曼，要求重审知识与语言之关联，毕竟"关于哲学完全要与数学对等的意识，使康德几乎没有意识到，所有的哲学知识都是在语言中，而不是在公式或数字中得以独特地表达"[①]。这篇明志之作通常被视为本雅明语言哲学的发端之思，然而，无论是复盘其所本的新康德主义及现象学语境，还是追溯其德国古典语言哲学传统之源流，均不足以阐明本雅明真正的哲学意图。论文实际隐含了与早期分析哲学关联的问题。不同于那些能轻易辨认出来的人物群像，诸如罗素(Bertrand Russell)、卡尔纳普(Rudolf Carnap)乃至本文重点关注的维特根斯坦，该文至少表面上看来只处于本雅明思想的边缘。

---

① Walter Benjamin, *Über das Programm der kommenden Philosophie*, in ders., *Gesammelte Schriften* Ⅱ·1, S. 168. 中译文参见本雅明：《写作与救赎：本雅明文选》，第 20—32 页。译文参照原文但有所改动，下同。

　　事实上,康德哲学成为语言批判的靶子,恰恰在于推动了"语言"之于哲学的重要性。与之前的哲学相比,康德已强调了知识与语言的共生关系。语言绝非次要手段,只负责从经验中直接取得知识的表达;相反,康德的先验感性论强调感性经验根本上是一种认知结构,唯有逻辑语法所支配的判断形式才能描画其特征。正因如此,康德的"经验"概念并非原始的感觉印象,而是已经包含了结构化的感觉表象(Vorstellungen),"我们的感性经验或者说'表象',从一开始就植入了语言和思想的共同形式;言外之意即是,'理性'的限度或界限也是表象和语言的限度和界限"①。

　　"经验"的"语言化"首先涉及知识表达的形式化和系统化问题。唯有看到这层含义,才能理解本雅明批判康德经验概念的理路:"未来哲学必然不只是从经验和形而上学方面关注康德所做的修正。而是有条不紊地,即像真正的哲学那样,根本不从经验和形而上学这方面开始,而是从知识概念那方面开始。"②本雅明由此认识到:一方面,经验的语言化克服了经验主义的知识论独断,规定了先验哲学的性质——"哲学的基础在于,经验的结构存在于知识的结构之中,并且从中得以发展"③;另一方面,康德视数学为知识的唯一范型,又不可避免地排斥了不符合数学的经验类型。因此,本雅明指责康德的经验概念(即关于"经验"的表达)完全服从于数学—几何学所代表的形式化语言。换言之,这套逻辑语言已经将知识限制为机械论,进而决定了经验的限度。那么,进一步说,如果将此知识运用(推论)于世界,那么,出自这套抽象的形式化逻辑体系中的陈述,便被视为对自然世界所进行的经验描述。仅从这层意义来看,康德的知识论实则非常接近早期的逻辑实证主义。

---

　　①　雅尼克,图尔敏:《维特根斯坦的维也纳》,殷亚迪译,漓江出版社 2016 年版,第 136 页。

　　②　Walter Benjamin, *Über das Programm der kommenden Philosophie*, in ders., *Gesammelte Schriften* Ⅱ·1, S. 160.

　　③　Walter Benjamin, *Über das Programm der kommenden Philosophie*, in ders., *Gesammelte Schriften* Ⅱ·1, S. 163.

因此,争议的真正焦点并不是"语言"自身的问题,而是"语言"与"世界"的关系问题。但是,要处理"语言"与"世界"的关系问题,又首先要处理"语言"自身的问题。从这个顺序出发,才能理解本雅明所设想的"未来哲学"纲领之原理,在于"康德借助认识论的澄清,使下述根本问题变得可能且必要了,不仅一个新的知识概念,同时一个新的经验概念将会根据康德在这两者之间所发现的内在联系而得到创立"①。换言之,如果从"世界"的构成要素去规定"语言"的工具用途,或者说,预设"世界"具有能为我们所知觉的、前语言的感官经验要素,便倒退回了前康德的经验主义。按照康德的洞见来说,唯有从"语言"出发,即从理性出发对(包含着语言结构的)"理性"做内在批判,才能获得一整套恰切的表达系统,从而运用于"世界"。这种"语言"理性批判必须证明,"语言"与"世界"的关系既不是,也不可能是数学的。

有趣的是,困境恰恰也显示于此。本雅明做上述推论的前提,首先在于"数学"问题的解决。"数学"作为一种高度形式化的语言,有效地对应和描绘着客观存在的自然世界,那是我们感官所及之物,只有激进的怀疑论才会对之进行否定。换言之,康德既在现象和物自体之间做区分,又允诺"理念"作为调节性概念链接起一切经验与无条件者(即上帝)。为"信仰留出地盘"不是退让,而恰恰是把理性要求带入了神学领域。本雅明对未来哲学之任务的规定,也脱离不了这一思想语境。

> 未来哲学的任务可以理解为去发现或创造那样一种知识概念,它通过同时将经验与先验意识完全联系起来,不仅使机械经验,也使宗教经验在逻辑上成为可能。这绝不意味着知识使上帝成为可能,但绝对意味着知识使关于上帝的经验和教义成为

---

① Walter Benjamin, *Über das Programm der kommenden Philosophie*, in ders., *Gesammelte Schriften* Ⅱ · 1, S. 163.

可能。①

按照上述看法，新的知识概念必然要孕育出机械经验和宗教经验在逻辑上的可能。换言之，决定性的成败恰恰在于"数学"与"语言"之间的关系问题，《未来哲学论纲》对此隐含的问题避而不谈，这只是一种机敏的策略。1916 年，本雅明在写给朔勒姆的信中，提及《论原初语言与人的语言》并未就这一问题发表意见的原因。

> 　　在这篇文章中，我不可能深入探讨数学和语言，即数学和思想、数学和锡安，因为我对这个无限困难的主题的想法还没有最终形成。然而，在其他方面，我确实试图在这篇文章中探讨语言的性质，并在我理解的范围内探讨它与犹太教的内在关系，并参考《创世纪》的第一章。……特别是，从语言理论的角度考虑数学，对我来说当然是最重要的，这对语言理论本身具有完全根本的意义，尽管我还没有能力尝试这种考虑。②

本雅明选择搁置数学问题，这虽然看起来只是一种策略，但也许有更深刻的难言之隐。

如今收入《本雅明文集》第六卷"论语言哲学与认识论批判"（"Zur Sprachphilosophie und Erkenntniskritik"）下的文本，集中展示了本雅明这一时期致力于数学问题思考的痕迹。譬如，1916 或 1917 年，本雅明记录了他对罗素《数学原理》的关注和试图解决罗素悖论的思考。一直到 1921 年，

---

① Walter Benjamin, *Über das Programm der kommenden Philosophie*, in ders., *Gesammelte Schriften* Ⅱ·1, S. 164.

② Walter Benjamin, *The Correspondence of Walter Benjamin*, 1910-1940, edited and annotated by Gershom Scholem and Theodor W. Adorno, translated by Manfred R. Jacobson and Evelyn M. Jacobson, University of Chicago Press, 1994, p. 81.

这类涉及早期分析哲学的尝试虽称不上成功,一方面多少标志着本雅明在语言哲学的系统化道路上受阻,另一方面却又释出了他借道文学研究继续探索这类问题的能量。客观来看,数学问题始终在后续研究中隐而不发,虽说多半因为本雅明始终未能寻到恰切的概念工具,但也有更直接的外部原因。众所周知,这一时期在"数学"与"语言"问题上大获成功的另有其人,那就是维特根斯坦。《逻辑哲学论》从 1916 年开始撰写到 1921 年正式出版,过程虽然跌跌撞撞,但其影响自此几乎无处不在;同时,维也纳学派所支配的接受史也主导了此后的语言哲学讨论。有论者指出,自《逻辑哲学论》发表之后,本雅明再也没有写过有关语言和逻辑之间关系的论文,甚至除了1935 年的《语言社会学问题》(*Problemen der Sprachsoziologie*)综述之外,再没有发表过任何语言理论的文章。[①]

姑且不论究竟维特根斯坦的影响是否导致本雅明放弃了数学或形式逻辑问题的探究,但类似情形也确有前车之鉴。至少,本雅明是否研读过《逻辑哲学论》,这一点并无太多争议,很多途径都能够帮助他了解维特根斯坦的思想。譬如,最初刊登《逻辑哲学论》的《自然哲学年鉴》(*Annalen der Naturphilosophie*)的主编奥斯特瓦尔德(Wilhelm Ostwald),曾是本雅明的青年伙伴,两人甚至在 1912 年合著过关于教育改革的文章;再譬如,本雅明与布莱希特(Bertolt Brecht)在 20 世纪 20 年代交往甚密,布莱希特关注和接受维也纳逻辑实证主义的影响。最重要的当数本雅明对维也纳文化圈的熟知和喜爱。他从学生时代起便熟谙维也纳现代主义文化,与朔勒姆一起阅读卡尔·克劳斯(Karl Kraus)主办的杂志《火炬》(*Die Fackel*),并撰写有关克劳斯的论文。而维特根斯坦不仅视克劳斯为文化英雄,更分享了其语

---

① Detlev Schöttker, *Benjamin liest Wittgenstein. Zur sprachphilosophischen Vorgeschichte des Positivismusstreits*, in *Benjamin-Studien 1*, hrsg. von Daniel Weidner und Sigrid Weigel, München: Fink, 2008, S. 91-106, hier 105.

言批判及写作的箴言形式。^①

　　本雅明与维也纳文化圈的深度联系,构建了他之于维特根斯坦的接受视野,不同于早期逻辑实证主义主导的接受路径。首先,这种接受视野使本雅明一直保持对霍克海默实证主义批判的关注。同时,这也间接解释了霍克海默对本雅明的激赏态度,两人思想上的亲近,虽说在实证主义批判的背景下才得到确证,但实际上早已因为本雅明的教授资格论文事件而发生了。其次,这也解释了本雅明何以能够在未能真正解决数学问题的情况之下,仍从文学及艺术领域推进"未来哲学"构想。本雅明的选择至少在基本取向上与维特根斯坦若合符节,维特根斯坦在处理完数学—逻辑问题之后,宣称"伦理学是先验的。伦理学和美学是一个东西"^②。两人都要求从"精确科学"跃入伦理世界,这种要求本身便包含了对"实证主义"的批判。维特根斯坦后来也从一个非常不同的基础上转向了对生活世界的正面分析。但无论如何,不妨说就理解作为非实证主义者的维特根斯坦而言,本雅明是当之无愧的先驱。

第二节　本雅明阅读维特根斯坦

　　本雅明直到 1939 年才在写给霍克海默的信中,唯一一次提到维特根斯坦的名字,看上去仅仅是为人做引介时漫不经心的一笔,^③但实际上,《德意志悲苦剧的起源》《单行道》等早期作品,均显露出他阅读《逻辑哲学论》的痕迹。众所周知,"认识论批判序言"("Erkenntniskritische Vorrede")算得上

---

　　①　Detlev Schöttker, *Benjamin liest Wittgenstein. Zur sprachphilosophischen Vorgeschichte des Positivismusstreits*, in *Benjamin-Studien* 1, S. 99-100.

　　②　维特根斯坦:《逻辑哲学论》,韩林合编译,商务印书馆 2019 年版。本文所有《逻辑哲学论》引文均出自此译本,后均只夹注命题编号。

　　③　Walter Benjamin, *Gesammelte Briefe* (1938-1940), Bd. VI, hrsg. von Christoph Gödde und Henri Lonitz, Frankfurt am Main: Suhrkamp Verlag, 2000, S. 263.

是本雅明早期哲学思想的总汇。开篇便呼应了《未来哲学论纲》附录部分所展望的"教义"知识。匆匆三言两语打发掉"数学"问题之后，本雅明便提到了他的理想文体"短论"（Traktat），该词正是拉丁语"tractatus"的德语对应词。[①]

如果说，上述只言片语的暗指还非常隐晦，那么，同时期的《单行道》则不再刻意掩饰，毕竟本雅明彼时已正式决定结束学院生涯。整本书最明确的指涉出现在《致公众：请呵护这片绿地》这一则箴言中，考虑到两位作者几乎如出一辙的写作风格，以此作为该问题最典型的代表已足矣。根据舍特克尔（Detlev Schöttker）的研究，标题中"绿地"（Anpflanzungen）一词自18世纪以来便用作格言集的隐喻，本雅明用此典故，显然也是影射《逻辑哲学论》的箴言写作形式。[②] 整部《单行道》也不乏对该写作方式及散文形式的讨论，譬如《小心台阶》《教辅工具书》《内部装饰》等。

这则短论的开篇之辞如下：

> 被"解决"的是什么？过往生活的所有问题，难道不像被砍倒在地的树木一样被连枝带叶地留在后面，把我们的视线都遮挡住了吗？我们几乎从未想过将它连根拔起，哪怕只是让它更稀疏一些。我们只是继续向前走，任它留在身后；从远处看，尽管一览无遗，但却模模糊糊，影影绰绰，因而枝叶便更加神秘地缠绕在一起。[③]

---

① 本雅明：《德意志悲苦剧的起源》，第32页。李双志将"Traktat"译为"劝谕文"，显示其宗教及神学的含义，很是贴切。本文主要从哲学角度考虑，故取其最字面的含义"短论"。

② Detlev Schöttker, *Benjamin liest Wittgenstein. Zur sprachphilosophischen Vorgeschichte des Positivismusstreits*, in *Benjamin-Studien* 1, S. 102.

③ 本雅明：《单行道》，姜雪译，北京师范大学出版社2019年版，第19—20页。

　　头一句便暗藏玄机。舍特克尔认为,"解决"(gelöst)一词带着引号,再明显不过地影射《逻辑哲学论》表面上的言说"悖论"。这个悖论出自维特根斯坦本人之手。一方面,他在"序言"中声称,该书所传达思想的真理性毋庸置疑,"因此,我认为,本质上说来,我已经最终解决(gelöst)了诸问题"[①]。另一方面,《逻辑哲学论》结尾部分又直截了当地承认,"时空之内的生命之谜的解答(die Lösung)位于时空之外(所要解答的问题当然不是自然科学问题)"(6.4312)。本雅明所观察到的这个"悖论",并非可有可无的文字游戏,而是《逻辑哲学论》接受史的关键问题。这个"悖论"事关《逻辑哲学论》最后部分不循常规的"偏离",即自命题 6.4 之后关于人生意义问题的讨论部分急转直下,与之前关于逻辑理论、语言理论、数学哲学、自然科学的详尽论述明显脱钩,两部分究竟是否从属于一个有机整体,历来颇有争论。雅尼克(Allan Janik)和图尔敏(Stephen Toulmin)指出,从《逻辑哲学论》的接受史来看,剑桥圈子和维也纳圈子的读者明显有别。早期逻辑实证主义者所主导的专业性、技术型的解释,视这部分"附带意见"为武断之论,而身处维也纳文化圈且亲近维特根斯坦的人,则坚定地认为《逻辑哲学论》本来便是一部伦理学著作,甚至"体现了伦理学本质的伦理行为"。[②] 但无论如何,这种鲜明对照只涉及整部书的最终哲学立场解释,而且恰恰表明了维特根斯坦在语言逻辑问题上的透彻性。

　　本雅明不仅熟知这种透彻性,而且对《逻辑哲学论》的实证主义化历程了如指掌。毕竟在 1921 年到 1929 年这段时间,《逻辑哲学论》主要在维也纳小组以及剑桥大学的专业哲学家圈子里流行,一度成为逻辑实证主义运动的"圣经"。因此,开篇之辞的后半段,不妨看作是对《逻辑哲学论》接受史的一个隐喻化的思想反应。"继续向前走"的一直是试图发展《逻辑哲学论》技术化分析的早期逻辑实证主义者,"留在后面"的生活问题始终被搁

---

①　维特根斯坦:《逻辑哲学论》,序言。

②　雅尼克,图尔敏:《维特根斯坦的维也纳》,第 14 页。

置——即使是维特根斯坦本人,也要到写作《哲学研究》的阶段才以令人称道的人类自然史方式回到这一主题,而本雅明已经无法再看到。这使得上述描述看起来像是对《逻辑哲学论》最后部分两个命题的改写,至少也是一种风格与立场的呼应。这两个命题分别是"我们觉得,即使所有可能的科学问题都悉数获得了解答,我们的人生问题还完全没有被触及。自然,这时恰恰不再存在任何问题了;恰恰这就是答案"(6.52),以及"人们在人生问题的消失之中看出了这个问题的解答"(6.521)。

当然,绝不可忘记,上述短论是本雅明于 1924 年写下的观点。如果无此立场,也许难以想象,本雅明会在 20 世纪 30 年代,对霍克海默的实证主义批判做出积极反应。霍克海默写于 1933 年的《唯物主义与形而上学》("Materialism und Metaphysics")一文,已在反思实证主义的关键当口(首次)提及维特根斯坦。

> 孔德的门徒们,尤其经验批判主义者和逻辑实证主义者,其术语已经如此之完善,以至于不再能够从中分辨出由科学处理的单一表象和本质之物之间的区别。尽管如此,理论的贬值还是以特出的方式为人所知了,如维特根斯坦在其卓越的《逻辑哲学论》中所言……正如上述所释,唯物主义也不相信人生问题能够由纯理论方式解决,但它也不可设想"历经长期的质疑之后……人生意义"能够以任何其他方式变得清晰。如果作如此假设,就既不存在"神秘事项",也不存在"人生的意义"了。①

霍克海默这里引述的正是《逻辑哲学论》命题 6.52 之下的三句箴言。

---

① Max Horkheimer, *Critical Theory*: *Selected Essays*, trans. by Matthew J. O' Connell et al. , New York: Herder and Herder, 1972, p.41-42. 霍克海默引用的这组命题即 6.52、6.521、6.522,此处省略。

尽管他没有显示出对形式逻辑问题的擅长,但也不认为能够直接跳过这一阶段的思考。但"理论贬值"的言论,当时并未引起任何的注目,直到马尔库塞才将之转化为对深受卡尔纳普影响的美国分析哲学的批判。[①] 直到 1937年,本雅明还对霍克海默就逻辑实证主义发表的最新批判做出好评,并接受霍克海默委派的阿多诺请求,一道出席了同年 7 月底在巴黎举行的"第三届国际科学统一大会"(Dritten Internationalen Kongreß für Einheit der Wissenschaft)。[②]

显然,本雅明远比霍克海默更能理解《逻辑哲学论》关于人生意义问题的方法论开显。命题 6.522 以斩钉截铁的态度结束了这组箴言:"的确存在着不可言说的东西。它们显示(zeigt)自身,它们就是神秘的事项。"(6.522)舍特克尔指出,"显示"优于言说也构成了本雅明和维特根斯坦的一个关键共同点,但维特根斯坦对此有着更激进的态度,譬如命题 4.1212——"可显示的东西,不可说"[③]。《拱廊街计划》中的一则断片([N1 a,8])有着接近于此的表达:"这项工作的方法:文学蒙太奇。我不说任何东西。仅仅是显示。"[④]显示与不可说之间的关联,首先划分出了逻辑领域与意义领域之间的方法论界限。不再是说不可说之物,而是显示。早期逻辑实证主义者(尤其是卡尔纳普)显然从中嗅到了新的形而上学气息,因此指责道:"维特根斯坦不相信科学逻辑的句子有可能被精确地表述出来,其结果是他不要求自己的表述有任何科学的精确性,而且他在科学逻辑的表述和形而上学的表述之间没有划出明确的分界线。"[⑤]

---

① 马尔库塞:《单向度的人》。

② 艾兰,詹宁斯:《本雅明传》,王璞译,上海文艺出版社 2022 年版,第 680—681页。写作此文时,王璞译的《本雅明传》尚未出版,此处使用的是上海文艺出版社肖海鸥编辑制作的试读本,特此说明并致谢。

③ 原文的强调落在"可"(Kann)这一表示意愿和态度的词上。

④ Walter Benjamin, *Gesammelte Schriften V·1*, S. 574.

⑤ 转引自 Michael Friedman, *Reconsidering Logical Positivism*, Cambridge University Press, 1999, p.179.

然而,作为呼吁一门新形而上学的未来哲学家,本雅明对此可谓心领神会。唯一不同的也许是,《逻辑哲学论》的作者已经完成了对困扰本雅明已久的数学问题的表达,因此以那句最著名的结语,即"对于不可言说的东西,人们必须以沉默待之"中的"沉默",开启了作者伦理行动的姿态。相应的是本雅明于1916年在颇具政治文化紧张的氛围中的心迹表白。

> 我对客观的同时又高度政治性的风格和写作的构想是这样的:去靠近那被词语所拒绝的一切。只有当这无词之境遇在不可言说的纯粹[黑夜]中呈现了自己,魔法才能在词语和有驱动力的行为之间跳跃,这两个同样真实的实体的统一就存在于那里。只有词语充分对准最深的沉默的核心才是真正有效的。①

第三节　阿多诺的见证

然而不得不提的是,本雅明的心迹虽多着眼于庾辞,但在其时代并非没有解语人,那就是他"唯一的门徒"阿多诺。两人的交往更把本雅明与时代思想图景错位的遗憾表达得淋漓尽致。1935年,本雅明受霍克海默委托所做的综述《语言社会学的问题》才发表不久,阿多诺给霍克海默去信,透露出对本雅明思想踪迹的明察:"我唯一觉得不可能的是,他谈及逻辑学家的语言批判时,出现的是卡尔纳普,而不是真正重要的维特根斯坦的《逻辑哲学论》(Traktat)。"②

本雅明选择评述的逻辑学家代表是卡尔纳普及其《语言的逻辑句法》

---

① 艾兰,詹宁斯:《本雅明传》,第104—105页。

② Adorno/Horkheimer, *Briefwechsel*, Bd. I (Anm. 10), S. 94. 转引自 Detlev Schöttker, *Benjamin liest Wittgenstein. Zur sprachphilosophischen Vorgeschichte des Positivismusstreits*, in *Benjamin-Studien* 1, S. 94.

(*Logical Syntax of Language*)。卡尔纳普深受维特根斯坦的影响,但也与维特根斯坦的思想存在明显分歧。[①] 卡尔纳普与早期分析哲学家的工作经常都被笼统地称为"逻辑分析",但对弗雷格或罗素而言,逻辑分析既要关注语言表达式的语句本身,也要关注其所表达的意义,卡尔纳普则强调逻辑分析只是一项纯粹的形式工作,旨在给出一门语言的逻辑句法,与其意义无关。[②] 本雅明的评述仍基于对逻辑实证主义的批评,实与阿多诺的立场并不相左。阿多诺似乎多少带点挑衅,揭开了本雅明立场的底牌。而在下一年的通信中,阿多诺甚至建议语言哲学应为实证主义批判的出发点:"依我看,分析应当如此进行,即在逻辑无论如何仍关切于内容的地方,即凭借语言理论来把握逻辑,并且指明——内在地——逻辑学家决定性地错失了语言批判的意图。或许人们最好同时从起点,即维特根斯坦的《逻辑哲学论》开始。"[③]

显然,阿多诺对维特根斯坦的偏好并非在 1935 年才萌发。他对本雅明的批评,也不应割裂于两人这一时期的交谊,很快,《拱廊街计划》便引发了二人思想上的更多冲突。也许回到 1931 年阿多诺的就职演讲事件,我们对本雅明隐匿心迹的痛苦会有更深的体悟。阿多诺在法兰克福大学的就职演说题为《哲学的现实性》("Die Aktualität der Philosophie"),在公开批评维

---

① 卡尔纳普在自传中回忆:"我们在维特根斯坦的书中读到,某些特定的事物显示自身,却不能被言说,例如句子的逻辑结构以及语言和世界之间的关系。为了反抗这种观念,我们最初试验性地,接着越来越明确地发展了我们的概念,即能够有意义地谈论语言,讨论对一个句子和事实之间关系的描绘。……我指出,与语言功能相关的唯有结构模式,而非墨迹的物理属性。因此建构一种关于语言的理论,即书写模式的几何学,是可能的。这个观念后来导致了我称之为语言的'逻辑句法'的理论。"参见 Michael Friedman, *Reconsidering Logical Positivism*, p. 178.

② 蒋运鹏:《导读》,卡尔纳普:《语言的逻辑句法》,上海外语教育出版社 2012 年版。

③ Adorno/Horkheimer, *Briefwechsel*, Bd. I (Anm. 10), S. 206. 转引自 Detlev Schöttker, *Benjamin liest Wittgenstein. Zur sprachphilosophischen Vorgeschichte des Positivismusstreits*, in *Benjamin-Studien* 1, S. 95.

也纳学派的工作之后,以明显袭自《德意志悲苦剧的起源》的论断夫子自道:"哲学的任务并非考察现实之或隐或显的意图,而是解释无意图的现实,凭借现实的抽象或孤立的要素所建构的形象(Figuren)或图像的效力,哲学扬弃了问题,而把握这些要素的确切含义则是科学的任务。"[①]令人意外的是,本雅明第一次也是唯一一次对阿多诺提出了剽窃指控。《德意志悲苦剧的起源》中两句颇为费解的断言,乃是阿多诺论述所本。其一,"理念是语言性的,而且在词语的本质中是让词语成为象征的那一个层面";其二,"真理是由理念所构成的一种无意图的存在"。[②] 这里传达的观念可视为本雅明早期语言哲学探究的总结性陈词。具体而言,1916 年语言哲学论文的精神明显蕴含其间,即要理解语言理论的真正悖论,关键在于精神存在与语言存在这一对概念的区分。并且,语言的精神存在在(in)语言之中,而非通过(durch)语言来传达。[③] 换言之,语言是自我指涉的,构成了一个独立于说话者的交流系统。因此,语言与说话者的意图并不相符,故而语言是符号的或象征的存在。

这一语言哲学的任务是从内部去理解语言,从语言的自我指涉去理解语言的限度。这正是康德的哲学方法,从理性的"内部"去显示理性的界限,不必依赖外部的形而上学预设。这种康德主义态度也正显示了维特根斯坦从赫兹(Heinrich Hertz)及玻尔兹曼(Ludwig Boltzmann)的物理学理论方法(尤其是数学模型)那里受到的影响,而并非马赫(Ernst Mach)的"化约论"实证主义的影响。赫兹与玻尔兹曼的经验主义立场则是维也纳圈子对《逻辑哲学论》的权威阐释所本:"一部本质上源自赫兹和玻尔兹曼理论的语言哲学著作,其中的论点却被这些人扭曲成一种依照马赫主义的经验主义

---

① Theodor W. Adorno, *Die Aktualität der Philosophie*, in: ders., *Gesammelte Schriften*, Bd. 1, S. 335.

② 本雅明:《德意志悲苦剧的起源》,第 41—42 页。

③ 关于此论点的简要分析,参见拙文,汪尧翀:《从语言再出发:本雅明的先锋文体与历史唯物主义》,《文艺研究》2020 年第 4 期,第 27—39 页。

进行的认识论活动。"① 由此,后期维特根斯坦与逻辑实证主义的决裂并非偶然,而是最初已埋下的思想伏笔。

> 写作《逻辑哲学论》教会他语言与现实之间的关系不是、也不可能是"逻辑的"。一个"简单符号"和它在现实世界中所呼应的东西,两者之间的关系是可以被表明或显示出来的;但那种表明(demonstration,Erklärung)绝非"定义"。这种关系可以显示(gezeigt)但不能陈述(gesagt)。定义只有在处于一组词语和另一组词语之间的时候才具有逻辑效力;如此一来,在词语和世界之间建立种种形式关系的抱负,无论是透过"实指定义"还是其他,都是无法接受的。②

作为最早从哲学上接受维特根斯坦的德国读者,本雅明、霍克海默及阿多诺,可以说都准确地把握住了维特根斯坦对逻辑实证主义的决定性影响,以及就他们思想而言更重要的关键,即维特根斯坦本质上作为一个非实证主义者的思想形象。

即便如此,人们更应该知道,首先是本雅明几乎与维特根斯坦同步把握住了相似的问题。1931 年也许真的是一个转折点,此时的本雅明正和维也纳文化圈建立着极其紧密的关联,不仅通过他密友古斯塔夫·格吕克(Gustav Glück)的兄弟维也纳艺术史家弗朗茨·格吕克(Franz Glück)收获了一本卢斯的文选,而且撰写了关于卡尔·克劳斯的宏文(尽管未能收获克劳斯本人的赞语)。③ 然而,关于维也纳文化圈的相似理解,对阿多诺来说肯定也是存在的,只不过他更多是从音乐方面接近。也许不妨把 1931 年的就

---

① 雅尼克,图尔敏:《维特根斯坦的维也纳》,第 165—166 页。
② 雅尼克,图尔敏:《维特根斯坦的维也纳》,第 255—256 页。
③ 艾兰,詹宁斯:《本雅明传》,第 421—425 页。

职演讲事件,看作是阿多诺对本雅明语言哲学思想更深入理解并进一步学术化的新阶段。不妨大胆猜测,这也许才是本雅明破天荒地指责阿多诺剽窃自己思想的原因。尤其是相比之下,布洛赫对本雅明的挪用更像是流于表面的文学接受。就像置身于一场牌局,即便拥有相似乃至相同的牌面,且在游戏规则所支配的范围内,但如果知悉对方的底牌,便关系到输赢的问题。毕竟对哲学家来说,"真理"只有一个。无论如何,阿多诺也许由此获得了一个契机,逐步地不再彻底依赖于本雅明的思想洞见,而能够直接去援引和消化维特根斯坦的思想及其所遗留的问题。但这也标志着本雅明——无论他客观上采取何种思想策略——与早期分析哲学的错位在效果史中已经永远地发生了。

　　这一效果史体现在了法兰克福学派实证主义批判的当代延续之中。根据舍特克尔的报告,阿多诺在 1969 年出版的《德国社会学中的实证主义争论》(*Der Positivismusstreit in der deutschen Soziologie*)文集"导言"的一个脚注中提到了本雅明。[1] 如果阅读这个段落,就会发现阿多诺在此回顾并指明了维特根斯坦在逻辑实证主义批判中所处的关键地位。

　　　　维特根斯坦优于维也纳学派的实证主义者的令人信服之处在于,逻辑学家保留了逻辑的边界。在逻辑的框架内,语言和世界的关系,正如维特根斯坦已表明的,并未得到一致的对待。因为对他而言,语言自身构成了一种封闭的内在性复合,而认知的非语言性要素,譬如感性资料,便通过这种复合来传递;可是,在语言的意义上,这相当于指涉不可说的东西。根据科学主义的假设,语言只有在其有效的游戏规则之中,才既是语言又是自体(Autarkes),正如社会事实(Fait Social)是内在于现实的一个要素。维特根斯坦必

---

① 　Detlev Schöttker, *Benjamin liest Wittgenstein. Zur sprachphilosophischen Vorgeschichte des Positivismusstreits*, in *Benjamin-Studien* 1, S. 104.

须考虑如下这一点，即语言特出于一切实际存在的事物，因为语言只能通过自身"被给予"（Gegeben），然而，语言又只有作为世界的要素时，才是可思考的。按照他的反思，除了通过语言，无物可以被认识。因此，他抵达了所谓建构问题的辩证意识的门槛，论证了科学主义公理阻断辩证思想的荒谬。①

然而，此时实证主义批判的对手已经变成了维也纳学派的思想后裔卡尔·波普尔（Karl Popper）和汉斯·阿尔伯特（Hans Albert），阿多诺则选择让维特根斯坦成为他辩证思想的战友，从而与本雅明的语言哲学拉开了距离。但同时，阿多诺认为，应当为这里所阐述的语言哲学洞见的创始权附上本雅明的名字。这个长注释全文如下：

语言的双重性清楚地表现在，只要与实证主义者结盟，语言便只能完全凭靠主观的意图来赢获客观性。只有那些尽可能准确地表达其主观意旨的人，才能顺从并增强语言的客观性，而每一种指望语言之自在（Ansichsein）及存在论本质的尝试，皆会在语言图像之实显（Hypostase）所致的糟糕的主观主义中灭亡。本雅明捍卫了这一点；除了维特根斯坦之外，那些实证主义式的动机在实证主义内部不过转瞬即逝。许多科学家忽视文体，愿意将对语言表达要素的禁忌合理化，由此表露出了物化的意识。因为科学被教条式地变作了一种不牵涉主体的客观性，语言表达则变得无关紧要了。谁始终将基本事实当作自在之物，不经主体的中介，就会对表述漠不关心，付出事物被偶像化的代价。②

---

① Theodor W. Adorno, *Einleitung*, in: ders. u. a., *Der Positivismusstreit in der deutschen Soziologie*, Darmstadt-Neuwied: Luchterhand, 1978, S. 7-79, hier S. 28.

② Theodor W. Adorno, *Einleitung*, in: ders. u. a., *Der Positivismusstreit in der deutschen Soziologie*, Darmstadt-Neuwied: Luchterhand, 1978, S. 7-79, hier S. 28.

难道不应该说,这个脚注已成为思想史的一个宝贵见证吗?一方面,阿多诺自20世纪20年代以来,便见证了本雅明与维特根斯坦在思想上的隐秘交往,并逐步将两人的分歧与当代语言哲学的潮流化合在一起;另一方面,维特根斯坦与本雅明在语言哲学上的相似性与亲缘性,经实证主义批判的中介,终究汇入了法兰克福学派的当代发展中。阿多诺对本雅明的直接批判,实际上也影响到哈贝马斯对本雅明的评价。毕竟,阿佩尔—哈贝马斯的语用学线路也是由维特根斯坦激发的。但无论如何,如果没有本雅明在语言哲学方面的天才探索,法兰克福学派"语言哲学"的思想图景将无法想象。

错位给本雅明思想染上的魅力同样令人欲罢不能,但也确实遮蔽了他哲学思想内在所确立起来的根本任务。理解这一点也有助于理解20世纪上半叶德语思想的独特贡献,对重审自然科学与精神科学的关系,思考精神科学的方法论建构,仍有不可回避的意义。本雅明的这一复杂形象直至今天仍是一把钥匙,能够重启这幅已颇显陈旧且神秘的思想史图景。

第三辑 ｜ 批判理论的美学转型

| 第一章 |

有机体美学批判:以《有机的现代性:青年黑格尔与审美现代性话语》为例

第一节　自然哲学浪潮

黑格尔构想的"现实哲学"包括自然哲学和精神哲学两大部分,前者处理自然科学的基础概念,后者则囊括了今天人文社会科学的广泛论域。黑格尔试图从自我理解的理性原则出发,为差异纷呈的全人类领域提供一种"整体论"说明,即在"体系"前提下,辨析理性原则之于自然与精神领域的分殊——自然现象与心灵现象皆立足于同一个世界;而心灵现象所表征的自由,根本上又不同于决定自然现象的因果论,两者分属于不同的概念框架及理解原则。换言之,对存有一元论(ontological monism)前提下心物二元论之相容性的研判,已是黑格尔思想当代效力的核心争论点。① 如果说,当代黑格尔研究在分析性地推进上述议题的普遍性方面成果斐然,那么,黄金城的近期力作《有机的现代性:青年黑格尔与审美现代性话语》则从思想史角度,为理解黑格尔的"整体论"现代性方案提供了细致入微的历史语境及批

①　刘创馥:《黑格尔新释》,商务印书馆 2019 年版,第 183—210 页。

判内涵。

作者开篇即申明,"本书的预设是,德国浪漫派的有机体话语构成一种审美现代性方案"[1]。有机体作为思想范式,在后康德观念论史中具体表达为自然哲学的发展与建构,并结晶为一元论对二元论的克服。在这条主线之下,作者持续聚焦青年黑格尔思想发展的共同智识语境,即浪漫派的有机体世界观,并以追问黑格尔与谢林的决裂为终点。全书以此问题意识为主导,实际上完成了对青年黑格尔思考自然精神化之不同阶段的重构,不妨借一著名的隐喻将之描述为自然哲学的三次浪潮。鉴于此,我想分三步来评论此书的核心意义。首先,前两次浪潮展现了黑格尔分有浪漫派有机体世界观,建构体系思想的运思过程;其次,第三次浪潮终于黑格尔与谢林之争,最充分地体现了作者借道黑格尔思想关切现代性问题的创造性思考;最后,在重述全书脉络的前提下,我试图从另一种对抗性的思想史进路出发,谈一谈有机体范式的深刻启示。

黄金城此书的切入点颇具创见性,他发现康德以降的观念论史所育出的审美现代性话语与有机体思想之间的独特联系,并以此为勘查点,出入于康德之后的诸种现代性方案。这些现代性方案皆因康德确立但并未能彻底解决的自然科学与人之自由的关系而起。对德国观念论而言,人之自由始终是其拱顶石,由此,自然哲学应运而生,不懈地试图将与人无涉的或仅作为认知表象而存在的自然科学之自然,转化为浸润于人之主体性的有灵自然。用拜泽尔(Frederick C. Beiser)的话说,"所有自然哲学的理想:一种对科学的诗意呈现"[2]。但作者并未简化上述历史叙事,反而精心披露自然哲学颇不顺畅的发展道路,诊疗其经浪漫派而误入的歧路。作者认为,青年黑格尔于此风起云涌之际,熔时代关切与现代性的复杂性认识于一炉,终究扬

---

① 黄金城:《有机的现代性:青年黑格尔与审美现代性话语》,上海人民出版社2019年版,第8页。

② 拜泽尔:《浪漫的律令:早期德国浪漫主义观念》,黄江译,北京:华夏出版社2019年版,第28页。

弃了自然哲学的芒刺,创立了集观念论之大成的"体系"。从这个意义上说,自然哲学浪潮恰好可以视为黑格尔体系思想的论辩前史。

　　自然哲学浪潮的第一次冲击,激发了伯尔尼时期的青年黑格尔对宗教批判的酝酿。彼时黑格尔一方面受教于康德的理性宗教思想,要求将信仰体现的自由意志,从压迫式的传统宗教"权威"——即仪式、偶像、教条乃至拜物教,或一言以蔽之、包含统治关系的"机械论图式"——中解放出来;另一方面,黑格尔认为,权威宗教即彼岸视角仍内置于康德的伦理神学,故而上帝仅作为调节性理念(即实践理性的悬设)存在,此时自然仍是机械论图景中的客观物,而非精神化的存在——这正是斯宾诺莎(Baruch de Spinoza)"泛神论"思想的切入点。面对机械论与有机论的对峙图景,青年黑格尔酝酿了自身的思想转向,认识到批判哲学的形而上学批判并不能满足理性的真正需求。理性要求的是重建形而上学,从而将一切区分(尤其是康德意义上的知性与理性,因而是现象与物自体的界分)包括进来,即构建"一个统摄一切理念和实践悬设的体系"①。

　　第二次自然哲学浪潮则进一步将青年黑格尔从权威宗教批判推向了浪漫派(如荷尔德林 Friedrich Hölderlin)的统一哲学理念。此时,黑格尔已来到法兰克福,开始思考如何从"爱"的经验中重构宗教的正当性,以便突破权威宗教的僵化。爱作为一种生命感觉,作为人与神、人与自然的和解经验,位于统一哲学的根基之处。但黑格尔最终认识到,爱的效力始终依赖于"统一"与"分裂"对立的思想范式,归根结底体现为统一哲学的非辩证性质。换言之,"爱在诸法权形式中达到了其可能性的界限,它不足以达成真正的和解。这是青年黑格尔独有的洞见"②。

　　作者通过对黑格尔论"爱"的手稿的详细考察,洞察了黑格尔克服浪漫派统一哲学的枢机,即自觉地将对"爱"之统一性的关切与"现存的市民社

---

　　①　黄金城:《有机的现代性:青年黑格尔与审美现代性话语》,第112页。
　　②　黄金城:《有机的现代性:青年黑格尔与审美现代性话语》,第174页。

会"的问题域结合在一起。换言之,黑格尔肯认作为统一哲学的"和解",但已觉察到了其抽象性(即"空无")和片面性(即"无规定性"),即未能把现存物(即"现实性")囊括进来,"真正的统一并不在于存在,而在于分裂或对立的生产过程本身。统一性的形成过程,或者说,统一性的事件本身,而非这种统一性据以来被推导出来的基础,才是真正的绝对者"①。可以说,青年黑格尔借关切现代性之复杂性的知识准备,已为与浪漫派的彻底决裂埋下了伏笔。②

第二节　审美主义与"整体论"

相比前两次自然哲学浪潮,第三次自然哲学浪潮的思想史意义则突出于一场对抗,它既标志着基于有机体概念的审美现代性方案在谢林同一性哲学中走向顶峰,又标志着青年黑格尔的体系思想日趋成熟。第三次浪潮最终涉及政治哲学问题,带出了现代理性主义批判在后康德观念论语境中的两种结果,其中一方是审美主义,另一方则是"体系"思维,分别代表了谢林与黑格尔对有机体思想的不同理解。

作者细致勾勒了谢林有机体思想演化的导览图。在他看来,谢林把有机体擢升为哲学原则,提供了对"一即万有"原则的创造性阐释,即无论物质还是精神,都不过是"自然"苗生的不同阶段:"在身与心之间,没有类的区别,只有程度的区别。而在整个自然当中,渗透着一个唯一的生命力,它演

---

① 黄金城:《有机的现代性:青年黑格尔与审美现代性话语》,第 178 页。

② 有必要提及拜泽尔出于"早期浪漫派"的独特研究而得出的关于黑格尔体系思想的苛刻论断:"它实际上只是对早已由诺瓦利斯、施莱格尔、荷尔德林及谢林所提出的绝对唯心主义的最晦涩累赘的表达。……是时候让黑格尔主义者们最终意识到他们的英雄是'兔中之鳖'了,赢得身后名只因为他是一位更踏实的苦干家。"但是,若考虑到拜泽尔的意图在于强调早期浪漫派"非体系"的整体论(Holistic),即体系是其范导性目标而非必须实现的形态,那么,这两种论证路线不仅相容,而且在评论中,我或许会稍微脱离作者原意,倾向于从"整体论"视野理解黑格尔。参见拜泽尔:《浪漫的律令:早期德国浪漫主义观念》,第 95、102 页。

化为不同的组织和发展层次。"①有机体概念决定性地影响了德国观念论美学。从康德到席勒,艺术作品有别于有机体,仍服从于"整体—部分"的阐释框架;谢林的自然哲学则使"形式—质料"的解释框架焕发了生机,视两者为同一理智的不同方面或潜能阶次,从而使艺术作品作为有机体出场。这种审美主义,即天才美学和自然哲学的合一,为现代性方案贡献了保守主义话语的核心语义对立:机械体—有机体。因此,有机体的历史语义学潜能发轫于谢林——"在 1800 年前后的政治话语中,谢林的国家有机体理念确乎开启了一种范式转换,为政治浪漫派提供了通行的理论表达形式"②。换言之,谢林国家有机体思想的保守主义性质,既有其特殊的历史时代背景,也显示了浪漫派审美主义的某种歧路。③

因此,青年黑格尔最终挥别了浪漫派(如谢林)的艺术主权论,从而将有机体设想为科学之"体系",虽然显示了与浪漫派思想的亲和,然而更多显示了在诊疗时代政治问题上的深刻分歧。

> 理智直观只能让精神重新没入自然的简单性中。而精神倘若要从自然中解放出来,进而真正对现代性进行规定,那么,精神必然要展开为一系列相互对立而又统一于更高的普遍性的环节。精神的诸环节也必将表现为一种有机体结构,而这就是体系。这个体系也正是精神的扬弃自身即扬弃其"是他者"的总体性进程。体系理念是"事实"的需求,也是"时代的哲学需求"。④

实际上,强调谢林与黑格尔的分歧,尤其涉及考量谢林国家理论与黑格尔法哲学迥异的效果历史,是非常复杂的论题。仅就此书的论证线脉而言,

---

① 黄金城:《有机的现代性:青年黑格尔与审美现代性话语》,第 250 页。
② 黄金城:《有机的现代性:青年黑格尔与审美现代性话语》,第 270 页。
③ 哈贝马斯:《理论与实践》,第 127—131 页。
④ 黄金城:《有机的现代性:青年黑格尔与审美现代性话语》,第 346 页。

不妨收敛为基础主义与整体论这一组二元对立范畴。基础主义实际上指将下述主体哲学描述——"主体性把自己外化出来,目的是想把对象化重新融入自身的体验当中"①——推向极端的模式,这种体验往往指一种奠基于主体性自我关涉的总体化体验,例如浪漫、诗乃至国家。在此意义上,审美主义则是其借道艺术的一种独特形式。② 整体论则是弱规范意义上的相容论,旨在寻求一个整全视野,以便容纳现代性分化所必然导致的诸领域的话语论证。③

作者对这组对立范畴的思想史处理,体现了长期关于德国保守主义思想之运思脉络的精良思考。换言之,理解现代性不可避免地要追问如下论题:阐明现代性的复杂性,不可能在"爱"与"美"的审美主义路向中得到实现,但是否能从更基要、更原始的奠基概念(诸如自然、精神)出发得到实现呢? 进一步说,现代理性主义究竟在何种程度上才能达到其客观的自我理解? 确实,黑格尔的回答代表了后康德观念论的逻辑顶点:"只有完善的体系,才能把握现代性的复杂性。"④作者关于黑格尔"体系"概念的细致解析,尤见理解德国观念论进路的深度及创造性。无论"体系"一词在德国观念论的效果历史中如何声名狼藉,作者的精彩分析都有助于减轻对黑格尔成熟体系思想的误解——当然,并不是说黑格尔思想能够完全规避因保守主义及乐观主义招致的批评——但应更多关注其体系建构的方法及理念。从此意义上说,作者所精心勾勒的谢林与黑格尔之争,在克服现代性之复杂性问

---

① 哈贝马斯:《现代性的哲学话语》,第 165 页。

② 作者提请读者注意审美主义(Aestheticism)/唯美主义(Aesthetism)的区别,参见黄金城:《有机的现代性:青年黑格尔与审美现代性话语》,第 13、274 页。

③ 此处借用了霍耐特对"弱规范"的规定性,指黑格尔强调经验的合理性批判取向,以有别于《法哲学原理》中饱受诟病的国家论;与之相对的是康德主义的"强规范"。参见 Axel Honneth, *Pathologien der Vernunft: Geschichte und Gegenwart der Kritischen Theorie*, S. 58. 对黑格尔建立在主体性自我确证逻辑上的国家理论的批判,参见哈贝马斯:《现代性的哲学话语》,第 43—48 页。

④ 黄金城:《有机的现代性:青年黑格尔与审美现代性话语》,第 293 页。

题的方法论意义上,最紧要、最关键之处仍是区分基础主义与整体论视野。哪怕稍微沿着这种区分的效果史走上一段,也很容易看出阐释所显示的黑格尔思想方法之于"整体论"的核心意义。

　　如果从社会整体论视角考虑上述政治哲学论争,那么,黑格尔哲学最具活力的效果史,可谓经马克思到法兰克福学派的社会政治理论或文化批判传统。马克思决定性地开启了"精神"概念的去先验化,并带来了一个积极后果,即自然从其精神化的主体哲学进路中摆脱出来,转渡为自然的历史化(即"自然的人化")。从历史唯物主义进路着眼,自然的历史化表达为人之社会行动的结果,其合理性必须依托从意识哲学到交往行为理论的范式转型,才能够彻底摆脱"历史自然化"隐患。这种隐患实则继续深陷于机械论的世界图景,认为历史不过是据自然科学规律而重新配置的物质材料。① 显然,对这种粗糙的实证主义式形而上学的拒斥,早已包含在青年黑格尔关于时代精神状况的深刻思索之中:"人只有把自己的自然(本性)展现于自己面前,使这种展现成为自己的交往对象,在这种展现中享受自身,才成其为人;他必须感到这种被展现的东西也是一种活生生的东西"。②

第三节　有机体范式的启示

　　总之,此本论著得益于作者对德国观念论史经年累月的耕作,不仅是难得一见的耐心之作,而且是充满了迷人历史细节的精心之作。尤其值得一提的是作者遣词造句上的匠心,使论述艰涩对象的话语也增添了丰富的韵味。作者的宏阔视野及深厚素养,更是使论题远超一般意义的文艺专论,进入了现代性基本问题论争的思想史层面。因此,对一部思想史著作提出思

────────────

① Albrecht Wellmer, "Kommunikation und Emanzipation", in *Theorien des Historischen Materialismus*, hrsg. von Urs Jaeggi und Axel Honneth, S. 471.

② 黑格尔:《不断扩大的矛盾》,参见黄金城:《有机的现代性:青年黑格尔与审美现代性话语》,第295页。

想史的质询,是向其学习的最恰当方式,任一严肃的思想史叙事都不惧置身于更广阔的论辩史中。同样,这部论著也邀请读者尽情地察看可能招致的问题。总体上看,作者选择重建青年黑格尔的有机体思想,无疑是一次相当精彩的黑格尔主义演出。从康德主义视角勘查这一路径,也许是吸收其启示的最佳选择。

双方争论的核心问题仍是如何捍卫自然科学的合理性。至少,就捍卫自由的社会条件而言,自然科学难以被替代或轻易抛弃。显然,把自然提升为思辨哲学的对象或自然价值化,无法真正克服现代性危机。有机体世界观的价值在于纠正唯科学主义的偏颇,但自然价值化本身并不能替代科学的合理性,统一体验本身作为某种可还原的"基础",也不可能替代现代性之复杂性问题。顺便说,自然价值化的思想史效力表达为客体优先论,后者始于谢林自然哲学的影响,经布洛赫这位"马克思主义谢林"中介,最终在后现代取向的西方马克思主义者如波德里亚(Jean Baudrillard)那里大获成功。[①]但客体优先论的基础主义取向也证明,科学之于生活世界的进步价值确实难以在主体哲学模式之下得到辩护;换言之,在通过理性的他者(客体)来消解理性(主体)之强制的视角下,任何科学陈述的真理价值都能够被还原为派生的统治关系加以摒弃。

不过,即便是在更有力的康德主义当代版本中,黑格尔的因素也在其中扮演着矫正要素的角色。[②] 这样,有机体思想中最具诱惑力的形而上学维度,才能转化为"整体论"的规范视野。虽然,两者的调和至少在特定领域也难以与基础主义相容。例如,一个典型的遗留问题是,在沿着黑格尔—马克思路径发展的批判理论中,审美经验最出色的一元论或基础主义解释,便无法兼容于认知及道德领域的规范转型。[③] 换言之,现代性的复杂性问题(分

---

① 波德里亚:《致命的策略》,刘翔、戴阿宝译,南京大学出版社 2015 年版。

② "结果,在他之后,只有以更温和的方式把握理性概念的人,才能处理现代性的自我确证问题。"参见哈贝马斯:《现代性的哲学话语》,第 51 页。

③ 关于此问题的一个较为系统的分析,请参见本书第二辑第一章。

化)与合法性问题(统一)是并置的,前者依托康德为现代性所拟定的分化视野,后者则源自现代性哲学话语内在的整体论要求。无论如何,基础主义确实可以算作黑格尔有机体思想解读的一个不良版本,而康德主义的规范立场更像是防止现代性自我确证落入其陷阱的一道保险。

实际上,作者在赋予"有机的现代性"作为现代性方案之证成的深刻意义时,已经充分意识到了这一点。[1] 这启发我尝试超出作者的思路,提出如下问题:一旦有机体的现代性要求达到其客观上的自我理解,即拒绝让"精神"重返原初简单性的审美主义,而是要求把握"精神"本身的复杂性和统一性,那么,它将过渡为何种形态呢? 这种过渡难道不是从方法论上提供了走出观念论模式的诉求吗? 这种要求最精彩的版本已经呈现在哈贝马斯对黑格尔"精神"概念的重构中,哈贝马斯把"精神"理解为主体自我确证的"媒介"而非"基底",这样便能够从他者的视角(即基于主体间性规范的社会互动主体)来把握主体。一旦对"精神"进行去观念论的理解,消除基础主义及坚持分化论证就能够并行不悖。

也许在这个意义上,有机体思想所内蕴的整体论特征才能真正获得其自我理解。可以说,在他在中建立自身,这一黑格尔分享有机体思想而获得的天才直觉,经青年马克思决定性的去先验化,再经批判理论当代发展的范式转型,获得其之于现代性的规范意义。一言以蔽之,如同观念论自然哲学之为其时代"自由"的先验前史,"有机的现代性"一旦获得其自我理解,也将成为"交往的现代性"的先验前史。这意味着,观念论主体终将走出"有机体"贮藏星光的矿脉,进入语言批判的星空之下。

---

[1] 黄金城:《有机的现代性:青年黑格尔与审美现代性话语》,第354页。

| 第二章 |

从"趣味美学"到"物感"理论

第一节　审美主义：一种悖论的现代思想样式

近年来，"物"美学逐渐成为汉语学界关注的焦点。在环绕个体的现代现象中，物可谓最切近的现象之一。但是，最切近的现象往往引发了最困难的理论问题：应如何去理解这个"物"呢？总之，物已经嵌入了形形色色的现代性叙事中。当权衡"物"的理论框架发生了变化，物美学也迎来了转型。据海德格尔《艺术作品的本源》中对艺术作品之"物"因素的追问，"质料"与"形式"是西方思想理解物的核心概念，并由此拓展为包括美学在内的"万能"概念机制。[①] 无论是延续（强调两者在艺术作品中的统一）还是克服（执其一端）这种机制，艺术作品的"真理"内容都获得了优先性。而为了保障这种优先性，必须预设："艺术作品的完整性"，以及"发见这种完整性的审美判断力"。在此意义上，传统美学或可描述为一种内审美的主体理论，其核心是以康德为宗的"趣味美学"。[②] 但同时，趣味美学的局限一目了然，它的论

---

① 海德格尔：《林中路》，孙周兴译，上海译文出版社 2004 年版，第 12 页。

② "趣味美学"一词取自伯麦。参见 Gernot Böhme, *Ästhetischer Kapitalismus*, Berlin: Suhrkamp Verlag, 2016, S. 81.

题缩限在狭义的艺术领域,无法正视审美同生活世界的自然联系。因此,美学转型的基本问题语境是日常生活审美化。

国内学界早已认识到此问题的重要性,本章仅仅有限地关注其中之一,即吴兴明先生所提出的"物感"(The Feeling of Objects)理论,其理论表述及批评运用具有系统性。① 总体而言,物感理论的成型,尤其离不开法兰克福学派社会批判理论转向所带来的理论冲击。在"物感"的理论背景下,美学转型与批判理论"范式转型"的复杂关系,颇具特殊性和重要性。鉴于此,本章立足于批判理论视野,旨在重新审视并勾连起具有思想史关联的美学论题。简言之,审美主义方案明确巩固了个体审美经验与社会合理化之间的悖论,揭露了趣味美学的困境;审美主义批判进一步显示了批判理论对趣味美学的依赖,促使美学吸纳批判理论"范式转型"的理论反思;生产美学转向,开启了另一种现代性叙事及其自我确证,物感因而成了美学转型之后的新感性尺度。

汉语学界对审美主义(Ästhetizismus)的论述不少,可谓毁誉皆有,表现为不同路径。② 但若问审美主义的思想效力是否完全得到了澄清,答案却是"未必"。毫无疑问,审美主义是舶来的西方现代思想,名下通常汇聚了两大指标,即审美自律与审美救赎。审美自律是现代性进程所带来的审美价值分化,审美救赎则表达了基于审美自律的特定社会批判方案。自席勒以降,审美主义在批判理论中得到了最深刻的表达。③ 其中,本雅明对审美主义的

---

① 吴兴明:《反省中国风:论中国式现代性品质的设计基础》,《文艺研究》2010 年第 10 期;《许燎源的意义——设计分析:中国式现代性品质的艰难出场》,《中外文化与文论》2013 年第 1 期;《论前卫艺术的哲学感:以"物"为核心》,《文艺研究》2014 年第 1 期;《人语物居间性展开的几个维度:简论设计研究的哲学基础》,《文艺理论研究》2014 年第 5 期;《走向物本身:论许燎源》,《雕塑》2017 年第 2 期。

② 刘小枫最先在《现代性社会理论绪论》中以"审美主义与现代性"一节,讨论了审美主义的源流及分支,并引发了后来不少重要讨论,其中有余虹、吴兴明、陈剑澜等人,视角各不相同。但沿着社会理论继续审思此论题的,可以说只有吴兴明。

③ 吴兴明:《美学如何成为一种社会批判》,《文艺研究》2006 年第 12 期。

双重性质有精当论述:"面对艺术脱离其礼仪依附的危机,艺术就用'为艺术而艺术'的原则,即用这种艺术神学做出了反应。由此就出现了一种以'纯'艺术观念形态表现出来的完全否定的艺术神学,它不仅否定艺术的所有社会功能,也否定根据对象题材对艺术所作的任何界定。"[①]这并非偶然。据说,审美主义虽是镶嵌于百年现代学问题域中的心性现象,但也始终是社会理论视域中的"社会"问题。[②] 汉语世界中审美主义论说的出场,更接续了此双重性质。一方面,审美主义担负着文艺研究的合法性证明——审美价值的自律自足,并成为其有效支撑;另一方面,这种证明并非简单的学科自觉,而有更深层次的社会诉求。但是,审美主义无力承担为现代社会规范奠基的负荷,其一揽子方案要么与社会合理化针锋相对,要么成为前现代情绪汇聚之地。一言以蔽之,作为一种现代思想样式,审美主义自身也处于悖论之中,它既是审美自律的合理诉求,又是价值僭越的合法性依据。换言之,审美主义是作为社会否定性的"纯"艺术观念,与这种否定性承载的社会批判功能所缔结的胎儿。[③]

在现代社会转型的意义上,审美主义悖论扭结在两个关键论题中。其一是生活世界的合理化。生活世界的合理化一方面意味着现代性分化日益复杂,另一方面意味着不可避免的物化。这引出了另一论题,即"生活世界的亏空(Lebensweltverlust)(马夸德语)"[④]。生活世界的亏空是现代性危机的基本表述,至少有三层含义。首先,在个体心性层面上,意味着现代自我体验的扭曲、失范;其次,在社会结构层面上,意味着社会整合和团结的资源日渐失效;最后,意味着个体化与社会化之关系的传统解释失效。从社会角

---

①　本雅明:《摄影小史＋机械复制时代的艺术作品》,王才勇译,江苏人民出版社2006年版,第58页。

②　刘小枫:《现代性社会理论绪论》,上海三联书店1998年版,第299页及以下。

③　本雅明:《摄影小史＋机械复制时代的艺术作品》,第58—59页。

④　Odo Marquard, *Abschied vom Prinzipiellen：Philosophische Studien*, Stuttgart：Reclam, 1981, S. 42.

度来看,个体心性的现代体验是反社会的、负面的。从个体角度来看,社会性质则是压迫的、外在强制的。对此,审美主义成了一剂强心针,反过来质疑生活世界合理化进程,视之为意识形态批判的对象。① 换言之,生活世界合理化一旦被还原,等同为目的理性的扩张及工具理性的宰制,弥补亏空的方法无非在于诉诸合理性之外的手段,瓦解日趋僵化的生活世界。至少在批判理论内部,一旦抛弃合理化论题,美学的扩张就顺理成章了。

合理化声名扫地,现代性亏空则制造着否定性的生存感受。审美主义作为理性合理化的否定,正好与后现代思潮的核心关切相对应,这就是"解分化"。② 解分化一方面瓦解了支撑传统美学的系统知识结构及现代性自我确证,另一方面导致了传统美学的学科自主性逐渐陷入无力的守旧(失语)。面对消费社会琳琅满目的商品化或者说物质的爆炸,这一问题最直观地体现为"技术时代生活感的丧失"。甚至,连这种生活体验也充满悖论:一方面,我们无可避免地被现代物所包围,处于现代的生产和生活方式之中;另一方面,诸多征兆使我们不得不将消费社会判断为一个即将热寂的社会。③ 悖论感产生了最不切实际的"乡愁"感,企图来替代鲜活的,或被冠以"后现代"之名的当下生存感受。这种乡愁不仅没有揭示出当代生活的社会历史根源,反而企图遮蔽传统与现代之间实实在在的断裂。

---

① 意识形态批判与审美主义价值论设的纠缠关系,在吴兴明《美学如何成为一种社会批判》一文中得到了清晰论述。规范以及约法的历史性质,并不妨碍其规则的普遍性。换言之,规范以及约法的语法有效性,正基于其在不同语境中的内涵及使用的批判。后者意味着从经验方面具体地修正和拓宽规范的内容,但并不否认其普遍效力。这种方式意味着,审美经验能够烛照和消解规范及约法在具体历史语境中的错位及扭曲,但并不能消解规范本身的合理性与正当性。这相当于,对语法规则的取消似乎会导致一种对常识的彻底违背,即我们并不会因为话语本身的不真实和扭曲,就放弃说话的权利。相反,批判的目的是用普遍语法说出真实、恰当的话语。因为,完全根据历史源起来批判社会存在(即社会反映论),等于取消了这种社会存在。而我们是可以根据能经受检验和批判的语法的普遍性来重构社会存在的。

② 吴兴明:《美学如何成为一种社会批判》,《文艺研究》2006 年第 12 期。

③ 吴兴明:《美学如何成为一种社会批判》,《文艺研究》2006 年第 12 期。

问题恰恰在于,纵观诸种现代性方案,审美主义不失为应对生活世界亏空、反抗合理化危机的有力选择,但是,审美主义的干预,又必须以价值僭越为前提。上述悖论充分表明,审美主义执拗于主体哲学视野,导致其思想效力有限。

> 荒漠化、虚无化不仅是有宗教情怀的思想家们对当今人类存在状态的基本判断,也是所有向往实体性价值的理论家给当代世界的最终判词。一方面,他们站在审美主义立场对抗现代性分化的理性统治,另一方面又牢牢立足现代性分化的理性立场,以对抗消费社会迎面而来的解分化。这归根到底是由于他们在视野上的一个共同盲点:对现代社会消费的交往界面视而不见。①

因此,可以说,批判理论的审美主义方案,止于哈贝马斯的"范式转型",但也带来了另外的难题。一般来说,哈贝马斯的思想取径表明,在交往理性所恢复和支撑的现代性分化中,美学已不再具有以往的重要性。② 批判理论的社会理论转向扬弃了德国古典哲学遗产(主体理论),从理论上放弃追问作为主体要素的审美经验与生活世界之间的自然联系。这也意味着传统美学的论域迁移。重新在理论上恢复和定位这种自然联系,正是当代美学的一项重要使命。

总之,批判理论语境中的美学转型表达为两个相互关联的论题。其一,审美主义既显示了艺术与社会之间的裂隙,又要求立足艺术去和解其与社会的分裂,因而呈现为一种悖论性质的思想样式。范式转型针对并消解了审美主义的思想效力。其二,现代艺术经验冲击了批判理论对传统美学的

---

① 吴兴明:《美学如何成为一种社会批判》,《文艺研究》2006 年第 12 期。同时,值得注意的是,这就是哈贝马斯所指出的,理性批判把现代理性简单地等同于工具理性,从而告别现代性的后果。

② 参见本书第一辑第四章。

依赖。批判理论一方面坚持传统美学作为意识形态批判的支撑性构件,另一方面又不得不修正传统美学范畴,以便容纳现代艺术经验,维持审美主义模式。上述冲突表明,基于传统美学视野的审美主义与主体哲学相互依存。因此,美学转型与范式转型只有并行不悖,审美自律的合理性才有望重塑。就此而言,当务之急在于阐明,对批判理论而言,传统美学缘何重要,又为何需要转型。

第二节　反思趣味美学

审美主义批判揭示了批判理论对一种特殊美学样式的依赖。我认为,这种美学就是所谓的"趣味美学"(Geschmacksästhetik)。趣味美学又称判断美学,其统绪源远流长,可上溯至格拉西安(Baltasar Gracián)、沙夫茨伯里伯爵三世(Anthony Ashley Cooper, 3rd Earl of Shaftesbury)以及埃德蒙·伯克(Edmund Burke)等人,最终集大成于康德。[①] 伯麦(Gernot Böhme)认为,整个传统美学本质上都是趣味美学。

> 它更多地是关于判断,关于言说,关于对话的美学。也就是说,美学最初起源于趣味问题,并且以"赞许能力"(Billigungsvermögen)为主题,一个人从情感上共鸣某物——艺术或自然——曾经是美学的原初动机。最晚从康德开始,美学成为关于评断(Beurteilung)的学问,也就是说:关于同情或反感某物时的合法性问题的学问。从那以后,美学理论的社会功能就在于促成有关艺术作品的对话。[②]

---

① 关于"趣味"的概念史梳理及其在康德美学中的核心作用,参见伽达默尔:《真理与方法(上卷)》,第 48 页及以下。

② 伯麦:《气氛:作为一种新美学的核心概念》,杨震译,《艺术设计研究》2014 年第1 期。

按此观点,直至接受美学的整个美学源流,无一不受趣味美学的滋养。[①]
从卢卡奇、本雅明、阿多诺到哈贝马斯,趣味美学都扮演了其方案中的重要
角色。

从卢卡奇开始,趣味美学便担纲了物化批判的价值尺度。卢卡奇的《物
化与阶级意识》可以说是西方马克思主义处理"物"的首份纲领性文献。霍
耐特看到,在同一文本中,卢卡奇摇摆于两种物化解释之间。[②] 一方面,他从
功能方面解释物化,认为要着眼于资本主义扩张,物化不可缺少。资本主义
的扩张旨在使所有生活领域与商品交换的行为模式相称,促进了生活世界
合理化。另一方面,卢卡奇受韦伯影响,认为合理化把社会领域带向了目的
理性,使迄今为止的传统行为导向皆屈服于目的理性。卢卡奇因此认为,在
资本主义社会中,物化成了人的"第二自然"。[③] 霍耐特认为,卢卡奇采取了
一种静观的、漠然的行为视角来理解物化。[④] 从本文视角来看,这意味着卢
卡奇仍在始于康德的趣味美学传统中运思,正是一种敏锐的、揭示性的判断
意识使"物化"现身。这种判断就是审美判断。唯有从此出发,才可以理解
卢卡奇的断言,即艺术具有"雅努斯的两副面孔"(或"资产阶级文化本身的
悖论性质")。[⑤] 换言之,当文化僵化之后,唯有审美判断能够揭示其悲惨的
根源。但这又不得不冒风险,即艺术本身也参与了虚假意识形态的建构。
总之,从物化与趣味美学的关系可以看出,审美主义在早期卢卡奇思想中也

---

① 接受美学强调审美经验的交流功能,在此视野下,审美主义又可表达为如下命
题:支持较高层次的审美反思,忽略或者压制审美经验的诸初级形式,尤其是审美经验
的交流功能。参见耀斯:《审美经验与文学解释学》,顾建光、顾建于、张乐天译,上海世
纪出版集团 2006 年版,第 23 页。

② Axel Honneth, *Verdinglichung*: *Eine anerkennungstheoretische Studie*,
Frankfurt am Main: Suhrkamp, 2005, S. 21.

③ 卢卡奇:《历史与阶级意识:关于马克思主义辩证法的研究》,第 200 页。

④ Axel Honneth, *Verdinglichung*: *Eine anerkennungstheoretische Studie*, S. 23.

⑤ 卢卡奇:《历史与阶级意识:关于马克思主义辩证法的研究》,第 216 页。

占据了核心位置。①

与卢卡奇不同,本雅明和阿多诺更进一步,试图从理论上把现代艺术的剧烈冲击承接下来。早在《机械复制时代的艺术作品》中,本雅明便试图发展一种辩证比较法,目的是消除可技术复制性带来的艺术趣味之争。通常,从批判尺度来看,崇拜价值与展示价值之争是关键所在。② 但事实上,光晕(Aura)的衰落更多涉及社会空间与技术方式的变化,后两者规定了艺术作品的接受。本雅明认为:"对一幅毕加索绘画的消极态度变成了对一部卓别林电影的积极态度。"③绘画成为可技术复制的之后,就侵蚀了少数绘画欣赏者与大众之间存在的差序。这种差序毫无疑问依赖于趣味美学的确立。本雅明看到,就提供大众观赏的集体经验而言,绘画远比其他擅长此道的艺术种类(如建筑、电影),更多地依赖于趣味美学,尽管内审的判断力可以完全由外在的社会—政治因素来规定。在《〈拱廊计划〉之 N》的一个著名片段中(NIa, 3),本雅明提出了"文化历史辩证法"(kulturgeschichtliche Dialektik),试图进一步从方法论上去消除不同时代的趣味之间的对立。④在紧邻的一个片段中(NIa, 4),《浮士德》原作和《浮士德》电影之间的差异,与一部粗制滥造的和一部优秀的《浮士德》电影之间的差异,两者被画上了等号。本雅明认为:"重要的从来不是所谓'伟大',而是辩证的对照(die dialektischen Kontraste),这种对照常常被视为易混淆的细微差别。然而,

---

① 卢卡奇早期一篇未引起广泛关注的美学文献充分地揭示了,为何"为艺术而艺术"的审美态度最终转变为席勒式审美批判。该文的写作时期(1926 年)略晚于《历史与阶级意识》,被认为是卢卡奇思想转向的关键时期。Georg Lukács, *Art for Art's Sake and Proletarian Writing*,参见 Georg Lukács, *The Fundamental Dissonance of Existence*：*Aesthetics*，*Politics*，*Literature*，edited by Timothy Bewes and Timothy Hall，NY，2011，p. 157.

② 本雅明:《机械复制时代的艺术作品》,参见《启迪:本雅明文选》,第 240 页。

③ 本雅明:《机械复制时代的艺术作品》,参见《启迪:本雅明文选》,第 254 页。

④ Walter Benjamin, *Gesammelte Schriften V · 1*, S. 573. 本雅明卷宗 N 的中译请参阅汪民安主编:《生产(第一辑)》,广西师范大学出版社 2004 年版。本文所引译文有改动。

生活正是从细微之处更迭。"①从这里可以清楚地看到,本雅明通过"辩证法"尽力调和的是,现代艺术冲击带来的趣味失衡。但是,本雅明较为折中的观点一旦与时代的批判任务关联起来,就不得不退回以"光晕"(艺术自律)为尺度的价值批判中。这牵涉到了阿多诺美学的核心任务。按照比格尔的概括,阿多诺美学旨在从传统美学内审美的意义上接受和消解先锋艺术的冲击。② 这意味着重新思考和保存趣味美学的基本范畴,并保持艺术作为一种带着距离感和批判力量的非同一性。从这个意义上说,趣味美学依然构成了阿多诺的核心论题。③

简言之,趣味美学若不经过修正,就无法与当下的审美经验相调和。先锋艺术不过第一次祭出了扬弃艺术之名的旗帜,而事实冲击早就开始了,康德的"崇高"概念便是一个典型(利奥塔正是看到了这一点)。④ 先锋艺术试图在生活实践中扬弃艺术的做法,刺激了阿多诺否定美学的建构。阿多诺看到,传统美学若想要坚持其伟大传统和地盘,就不得不重新拓展、演绎其范畴,在新的论证水准上捍卫艺术自律。⑤ 但哈贝马斯认为,本雅明、阿多诺的求索注定失败,原因在于两方面。一方面,非同一物始终指向了和谐的人性乌托邦,预设了完整的主体间性。说到底,《美学理论》的理想仍然没有走出席勒方案,即一种审美的、自由的关系应当成为设想一切现实关系的基点。另一方面,这种对主体间性的设想明白无误地是一种虚构。它既被设

---

① Walter Benjamin, *Gesammelte Schriften V · 1*, S. 573.

② Peter Bürger, *Zur Kritik der idealistischen Ästhetik*, S. 13.

③ 伯麦认为,阿多诺美学中包含其未曾反思过的趣味美学因素。大众文化批判实际上以趣味美学为前提。例如,阿多诺论及与大众文化对立的"有责任的艺术"(die verantwortliche Kunst)时,认为其关涉接近认知的标准,即在和谐与不和谐、真实与虚假之间做出区分。参见 Gernot Böhme, *Ästhetischer Kapitalismus*, S. 83-87.

④ Jean-Francois Lyotard, *Lessons on the Analytic of the Sublime*, Stanford University Press, 1994.

⑤ Peter Bürger, *Zur Kritik der idealistischen Ästhetik*, S. 13.

想为和谐生活方式的总体性,又被投射为一个乌托邦式的未来。①

　　归根结底,趣味美学采取了"旁观者"视角。② 其积极的一面可为政治哲学(如阿伦特)提供路径,重构(政治)判断力来复原现代性危机所带来的主体性亏空;③但其消极形态结晶为否定形而上学或非理性主义哲学。按哈贝马斯的看法,主体哲学留给审美效力的空间太大,一旦审美经验以"审美主义"方式发动攻势,就会急剧侵占和压缩合理性的空间。但是,基于语言学转向的"范式转型"又带来了困境——语言分析中留给审美的余地又太小。哈贝马斯主要勾勒了一个"理性人"或"论证人"社会,他并非不承认个体的生存感觉,但根据有效性要求来规划言语交往时,并未充分考虑过审美话语的位置。④ 也许只能说,哈贝马斯从社会理论视角出发,接受了一种非常有限的趣味美学观点:"对哈贝马斯而言,在艺术中,语义潜能(Semantische Potentiale)从古老的传统内容中被释放出来,并加以转化,由此得到保存。因此,艺术必须克服前现代世界观的魅惑,同时捍卫其丰富性,获得新的解放。"⑤这种对艺术之内涵和功能的缩限,也可视为自然审美的失位。因此,

---

　　① 哈贝马斯:《后形而上学思想》,第168页。亦可参见哈贝马斯对本雅明类似思路的评论,当然,本雅明、阿多诺之别在此暂且忽略。Jürgen Habermas, *Bewußtmachende oder rettende Kritik*: *Die Aktualität Walter Benjamin*, in ders., *Politik*, *Kunst*, *Religion*: *Essays über zeitgenössische Philosophen*, Reclam, 2011, S. 69.

　　② 哈贝马斯:《后形而上学思想》,第168页。

　　③ 参见本书第一辑第三章。

　　④ "对一种审美话语而言,其实现是通过反复地直接违反规则,或是系统性地转化对现存规则的理解和表达。这种情况至少表明,迄今为止所拟定的话语类型仍不够充分。因为在审美话语中,并不允许对语言进行探索性—描述性的使用,这种使用必须预设和遵守一种作为秩序知识之基础的原则性的不确定性。"参见 Florian Rötzer, *Einführung*, in ders. (Hrsg.), *Französische Philosophen im Gespräch*, Müchen: Klaus Boer Verlag, 1987, S. 22. 转引自 Dagmar Danto, *Zwischen überhöhung und Kritik*: *Wie Kulturtheoretiker zeitgenössische Kunst interpretieren*, Bielefeld: transcript Verlag, 2011, S. 75.

　　⑤ *Ästhetik und Kunstphilosophie*: *Von der Antike bis zur Gegenwart in Einzeldarstellungen*, hrsg. von Julian Nida-Rumelin und Monika Betzler, S. 349.

趣味美学要么退缩为纯粹静观的内审美(主体)理论,要么完全服从于社会批判理论的参与者视角。然而,两种选择都失之偏颇,因为审美与生活世界之间的自然联系是无法斩断的。这种自然联系涉及广阔的社会现象和社会领域。

因此,反思趣味美学,意味着揭示其支撑性的社会学预设。原作与复制品之争,例如本雅明以"光晕"(Aura)概念来表达的东西,实际上也涉及艺术市场问题。① 经社会学还原,趣味美学暴露了自身的社会基础——一个受教育的资产阶级世界。趣味美学的内涵凝结在"资产阶级的艺术自律"命题中——一方面是异化劳动领域中的压制,另一方面是艺术欣赏领域中的相应补偿。当然,艺术启蒙问题迟早会发生,当以等级为核心区分的传统社会向以功能为核心区分的现代社会转变时,艺术的空间也发生了急剧转型。艺术的现代革新、艺术市场的兴起乃至艺术家全新的自我认同,都出现在这个空间中。审美主义批判的积极意义就在于打开了这个空间。因为在两个层面上,这个空间都受到压制。第一,全然以经济—政治为普遍导向的社会运行。换言之,以工具理性为总体运行机制的社会,谈不上艺术分化的可能性。第二,趣味美学之补偿性质基于高雅文化与大众文化之别。对趣味边界的固守暗中重复了僵化的理性中心主义模式,直至更直接性的、更身体化的现代艺术经验,击溃了固有社会知识(例如美、趣味等范畴)加诸艺术的边界。

但是,即便放弃趣味美学,"范式转型"也尚缺相应的解释力。问题在于,主体间性范式不得不摒弃作为"自我—失范"样式的现代艺术经验,因为这无助于公共领域的商谈。② 这样,参与者的视角就会不断要求削弱和压缩现代审美经验。其原因不难理解,就审美经验或体验达成一致的交往行为,

---

① 卢曼:《艺术的分化》,参见《文学艺术书简》,张锦惠译,五南图书出版股份有限公司 2013 年版,第 544 页。

② 哈贝马斯:《交往行为理论(第一卷)》,第 20 页。

依赖的是审美批判这一论证方式,而后者难以达到认知及实践领域中的知识客观性标准。因此,要在坚持现代性分化的方向上重新界定艺术自律,卢曼的观点暂且算得上权宜之计:与其说是艺术介入公共领域,倒不如说是艺术通过诸如艺术系统、赞助系统、市场系统来运行;而要就艺术作品达成一致的考量,远远超过了普适性的公民商谈所需的负荷,是社会系统中"极不可能的事件"。① 由此,艺术越是想要获得公共性,就越被理解为自我关涉或纯然与个体相关的。但是,卢曼诉诸彻底脱离了主体潜能的分化媒介,因而与哈贝马斯试图从交往视角来重新理解现代主体的构想背道而驰。这正是批判理论所反对的——艺术成为中立物,失去了哪怕有限的批判潜能。不过,从批判理论视角来看,在坚持审美判断力的先验性质与它在社会领域的具体运用之间,始终存在着价值关涉问题,尤其是价值分化与价值僭越相互纠缠的悖论。问题仍在于,趣味美学没有足够的理论工具来弥合这两者的鸿沟。某种意义上说,超现实主义者完全洞悉了这一点。布勒东所要求的,就不再是"艺术真实"(也称为"心理小说之谬",即虚构),而是"真实"本身。② 但就现代社会的合理运行而言,这种社会规范的否定性方案,只能一再地表明趣味美学的僵局。

第三节　器物现代性:生产美学的现代性叙事

有了趣味美学这个范畴,就可以更清楚地把握美学转型的契机,反思趣味美学展现的审美现代性中固有的悖论。从根本上说,趣味美学的悖论源自德国观念论本身所孕育的"分裂—和解"方案。这就决定了,主体哲学视野下的理性批判,其思想样式始终是审美主义的:"这些批判用存在、自主权、权力、差异和非同一性等空洞的'反概念'而指向审美经验内容。"③这类

---

① 卢曼:《艺术的分化》,参见《文学艺术书简》,第 7 页及以下。
② 布勒东:《娜嘉》,董强译,上海人民出版社 2009 年版,第 36 页。
③ 哈贝马斯:《现代性的哲学话语》,第 381 页。

方案的否定性后果是可以预见的。艺术要充当调解人角色，但已无法继续依赖和谐个体的理想："个体的发展一方面与社会和谐一致，另一方面又与之相对立：个体发展，社会就发展；然而，个体不发展，社会同样发展。"①因此，社会理论视角的介入充分表明，个体和解所能依赖的审美经验，在个体与社会的一体化过程中不再起主导作用。这宣告了审美主义方案的失效。

因此，就学科合法性而言，美学转型势在必行。从主体论视野到主体间性视野的转向，可以帮助美学重新在个体与社会之间建立联系。只不过与社会理论转向不同，美学转型只能有限度地吸纳交往论视野，这种视野旨在分析审美与生活世界之间的自然关联所指涉的广阔社会领域。审美不再是纯粹个体经验的绽出，转而渗透进生活世界的解分化进程，担负起感性和解的功能。也就是说，审美经验同样需要寻求合理性。一方面，它在现代性分化的意义上不断追求自身价值领域的明晰化，追求合法性的明确。强调美学的跨学科性质也好，启用文化研究也罢，都应在文艺研究合法性的框架内，重新思考和调整交往论转向带来的审美失位。另一方面，它作为现代性分化之和解的感性形式，直接在生活世界之中呈现为丰富多彩的、凝聚了生活关系与人际关系的物。这两个方面决定了，新美学追问的课题首先是致力于感性和解之形式化的生产领域。因此，生产性美学（Productive Aesthetics）由此得名，它要把握的是审美与生活世界之间的自然联系。这种自然联系是与新时代同步的重大文化现象，"比如时装、时尚、名牌、发烧友、流行音乐、奢侈性消费、新媒体直至当代人的生存感和体验结构"②。那么，如何从理论上恰当地把握这种自然联系，也就涉及如何理解现代"物"。与主体哲学的视野完全不同，消费社会已然宣告了一种新的生产逻辑——文化进入了基础领域，与经济形式难分难解，生活世界的再生产总是表征为

---

① 霍克海默：《霍克海默集》，第 227 页。
② 吴兴明：《重建生产的美学：论解分化及文化产业研究的思想维度》，《文艺研究》2011 年第 11 期。

作为诸要素之结晶"物"的再生产。[①]

因此，首先，生产美学是物美学，但这个"物"所对应的，不是狭义上的审美，而是鲍姆伽通意义上普遍的、感性的感知方式——"美学作为感性学，其时代新内涵在于：专门从感性生活的形式化角度无限制考察现代理性化强制如何被突破"[②]。这里"感性生活的形式化"，指广义上现代物的设计及生产。在趣味美学传统中，"物"仍不过是审美主体的静观对象。即便在本雅明、阿多诺极富启发的美学及大众文化理论中，感性生活的形式化仍居于趣味美学的先验标准中，尽管这种先验标准经过社会学还原，具有了辩证立场。归根结底，本雅明、阿多诺所希求的和解仍然在主体的深处，仍然在一种可被再度神话化的主体性潜能之中。[③] 因此，尤其是在阿多诺看来，大众文化理论不过是危机时代破碎主体性的外投。而在生产美学中，"物"不仅是感性创造的结晶，也是现代社会诸交往界面的聚合，表达了主体论与交往论的视野交融。

其次，感性生活的形式化在生活世界维度上担负了和解功能。因此，生产美学也是和解的美学。

和解是诸分化领域为满足生活世界综合性需求而协调融合的产物。这就注定了生产美学必须从传统美学中分化出来，进入生

[①] 豪格（Wolfgang Haug）在"商品美学"之名下亦论述了这一点，尤其是感性成分在现代商品流通，即使用价值与交换价值的利益关系之间的经济化。参见豪格：《商品美学批判》，董璐译，北京大学出版社 2013 年版，第 13 页。

[②] 吴兴明：《重建生产的美学：论解分化及文化产业研究的思想维度》，《文艺研究》2011 年第 11 期。

[③] "自康德以来，审美就一直被寄托着现代性分化之和解、解放的重任，此一寄托代代传承至今。悖谬的是，人们一直是在纯粹审美的领域寻找先验性思辨的和解空间，而不是在生活世界的综合状态中探索和解、解放的新形式。于是，寻找的结果不是审美作为闪烁跃动着的解放力量在日常生活中的渗透，而是审美与其他领域日益强化的分裂、对垒。"吴兴明：《重建生产的美学：论解分化及文化产业研究的思想维度》，《文艺研究》2011 年第 11 期。

活政治、生活美学的领域。审美如此，政治、法律、科技、道德等等
也是如此。如果传统美学是现代性视野中的美学——它是现代性
构成的基本维度——那么，生产美学就是后现代美学。和解在生
产中形成以审美直观为根据的形式化。①

换言之，这种和解的规定性既体现在"物"的设计与生产中，又在消费界
面上落实其具体效应。最终旨在摆脱主体哲学框架内基于审美经验之游戏
增殖的"分裂—和解"或"分化—解分化"的否定性逻辑。在这个意义上，审
美与生活世界的自然联系才能进入生活世界的良性再生产。

最后，生产美学也被视为文化产业的思想维度。经典马克思主义关于
经济基础/上层建筑二分法的改写，使文化产业不仅仅是产业经济学的研究
对象。在生活世界再生产的过程中，新的综合性经济形式开始崛起。这在
伯麦那里被称为"审美经济"，其首要特征是进入基础领域的文化与经济融
为一体。② 这种融合带来了新的社会支配形式，具有新的现代性使命。因
此，"真正有待研究的是文化产业的特殊性，即文化产业作为生产的特殊性：
它在消费社会的和解使命，它内在的创造性、扩张性、产能构成机制，它作为
综合性创造的来源、分工、内部协调与渗透，创意设计的承担和构成因素，符
号及审美形式的创造，审美联合体的生产及分工，时尚消费运动的引领，生
产与生活世界的互动，等等。一言以蔽之，这正是……生产美学"③。

总之，无论是物美学、和解美学，还是新视野下的文化产业研究，核心问
题都是现代物的构成与意义。这里仍有一个问题需要追问，即现代物的构
成及意义，究竟反对了什么，又具体落实了什么？在抽象的意义上，这些现

---

①　吴兴明：《重建生产的美学：论解分化及文化产业研究的思想维度》，《文艺研究》
2011 年第 11 期。

②　Gernot Böhme, *Ästhetischer Kapitalismus*, S. 73.

③　吴兴明：《重建生产的美学：论解分化及文化产业研究的思想维度》，《文艺研究》
2011 年第 11 期。

代物就是广义上的器物。按照海德格尔的经典表述,物、器物、作品三者彼此区隔,其中,以"有用性"(Dienlichkeit)来规定的器物占据了一个特殊的位置。正是在上述语境中,梵高的农鞋被用来解释作品之所是。海德格尔认为,梵高的画(作品)才真正地揭示了器物(农鞋)之所是,使存在者进入它的存在之无弊状态(真理)。这样,支撑着"纯"物,器物以及艺术作品之存在的差异就昭然若揭了:"器具既是物,因为它被有用性所规定,但又不只是物;器具同时又是艺术作品,但又要逊色于艺术作品,因为它没有艺术作品的自足性。假如允许作一种计算性排列的画,我们可以说,器具在物与作品之间有一种独特的中间地位。"①器物仅仅在传统的物之解释中(即形式与质料这一对支配性概念中),才区分于其他两者。这表明了制造器物的手工艺与创作艺术作品的艺术创造之间的鸿沟。② 海德格尔将从物到作品的追问方式称为美学,点明了其对审美判断力(即趣味美学)的依赖。海德格尔反对上述方式,目的是引出存在论立场。从作品到物的追问方式,实际上就是现象学方法,即预制出一个整体论空间,从而容纳不同作用的视角,并为之奠基。但是,由于存在者之存在的开敞本身是本真性压倒非本真性、伟大风格压倒日常生活之平庸性的"存在论差异"的结果,因此,"器具之器具存在"从艺术作品中才能成立,这一说法是对存在论差异或隐匿的趣味美学立场的复写,从而使器物在生活世界中的意义被压缩为实用性功能,从而失去作为意义物的现代性内涵。不管是从物到作品,还是从作品到物,器物只能扮演中间物(功能物)的角色。

　　与上述解释相反,生产美学支撑了另一种现代性叙事,即器物现代性。器物现代性意味着器物应从中间物状态中解放出来,成为现代性分化之直观的核心领域。器物既是感性生活形式化的直观载体,又是生产逻辑下的和解产物;既是功能物,又是意义物。这样,设计理所当然地成为器物现代

---

① 　海德格尔:《林中路》,第 14 页、17 页。

② 　海德格尔:《林中路》,第 21 页。

性的落实方案,"设计是创造人造物的科学(西蒙语)""设计本身并不神秘,它就是我们身边触手可及的一切器物的智力来源。它远不如海德格尔的'存在'那样虚玄,它甚至不是意识,物自体,人性那样的抽象之物,可是它似乎恰恰应了那句老话:离我们最近的东西在思想上离我们最远"①。

第四节　物感:一门新美学的尺度

生产美学之"美学",恢复了其作为感知科学的内涵,进而将其延展为"整个感性世界的感知互动领域"②。有此视域奠基,论题不妨进一步缩限为对物的重新理解。物不再只是传统美学的静观对象或被给予的客体,"'物'并不是静观地被给予,相反,它开启和建立物被给予的方式""设计之于物并不是现成的被给予,而是行动着的人与物的关系的打开和建立"③。这样,物的广阔领域也提出了衡量尺度的要求。究竟以何种尺度来衡量"物",是器物现代性叙事的自我确证问题。这种物的新感性尺度就是物感。有了这个新尺度,一种美学转型初见轮廓。为了表明物感理论并非孤例,我想引入伯麦的气氛美学来做比较。气氛美学也致力于在美学中重新恢复感性与自然之重要性。

两者的相似点首先表现在对象领域及理论方法上。总体而言,两者运思路径有别,但均直面日常生活审美化现象。伯麦认为:

> 全部的审美工艺是当今美学的研究对象。它在总体上可界定为制造气氛的工艺,其涵盖范围从化妆品,经由广告、室内设计、舞

---

① 吴兴明:《人与物居间性展开的几个维度:简论设计研究的哲学基础》,《文艺理论研究》2014 年第 5 期。

② 吴兴明:《人与物居间性展开的几个维度:简论设计研究的哲学基础》,《文艺理论研究》2014 年第 5 期。

③ 吴兴明:《人与物居间性展开的几个维度:简论设计研究的哲学基础》,《文艺理论研究》2014 年第 5 期。

台设计直到狭义上的艺术。在这个框架内,自律艺术只作为审美
工艺的特殊形式来理解,它也正是以自律性承担着社会功能。①

　　这说明了趣味美学(自律艺术)转型为整个感知领域的一个分支背景。因此,气氛美学主张对经典大众文化理论进行改写,涉及对艺术自律的批判,因为后者建立在资产阶级趣味美学之上:"传统美学无法胜任日益增长的世界审美化趋势。它的否定只是体现了精英阶层的反感,它的批判是趣味的批判,它贬低设计、工艺美术、媚俗制品、文化工业等等,把它们看成是既不可信又不真实的东西——也因此完全没有任何水准。"②伯麦对趣味美学的反思,使他能从本雅明、阿多诺的文化理论再出发,批判和吸纳以赫尔曼·史密茨(Hermann Schmitz)为代表的新现象学思想(其中便包括"气氛"这个核心概念)。③ 这样,气氛美学才能够直面生活世界审美化这一当代历史潮流,完成自我肯认及历史使命。

　　　　它期待——首先——对所有审美工艺予以平等承认,无论是
化妆品还是舞台美术,无论是广告、设计还是所谓真正的艺术。这
也意味着对媚俗作品的平反以及把生活世界的审美塑造从所谓
"工艺美术"的定性中解放出来。这种平反的基础一方面是承认人
类的审美需要为基本需要,另一方面承认自我表达,自我超越,"显
现"是自然的基本特征。④

①　吴兴明:《人与物居间性展开的几个维度:简论设计研究的哲学基础》,《文艺理论研究》2014 年第 5 期。
②　吴兴明:《人与物居间性展开的几个维度:简论设计研究的哲学基础》,《文艺理论研究》2014 年第 5 期。
③　史密茨:《新现象学》,庞学铨译,上海译文出版社 1997 年版。
④　伯麦:《气氛:作为一种新美学的核心概念》。杨震译,《艺术设计研究》2014 年第 1 期。

因此,批判理论框架及现象学方法,构成了气氛美学的两大基点,这也是生产美学运思的两大思想背景。批判理论负责从社会理论层面上揭露并摧毁趣味美学对广阔社会生活现象的忽略,现象学方法则负责提供理解以现代物为核心的社会现象的方法。

"气氛"与"物感"的核心,都在于"物"的现象学阐释。简单地说,气氛作为核心概念,是"介于主客体之间的独特的居间状态",具有不确定性和含糊性。"气氛不是被设想为某种客观事物,也就是说,事物所拥有的特性;可是,它们是某种类似物的东西,属于物。也就是说,通过其特性——被看成是迷狂——物表达其在场的领地。气氛也不是某种主观性的东西,某种心灵状态的标志。可它是类似主体的,从属于主体,因为它在身体性在场中被人类察觉。这种察觉同时也是主体在空间中的身体性自我意识。"①因此,气氛配置了丰富的美学词汇表,开启了有待情感基调去充实的意义空间。这个"空间"实际上就是感性和解所发生的场所,即生活世界。

从由身体所引导的、具有空间性质的自我感受性(自身指涉)出发,气氛美学建立了新的物本体论。伯麦认为,传统物本体论的要点在于:"一个物的特性被看成是'规定性'。一个事物的形状、颜色乃至气味都可以被看成是把该物与其他物区分开来的因素,与外界划清界限,与内在融为一体,简而言之:物一般被设想成处于某种封闭性中。"②与此相对,他以一个简明的例子解释了名为"物的迷狂"的新本体论内涵。

> 当我们说:一个杯子应当是蓝色的,那么,我们想的是某个东西,它可以通过蓝颜色来规定,也就是与其他事物相区别。这种颜色是该物"拥有"的某种东西。……杯子的蓝色属性却也可以得到

---

① 伯麦:《气氛:作为一种新美学的核心概念》。杨震译,《艺术设计研究》2014年第1期。

② 伯麦:《气氛:作为一种新美学的核心概念》。杨震译,《艺术设计研究》2014年第1期。

完全不同的看待,也就是说,被看成是杯子的空间性得以实现的这种方式,或者,更确切地说:"一种"方式,让它的在场性变得可感。因此,杯子的蓝色属性不被看成是以任何方式局限于杯子并依附于杯子的某物,而是恰恰相反,被看成是向杯子周围环境散发出来的某种东西,以某种方式为环境定调或者"染色"……按这种观点,杯子的存在已经包含在"蓝色"这个特性中,因为蓝色属性是杯子如此存在的一种方式,其当下性的一种表达,其在场的方式。①

从直观上说,这很容易使读者想起梵高或塞尚的风景画或静物画,甚至是人像。如果与传统的荷兰静物画稍做对比的话,不难看出现代绘画中所描绘的物体,似乎正是对某种依赖"外部"的物之秩序空间的翻转——空间是以"由内而外"的方式建构起来的。这样,物就不再是镶嵌于固有社会关系—生活世界网络上的功能产品,而是某种社会关系及生活世界交往的发起者。可以说,上述论证奠定了气氛美学有关审美工艺中气氛制造(设计)的基础。换言之,物被给予的方式,即感性生活的形式化,本身就是一种建立关系的行动。

当然,物感并不完全等同于气氛,尽管两者有诸多类似甚至重合之处。简言之,一方面,物感具有东方现代性的独特背景。如果说,气氛的核心指向了身体哲学,那么,物感的核心就指向了"心"学——"实际上,中国人拥有极其强大的物感传统。所谓'人心之动,物使之然也','物感'不仅自先秦以来就是中国人讲诗、乐、舞、文、艺的动力论基础,而且是论一切人事祸福,包括天地万物、人间法则的思维基础"②。另一方面,作为生产美学的支撑性尺度,物感担负了在现代性分化进程中不断明确文艺研究合法性边界的论证

---

① 伯麦:《气氛:作为一种新美学的核心概念》。杨震译,《艺术设计研究》2014 年第 1 期。

② 吴兴明:《反省中国风:论中国式现代性品质的设计基础》,《文艺研究》2010 年第 10 期。

使命。借助"物感",生产美学能够确立感性生活形式化的标尺,论证感性和解在克服现代性危机中的合理性,从而在美学维度上重新确认审美与生活世界的自然联系。这种自然联系既是生活世界再生产不可或缺的要素,也是生活世界合理化的特殊标识。总之,在我看来,物感主要敞现了如下几重层层递进的意思。

首先,从器物现代性(设计)的角度来看,物感指物的解放,是一种删除了繁复装饰和象征意义的直接设计感,是物作为物理现场凸显出来的直感或情绪效力。① 这一传统可追溯至包豪斯以来的现代建筑及人造物设计,是物感最直接的一面。其次,物感是"物性凸显"在感性现代性自我确证中的价值内涵,是"物"本身所带来的当下性体验,"直接的物感觉是物击中身体的感觉,而不是对符号意义的理解或情绪抒写。这是一种内感觉,极端地说,是物之微粒对于感性生命的直接给予和穿透,它直接漫过身体上情绪和本能相交织的那个部分"②。这就是说,物感是"客观化的直感力量",不仅与意义相对立,而且具有"反解释性的硬度和体感冲击力"③。再次,更进一步说,"用现象学的术语,所谓'物感',就是物的'原初直观'或直接的'原初给与性'"④。关键在于,物感必然是从符号(意义)中解放出来的感性显现或直观。最后,物感也被规定为现代艺术所特有的哲学感:"有一种发怵的感觉,有某种被深度击中的摇晃。所感者常常不限于美感,神志在无措中常处于被迫分散的游离状态。依我之见,这是前卫艺术所特有的哲学感。"⑤现代艺术的目的和意义也依此得到了重新思索。

---

① 吴兴明:《反省中国风:论中国式现代性品质的设计基础》,《文艺研究》2010 年第 10 期。

② 吴兴明:《论前卫艺术的哲学感:以"物"为核心》,《文艺研究》2014 年第 1 期。

③ 吴兴明:《论前卫艺术的哲学感:以"物"为核心》,《文艺研究》2014 年第 1 期。

④ 吴兴明:《反省中国风:论中国式现代性品质的设计基础》,《文艺研究》2010 年第 10 期。

⑤ 吴兴明:《论前卫艺术的哲学感:以"物"为核心》,《文艺研究》2014 年第 1 期。

现代艺术因此更像是一种存在感的开局——一种在活生生感觉状态的、无法收编为观念的陌生性领会的原始敞现。

艺术让物自性、物本身出场，让物与现实相脱离而向感性盛开，为此之故，艺术是新物感、新感性的创造。直接的物感觉是物击中身体的感觉——它直接击中意识与本能相交织的那个部分，是发自意识深处的被击中。这就决定了当代艺术的特殊内涵和根本指向。①

同时，这种哲学感表达了人（心）与物之自由关系，以及审美与世界之自然联系的内投及确证。

两种"物"美学之间的亲和性表明了当前时代的理论要求与理论共振。总之，物感的合法性论题不仅支撑了当前文艺研究的合法性，而且明确了现代性危机之感性和解的积极意义。毫无疑问，作为一门新美学的价值尺度，物感的内涵仍需大量的思想史阐释才能更进一步地充实、澄清。正如以"物感"为核心可以重新观照艺术史，物感也能对艺术理论史、美学史乃至思想史提出同样要求。在这个意义上，本文也是一次小小的尝试，即重新审视了一个在现代性进程中不断自我更新的美学传统，这不仅关系到以他者视野来积累系统知识与思想资源，也事关从中国当下语境出发去建构具有普遍性的当代美学理论及艺术理论的可能性。

---

① 吴兴明：《走向物本身：论许燎源》，《雕塑》2017 年第 2 期。

| 第三章 |

批判理论的别样传统：重思《爱欲与文明》

第一节　纵欲精神与资本主义

德国学者伯麦 2016 年出版了《审美资本主义》（Ästhetischer Kapitalismus）一书。[①] 这本有趣的小册子，旨在追踪西方资本主义批判的最新发展。伯麦认为，批判理论作为资本主义批判的重要思想资源，其内部实则有两路传统。学界耳熟能详的是马克斯·韦伯这一路，标举劳动、禁欲、工具理性等思想范畴。从卢卡奇到霍克海默、阿多诺，乃至哈贝马斯，皆可被视为韦伯的思想后裔，端看如何围绕理性来组织正/反命题。不过，伯麦虽师从阿多诺，但在他眼里，经典批判理论尚有另一路传统。这路传统可沿着马尔库塞，追溯至另一位德国社会学家桑巴特（Werne Sombart）。汉语学界对桑巴特并不陌生，其著作早在民国时期即有译介。他作为资本主义研究巨擘，与韦伯实为一时瑜亮。相比韦伯，桑巴特更强调消费、纵欲等范畴对人类解放的核心意义。

在伯麦的启迪下，马尔库塞与桑巴特之间的亲缘关系似乎一望便知。马尔库塞的代表作《爱欲与文明》，以爱欲解放的宏论，在理论和实践上都曾

---

① Gernot Böhme, *Ästhetischer Kapitalismus*, 2016.

对 20 世纪 60 年代的激进运动产生了难以磨灭的影响。论及马尔库塞这一时期的社会哲学,通常强调的是其熔精神分析与马克思主义于一炉的创见,是其据爱欲分析对现代资本主义进行内在批判的激进锋芒。但这些学说之间的内在关联,目前论者仍寥寥。① 伯麦的提示表明,在分析资本主义的核心范畴和大方向上,桑巴特的确可谓马尔库塞的先驱。但他也未明言,在马尔库塞与桑巴特之间,究竟存在着何种可相互通约的分析视角。那么,桑巴特到底有何独特之处,能诱使像伯麦这样的法兰克福学派后学,时隔数十年又来重审其理念? 为此,不妨先考察桑巴特关于资本主义的分析视角。

众所周知,桑巴特既反对唯物论,又抗衡"禁欲"论,独树一帜地阐发了"纵欲"精神的现代性意义。所著的《奢侈与资本主义》一书充分体现了这一独特旨趣。② 桑巴特认为,情爱世俗化解放了感官享乐,催生了服务于非法情爱的特定女性阶层。"非法情爱"一词,显示了无所忌讳的色情主义动机,即蔑视婚姻与法律,歌颂肉欲与性享乐。爱情与金钱的媾和,刮起了迥异于家庭生活的奢侈之风,刺激大批量商品生产及贸易,成为资本主义兴起的关键社会因素。桑巴特直陈,感官享乐本质上是性快乐,任何奢侈类型的发展,皆可归因于有意识或无意识的性冲动。这曾颇令研究者感叹,认为桑巴特已接近精神分析的视野。

不过,这套关于资本主义兴起的历史叙事,最独特之处却在于,女性被提升为了历史的主体。桑巴特毫不讳言,世俗情爱的胜利,本质是女人的胜利。正是上流社会在性关系上的逾矩与冒险,为文明带来了一个特殊的女性阶层。这个阶层扩散奢侈消费的效应可视为一个同心圆。处于圆心的始作俑者是宫廷情妇,她们常伴君侧,攫取了权力和地位,制定了时尚标准,影响远及宫廷之外。继而,民间大都市有了高级妓女。再接下来,城镇女郎

---

① 曹卫东、汪尧翀:《审美资本主义批判》,《北京师范大学学报(社会科学版)》2018年第 2 期。

② 桑巴特:《奢侈与资本主义》,王燕平、侯小河译,上海世纪出版集团 2005 年版。

(即普通妓女)大量涌现。宫廷情妇的吃穿用度,引起争先恐后的模仿,波及了所有社会阶层,甚至品行端正的女士为了自身利益,也不得不参与进来。桑巴特改变了男性作为历史叙事的主体视角,奢侈社会学第一次成了女性社会学,爱欲动力论也第一次明确具备了女性主体。《奢侈与资本主义》明目张胆地把女性送上了历史舞台的中心。在我看来,这个此前几乎不受关注的女性议题及其引发的性属争议,正是衡量《爱欲与文明》之得失的新视野。

第二节　压抑—补偿的文化结构

桑巴特的资本主义叙事提供了一个独特的分析视角,照亮了此前未系统关注过的问题。实际上,在弗洛伊德关于资本主义文明的论述中,"女性"的文明论意义已经得到了部分揭示。而马尔库塞在《爱欲与文明》中承袭了这种观点,分析了"女性"功能在文明社会中的演化,从而揭示出资本主义文化的核心机制:压抑—补偿。

依据精神分析的文明史论,女性是对文明"不满"的始作俑者。据弗洛伊德解释[①],人在直立行走后,周期性的嗅觉刺激遂被视觉刺激所代替,性刺激也趋于持续与稳定。男性因此要留住女性(性对象),女性则顾虑孩子,被迫留在男性身边。原始家庭(部落)一出现,统治也相伴而行,父亲独占生儿育女的女性,创造了乱伦禁忌,建立起对儿子们的残酷统治。儿子们被剥夺了性权利,只能将性能量转移到劳动上。同时,由于目标受抑,性爱只能改头换面,从家庭(亲情)扩散到陌生人之间(友谊)。一言以蔽之,文明建立在"爱—亲情—友谊"这一压制爱欲的本能结构之上。弑父因而成为文明发展的转折点。家长专制结束了,继之而起的是订立社会契约的兄弟宗族制,人类迈入了严格意义上的文明阶段,社会组织、道德及法律始产生。但是,

---

① 弗洛伊德:《一种幻想的未来文明及其不满》,严志军、张沫译,上海世纪出版集团 2007 年版,第 152 页及以下。

原始父亲幽灵仍在,始终表征了人类自我保存所不可颠覆的生物正当性。弑父带来了负罪感,迫使统治者自我压抑,以维持文明发展。

无论如何,家庭要约束个体,文明却敦促人们凝聚为集体。个体的取向纯然是持续的快乐满足,仅当个体为了自我生存不得不服从于现实原则时,才构成了社会(家庭),社会的取向则是团结。文明迫使男性压抑并升华本能,建立社会层面上的联合,从而威胁到了基于爱欲的家庭关系。工作世界凌驾于私人世界之上,迫使女性退居次要位置,她们因不满而对文明产生了怨恨。只要性—爱仍被视为压抑文明中的最高快乐,爱就不可避免地在两方面威胁文明。其一,爱的关系并不稳定,会造成人的软弱,不利于集体生活;其二,爱具有最强烈的排他性,情至顶峰时,难容第三者(包括儿女)插足。父子冲突便基于爱(性)之权利的分配。弗洛伊德曾尖刻地指出,文明之所以还能容忍性爱,不过是未能找到对生息繁衍的替代手段而已。①

为了抵消女性的"不满"乃至"怨恨",压抑与补偿成为资本主义文化最重要的一对核心机制。这也构成了男性原则与女性原则之间的基本关系。马尔库塞认为,压抑理论早期强调力比多与自我之间的对抗,较晚的修正版本则引入了生本能(爱欲)与死本能(死欲)之间的冲突。本能天然会保守地向无机物状态复归。死欲成为与爱欲难分难解的对立本能,并衍生出攻击性倾向。唯有在特殊性爱(施虐)中,死本能才通过凶残的情感显露本不易觉察的存在。在西方思想史上,性反常虽为社会秩序所不容,但其美学价值却因审美现代性问题获得了一席之地,萨德赞美施受虐狂,克尔凯郭尔也描述过昆虫交尾即死的涅槃美学。这种美学旨在弥补生命亏损所带来的痛苦,在特定的历史条件下酝酿美学革命。但在压抑文明中,这种美学批判失去了激进色彩,反而以审美价值来消解人对文明的"不满",将上述"爱—亲情—友谊"的本能结构,理解为资本主义社会合理运行的产物。

上述文化机制最成熟的历史表现形式就是资产阶级婚姻。在资本主义

----

① 弗洛伊德:《一种幻想的未来文明及其不满》,第159页。

的清规戒律中,家庭是资产阶级最后的避风港。合理婚姻(一夫一妻制)也意味着爱欲与道德(社会秩序)破天荒的联合。在马尔库塞看来,成熟文明赋予了婚姻统治色彩——"人们的生存主要受其产品和操作的交换价值决定;但他们的家庭生活和床笫生活却洋溢着神圣的精神和道德律"[①]。此时,社会劳动分工起了决定性作用,父亲不再作为母亲的占有者,而是作为家庭劳动力的代表来施行压制。一旦经济领域的权力结构成型,美学的革命意义也蜕变为乌托邦。当个体愈发成为社会机构中劳动的主—客体,爱欲也完全降格为一夫一妻制中的生殖器性欲。这样,非法情爱也必然作为婚姻的补充得以现身,但被解读为制度压抑范围内的性欲爆发,实际上,类似的性道德松弛反而有助于制度本身。大众文化(商业、广告等)中的性泛滥,不过是压抑原则的进一步延伸。至此,女性作为"补偿"的文化意义也达到了顶峰——"女人的丽质及其提供的幸福在文明的工作世界中极其重要"[②]。

第三节　爱欲解放的盲视

资本主义文化机制的意义是,将与工作世界(理性、父权)相对立的领域(非理性、女性),视为支撑前者顺畅运行的合理要素,也视为对前者压抑的消极或积极的补偿。若止步于此,桑巴特对爱欲社会功能的解释,充其量只是步弗洛伊德后尘。他承认,近乎无限的爱本能与社会秩序并不相容,仅能在合理婚姻中得到统一。但非法情爱不仅没有威胁婚姻制度,反在形式上构成了法外补充。同时,非法情爱召唤出来的奢侈潮流,仍是凡勃仑(Thorstein B. Veblen)意义上的炫耀性消费,体现了以男性为中心的社会趣味。性的商品化抹杀的不仅是个体差异,也是性别差异。这么一来,桑巴特看似将女性确立为历史主体,但根本上仍与父权制同谋。因此,必须进一步分析,为何直到马尔库塞,对女性主体在爱欲解放中的批判潜能都视而不

---

① 马尔库塞:《爱欲与文明》,黄勇、薛民译,上海译文出版社 2012 年版,第 182 页。
② 马尔库塞:《爱欲与文明》,第 144 页。

见。这种理论上的盲视,削弱了其现实意义。

当然,无可否认,马尔库塞的论证最具彻底性,他把女性原则视为男性原则的衍生物,而非辩证对立的条件。女性的社会功能及文化意义是"补偿"。换言之,男女性别差异具有功能合理性。这一论点可通过《爱欲与文明》中的解放允诺得到验证。马尔库塞将马克思主义历史哲学引入压抑理论,目的是揭示资本主义的历史局限性。首先,压抑被分为基本压抑与额外压抑。前者是文明的普遍特征,后者则服务于特定历史阶段的统治利益。文明的意义是人类为了生存而斗争。基本压抑在文明初期具有必然性,但随着生存条件的改善,转变了阶级统治而施行额外压抑的必然性。其次,现实原则压抑了本能,并在特定历史条件(资本主义)下实现为"效率原则"(Das Leistungsprinzip)(中译本据其英文"Performance Principle"译为"操作原则")。效率原则对应的是"效率社会"(Leistungsgesellschaft),即工具理性所操纵的异化社会。效率意味着时间上的严格管控,这正是现代工业社会的突出景况。只要成熟的工业文明能够消除导致匮乏的社会条件,实现需求满足到自由消遣的历史转换,效率原则就走到了逻辑终点。这是"爱欲解放"的历史前提。但马尔库塞强调,爱欲解放并非性解放的狂热、放纵与泛滥,而是对力比多的释放与改造,即"把它从限于生殖器至上的性欲改造成对整个人格的爱欲化"[1]肉体从劳动工具恢复为快乐工具,也就取消了补偿意义上的性欲满足。但同时,改造力比多关系必然会引发激进的社会后果:"将导致那些组织私人人际关系的机构,特别是一夫一妻制的、父权制家庭的瓦解。"[2]

一旦要革普罗米修斯(男性原则)的命,"补偿"功能也就失效了。有趣的是,马尔库塞的文化英雄并不是象征灾祸的"女性"潘多拉,而是俄尔浦斯及那喀索斯这样的同性爱者。从《理想国》开始,哲学教育就激进到要通过

---

① 马尔库塞:《爱欲与文明》,第 183 页。

② 马尔库塞:《爱欲与文明》,第 183 页。

斩断生育秩序来瓦解源初的社会纽带。看来,柏拉图的哲学—政治理想仍在马尔库塞脑海中挥之不去,其关于哲学爱欲的构想直接影响了马尔库塞关于社会解放的设想。至少在现实语境中,马尔库塞否认颠覆男权就能实现女性解放的观点。吉登斯(Anthony Giddens)在《亲密关系的变革》中曾严厉地批评马尔库塞忽视了性别特征,把现代性困境简化为男性困境。① 但公正地说,马尔库塞已揭示了现代社会之立足点(效率原则以及社会理性组织)的男权特征;同时,他敏锐地看到,追求"所有人"的爱欲解放,并不是性属权力的简单颠倒。这种天才的深刻也是一柄双刃剑。反过来,马尔库塞在构思非压抑性文明图景时,并未摆脱柏拉图爱欲政治的构想。他不是从社会发展视野下女性的现代性潜能出发,而是从资本主义压抑机制赋予女性的固有值出发——女性是压抑性文明为了消除压抑而创造出来的补偿物,两者都不过是理性同一性的产物。在这类文化批判中,"女性"不过是随洗澡水一同倒掉的婴儿,远不是一个所谓的"主体"。

同时,这类文化批判有自身无法轻易消解的悖谬之处。马尔库塞彻底革命男性原则的构想,暗中仍依赖着女性原则所代表的审美乌托邦。只不过,女性原则无法进入交往主体的建构,而是进一步缩减为纯粹的美学价值。在马尔库塞看来,社会历史条件的改变最终会使文明类型发生改变,原本由于本能压抑而对社会有用的劳动,将会转变为由于本能解放而对社会有用的工作。成熟文明只要消除额外压抑,工作就不再是苦役(劳动),而是创造(游戏)。这种颠覆具有深刻的席勒美学背景。但是,这条解放的道路,仍服从青年马克思包含了浪漫主义美化的"生产美学"。② 换言之,为了创造新的现实,就必须摆脱"劳动",诉诸非压抑性的人类活动。在德国古典哲学的基本语境中,非压抑性活动恰恰只能是艺术创造。在审美之光的照耀下,

---

　　①　吉登斯:《亲密关系的变革——现代社会中的性、爱和爱欲》,陈永国、汪民安等译,社会科学文献出版社 2001 年版,第 219 页。
　　②　哈贝马斯:《现代性的哲学话语》,第 75—78 页。

"劳动"的本质被把握为"异化劳动",劳动本身即受现实原则支配。但是,爱欲解放并不是现实原则与快乐原则的和解,而是快乐原则对现实原则的全盘颠覆。因此,消遣和游戏不可能仅仅作为局限于趣味领域的审美功能而存在,还必须取代"异化劳动",成为创造崭新现实的人类活动。可是,真的能设想这么一种纯粹感性的、非压抑性的"劳动"概念吗? 显然,从古典哲学的形而上学语境中没法推论出这一概念。那么,马尔库塞就必须着眼于人类历史来回答如下问题:异化劳动创造出解放爱欲的历史条件之后,如何有效地转化为人的创造性活动,譬如"游戏"? 劳动(=异化=压抑)若在本质规定上与游戏(=非异化=非压抑)背道而驰,又如何能在两者之间建立过渡关系? 马尔库塞并未明确回答这些问题,但暗示在解放了的社会中,异化劳动并不能完全消除:"消遣和表演(应为'游戏')作为文明的原则,并不表示劳动的转变,而表示劳动完全服从于人和自然的自由发展的潜能。"[①]这种对更高阶的新感性的设想,就是暗中依据女性原则组织起来的抽象的审美乌托邦。不妨说,只要马尔库塞不从交往的角度来理解男女(主体)联合的基本原则,就无从摆脱这些难题。稍加注意便可看到,尤其是在《爱欲与文明》最后几章中,悲观氛围出人意料地越来越浓。

　　归根结底,爱欲所有的冒险表现,注定是效率原则统治王国中的骑士游戏。马尔库塞声称,西方文明中的文学巨著只赞颂不幸的爱情,就连非法情爱,也不过是"补偿"的一面旗帜。在"主体哲学"的传统视野下,女性是"理性的他者"(哈贝马斯语),她的美学意义类似于资产阶级的"艺术自律"。所谓"爱欲解放",是马尔库塞基于同性爱的社会交往的构想,仍继承了自柏拉图以来压制女性的基本遗产。这充分说明,马尔库塞未能彻底审查现代社会转型的主体潜能,尚未走出主体哲学框架,无法真正看到"女性"独特的启蒙功能及意义。在当前思想语境下,有一个问题已迫在眉睫:没有女性主体参与的启蒙,究竟能否称得上真正的启蒙?

---

① 　马尔库塞:《爱欲与文明》,第 177 页。

第四节　走向爱欲启蒙

由于没能成功地处理女性议题所蕴含的批判潜能,马尔库塞的资本主义批判显示出了未完成的一面。虽然它揭示了"补偿"功能必然消亡的历史条件,但女性并不会随之消亡,因妇女解放而进入了工作世界的女性的贡献也不会消亡。女性成长代表了启蒙的积极成果,也提供了看待启蒙的另一种视角。启蒙的面相实则有二,不仅是理性启蒙,也是爱欲启蒙。若脱离了主体哲学理解爱欲(即不把爱欲简单地视为理性的对峙,而是互补),爱欲便展现出可形构交往关系的潜力。爱欲启蒙在历史进程中的合理性,才是爱欲解放的真正前提。

在这个意义上,桑巴特成为马尔库塞的真正先驱和重要补充。奢侈社会学表明,性快感及其商品化有效地解释了现代资本主义如何能从基于劳动、纪律及自我否定的禁欲秩序,转向基于享乐、游戏及自我放纵的需求秩序。这一点值得批判,但也应该看到,在巨大的、多样化的社会符号体系中,分析社会的范式从生产—分配转变为了消费—交往。关键在于,桑巴特揭示了女性建立符号体系的独特能力,看到了符号交往可形成巨大的社会效应,深刻地影响了"移风易俗"的社会进程。同时,马尔库塞对交往关系中性属关系的重视和反思,也应归功于桑巴特的启发。如果不重新发现和奠定男女(主体)关系之基础,资本主义的符号体系始终是社会压抑与社会分层的工具。总之,桑巴特所提示的女性视角展示出了真正的批判潜能,迫使我们重新反思启蒙问题。

那么,《爱欲与文明》是否提供了与《奢侈与资本主义》相容的基础呢?这种"反观"是一次重构。马尔库塞的大众文化理论需要改写,因为它基本上承袭了霍克海默、阿多诺的悲观看法:"如果消遣领域在另一个与此不同的压抑性世界上等于是注重装饰、奢侈和欢愉的领域,那么……是不负责任的'唯美主义'。"①显然,这种论断忽视了审美的交流功能。马尔库塞之所以对符号的交往功能视而不见,除了轻蔑大众文化之外,根本上也受精神分析人类学假说的影响。最重要的一个例子是对"邻近感觉"(嗅觉和味觉)压抑的解释。这种学说认为,比起声音,视觉也好,嗅觉和味觉也罢,都是极为肉欲的、身体的。

> 嗅觉和味觉产生的仿佛是某种本身未升华的快乐(和未受压抑的厌恶)。它们不必借助于一般的、约定的意识、道德和审美形式,便可以直接地把个体联系起来(和分离开来)。这种直接性是同有效地有组织统治、同某种社会格格不入的,这社会"使人孤立、分离,并阻碍自发联系的形成以及对这种联系的'自然的'类似动物的表现"。②

压抑造成了视觉刺激对嗅觉及味觉的统治,是男女联合成为原始家庭的文明第一步。弗洛伊德认为,这也是人类统治形式的文化原型。在这一点上,马尔库塞正确地批判了弗洛伊德,后者始终认为,匮乏及统治是永恒的,因而本能压抑也是永恒的。这种假定旨在为现存文明秩序的永久合理性辩护。

不过,符号媒介(包括声音和视觉)要摆脱压抑理论,凸显社会意义,则需仰仗于理解范式从主体哲学转向交往论。哈贝马斯曾在《重建历史唯物主义》中重构了这类交往媒介的人类学进程,为人类交往潜能的现实化寻找依据。③ 符号媒介不仅是社会交往最重要的工具,也是人类文明发展的巨大飞跃。但对马尔库塞来说,符号(话语)似乎从一开始就渗透了权力压制。

---

① 马尔库塞:《爱欲与文明》,第171页。
② 马尔库塞:《爱欲与文明》,第29页。
③ 哈贝马斯:《重建历史唯物主义》,郭官义译,社会科学文献出版社2000年版。

符号创造了对感性直接性的禁忌,因而根本上显示了理性的强制:一切释义已然是对原始意义的褫夺。但是,一种未经中介(符号)的感性直接性(尤其体现在审美经验中),稍有不慎便容易成为对日常规范的颠覆与消解。在批判理论的美学传统中,这正是从德国古典美学一直延续到先锋艺术的一个关键论题,名曰"审美主义"。而在马尔库塞对符号的不信任中,也有其老师海德格尔早期弗莱堡讲座的回响。[①]

　　总之,从桑巴特、弗洛伊德到马尔库塞,这条思想路径或许称得上批判理论的一个别样传统。该传统不仅上承凡勃仑、西美尔(Georg Simmel),下接巴塔耶、波德里亚乃至日常生活美学,而且与当代思潮(如女性主义等)形成了互动。这是当代批判理论的重要延伸,有助于在当代语境中理解启蒙远未达成的另一面向。弗洛伊德曾指出,对人而言,服从合理论证与听凭本能愿望的支配之间难分伯仲,也许具有同等的普遍有效性。这意味着,现代社会转型不可避免地会涉及人的爱欲、情感以及由此建立的社会纽带、社会团结、社会交往。不妨说,启蒙的另一面向便是爱欲启蒙。但与理性启蒙相比,它处于比较弱势的地位,曾在非法情爱中偶露峥嵘,也许需仰仗亲密关系的变革才能找到栖身之地。它追求男女成长关系的平等,强调情感关系对社会合理化的重要意义。一言以蔽之,爱欲启蒙既是自我发展的阵地,也是交往关系的王国,它能够照亮现代性进程中尚未完成的道路。

---

　　①　海德格尔:《形式显示的现象学》,孙周兴编译,同济大学出版社 2004 年版。

| 第四章 |

文哲之辩与突破康德：论本雅明早期思想中的理念论

第一节　解释的"双重轨道"

本雅明思想形象的复杂性，始终笼罩着文学与哲学的暧昧。即便在思想成型的学院阶段，他都显得更像一位日耳曼语文学学者、艺术史家及文学批评家，而非系统性思考的哲学家。现行研究更愿意接受一个多元化的本雅明形象，人们合理利用不同的主题和材料，建构起多维度的本雅明，彰显其效果历史的迷人之处。①不过，效果历史的多元化并不意味着忽略本雅明成长的德国观念论背景，否则将导致其思想形象的浅化与简化。显然，本雅明研究的日趋深入——辅以资料翔实的传记②——已逐步揭示出其思想潜

① 例如为之划分思想主题，参见 Sven Kramer, *Walter Benjamin zur Einführung*, 2003.

② 前有斯坦纳(Uwe Steiner)的经典研究，后有艾兰(Howard Eiland)和詹宁斯(Michael W. Jennings)体量巨大的传记。参见 Uwe Steiner, *Walter Benjamin*, Stuttgart・Weimar：J. B. Metzler, 2004；Howard Eiland and Michael W. Jennings, *Walter Benjamin. A Critical Life*, Massachusetts：The Belknap Press of Harvard University Press, 2014.

在的系统性。换言之,聚焦本雅明思想的发展轨迹,不仅可消除其思想因文体而产生的某些晦涩,而且能为多元的解释路径提供更丰富的比较视角。本文拟从反思一种广为流传的权威方案出发,追问本雅明"早期思想"的核心论题及其思想史意义。

本雅明的解释方案众多,而出自朔勒姆之手的方案影响尤为深刻。朔勒姆称本雅明为"马克思主义的拉比"(marxistischen Rabbiners),强调神学才是本雅明思想最隐秘的内核,由最具个人性的经历所构成,使历史唯物主义看起来像某种"装扮":总之,"指出了本雅明思想的双重轨道,其神秘的直觉和理性的洞察力往往只是在表面上通过辩证法连接起来"①。朔勒姆由此详尽发掘本雅明与克利"新天使"的历史渊源,展示了本雅明在神学与历史唯物主义之间的抉择困境。

这种解释路径业已成为权威范式。哈贝马斯也没有拒绝这种影响,他以文化批判视角强调本雅明的历史唯物主义转向与其早期经验理论无法协调一致。他将模仿论语言哲学、超现实主义文学经验以及弥赛亚色彩浓厚的历史哲学,都归为本雅明暗中坚持的"神学"。批判的火力集中于模仿论语言观,后者同样体现出霍克海默、阿多诺视模仿为元理性能力所导致的相同困境。②"模仿"替代了主客关系,意味着人与自然的应和,是储存于神话结构中的非强制性。但这就转回了观念论的旧路,重复了主体哲学的困局。可以说,哈贝马斯从批判理论的内在视角强化了本雅明解释的"双重轨道":"我的观点是本雅明想把启蒙和神秘主义结合起来的想法是不成功的,因为他身上神学家的一面使他无法用弥赛亚性质的经验理论服务于历史唯物主义。就这点来说,我认为,只能让步于朔勒姆的观点。"③但事实上,哈贝马斯

---

① 朔勒姆:《瓦尔特·本雅明和他的天使》,参见《论瓦尔特·本雅明:现代性、寓言和语言的种子》,第 230 页。

② 哈贝马斯:《交往行为理论(第一卷)》,第 483—485 页。

③ 哈贝马斯:《瓦尔特·本雅明:提高觉悟抑或拯救性批判》,参见《论瓦尔特·本雅明:现代性、寓言和语言的种子》,第 426 页。

的批判,又使对本雅明思想神学因素的理解,偏离了朔勒姆的立场,更倾向于将之理解为观念论美学的变体。哈贝马斯一贯主张摒弃经典批判理论的审美主义立场,由此透视,本雅明反而具有令人信服的解释力。本雅明对早期浪漫派、巴洛克戏剧以及超现实主义均有特殊关注,尤其是到拱廊计划阶段,其美学意识更是与意识形态批判形成了奇特的结合:"他的批评所关涉的是正确对待积淀在日常生活以及文学和艺术中的集体幻想意象,这些意象产生于人类需求的最古老的语义潜能与资本主义所导致的生活状况之间的秘密交流中。"①哈贝马斯将这种意识形态批判视为一种批判的语义学,"世俗启迪"将神秘的内在体验转化为具有普遍性的、可外化的体验,换言之,一种通过符号进行的体验。同时,本雅明追求符号(媒介/中介)奇特的非中介性,最终与超现实主义共鸣。在超现实主义的无意识行动中,艺术就是表达,同时,诗与政治行为之间的分裂也被克服了。②无论如何,哈贝马斯突出了本雅明思想的另一层纠缠,即文学与哲学的关系。一旦透过后康德观念论史——始于席勒及早期浪漫派,经谢林而终于黑格尔的审美现代性话语谱系——来理解本雅明早期思想的美学特征,本雅明早期思想便属于浪漫派审美主义纲领的延续。

应该说,偏向审美主义批判的解读,更看重本雅明之文学批评家(Literaturkritiker)的形象。伊格尔顿(Terry Eagleton)在其《审美意识形态》中将"马克思主义拉比"这个说法作为论述本雅明的章节名称,表明本雅明的阐释框架仍沿袭朔勒姆。③他在新近的本雅明专著中则认为,西方马克思主义者的集体失败在于,无法在美学上贯彻历史唯物主义的意图与方法,

　　①　哈贝马斯:《瓦尔特·本雅明:提高觉悟抑或拯救性批判》,参见《论瓦尔特·本雅明:现代性、寓言和语言的种子》,第429页。

　　②　哈贝马斯:《瓦尔特·本雅明:提高觉悟抑或拯救性批判》,参见《论瓦尔特·本雅明:现代性、寓言和语言的种子》,第431页。

　　③　Terry Eagleton, *The Ideology of the Aesthetics*, Oxford: Blackwell Publishing, 1990, p. 316.

"从马克思到马尔库塞,从普列汉诺夫到德拉-沃尔佩(Galvano Della-Volpe),'马克思主义美学'大体上是唯心主义和唯物主义的混合体"。[1] 总之,伊格尔顿步哈贝马斯后尘,一方面将本雅明思想中神学与历史唯物主义之间的龃龉,明确置换为观念论与唯物论之间的矛盾,另一方面,又试图从唯物论内部的政治视角出发,将"马克思主义美学"问题归结为马克思主义政治问题,将其转化为一种"马克思主义批评"。这样,伊格尔顿虽不动声色,但已悄然转向了本雅明的"早期思想",认为后者才可能成为马克思主义具有创造性的文化理论土壤。伊格尔顿最终认为:"本雅明别具一格的马克思主义展现出了他从未抛弃的诸种唯心主义的痕迹;但是,同样地,它又使他远离了马克思主义'正统性',并将他捧到在某些意义上还有待我们达到的高度。"[2]

也许正是由于"双重轨道"的影响,伊格尔顿未曾思考,本雅明的"非正统"马克思主义之所以展示出观念论的痕迹,并不是因为本雅明强行使历史唯物主义服务于他早期的经验论,而是因为本雅明的历史唯物主义转向恰恰是其经验论发展的结果。实际上,本雅明早期的经验理论蕴含了与历史唯物主义发生共振的契机,是对传统观念论的批判。与其说本雅明是马克思主义的拉比,倒不如说,本雅明是走出拉比身份的马克思主义者。换言之,今天亟须处理的论题,不是本雅明在神学/观念论与历史唯物主义之间的抉择疑难,而恰恰是本雅明从观念论批判走向历史唯物主义这一已经发生了的历史抉择本身的复杂性。正是在这个意义上,帕梅尔(Jean-Michel Palmier)毫不掩饰地声称,"马克思主义拉比"所代表的解释方案在今天已经是陈词滥调。[3] 不过,哈贝马斯和伊格尔顿的阐释也触及了一个关键问

---

[1]　伊格尔顿:《瓦尔特·本雅明或走向革命批评》,第 108 页。

[2]　伊格尔顿:《瓦尔特·本雅明或走向革命批评》,第 151 页。

[3]　Jean-Michel Palmier, *Walter Benjamin, Lumpensammler, Engel und bucklicht Männlein, Ästhetik und Politik bei Walter Benjamin*, Frankfurt am Main: Suhrkamp, 2019, S. 19.

题,即究竟如何理解本雅明思想中的"文学"因素。毕竟在本雅明早期思想阶段,文学与哲学之间的关系显得极其突出却十分含混。

第二节　文体与思想

按斯坦纳(Uwe Steiner)的划分,①本雅明青年时代的写作从 1914 年持续到 1918 年,包含了多个重要文本,如《论荷尔德林的两首诗》(1914)、《论原初语言与人类语言》(1916)、《未来哲学论纲》(1917)等,核心主题是语言哲学。接下来在 1919 年到 1925 年这个决定性阶段,本雅明不仅完成了其博士论文《德国浪漫派的艺术批评概念》(1919)、《歌德的亲和力》(1921),教职论文《德意志悲悼剧的起源》(1925)等广义上可纳入艺术批评主题的关键文本,还完成了《神学—政治片断》(1920)及《暴力批判》(1921)等历来被视为与法兰克福学派有紧密关联的政治性文本。② 仅就写作主题而言,上述早期阶段显然具有两条并行不悖的路线。

这两条路线广义上可以视为文学与哲学的交织并行,具体来说,则是本雅明作为日耳曼语文学学者和作为哲学家的身份产生了奇妙的冲突,体现为多半刻意为之的文体混合。1925 年同期的两部重要文献已显示出他文体/思想的重要变化。学院传统的写作形式在《德意志悲悼剧的起源》中闪耀着最后的余晖。本雅明此时仍希望寻求教职,虽不敢明目张胆地抛弃传统写作模式,但已不断逾矩。例如,他专门增加了比较早期浪漫派与歌德艺术理论的附录,并有意称之为博士论文的真正核心。③《认识论批判序言》作为哲学文本,却突兀地占据了属于日耳曼语文学的巴洛克戏剧研究的导言位置。相比之下,《单行道》(1925)完全抛开了学院束缚,揭开了"先锋文体"

---

① Uwe Steiner, *Walter Benjamin*, S. 8-14.

② Detlev Schöttker, *Konstruktiver Fragmentarismus*: *Form und Rezeption der Schriften Walter Benjamins*, S. 55.

③ 本雅明:《德国浪漫派的艺术批评概念》,第 7 页。

的帷幕。① 关于本雅明念兹在兹的"格言体传统"(die aphoristische Tradition),论者往往强调其苦心经营:"断片(Fragment)并非刻意为之的未成品(Torso),作为格言体的文本形式,恰恰是本雅明著述之基石。"②有鉴于文体上的转折,本雅明早期思想不妨以《认识论批判序言》为界。

不过,上述理由尚不足以一锤定音。本雅明"早期思想"这个说法并非单纯的编年史铺叙,而是具有内在统一性的思想阶段。大致说来,本雅明早期思想呈现出多层次主题分布的特色,包括下述居于要津的议题:早期语言哲学/神学问题、康德哲学所引发的认识论问题、以早期浪漫派为核心的文学批评及艺术哲学问题。关键在于寻求一个"整体论"视角来统摄这些议题。

假定这些多层次主题之间具有实际关联。不妨从殊无争议的关联开始,即本雅明早期语言哲学与认识论问题之间一目了然的亲缘性——康德哲学不仅是他哲学思考的起点,而且是他发挥语言哲学的基本框架。两者的结合点在于经验概念(Erfahrungsbegriff)。青年时期伊始,本雅明受德意志青年运动领袖维内肯(Wyneken)信条的影响,将"经验"(Erfahrung)视为"成人的面具",形容其"无以言表""捉摸不透"且"千篇一律",与之相对的是成人渴望回返的"青春、理想、希望"。③ "一战"后德国贫瘠、骚动的时代经验对"精神""青春"的讴歌起决定性作用,深刻影响了当时德国哲学关于经验

---

① 有证据表明,本雅明自 1916 年便开始从事格言写作,正式出版则迟至 1925 年。他在 1925 年与霍夫曼斯塔尔及 1926 年与克拉考尔的通信中,皆提及希望在报纸上发表自己的格言选。据悉,这些格言手稿最终融入了《单行道》,以格言小册子的面貌问世。参见 Detlev Schöttker, *Konstruktiver Fragmentarismus*:*Form und Rezeption der Schriften Walter Benjamins*,S. 36.

② 舍特克尔认为,阿多诺把本雅明生前作品的未完成特征(Torso-Charakter)与其写作方式混淆起来,因此,在为本雅明文集所撰写的导言中强调,本雅明写作"与格言体相似",从而遮蔽了格言体与碎片化之间的关联。参见 Detlev Schöttker, *Konstruktiver Fragmentarismus*:*Form und Rezeption der Schriften Walter Benjamins*,S. 32-33.

③ Walter Benjamin, *Gesammelte Schriften* Ⅱ·1, S. 54.

"亏空"的批判。① 当本雅明步入学院之后,其经验论迅速在彼时新康德主义及现象学的流行氛围之中获得学术响应。其青年时代的哲学献词《未来哲学导论》,已预告了语言哲学将用来改造康德的经验概念。总之,不妨将本雅明早期经验理论称为语言论的经验论,表明其早期语言哲学与康德认识论批判的结合,成为贯穿其早期思想的哲学路线。②

不过,比起相对清晰的哲学路线,文学批评之于本雅明早期思想的意义就含混得多。按照本雅明的意图,从事文学史或艺术史研究,目的仍在于解决哲学问题。1918 年左右,本雅明自陈其博士论文选题源于"对诗歌写作和艺术形式中哲学内容的兴趣"③。1919 年,他进一步宣称:"我开始有所预感,并且领悟到,对诗艺(Dichtkunst)的决定性洞见属于终极哲学。"④本雅明的自述表明了他文学史研究与哲学研究在意图上的一致性,但研究对象(即早期浪漫派)的思想定位仍需加以澄清。

通常而言,本雅明的选择很容易从文体形式上得到解释。早期浪漫派可谓德国思想史上格言体传统的执牛耳者。通过文学写作或广义上的散文(Prosa)来表达哲学思想,乃是西方思想史自始至终与"论文"相对立的写作传统。虽然 17 世纪法国伦理学家及 18 世纪德国作家利希滕贝格(Lichtenberg)早已采取这种形式,但对本雅明而言,早期浪漫派的影响才位居中心地位。但这种影响显然不限于文体。实际上,本雅明对早期浪漫派"批评"概念的阐发,更多依托于对康德哲学的持续性思考。⑤ 他确立博士论文选题之意,便在于看到"浪漫派试图在宗教上完成康德在理论上处理的对

---

① 曹卫东、黄金城:《德国青年运动》,参见曹卫东主编:《德国青年运动（德国学术第一辑）》,上海人民出版社 2013 年版,第 40 页及以下。

② 本雅明思想生涯中的经验论线脉,参见 Jean-Michel Palmier, *Walter Benjamin*, *Lumpensammler*, *Engel und bucklicht Männlein*. *Ästhetik und Politik bei Walter Benjamin*, S. 703.

③ 转引自莱斯利:《本雅明》,陈永国译,北京大学出版社 2013 年版,第 39 页。

④ Walter Benjamin, *Gesammelte Briefe*(1919-1924), Bd. 2, S. 253.

⑤ 本雅明:《德国浪漫派的艺术批评概念》,第 56—57 页。

象,即阐明这些对象的形式"①。这表明,本雅明自觉地把早期浪漫派首先视为康德哲学的继承人和克服者,而从此康德批判的视角出发,其早期思想的基本论域便内嵌于后康德观念论的思想史线脉之中。因此,《认识论批判序言》所建构的理念论,可视为其早期思想的终点方案,且恰当地收敛为对康德《纯粹理性批判》理念论部分的针对性批判。

一旦采取上述论点,本雅明早期思想突出的文学面貌之下,便显现出通常未能得到重视的哲学内核。考虑到文德尔班(Wilhelm Windelband)的观点——文学与哲学在后康德观念论史中的交相辉映本不足为奇②,但这种关涉在本雅明的思想发展中又具体呈现为张力形态。因此,《认识论批判序言》对康德理念论的批判性回应,首先应从本雅明的处境去理解,即他彼时仍依托学院文体写作的缝隙来传达思想。这既可以说是他先锋文体日趋成熟的路标,又不妨将其视为他在外部生计和内在发展之间寻求平衡的权宜之计。更关键的是,这种对照为揭示本雅明早期思想的核心问题提供了切入点。不过,在考察本雅明的理念论之前,仍需先考量一个不可回避的问题。本雅明早期思想的基本线脉可谓始于康德,终于早期浪漫派,却罕有提及黑格尔。这是否意味着本雅明关于后康德观念论史的看法,不同于通常以黑格尔为集大成者的传统观念论叙事呢? 对此问题的理解,将从总体上显示出本雅明早期思想的基本旨趣。

第三节 黑格尔的缺席

毫无疑问,本雅明与康德主义之间的纠葛在本雅明早期思想阶段占据

---

① Walter Benjamin, *Gesammelte Briefe*(1910-1918), Bd. 1, hrsg. von Christoph Gödde und Henri Lonitz, Frankfurt am Main: Suhrkamp Verlag, 2016, S. 363.

② 文德尔班指出,1780—1820 年间的德国观念论,足以媲美轴心时代的古希腊哲学,其标志是哲学与文学的交融,最杰出的代表是浪漫派,康德哲学则提供了历史创造的概念基础。参见文德尔班:《哲学史教程(下卷)》,罗达仁译,商务印书馆 2017 年版,第266—268 页。

了主导地位,康德也成为本雅明几乎唯一持续提及的批判对象。但很难忽略的一点是,本雅明所描画的后康德哲人群像中,费希特、施莱格尔兄弟、诺瓦利斯、谢林、荷尔德林等悉数亮相,唯独黑格尔的身影不甚分明。当然,本雅明并非未曾提及黑格尔,只是几乎未曾公开显示过黑格尔对他的影响。帕梅尔已经觉察到这一点:"康德是本雅明实际上细致研究过的唯一作家,尽管他用来反对康德的许多异议,早已存在于他一无所知的黑格尔早期著作中了。在与阿多诺相遇之前,除了黑格尔《美学讲演录》摘录,本雅明应该对黑格尔的作品没有进一步的了解。"①虽然本雅明更偏好朋友私下讨论问题,但资料也只记载了他对黑格尔的只言片语。早在 1916 年,本雅明就已经研究过《精神现象学》部分章节,不过很难确定其深入程度。1917 年,他又读了黑格尔若干作品,并写信给朋友舍恩(Ernst Schoen),以"可怕"来形容阅读感受。直至 1936 年,本雅明才又燃起对黑格尔历史哲学的兴趣,并重新阅读黑格尔《美学讲演录》,但也许只是受布莱希特的影响。②

　　然而,阅读史尚不足以确定本雅明对黑格尔的真正态度,因为类似的矛盾颇多。例如,本雅明彻底拒绝新康德主义方案,对柯亨(Hermann Cohen)却态度含糊;他深入研究费希特,却几乎未讨论过谢林,然而其观点与谢林多有相近之处;相比克拉考尔及阿多诺,他对克尔凯郭尔及尼采的兴趣又远比人们想象得要少。这些现象往往说明,本雅明对当时能知悉的思想资源的取舍有自身的严肃考量。有一个例子能够说明这一点:他虽未大张旗鼓地宣扬,却持续在著述中拒绝现象学影响。本雅明 1913 年便阅读胡塞尔,并曾是胡塞尔一位学生的听众。但他撰写《认识论批判序言》时,已力图使对"理念"的理解脱离现象学的影响,如"真理是意图的死亡"这类说法,明显

　　①　Jean-Michel Palmier, *Walter Benjamin*, *Lumpensammler*, *Engel und bucklicht Männlein*, *Ästhetik und Politik bei Walter Benjamin*, S. 692.

　　②　Ebd., S. 692, Amk. 5.

针对"意向性"概念。① 同样,本雅明也拒绝"本质直观"或"理智直观"这类说法,直到在拱廊计划阶段写作《认识论片段》时,还将辩证图像与胡塞尔的"本质"(Wesenheit)加以对照——"意象与现象学的'本质'之间的区别在于他们的历史标志"。②

因此,黑格尔之于本雅明思想的缺席,暗示了本雅明切入后康德观念论史的独特进路,不妨从下述两方面稍做分析。其一,虽然本雅明的早期文本鲜有提及黑格尔之处,但并不妨碍他彼时观念论批判的旨趣接近于黑格尔,两者都表现为试图解决先天(Apriori)与感性现实之间的分裂。毕竟,批判经验的贫乏并非本雅明康德批判的独有动因,而是后康德观念论者所共享的出发点。③ 黑格尔作为康德批判的集大成者,正如阿多诺所言,其批判要点恰好在于:

> 黑格尔批判康德的形式/内容的二元论,将僵化的差异规定……带入动力学,却并未牺牲一种直接设想出来的同一性的不可消解的要素,由此完善了康德的批判主义。黑格尔的观念论是对理性的批判,是对康德进行的再批判,即在否定的意义上使仍保留着那些要素的静力学运动起来。④

就此而言,本雅明所指责的"经验"概念的"空洞",意指康德要求事物服从基于几何—数学模式设想的知性原则。至少说,历史要素的介入,使得"真理"一词无论对黑格尔还是对本雅明而言,都不再是传统意义上静态的

---

① 本雅明:《德意志悲苦剧的起源》,第 41 页。本文译文均引自上述中译本,若无说明,均无改动,亦参考 Walter Benjamin, "*Erkenntniskritische Vorrede*", in: ders., *Gesammelte Schriften Bd. I*, hrsg. von Rolf Tiedemann und Hermann Schweppenhäuser, Frankfurt am Main: Suhrkamp Verlag, 1974, S. 207-237.

② 本雅明:《〈拱廊计划〉之 N》,参见《作为生产者的作者》,第 123 页。

③ Rolf Tiedemann, *Studien zur Philosophie Walter Benjamins*, S. 30.

④ Adorno, *Gesammelte Schriften*, Bd. 5. S. 257.

"理智与物的契合"（adequatio rei et intellectus），而是吸纳了主客体的历史进程。

其二，黑格尔的观念论批判又没有真正吸引本雅明，因为本雅明试图在经验论中保留主客体之间的张力。对黑格尔来说，张力的存在将阻碍一个完备的理性体系的建立。观念论是否能够达至"体系"的问题，导致早期浪漫派与黑格尔产生了重大分歧，直接影响了后康德观念论史的解释路径。[①]根据拜泽尔的看法，黑格尔和接受了柏拉图主义传统的早期浪漫派之间明显存在思想分野，黑格尔要求一个完备的哲学/知识体系，而早期浪漫派否认了体系的可能性。[②]尽管拜泽尔的断言——"黑格尔的绝对唯心主义实际上只是早已由诺瓦利斯、施勒格尔、荷尔德林及谢林所提出的绝对唯心主义的最晦涩累赘的表达"[③]——过于激进，但仍意味着，从康德到黑格尔的传统线性叙事，已转化为后康德观念论者分庭抗礼的"星丛"格局。[④]这样，各种替代性选择的思想史效果便值得重审。至少说，本雅明的观念论批判停留在了早期浪漫派的视野上，吸收的是其"体系思考"（而非对"体系"的思考）或"整体论"。

因此，本雅明的早期浪漫派研究是他带着康德问题对后康德观念论史的一次独特检阅，基本旨趣仍在于如何克服康德的认识论问题，以便发展新的理念论。蒂德曼指出：

> 本雅明将认识论与形而上学的严格区分视为《纯粹理性批判》的真正贡献。……康德毫无异议地——或者说确实"仅仅是初步地"——克服了"认知与基于人类经验意识的经验之间的关系"；形

---

① 关于浪漫派与黑格尔"体系"分歧的一个详细分析，请参见黄金城：《有机的现代性：青年黑格尔与审美现代性话语》，第 339 页及以下。

② 拜泽尔：《浪漫的律令：早期德国浪漫主义观念》，第 102—103 页。

③ 拜泽尔：《浪漫的律令：早期德国浪漫主义观念》，第 102 页。

④ 亨利希：《在康德与黑格尔之间》，第 12 页。

而上学本质、诸理念（Ideen）的存在，作为不依赖于主体的事物，也不能溶化为不可推导的直观材料类型的固有特性，所以先天综合判断仍然在统觉的综合统一性中残留了主观—性质；而根据康德的规划，"认知意识的主观—性质仍然是要消除的"。①

问题在于，认知意识之主观性的消除，恰恰涉及《纯粹理性批判》的"顶点"疑难，即意识的先验统一性。这正是康德有意回避，而后康德观念论史孜孜以求的自我意识奠基问题。② 因此，黑格尔的缺场恰恰证明了本雅明止步于康德理念论的深思熟虑。他的经验论虽然同样要解决主客关系问题，但绝非黑格尔式的绝对观念论。

第四节 思想史的戏仿：走出康德先验理念论

本雅明康德批判的最终目标，就是回应康德先验理念论。有一个几乎未被人注意过的现象，恰好能为此观点提供有力的支撑：《认识论批判序言》（以下简称"《序言》"）与康德《纯粹理性批判》"先验辩证论"名下的章节——《纯粹理性的概念》，无论主题还是行文结构，都形成了带有反讽意味的对照关系。一言以蔽之，《序言》呈现为对康德文本的双重戏仿，即形式对照与主题争辩。就此而言，两个文本的对应性对于理解《序言》具有决定性意义。《序言》历来以晦涩著称，它的存在也使《德意志悲悼剧的起源》（以下简称"《起源》"）全书的结构呈现为哲学研究与日耳曼语文学的结合，恰好表明了哲学与文学要素在本雅明思想中的独特关系。而《序言》的论证结构基本平行于《纯粹理性的概念》的结构安排，这种思想史呼应忠实地反映了本雅明康德批判的工作基础。

①　Rolf Tiedemann, *Studien zur Philosophie Walter Benjamins*, S. 32.
②　亨里希根据康德遗稿重构了《纯粹理性批判》的最高点，即认知意识的先验统一性。参见亨利希：《在康德与黑格尔之间》，第 123 页。

第一，《序言》作为《纯粹理性的概念》的文体戏仿，需要从后者出发才能得到参照与理解。文德尔班曾讨论过《纯粹理性批判》的体例编排，指出其论证主体实际上由第一大部分统领的"先验感性论""先验分析论"和"先验辩证论"三个并列部分构成，而体例上划为全书第二大部分的"先验方法论"，不过是时代风尚。[①] 这表明，"先验辩证论"不仅在论证结构上是第一批判的终点，而且在内容上代表着康德的核心问题，即识破先验幻象，消除纯粹理性的二律背反，以便真正地发展形而上学。[②] 按照进一步的章节划分，"先验辩证论"又包含导言和两卷，第一卷即《纯粹理性的概念》，主要处理先验理念。从行文安排上来看，《纯粹理性的概念》除了开篇两段引言，还包含三个小节，即"一般理念""先验理念"以及"先验理念的体系"。按此划分，"一般理念"一节讨论先验理念的命名。首先，康德为思想表达应首先考虑既有术语又非锻造新词的方式辩护，交代了沿用柏拉图"理念"术语的缘由，总结性地阐明了所有表象方式的术语的含义；接下来，"先验理念"一节阐明了"先验理念"之于纯粹理性体系的地位与功能；最后，"先验理念的体系"一节阐明了代表先验理念的三种无条件者（灵魂、世界与上帝）及其系统关联，划定了纯粹理性的特殊领域。

《序言》的行文布局基本参照了《纯粹理性的概念》的行文脉络，凸显了其晦涩表象背后的清晰思路。[③] 这种对比简述如下。首先，《序言》开篇讨论了哲学的"表达"，批判了观念论的体系形式，启用了"劝谕文"（Traktat）作

---

① "康德效仿当时流行的逻辑教科书的编排而进行的形式上的分类模式与此毫不相干。事实上，'方法论'只是一种补充，包含极其丰富的细致的观察。"参见文德尔班：《哲学史教程（下卷）》，第 292 页注释 1。

② 亨利希：《在康德与黑格尔之间》，第 102—104 页。

③ 本文将《序言》行文脉络划分为三个部分，按中文版译自德文版目录的小标题，大致相当于"劝谕文的概念——哲学中的美""概念的划分与分散——理念不可归类""布尔达赫的唯名论——言归正传"这三部分，同时分别对应于德文版如下页码：Walter Benjamin, "*Erkenntniskritische Vorrede*", in: ders., *Gesammelte Schriften Bd. I*, S. 207-212, S. 213-218, S. 218-237.

为理念论的表达方式;紧接着,《序言》简要探讨了柏拉图的理念论,并以评述过去以理念为核心的哲学体系尝试(即柏拉图理念论、莱布尼茨单子论及黑格尔辩证法)作结。相较康德在"一般理念"一节的结尾处呼吁为"理念"术语辩护,以免其"陷于其他那些通常用来称谓各种各样粗疏混乱的表象方式的术语中,由此而损害科学",本雅明依此诉求做了回应式的界分:"将哲学家与研究者联系在一起的是消解单纯经验的兴趣,将其与艺术家联系在一起的是表达的任务。"①接下来,本雅明对理念论的晦涩阐发,形式与主旨上皆与康德"先验理念"一节针锋相对。本雅明以理念论总结经验理论并完成其康德批判的意图,这恰恰使《序言》呈现出一个有趣的表象:康德一次都未被提及过。② 最后,本雅明以实例研究,即"悲苦剧在艺术哲学论文的语境中是一种理念",③开启了《序言》第三部分,分析了大量相关的日耳曼语文学及艺术哲学研究。毫无疑问,这部分恰恰对应于康德"先验理念的体系"一节及后续文本中有关莱布尼茨—沃尔夫学派的具体讨论。④

　　显然,对视"表达"为哲学核心的思想家而言,文体/思想的统一不仅是"形式"问题,而且是最迫切的思想问题。康德也将术语的澄清视为最基础的哲学工作。同时,如果没有《纯粹理性的概念》作为参考基础,《序言》的晦涩就显得像是新术语的凭空创造。毫无疑问,戏仿根本上意味着主题与形式(即文体/思想)的双重解构。本雅明文体的发展演变也佐证了这一点:《起源》正是以奇特的文本形式向整个观念论写作传统告别。《起源》不仅是本雅明告别学院体制的最后之作,也是他在历史唯物主义转向前夜对早期思想的总结,在这之后,他彻底采用了格言体写作的风格,为贯穿其早期思想的文哲之辩画上了句号。

---

① 本雅明:《德意志悲苦剧的起源》,第 37 页。

② Ilit Ferber, *Philosophy and Melancholy: Benjamin's Early Reflections on Theater and Language*, p.119.

③ 本雅明:《德意志悲苦剧的起源》,第 45 页。

④ 文德尔班:《哲学史教程(下卷)》,第 292—293 页。

第二,本雅明理念论的意义在于对康德先验理念论做针对性反驳,同样需要从后者出发才能得到正确的理解。康德的先验理念论究竟表明了何种问题? 这个问题需从知识论角度来解答。对康德而言,一切知识都始于感觉,前进至知性,最后终于理性。正是知识的层级决定了,理性的运用并不是针对经验或任一对象,而是针对知性,并通过概念赋予杂多的知性知识以先天统一性。但康德认为,经验/现象是人类知识的唯一对象,那么,应当如何解释理性本身包含不涉及感官和知性的概念和原理,或者说如何解释纯粹理性自身产生概念的能力呢?

这就意味着康德一方面必须阻断一种超感性形而上学的可能性,另一方面必须坚持物自体的现实性,即它虽然不可能成为知性的对象,但必定可以被纯粹理性所思考。因此,相对于纯粹知性的概念被称为范畴,纯粹理性的概念被称为先验理念。为了使一切经验知识(杂多的知性知识)能够被看作是具有先天统一性的,先验理念被规定为"一个给予的有条件者的诸条件的总体性的概念"[①]。同时,康德进一步从下述三个近似条件来刻画先验理念:

> 它们是纯粹理性的概念,因为它们把一切经验知识都看作是由诸条件的绝对总体性所规定的。它们不是任意虚构出来的,而是由理性的本性自身发出的,因而是与全部知性运用必然相关的。最后,它们是超验的,是超出一切经验的界限的,所以在经验中永远不会有一个和先验理念相符合的对象出现。[②]

同时,康德为诸理念找到了三种无条件者,分别是关于内部感官所有现象的总体(即"灵魂"),关于外感官所有资料的总体(即"世界"),关于有条件

---

①　康德:《纯粹理性批判》,第 276 页。
②　康德:《纯粹理性批判》,第 278 页。

者的总体(即"上帝")。文德尔班总结,上述先验理念论的主旨在于:

> 　　理念是无条件者(不受限制者)的心灵表象,理念必可思考但
> 绝不可能变成认知对象;形而上学沉溺于先验的幻象,先验的幻象
> 的实质又在于将理念当作既与的,而理念只不过是作为任务而硬
> 派给的。实际上,理念并不是像通过范畴而产生认识对象的组建
> 性原则,而只是调节性原则,此调节性原则迫使知性在经验的有限
> 者的领域中不断探索越来越深入的内在关联。①

　　就此而言,康德认识论的意图便呈现为,在科学与形而上学之间划出清
晰的界限。

　　在上述背景下,《序言》阐述的理念论透示出特定的针对性。当本雅明
借柏拉图的理念学说——"认识的对象不等于真理"②——来阐明哲学意图
时,已明白无误地表达了对康德先验理念论的否定。在康德看来,认识的对
象恰恰是由知性活动保障的,而"真理"源于认识对象与知性规律的符合。
本雅明则针锋相对,认为:

> 　　作为存在中的统一而不是作为概念中的统一,真理是超越了
> 所有疑问的。概念是出自理智的自发性质的,而理念是赋予观察
> 的。理念是一种预先给定物。于是,真理区别于认识联系的独特
> 性就将理念定义为存在。这显示出理念论对于真理概念的可适
> 用性。③

---

①　文德尔班:《哲学史教程(下卷)》,第 294 页。
②　本雅明:《德意志悲苦剧的起源》,第 34 页。
③　本雅明:《德意志悲苦剧的起源》,第 34—35 页。

换言之,追求概念中的统一性(即赋予知性活动先验统一性),是康德为先验理念所设定的任务和界限。相反,本雅明将理念设定为存在,就意味着理念具有充实的客观内涵。

针对康德关于纯粹理性之自发性的解释,本雅明重新设定了知识的层级关系。"感官—知性—理性"这一秩序分明的递进层级,让位于现象、概念、理念之间更复杂的关系,即如此认识秩序:"通过其中介角色,概念让现象得以参与理念的存在。……因为理念不是在自身表达自己,而是仅仅在概念对物的元素的组合中表达自己。"①对康德而言,概念也是一种中介——知性规则以概念来统摄直观杂多,理性则以原则来统一知性规则。只不过,现象不可能与理念发生任何关联,仅仅止步于知性活动,且必须使自身符合范畴类型。相反,本雅明并未径直将理念与现象的关系设定为对康德的直接反转②,而是启用了"再现"来刻画理念对现象的触及。

> 理念将以何种方式达致现象。对此的回答是:在对现象进行再现中。作为现象的再现,理念就归属于原则上与理念所涵括的领域不同的另一个区域。因此不可以以此来评价其存在,即理念是否可以像一个种属概念统一概括各个细类那样统一概括它所涵括之物。因为这不是理念的任务。③

显然,一旦赋予理念具体的认知含义(即"再现"),便须回答理念与现象的关系问题。在康德为知识论设定的层级中,纯粹理性虽然产生自身的概念,但先验理念作为超验原则,实际上是空的,在经验中永远都不可能找到与之相符的对象。对象与概念,也只是在知性活动中相符。而本雅明既将

---

① 本雅明:《德意志悲苦剧的起源》,第39页。

② 这种反转将伤害康德的"科学"追求,在康德看来,以理念自上而下的兼并现象只是一种神秘主义思维方式。参见亨利希:《在康德与黑格尔之间》,第146—147页。

③ 本雅明:《德意志悲苦剧的起源》,第39—40页。

理念规定为对现象的客观化阐释，又拒绝理念将现象完全吸纳进自身，因此必须给出两者相互关涉的说明。这一说明的核心还是在于拒绝物与理智相符的传统认识论原则。本雅明宣称"理念是语言性的"，这既意味着理念必须通过语言来自我表达、自我充实，也意味着作为无条件者的理念是可以被认知、被把握的。因此，理念对现象的"再现"，并非旨在彻底消解主客体间的张力，反而以颇为辩证的关系来重新设定知识图景中各要素(物/现象/概念)的依存。批判的关键在于阐明作为中介的"概念"含义。首先，概念从经验的杂多状态中提取现象作为认识要素——概念"凭借物"(an den Dingen)让现象消解为要素。① 由此，概念不再是观念论模式下主体对客体的缩略式把握，而是被视为现象要素聚合的极端情况(das Extreme)。概念因而成为理念与现象之间的中介，理念则表达为概念的构型(Konfiguration)。归根结底，概念放弃了主客体之间的认知工具角色，隐入"星丛"隐喻的认知秩序："理念与物的关系就如同星丛与群星之间的关系。这首先意味着：理念既不是物的概念也不是物的法则。"②

　　凭借上述规定性，本雅明拒绝了观念论奠基模式的诱惑，拒绝了理智直观(费希特)与意向性(胡塞尔)：真理作为理念的存在，既不可以被设定为观看对象，也不可能进入有意图的关系。③ 本雅明"真理"学说异于观念论传统的规定性："每一个理念都是一颗恒星，它与其同类的关系就如同恒星彼此之间的关系一样。这些本质之间的和谐关系就是真理。"④星丛作为真理的隐喻，肯认了事物之于认知统一性的异质性——对事物的理解和认识不能损害其特质，亦不能将异质性悉数纳入某种"总体性"体验之中。正是在理

---

　　①　中译者译之为"就是这些概念在物中让现象消解为元素"，这种译法也许会引发误解，似乎概念将物解构为了现象要素。但本雅明表达的是关于物的知识绝非康德那里通过知性活动所规定的认知，而是表达为语言关系的依存。参见本雅明：《德意志悲苦剧的起源》，第 39 页。

　　②　本雅明：《德意志悲苦剧的起源》，第 40 页。

　　③　本雅明：《德意志悲苦剧的起源》，第 41 页。

　　④　本雅明：《德意志悲苦剧的起源》，第 44 页。

念论阐释的结尾处,本雅明表达了他对早期浪漫派的不满,因为在他看来,早期浪漫派尚未洞悉"非连续性的有限性",仍未达到对作为"理念教义"的"整体论"的认识,而仅仅是对非连续性之无限性的痴迷。[①] 这种非连续性之无限性作为不可克服的反思循环,最终会复归"总体性"的教条。相比之下,本雅明早期思想中潜藏的系统性思维,或者说,对历史综观的理论冲动,则不属于总体性的替代品。"整体论"综观已预示了去先验化的潜能。唯有在此基础上,本雅明早期思想才最终以对康德先验理念论的批判/对康德文本的戏仿告别了文哲之辩,为其转向历史唯物主义/先锋文体的道路做了准备。

---

①　本雅明:《德意志悲苦剧的起源》,第44页。

第四辑 ｜ 走向"居间美学"

| 第一章 |

论康德《判断力批判》中的"居间美学"

第一节　审美理性主义批判再审思

康德"美学"所引发的效果史中,指认康德为美学之主体化倾向的始作俑者的论断,可谓意义重大。批判者往往从"客体"出发,形成针锋相对的思想路线。如果考虑到"美学"含义的历史性,即它曾被理解为关切创作规则的指导手册(鲍姆嘉登),或关切艺术作品的系统知识,即艺术哲学(黑格尔),那么,考虑康德那儿的"美学"就意味着,首先得进入一个与现行含义拉开距离的思想史语境。就此而言,康德并没有一门通常意义上的"美学"(若取"Wissenschaft"之意,即无矛盾的话语阐释),而只有一种审美"批判"(意在揭示知识在审美领域所受到的先天的、无条件的限制)。

本文试图从具有思想史针对性的问题语境出发,重新把握康德"美学"的意义,包括以下三方面的内容。第一,拜泽尔认为,康德的审美理性主义批判的理据并不充分,但这种否定只依据了"第三批判"上半部分"审美判断力批判",本身仍可质疑;第二,按照黑格尔—科耶夫的解释,作为伦理神学预备的自然目的论学说,才是理解"第三批判"体系意义的钥匙;第三,"第三批判"之于美学的真正意义,应通过重新表述下半部"目的论判断力批判"来达成。

康德关于"三大批判"的设定已透露"美学"的主体化倾向,如果依据思想史的发展,也可将之理解为对审美理性主义的攻击。[①]《纯粹理性批判》的谋篇布局已显示了这一点。《纯粹理性批判》的第一部分"先验要素论"又一分为二,分别为"先验感性论"与"先验逻辑学"。康德将前者规定为"一门关于感性的一切先天原则的科学",与包含着"纯思维之原则"的后者相对照。"先验感性论"第一节便给出了认识的基本规定及方法论要求,即如何通过把感性孤立起来,再从其经验性直观中把感觉分离,最终获取纯直观和显象等先验感性形式(空间和时间)的方法。正是在此处,康德给"先验感性学"(关于感觉、直观的科学)做了一个非常重要的长注释:

> 唯德国人如今在用感性论这个词来表示别人叫作鉴赏力批判的东西。在此,作为基础的是杰出的分析家鲍姆嘉登所持有的一种不适当的希望,即把对美的批判性判断置于理性原则(按:充足理由律)之下,并把这种判断的规则提升为科学。然而,这种努力是徒劳的。因为上述规则或者标准就其最重要的来源而言仅仅是经验性的,因而决不能充当我们的鉴赏判断必须遵循的确定的先天规律;毋宁说,鉴赏判断构成了那些规则的正确性的真正试金石。因此可取的是,要么使这一称谓再次死亡,并把它保留给真正的科学的学说(这样一来,人们也就会更为接近古人的语言和意义,在古人那里把知识划分为[可感觉的和可思想的]是很著名的),要么与思辨哲学分享这一称谓,并部分地在先验的意义上、部分地在心理学的意义上接受感性论。[②]

①　拜泽尔:《狄奥提玛的孩子们:从莱布尼茨到莱辛的德国审美理性主义》,张红军译,人民出版社 2019 年版,第 19—24 页。

②　康德:《纯粹理性批判(第 2 版)》,李秋零主编,中国人民大学出版社 2004 年版,第 46 页。

这个注释已经提示了后来《判断力批判》的"美学"问题,即勾画出鉴赏判断必须遵循的普遍先验前提。鉴赏判断并非判断的规则,而只是关于规则之正确性的"试金石"。也就是说,鉴赏判断无法充当一门感性科学的根基,而只是其先行考察。除了承袭几乎贯穿西方思想传统的形而上学区隔(可感觉的/可思想的,即直观/概念之分)所引发的问题之外,康德在此主要提及了他的理论前辈的贡献,即一个大约持续了六十多年,从沃尔夫、鲍姆嘉登到莱辛的"审美理性主义传统"。据拜泽尔的研究,审美理性主义的创立主要依赖于充足理由律,即认为万物的存在皆有其理据,所有命题(判断)应当有保证其真理性的充分证据。审美同样如此,审美判断也应当具有规范基础。拜泽尔将审美理性主义者就审美判断所提出的四个信条归纳如下:其一,审美判断必须是理性的,即必须赋予其理由;其二,这些理由(部分)存在于客体自身的感性特征中;其三,这些理由(部分)存在于客体的完善或美之中,后者指多样性之统一性;其四,审美经验(快乐)是一种认知状态,即对完善的直观(Intuition Perfectionis)。① 换言之,审美理性主义者认为,审美判断是认知性的,且审美经验是意向性的,即它必然关涉客体本身的特征。

如果从上述视角考量康德关于先验感性学的脚注,两者的理论反差尤为明显。鲍姆嘉登所谓对"美"进行批判性评判的理性原则,正是"充足理由律"。如果关于美的批判性评判依赖于对象的完善(多样性的统一、理据),那么,评判就会从客体中提取出规则。这些源自经验的规则所构成的科学,能够说明一个对象究竟为何"美"(即为何使我们感到快乐)的理据,即给出关切客体的感性知识。拜泽尔也指出,审美理性主义区别于经验主义美学的关键在于,"经验主义美学允许审美判断违背充足理由律,使快乐成为审美价值的唯一充分的试金石,而不许质问为什么人们应该感到快乐"②。康

---

① 拜泽尔:《狄奥提玛的孩子们:从莱布尼茨到莱辛的德国审美理性主义》,第6页。

② 拜泽尔:《狄奥提玛的孩子们:从莱布尼茨到莱辛的德国审美理性主义》,第163页。

德在这方面更靠近经验主义,他认为,审美判断显然是非认知性的,因其是主观的,不提供关于对象的任何知识。但同时,康德并不认为所有类型的"快乐"(适意、敬重及快乐)都能够满足鉴赏判断的要求。换言之,关涉审美经验的感觉,得到了特殊的规定,究竟何种感觉能够在审美经验上获得知识地位,成为问题的核心?①

要理解这一点,必须理解"感觉"在康德认识论中扮演的基础角色。这种规定不妨描述为理性主义与经验主义之间的中间道路。一方面,康德从各种感觉类型(Empfindungsart)中挑出完全不涉及客体的、仅仅属于主观的"快乐或不快乐的情感(Gefühl)";另一方面,康德必须赋予情感(感受)的"原因"——并非客观的,而是从主观方面设想的原因,这正是反思判断力的关键所在——以"普遍性"(目的因),即著名修辞"无目的的合目的性"所传达的内涵。这意味着"感觉"论证在批判哲学的不同领域中,具有不同含义和论证策略。海德格尔曾辨析了"感觉"一词在"第一批判"和"第三批判"之间的区别:

> 在《纯粹理性批判》一书中讨论的是各种客观的感觉,即某种实在的东西的给予,某种含有实事的东西、某种感质(quale)。反之,主观的感觉不是对某一事情的表象,而是对该事情在其同主体的关系中的表象,是对主体如何被定调的表象(gestimmt),它是感受(Gefühl)。通过感受所表象的不是某一对象,而是当某一感觉被给予时我的心情如何之方式。在《纯粹理性批判》一书中感觉通常意味着intentum(被意向者),并且同各种感觉材料的照面所属

---

① "而审美经验主要存在于感觉中,感觉仅仅是第二性的质。例如,颜色和声音之于每一个个体都有差异,因此,它们只能给出关于主体的心理和生理的知识,而非关于客体自身的知识。第一性的质则是关于客体本身的知识,例如形状、大小及重量等等。"拜泽尔:《狄奥提玛的孩子们:从莱布尼茨到莱辛的德国审美理性主义》,第169页。

于的那种直观活动,是经验性的直观活动。[①]

　　这种解读实际上再次强调了"感性"在认识中所占据的初始地位。鉴于新康德主义马堡学派曾认为,"先验感性论"不过是康德认识论的冗余,应并入"先验逻辑论",这种强调更是不可缺少的。稍加回想《纯粹理性批判》的开端,康德伊始便交代了,认识与对象发生关系所凭借的就是"直观"。而直观只有在对象被给予我们,即对象以某种方式刺激心灵时,才能发生。康德将我们通过被对象刺激的方式获得表象的能力称为感性。对象借助感性被给予,也就是说,感性提供直观,而直观通过知性被思维,才产生概念。而康德真正关切的是感性的普遍成分,即时间与空间这样的纯粹直观或抽象直观。换言之,时间和空间是感性的先天形式,不属于个别的感觉,不依赖于任何经验而存在。相反,感觉属于经验性直观,属于认识的感性内容(材料)——"如果我们被一个对象所刺激,则对象对表象能力的作用就是感觉。通过感觉与对象发生关系的那些直观就叫作经验性的"[②]。

　　感觉双重性反映了认识论上表象的审美性状和逻辑有效性这一对区分。康德指出,在对一个感官对象的认知中,审美性状和逻辑有效性一并出现,前者是客体的表象上纯然主观的东西,只构成表象与主体的关系,后者才是用于对象的规定(知识)的东西。康德以空间为例,说明它既是被直观的、纯然主观的东西,又是作为显象的事物的一个知识成分(在后者那里必须与概念结合,受知性的作用才能够构成知识)。

　　　感觉(这里是外部感觉)同样表达着我们对我们之外的事物的
　　表象之纯然主观的东西,但真正说来是表达着这些表象的质料性

―――――――――

　　① 海德格尔:《康德〈纯粹理性批判〉的现象学阐释》,溥林译,商务印书馆2021年版,第119页。
　　② 康德:《纯粹理性批判(第2版)》,第45页。

的（实在的）东西（由此某种实存的东西被给予），就像空间表达着
这些事物的直观之可能性的纯然先天形式一样；而感觉仍然被用
于认识我们之外的客体。①

这种区分，即感觉究竟是彻底被限制在主观方面，还是在客观方面指涉
客体，在《判断力批判》第3节中得到了更明确的阐释。

> 如果对愉快或者不快的情感的一种规定被称为感觉，那么，这
> 一表述就意味着某种完全不同于我在把一件事物的（通过感官，即
> 一种属于认识能力的感受性而来的）表象称为感觉时的东西。因
> 为在后一场合，表象与客体相关，但在前一场合，表象则仅仅与主
> 体相关，并且根本不用于任何知识，也不用于主体借以认识自己的
> 东西。……但是，我们在上面的解释中把感觉这个词理解为感官
> 的一个客观的表象；而且为了不总是冒被误解的危险，我想用情感
> （Gefühl）这个通常流行的名称来称谓在任何时候都必定仅仅保持
> 为主观的、绝对不可能构成一个对象的表象的那种东西。草地的
> 绿色属于客观的感觉，是对一个感官对象的知觉；但这绿色的适意
> 则属于主观的感觉，通过它不能表现任何对象，也就是说，它属于
> 对象被视为愉悦（这愉悦不是对象的知识）的客体所凭借的情感。②

通过在审美性状和逻辑有效性之间做出区分，康德彻底否定了审美经
验的认知特性。他认为，审美判断中并无任何有关客体的知识（一个客体的
概念就叫作目的）被给予，或者说，审美判断仅仅是想象力和知性在事物表

---

① 康德：《康德著作全集 第5卷》，李秋零主编，中国人民大学出版社2007年版，第
198—199页。

② 康德：《康德著作全集 第5卷》，第213—214页。

象(显象)上的和谐游戏,不涉及任何关切感性自在(Sinnlichkeit an sich)的知识——这种知识在审美理性主义传统中理所当然地被称为关于"美"的知识。关于此结论的判语,最经典的也许莫过于伽达默尔所言:

> 审美判断力的自我立法绝没有建立一种适用于美的客体的自主领域。康德对判断力的某个先天原则的先验反思维护了审美判断的要求,但也从根本上否定了一种在艺术哲学意义上的哲学美学(康德自己说:这里的批判与任何一种学说或形而上学都不符合)。①

伽达默尔的意图非常清楚:一方面,在宏阔的后康德观念论脉络中,清算审美经验彻底主观化引发的灾难性后果;另一方面,在艺术哲学上突破"趣味"作为规范视角的局限,从而使理解真正触及艺术作品。

实际上,伽达默尔部分复活了黑格尔对康德的批判。黑格尔早已明确地将康德的"美学"(Ästhetik)径直称为直观学说(die Lehre von der Anschauung),为之恢复了真正的思想含义。② 确实,康德并无任何意义上的"美学",哪怕如今谈及该词,几乎习惯性地要追溯其所谓"感性学"的原意。但这种追溯丝毫未能透显出这一问题在康德及其后的观念论发展中已经达到的论证水准。本文认为,唯有在思想史背景下强调这一事实,才能真正开辟理解康德的美学的道路,我会在后文逐步给出理由。

强调审美理性主义的合理性给出了一个意义重大的提示,如果在康德"第三批判"范围内不受限制地讨论美学问题,就有混淆问题的危险。譬如,在一个非批判语境中,误把前康德的理性主义美学的某些学说,断章取义地

---

① 伽达默尔:《真理与方法(上卷)》,第84—85页。
② 黑格尔:《哲学史讲演录 第四卷》,贺麟、王太庆译,商务印书馆1983年版,第264页。

重新带回批判哲学。类似做法均无助于推动美学进展,往往采取了流俗的攻击形式,譬如简单地断言康德无法把握当下的艺术及审美现象,甚至,指认康德仅持有"趣味美学"的立场。这也一定程度上遮蔽了问题,"趣味"也无法成为美学的根基。也许,更适合的是,将康德独特的"美学"学说定位在审美理性主义与后康德美学之间,并从概念或话语的角度来看待问题。审美理性主义强调"美"概念的客观有效性,能够以话语方式建构起一种完备的美学。后康德美学则更多强调"智性直观"的重要性,青睐这种以非概念方式直接产生对象的能力。但康德并不承认有限的认知者具有这种源初直观的能力,智性直观只不过是与感性直观相对举的功能概念。康德始终坚持概念的曲行(Diskursiv)方式,即便这种曲行论述也不能够以知性语言表达,并运用于艺术。[①] 至少在康德主义体系内部,"第一批判"和"第二批判"所涉及的认知及道德领域,才够得上这种话语论证的标准。

当然,拜泽尔重构审美理性主义的前提并非不可置疑。他主要批判了康德的审美判断力学说,甚至通过与审美理性主义观点的勾连,反过来强化了这一学说在康德思想中的地位及特征。拜泽尔正确地指出,康德美学的核心特征在于,既不承认趣味具有源自感性—自在理据的客观标准,又力主基于趣味的审美判断具有普遍性。但他更多在具体论点上与康德论争,并未去追问康德何以要坚持这种感觉的双重性。康德坚持,一切意义只能来自可感经验,或者说知觉经验,并将之贯彻三大批判。这意味着,康德在"第三批判"中必须采纳一种完全不同于前两大批判的论证策略,来保证其体系的非矛盾性。这种论证策略不仅塑造了通常归之于康德"美学"核心论点的独特性,还引导了一种对"第三批判"架构的重新审视。这一点伽达默尔已经说得非常清楚:

---

① 刘创馥:《黑格尔的判断形式批判及其形上学意涵》,《揭谛》2013 年第 25 期,第33—74 页。

> 《判断力批判》在其第 2 部分中完全只涉及自然（以及从目的概念对自然的判断），而根本不涉及艺术。因此把审美判断应用于自然中的美和崇高上，对于体系的总目的来说就比艺术的先验基础更重要得多。……就此而言，趣味批判，即美学，就是一种对目的论的准备。①

因此，就趣味美学在"第三批判"中所扮演的角色而言，拜泽尔对康德"美学"的批判仍不够充分。显然，并不能止于追问"第三批判"是否提供了一种美学——这种追问不会超出趣味批判及其效果史——而要更进一步追问"第三批判"是否能够提供一种美学，至少能承前启后地开启一种对感性生活的话语分析。拜泽尔基本上否定了第一种提问，替之以对审美理性主义的重构。本文则试图考虑第二种提问方式。

第二节　理解"第三批判"的黑格尔—科耶夫进路

选择第二种提问方式意味着回答以下问题。首先，如果审美判断力批判只是为目的论判断力批判所做的准备，那么，后者在"第三批判"之中，以至于"第三批判"在整个体系之中究竟扮演了何种角色？② 其次，从这一定位反观"第三批判"，如何才能更进一步地将美学问题加诸康德。这一节将尝试分别回答这两个问题。

---

① 伽达默尔：《真理与方法（上卷）》，第 70 页。
② 国内学界早已注意到目的论学说之于康德美学的重要性，并给出了自己的解释。参见邓晓芒：《审美判断力在康德哲学中的地位》，《文艺研究》2005 年第 5 期；周正兵：《试论康德美学的先验转向：兼就目的性原理的形成与邓晓芒先生商榷》，《安徽大学学报（哲学社会科学版）》2006 年 5 月；李小红、寇鹏程：《康德目的论美学的重大意义》，《西南大学学报（社会科学版）》2008 年第 1 期；朱立元：《康德美学研究的新突破：曹俊峰先生〈康德美学引论〉新版读后》，《武陵学刊》2012 年 11 月；庄振华：《康德"目的"概念析义》，《北京社会科学》2014 年第 12 期。

第一,理解"第三批判"的整体意义,最好的仍莫过于黑格尔在《哲学史讲演录》中对康德体系的评述。科耶夫作为黑格尔主义者,其康德阐释基本脱胎于这种解读,但在立意和思想细节上有不少推进。[①] 黑格尔提纲挈领地交代了"第三批判"的意图和布局:"还剩下康德哲学中的第三方面,在这里也提出了对于具体的要求,在这里统一性的理念已不是一个彼岸,而是被设定为一个当前的东西——这是判断力的理念。它的对象一方面是美,一方面为有机的生命;而后者是特别的重要。"[②]这里明确传达了两点:其一,反思判断力的统一性理念只涉及感性世界;其二,目的论判断力的地位优先于审美判断力。黑格尔的评述恰好对应于《判断力批判》的四个部分:(1)对"第三批判"体系意义的解释("导言");(2)对审美目的论的评述("审美判断力批判");(3)对自然目的论的评述("目的论判断力批判");(4)对"上帝"的讨论("附录")。从篇幅上看,黑格尔显然认为,康德关切的重点在后两个部分,即自然目的论学说与神学的关联。黑格尔的主要驳论也集中于这两者。一是攻击康德始终将自然目的论仅维持在(主观上)反思判断力层面,没有达到(客观上)智性与直观的统一;二是批判康德为了满足理性对至善之实现的要求,虚设了一个上帝的存在,而上帝不能被证明,只能被信仰。黑格尔这两个批判带有德国观念论体系发展史的强烈意识,也为科耶夫看重和发挥。

科耶夫认为,按照后康德观念论的发展,一旦在康德体系中删除物自身概念,康德的体系就会转化为黑格尔的体系。但是,康德在要求体系必须自闭合(作为从自身出发,再回到自身的无矛盾话语)的前提下,坚持要在话语体系中保留物自身概念,后者超越了时空经验,因而无法成为知识客体。换言之,康德对二元论的坚持,同他以"第三批判"(尤其是目的论学说)来弥合体系是一脉相承的。黑格尔也看到了这一点,并且充分意识到康德哲学在论述上的"矛盾"。

---

①　科耶夫:《论康德》,梁文栋译,华东师范大学出版社 2020 年版。

②　黑格尔:《哲学史讲演录(第四卷)》,第 294 页。

这就是康德哲学中经常的矛盾；他曾经揭示了最高的对立，并且说出了这些对立的解除。他说出了这些对立的片面性，也同样说出了它们的统一。理性设定了这种统一，我们在判断力里获得这种统一。同时康德却说，这只是我们反思的判断力的一种方式，生命本身并不如此，但我们却习惯于那样去考察生命；那只是我们的反思的通则。①

黑格尔以自身体系的立场驳斥康德，强调康德停留在主观性和片面性上，尽管康德已触及智性与直观的真正统一。

显然，康德和黑格尔闭合自身体系的差异方式是决定性的。站在黑格尔的角度来看，物自身概念是多余的；站在康德的角度来看，设定一个超验的、人类知性根本无法对之进行曲行论述，也构不成知识的物自身，恰恰是为了让体系不以黑格尔主义的方式闭合。科耶夫认为，康德为了达成这个目标，开创性地采用了一种特殊的论证策略，即"仿佛"（Als Ob/As If）②的表达方式。确实，只要稍加留意"第三批判"的论证表达，就会发现这种"仿

---

① 黑格尔：《哲学史讲演录（第四卷）》，第 302—303 页。

② 关于"Als Ob"即"仿佛"的哲学讨论，最重要的是新康德主义者 Hans Vaihinger 于 1911 年出版的皇皇巨著《仿佛哲学》（此书后来频繁再版，版次众多）。这本书专门讨论了"仿佛"在康德哲学的方法论意义。科耶夫是否参考了 Hans Vaihinger，我们不得而知，因为根据中译者的交代，《论康德》原本是科耶夫为其正式出版著作《理性的异教哲学史》的导言预备的一个手稿，故而缺少标准的文献引用。但鉴于 Hans Vaihinger 在康德研究界的显赫地位，可以推知他的重要研究当是不可绕过的参考。参见 Hans Vaihinger, *Die Philosophie des Als Ob. System der theoretischen, praktischen und religiösen Fiktionen der Menschheit auf Grund eines idealistischen Positivismus. Mit einem Anhang über Kant und Nietzsche*, Leipzig: Verlag von Felix Meiner, 1922. 最新的英译本参见 Hans Vaihinger, *The Philosophy of 'As If': A System of the Theoretical, Practical and Religious Fictions of Mankind*, Routledge, 2021. 此外，关于"仿佛"哲学在文学理论中的一个讨论，也可参见伊瑟尔：《虚构与想像：文学人类学疆界》，陈定家、汪正龙等译，吉林人民出版社 2003 年版，第 168—190 页。

佛"处处可见。总而言之,人们面对世界之际,觉得一切事物都"仿佛"有意义存在于其中,觉得一切事物存在的背后都"仿佛"有一种在起支配作用的目的。

由此,科耶夫将黑格尔对康德的第一个批判的要点重构为"仿佛"方式之于体系的关键意义。

> 总之,我们同康德一道(他是第一个认识到这一点的人,为黑格尔开辟了道路)认为仿佛是哲学中不可缺少的概念,是知识体系中必要的构成性要素,没有它,体系就不能作为话语自闭合。但我们接受仿佛概念的前提是,仿佛的定义是"有效的(即'创造性的'、'革命性的')否定性(=自由的、有意识的、自发的)行动"。然而康德明确反对如此定义仿佛,他认为归根结底,仿佛是一个完全话语性或理论性的陈述,它不产生任何有效的否定性行动。仿佛不是真的,因为仿佛不能"被经验证实",用我们的术语就是说仿佛的意义不对应任何现象的本质。但仿佛也不是假的,因为康德认为仿佛本身并不矛盾,没有什么经验"反对"它。也就是说康德的仿佛,归根结底并不是指时空现象(用我们的话说,不是指给定存在,也不是指客观现实,也不是指经验实存),而是指本质上非时空的物自身,也就是康德宗教主义和有神论那里的不朽灵魂、来世和上帝。①

上述引文有意给出了一个强烈的对比:把"仿佛"定义为有效的否定性行动,是黑格尔主义的解读;康德仅承认"仿佛"是一种非真非假的论证策略,将"仿佛"贯彻于"第三批判"之中,不仅触及了艺术和自然中的美与崇高,而且触及了作为内在信仰的非行动静观。但是,物自身(至善的理念)属

---

① 　科耶夫:《论康德》,第158—160页。

于实践理性的绝对目的,又必然要求善能够在尘世中得到实现,即要求善(自由)与实在(自然)的同一性。困难在于,"善与世界的对立和矛盾是和这种同一性正相反对的;因此理性要求必须把这个矛盾扬弃,并且要求一个本身至善并统治这世界的力量。这就是上帝;这就是上帝在康德哲学中所占的地位"①。黑格尔认为,康德的二元论(或者说坚持物自身概念)将始终无法解决这个问题,因为在这个框架下,善无法扬弃其抽象性,而世界也无法扬弃其对立于善的外在性和差异性。

这也就涉及上文黑格尔对康德的第二个批判的要点,即虚设上帝的问题,也就是对"第三批判"第二部分"附录"(目的论判断力的方法论)部分的驳斥。针对这一问题,科耶夫详尽辨析了,康德的神学实际上只是一种内在的道德信仰,一种犹太—基督教信仰。② 就此而言,"第三批判"提供的神学实际上并非对上帝的证明,即无法获得真理的确定性,仅仅是一种人们能够坚持的、据以在尘世生活的希望,一种内在的、主观的确定性。再进一步说,康德仅以"仿佛"方式论述善与实在的这种同一性,更遑论实现这种同一性。康德仅仅是想在话语体系中将之透显出来。这又再次确证了,"第三批判"作为前两个批判的联结和补充的体系意义,恰恰是在感性世界之中透显出理性所不懈追求的,"不朽灵魂、来世和上帝"的属人意义,也是给出既定的自然世界与具有自由意志的人类之间的意义纽带。

无论如何,理性对终极意义的追求是不可避免的。康德认为,在纯粹哲学或知识体系中,理性的先验运用中的思辨最终导致了三个终极对象的意义问题,即意志自由、灵魂不朽和上帝存在。按照康德认识论的原则,这三个对象是不可能在时空经验中存在的,实际上是毫无用处的,也就是说,对于知识而言是不必要的。但是,这三个问题恰恰是理性迫切要求回答的,是理性自身所产生的理念,涉及人的最高目的,关涉实践领域——"如果意志

① 黑格尔:《哲学史讲演录(第四卷)》,第304页。
② 科耶夫:《论康德》,第53—62页。

是自由的,如果有一个上帝,有一个来世,那么应当做什么。既然这涉及我们与最高目的相关的行为,所以睿智地照料我们的自然在设立我们的理性时,其终极意图真正说来就只是着眼于道德的东西"①。正是出于对终极目的的回答,康德给予了自然目的论学说作为伦理神学预科的一个位置。②

第二,从目的论反观,"第三批判"的意图变得清楚了。③"第三批判"当然不是美学著作,尽管康德确实是以静观(主观)方式来处理知性和理性的联结,但丝毫不涉及对内在自然的解释,仅以"仿佛"方式来论述认识能力的和谐。由此观之,就体系意图来说,目的论判断力远比审美判断力重要。而仅就审美判断力内部而言,崇高(自然美)的重要性也高于美,但两者都服务于同一个目标,即透显出作为"终极目的"的人的形象这一理念,如康德所言:

> 这种类型的存在者就是人,但却是作为本体来看的人;唯有这样的自然存在者,我们在它身上从它自己的性状方面,能够认识到一种超感性的能力(自由),甚至认识到那种因果性的法则,连同这种因果性的那个能够把自己预设为最高目的的客体(世界上的至善)。④

因此,康德最终把世界存在的终极目的设置为服从道德法则的理性存在者(即人)。可以说,正是这种设定,反过来保障了尤其美的分析在体系中的功能和地位。

仍然是黑格尔精准理解了这一问题,言简意赅地概括了美及崇高分析的核心要旨。

---

① 康德:《纯粹理性批判(第2版)》,第511页。
② 康德:《康德著作全集(第五卷)》,第415页。
③ 关于目的论思想在"第三批判"中的详细考察,请参见李秋零:《康德的"目的论"情结:〈判断力批判〉的前史》,《宗教与哲学》2019年第8期。
④ 康德:《康德著作全集(第五卷)》,第453页。

"理性的理念"属于理想[的范围],"它把那不能感性地被表象的人类目的当作判定一个形象时采用的原则;通过这个形象,这些人类目的便显示其自身作为它们在现象界中的效果"。"人们只能期望理想显示其自身在人的形象里。"崇高是对一个理念加以感性的表现的努力,在这里同时也表明了用感性以表现理念之不适合和理念的不可把捉性。[①]

因此,美和崇高实际上暗含了对人作为理性存在者之道德旨趣的感性确证,在感性直观上,透显出理性能够将自身扩展到超感性事物上的契机。康德更是对此坦言:

极有可能也是这种道德旨趣最初激起对自然的美和目的的注意的,这种注意后来卓越地用于加强那个理念,但毕竟不能论证它,更不能缺少那种道德旨趣,因为甚至对自然的目的的研究也唯有与终极目的相关才能获得这样一种直接的旨趣,它如此大规模地表现在对自然的惊赞中,毫不考虑任何能够从中得到的好处。[②]

即便如此,自然世界本身就是人自由行动的场所和空间,但康德并未把话题真正转到这个方面,正如他在整个关于艺术作品及自然产品的分析中都跳过了创作这个方面一样。[③] 但这一点无关紧要,康德作为基督教哲学家,坚持的仍然是彼岸的正当性:人在尘世虽然能够有自由,但不可能在尘

---

① 黑格尔:《哲学史讲演录(第四卷)》,第 299 页。

② 康德:《康德著作全集(第五卷)》,第 479 页。

③ 康德在上述引文之后,马上警告说,在把注意力放在先验哲学陌生的对象上时,必须要谨慎,并在该页的注释中将实践概念所涉及的情感对象与认识能力脱钩。参见康德:《纯粹理性批判(第 2 版)》,第 609 页注释 1。

世获得真正的满意。即便对自然的惊赞是全然内在的,仅仅呈现为一种内审美的主观确定性,但归根结底是从人的感性生活(即黑格尔所谓"当前之物")之中提取的意义。这一点至关重要,根据科耶夫的说法,康德在这种确定性之中默许了人类行动的无效性,[①]建构了一种审美静观。

> (自然的)人处于一个在自己看来显得美或崇高的世界里,并且人在其中创造在自己看来美或崇高的艺术作品,最后,这个世界在他看来就算不像一个生命存在,也至少像一个住在各种生命存在的世界,(自然的)人本身也是其中一员。因此康德可以说人有一种"道德信仰",即希望在彼岸获得满意的(主观)确定性,因为他(主观上)确信尘世既显得美和崇高,又显得充满了艺术作品和生命存在。[②]

这意味着,尘世将以"仿佛"的方式被论证为彼岸世界的摹本,因此,对尘世的主观确定性将转化为对来世的主观确定性,即道德信仰。因此可以说,康德赋予"第三批判"之体系意义的顶点,就是那种被尼采无情攻击,被视为终极目的和绝对价值的"善良意志"。

> 我们与之相关而设想创造的终极目的已被给予的东西,也不是快乐及其总和的情感,也就是说,我们据以估量那种绝对价值的,不是安康,不是享受(无论是肉体的还是精神的),一言以蔽之,

---

[①]　"换言之,对于康德而言,自由必然与自然(＝同一性)相矛盾或冲突,所以义务与实在(它预设满意)的和谐只能在自然世界之外才能实现,亦即对他而言的时空世界之外。但这个'演绎'仅当承认(正如康德所默许的那样)人类行动绝对无效的情况下才有效,亦即人类根本不能(用斗争和劳动)改造世界来使世界符合人类、符合人的自由设想实施的筹划,除非承认已有的世界在任何时空都维持同一,并且世界能阻止人类由于欲望没被世界本身所规定而为所欲为。"参见科耶夫:《论康德》,第53页。

[②]　科耶夫:《论康德》,第131页。

不是幸福。……因此,这种东西仅仅是欲求能力,但不是那种(通过感性冲动)使他依赖于自然的欲求能力,不是就其而言他的存在的价值所依据的是他接受和享受的东西的欲求能力,……也就是说,一种善良意志是他存在能够具有一种绝对的价值所唯一凭借的东西,而且唯有与这种东西相关,世界的存在才具有一个终极目的。[①]

"第三批判"确实在任何意义上都不提供一种美学,尤其考虑到,美学的可能性实际上取决于无矛盾的话语论述及可供分析的感性生活领域,也无须将之拆解为各路审美学说,后者同样解决不了美学作为话语体系建构的根本问题。但同时,如果要真正讨论康德的美学,也不可能全然抛弃"第三批判"基于"仿佛"方式表达的整体架构。换言之,"第三批判"之于一种美学的定位,恰如自然目的论之于伦理神学的定位,即仅仅是预备定位。

第三节　重思目的论批判

强调"第三批判"之于美学仅仅是预备,实际上是说康德仅采用"仿佛"方式来论述"第三批判",以便让自然目的论为道德神学服务。除去纯粹着眼于体系闭合的理由,康德并未充分表明美学不具有真理性。康德同样仅以"仿佛"方式论述了"美学",从而(至多)得到了趣味美学。趣味美学的实质是关于评判的学问,旨在追问人在情感上与(艺术或自然的)某物共鸣/共情的合法性。换言之,趣味美学并不直接关切物(艺术作品及其生产),而是更关切围绕物产生的言说、判断或对话。从这个角度出发,很容易理解,趣味何以无法成为艺术形而上学的真正基础。如果将康德之于美学的贡献限制于此,那么,趣味美学确实只是针对审美理性主义的一次不充分的批判。

---

① 康德:《康德著作全集(第五卷)》,第461—462页。

　　然而,正如前文所述,趣味美学之于"第三批判",并不那么重要;但也应马上补充,"第三批判"之于我们期望中的美学,反而是非常重要的。若要从整体考虑"第三批判"之于美学的影响,就得进一步追问:美学(考虑整个"第三批判",而不仅仅是"趣味美学")如果不以"仿佛"方式来论述,而以真理的方式来论述,将呈现怎样的形态? 科耶夫回答了上述问题,但对他来说,上述提问中的"美学"应替换为"神学"。对康德来说,两者都预设了人类行动的无效,因而"美学"只涉及内审美能力主观上的和谐,而跳过了艺术生产及作品;"神学"只涉及道德信仰,而跳过了对上帝存在的证明。有鉴于此,我将先考察科耶夫的答案,再谈一谈这个答案如果能挪用至美学,会有怎样的启发。

　　先来看第一个方面。从总体上说,"第三批判"的根本意旨是在人(自由意志)与自然(机械因果)之间架设意义的桥梁。判断力作为纯然主观的(即自我立法的)原则,并无自身的对象领域,这种能力似乎只能够观察存在者,而不施加任何改变。科耶夫指出,康德对判断力的特殊规定在于:

　　　　一方面,判断力确实是被动的,它本身什么也不创造。但另一方面,它自在地凭借自身来"判断"这个给定世界为美的或有生命的,而"批判"却论证了这种能力什么也不是,并且那种"判断"只在仿佛的方式中有效。这说明判断力是一种主动的能力,它产生了美和生命的概念,因为这自在的世界如果没有判断力就既不美也没有生命,也就不会这样显现。[①]

　　这就是说,判断力具有自身的能动性,能自我创造(主观的)价值,但既不揭示存在的客观结构,也不会改变存在的客观样态:"因此判断力的运用是一种创造性的伪行动,它产生纯粹'主观的'伪世界,这种世界本质上不同

---

　　① 科耶夫:《论康德》,第 135 页。

于给定的自然世界(后者经过感性[＝知觉]的直观,被给予知性)。"①

这里提及的"伪行动",是与马克思所说的"改造世界的行动"相对的。由此观之,"第三批判"包含趣味美学并非偶然,因为人类产品乃至自然产品只有当判断力评判它美时才是美的。对康德来说,判断力的"仿佛"特性本来也会产生与世界的"审美距离","第三批判"也因此具有静观的特性。

> 总之,根据康德的第三批判,人并非(像黑格尔所说那样)通过斗争和劳动来现实地改造给定的社会世界和自然世界,而是满足于对自然世界做"价值判断",这些价值判断没有任何现实基础,因此不能充分反映给定自然世界的现实之所是,但这些判断的特殊之处在于,它们不"妨碍"这个世界,而是现实地如其所与地将其搁置下来,即作为自然世界保留下来(而劳动改造这个世界的客观现实,改造为"技术的"或人类的世界)。②

这里的说法几乎立即会让人想到马尔库塞的命题,即"美"是能够与哪怕恶劣的现实共存的。但必须指出,判断力的"仿佛"仅仅适用于给定的自然世界,而完全不适用于艺术家的创造,即艺术生产活动。哪怕艺术家严格地模仿自然,创造出来的艺术作品总是包含比自然更多的东西。艺术家的创造和劳动一样,其"筹划"并不事先包含仅在"仿佛"方式中才有效的判断。要限制这种创造可能造成的现实影响,除非回到柏拉图驱逐诗人的传统观点。

出自科耶夫的下述评述尖锐地挑明了康德所刻意回避了的问题。

> 艺术家生产客观现实的东西,这些东西是人生产的,不是自然

---

① 科耶夫:《论康德》,第 137 页。
② 科耶夫:《论康德》,第 138 页。

所生产的。但有趣的是,康德跳过了问题的这个方面:他的"批判"不关心艺术的生产,而只关心对已有产品的"判断"。所以给人的感觉好像人生产艺术作品就像植物"生产"花朵,鸟"生产"啼啭。康德又一次确证了我们的这种感受,他把(自然的和艺术的)美定义为"无目的的合目的性"。我们很惊讶(如果我们不怕对哲学史进行"马克思主义"阐释的话)康德(仿佛没有特别"艺术的"禀性)详细地分析了人类(和自然)艺术活动的产品,认为产品里没有目的,但他却对斗争和劳动行为只字不提(这些产品从早到晚被这些行为所围绕,它不但与之"相牵连",并且毋庸置疑应对这些行为"有兴趣"),而在斗争和劳动行为中"毋庸置疑"存在着目的(而谢林则满足于强调人的艺术活动方面,却也完全遗忘了劳动的存在:对他而言,人只有作为艺术家[或对所与的否定者]时才是创造者)。①

　　这段相当精彩和重要的评述,可以说包含了对趣味美学最为严厉的指责。② 我想先简略概述科耶夫的结论,再继续讨论其中包含的问题。科耶夫由此认为,如果对"第三批判"采取真理论述,将会导致两点结果。其一,在康德关于"美学"的限制之下,"第三批判"的研究对象相当于谢林早期哲学的研究对象。也就是说,对"第三批判"进行完备的话语表述,要么走到谢林,要么退回到柏拉图,这两者实则具有亲缘性,即把美或有机体概念视为完全超越了自然和人类的东西。③ 其二,从根本上重新理解目的论学说,一

----

　　① 科耶夫:《论康德》,第 139 页。

　　② 如果肯稍加观察的话,德国当代"商品美学"想要继续发展康德的趣味判断并不是无的放矢。参见 Moritz Baßler und Heinz Drügh, *Einleitung: Konsumästhetik, in ders., Konsumästhetik: Umgang mit käuflichen Gegenständen*, hrsg. von Moritz Baßler, Heinz Drügh, Verlag, 2019, S. 10.

　　③ 科耶夫:《论康德》,第 141 页。

且把"目的"规定为"有意识行动的筹划",自然—世界也就成了人自由行动的场所。这样一来,美(艺术)或生命概念,都不再凭借目的论来分析。美和艺术将被还给形而上学,即关切艺术作品之感性自在的艺术哲学。由此,"第三批判"被缩减为人类斗争和劳动活动的目的论,重叠于黑格尔的精神哲学。① 总之,科耶夫的旨归在于扬弃康德体系同时蕴含有神论和无神论的人类学的二元论,使之转化为黑格尔体系。

我们进行第二个方面的讨论,便需要基于科耶夫的上述答案。科耶夫的洞见最具冲击力之处,就在于取消了康德为服务"道德信仰"而建构的自然目的论学说。这种做法引发的重大后果在于,去除了蕴涵作为终极目的之"人"(主体)的自然世界向人类显现的"审美距离"。换言之,自然对人来说,不再是"仁慈的",不再"为了我们而具有一种好意"②;而人面对自然,必然要对之进行改造,也就是开启所谓自然历史化的进程。因此,自然世界作为人自由行动(劳动和斗争)的场所,必然成为社会世界,成为众所周知的"第二自然"。顺着这种解读,我们很容易超出"第三批判"的限制,抵达黑格尔—马克思的道路。

事实上,康德本人也许并不反对这种解读。科耶夫断言,康德只字不提"斗争和劳动行为",也许只是为了强化可"矫正"康德哲学的黑格尔要素。实际上,隶属于"第三批判"附录的第 83 节恰好展示了自然世界将不可避免地转化为人类"斗争和劳动行为"的场所。正如第 83 节的标题"作为一个目的论系统的自然的最终目的"所示,康德旨在论证人(作为"主体")被设定为整个感性自然的最终目的,或者说,人与自然的终极关系就在于自由(至善)在感性自然中实现。显然,自然本身无法实现自由,只能是自由本身在自然中自行实现,用黑格尔的话说,即"要求自然的必然性能符合于自由的规律、思想的规律,但不是作为外在自然的必然性,而是通过世界一般,通过法权

---

① 科耶夫:《论康德》,第 144—148 页。
② 康德:《康德著作全集(第五卷)》,第 395 页。

的、伦理的生活,通过人群的生活,通过国家的生活[所表现的必然性],换句话说,要求世界是善的"①。换言之,自由的实现必然要求人作为感性存在者(自然),自我意识到自身的超感性存在(自由),并在感性自然中实现这种存在。也就是说,人需要通过利用(改造)感性自然来达成其最高目的,即通过社会—历史来实现自由。按照康德的说法,人要么通过幸福,要么通过文化来实现自然目的。幸福在康德看来只是一种状态的理念,而人是无法使这种状态在纯经验条件之下与这种理念相符合的,除非自然是"仁慈"的。即便如此,按照人反—自然的本性(自由),自然的仁慈也阻碍不了人内在自然的狂暴和偶性。况且,历史经验已经表明,人远不是自然的宠儿。因此,康德实际上承认,人只有通过文化,即通过对自然的利用,来达到对各种目的的适应性和技巧。

因此,康德的下述表述便道破了目的论的谜底(即人与自然的终极关系):

> 人永远只是自然目的链条上的一个环节;他虽然就某些目的而言是原则,似乎是自然在自己的规划中通过他自己使自己成为原则而把他规定为这原则的;但他毕竟也是在其他环节的机械作用中维持目的性的手段。作为尘世唯一具有知性,因而具有任意地自己给自己设定目的的能力的存在者,他虽然是自然名义上的主人,而且如果人们把自然视为一个目的论系统的话,他按照自己的使命也是自然的最终目的;但这永远只是在这样的条件下,即他理解这一点,并具有给自然和他自己提供出这样一个目的关系来的意志,这目的关系能够不依赖于自然而自给自足,因而是终极目的,但这终极目的是根本不必在自然中寻找的。②

---

① 黑格尔:《哲学史讲演录(第四卷)》,第 303 页。
② 康德:《康德著作全集(第五卷)》,第 448—449 页。

这段话恰恰表明,康德何以必然要采取"仿佛"方式来论述"第三批判",因为就人与自然的终极关系而言,自然神学不可取,它实质上只是一种被误解了的自然目的论。^① 得到(以"仿佛"方式)正确论述的自然目的论,才能成为道德神学的预备("第三批判"恰恰以此论断为结尾)。但正是在此处,康德体系与黑格尔体系最突出的差异显示了出来。对康德而言,感性自然永远只是现象,虽然其基底是超感性的。只有坚持这个决定性区分,感性自然的机械论(知性)才能与其(自然目的论以"仿佛"方式论述的)合目的性(理性)协调一致。^② 同时,人也只有作为坚持"道德信仰"(善良意志)的理性存在者,其行动才能将自由实现于感性自然之中。问题恰恰在于,人坚持"道德信仰",仅仅由于一种主观确定性,而不是由于认识到超感性事物存在的理据,即证明了上帝的存在。换言之,人的自我设定对感性自然来说,服从道德目的论的"自由"对服从因果律的"自然"来说,始终存在着偶然性。从这个角度出发,我们就可以理解,康德何以观察到,不仅感性自然的自发运作(自然灾害)对人类来说是绝对有害的,而且人的自由行动所造就的历史,也如同感性自然的作用一样,是混乱且充满了灾祸的。如果彻底去除偶然性,自然便浸满理性的精神,按照其预先安排来行事。康德由此意识到,所有的文化手段,例如压迫、统治、战争乃至教化、对技巧和偏好的培育,都加诸感性自然,同时必然成为促使人实现其最高目的的手段。这当然已经预示了黑格尔所谓推动世界历史发展的理性狡计。

归根结底,人本来不必也不可能在感性自然中寻找到终极目的,但若必须使终极目的在感性自然之中实现出来,那么必然得创造出对立于机械自

---

① 这是"第三批判"第 85 节的论证内容。康德清楚地交代了两者的区别:"自然神学是理性从自然的种种目的(它们只能经验性地被认识)推论到自然的至上原因及其属性的尝试。一种道德神学(伦理神学)则是从自然中的理性存在者的道德目的(它能够先天地被认识)推论到那个原则及其属性的尝试。"参见康德:《康德著作全集(第五卷)》,第 455、461 页。

② 德勒兹:《康德的批判哲学》,夏莹、牛子牛译,西北大学出版社 2018 年版,第 103 页。

然的"第二自然",并推动这个"第二自然"去服从它由此创制出来的那个道德目的。比起("仁慈的")自然来说,第二自然的"仁慈"必然是有待人通过斗争和劳动行为去实现的。就此而言,康德之所以要跳过艺术生产环节,仅仅关切对既有产品的评判,恰恰是要掩盖理性的狡计。这种对理性狡计的掩盖而不是克服,使"第二自然"成为充满了数不清的社会中介和历史中介(人造物)的空间。必须强调的是,如果判断力不以"仿佛"方式论述,如果人能凭借判断力"认知"这些人造物之为美的根据,那么,"第二自然"就将转化为审美乌托邦;如果人能够认知这些人造物的理性根据,那么就能够再次将之创造出来;如果人能够完全依从自己的意图去创造"第二自然",那么他一定会彻底依据"美"的典范去创制。然而,这种思想路向的危机与恶果,在此不必赘述了。

幸好,康德以自然目的论的"仿佛"阻碍了拜泽尔设想的审美理性主义,也就是使判断力类似于认知能力的构想,使之仅仅能够达到趣味美学的限度。但同时,康德也不切实际地希望,这种内在评判能力能够训练和改善人内在自然的粗砺和狂暴。归根结底,康德受阻于崇高的"道德信仰",未能将"自然"的显象,与人的社会行动及其后果相关联。这种关联将产生出充满"第二自然"的,由人改造感性自然而形成的社会中介或历史中介。如果以"文化"来掩盖而不是克服理性的狡计,仅仅会导致文化的虚假扬弃。

也许,合情合理的做法是从康德停下脚步的地方,多少前进一步。换言之,自由的实现不是通过理性的彻底发挥而扬弃自然需求,而恰恰以人的感性需求为前提和基础。因此,强调这个前提便推动了美学从"自然"之显象(符号)的意义分析,推进至对"第二自然"的(由人的社会力量所建构起来的)存在结构的重构。也就是说,美学的"对象"实际上是在"自然"的显象和"第二自然"的存在结构之间所居有的一个位置。在这个位置上,自然的显象与社会力量在符号互动之中紧密地聚合成作为社会和历史中介的编织物("星丛")。关键在于,自然本身是不能言说的,因而自然的显象也就是绝对沉默的,而社会力量则是人类话语所建构的,这两者的聚合恰恰使绝对的沉默转化为了可能言说的编码。不妨把这种社会编织物设想为沉默不语的质料"经线"和语言的"纬线"所织就的。因此,美学的任务就是对这种社会编织物进行解码。

从这个角度来看,可以说,科耶夫的论点已经与卢卡奇以来的批判理论美学在大方向上达成一致了,后者试图解决的也正是如何对"第二自然"的符号系统展开意义分析的问题。实际上,使艺术作品的"目的"(美)脱弃其生产活动的背景及内容,是德国观念论美学的卓绝创造。在后康德美学的语境中,唯有马克思通过工艺学批判实现了对传统美学的校准。① 马克思"创造"出了一种意识形态的幻象,认为艺术作品仅仅是"艺术家"作为天才的创造,即把天才美学视为艺术作品的终极秘密。这种意识形态创造掩盖了艺术作品的非天才来源,即把艺术活动作为劳动,艺术作品作为劳动者智慧,历经时代而积累的产物。这意味着,艺术作品本应有权被所有人分享,而不仅仅是作为特定阶级的占有物,或沦为特定的文化功能角色,譬如对资产阶级公众遭受压抑的内在自然进行补偿。只有经工艺学批判,破除了审美主义的幻象,才能够认识到,人类改造自然的同时,就创造了人与人之间的意识形态关系。② 人类之所以在改造自然中无法与自然和谐共处,就在于人与人之间的剥削关系的强制性要求。人对自然的剥削,反映的是人与人的剥削。只有在这个意义上,艺术才能够真正成为人与人关系异化的指示器。总之,康德的"美学"只有在经历审美理性主义批判之后,才能成为批判的美学;而批判的美学只有在成为"居间美学"(Intermediäre Ästhetik)之后,才能真正胜任上述理路所提出的诉求。

本章试图从(黑格尔—马克思的)特定视角重审"第三批判",尤其关注

---

① 刘方喜:《工艺学批判重构:物联网生产方式革命与马克思归来》,《东南学术》2018 年第 5 期;刘方喜:《技术、经济与社会奇点:人工智能革命与马克思工艺学批判重构》,《马克思主义与现实》2018 年第 6 期。

② 汪尧翀:《走向"一种批判的工艺学史":论本雅明〈爱德华·福克斯〉中的技术批判》,《文艺争鸣》2021 年第 11 期。

目的论批判所蕴含的,远比趣味美学更重要的美学可能性,并把这种可能性的范式设定为"居间美学"。"居间"既指美学如康德所规定的那样,维持住介于认知与道德关切之间的居间位置,又指美学的对象是"第二自然"的社会—历史中介物,即自然显象和社会力量在当下符号互动中的社会聚合物。

如前所述,美学的居间性意味着要应付表达的悖论,即言说和沉默之间的一种互补关系。但美学不是要克服悖反,而是要维持这个悖反,既不陷入主体化,也不陷入对客体(自然)的迷恋。居间美学恰恰关注的是自然在特定社会—历史中介中的表达形态。这不禁让人想起阿多诺的美学理论。阿多诺认为,艺术在每一个时代的任务,是让未经损毁的自然在现实社会中言说。但是,"人们不能让未经损毁的自然言说,因为这个未经损毁的自然,一个纯粹的自然,即一个不借助社会中介过程而体验到的自然,并不存在"①。阿多诺借此提醒,必须警惕任何"对自然之物(Natürlichen)的直接表达"。换言之,艺术的任务由此转变,"艺术的任务在于让遭受损毁的自然开口说话,即凭借历史的中介,让自然以其彼时所处的特定历史状况之下的形态开口说话,而非沉溺于纯粹自然的幻象"②。这意味着,源自《判断力批判》的"居间美学",也许能够在法兰克福学派的美学传统中找到其真正的表达框架。

---

① Theodor W. Adorno, *Ästhetik*(1958/59), Frankfurt am Main: Suhrkamp Verlag, 2009, S. 125.

② Theodor W. Adorno, *Ästhetik*(1958/59), Frankfurt am Main: Suhrkamp Verlag, 2009, S. 125-126.

| 第二章 |

走向"一种批判的工艺学史"：本雅明《爱德华·福克斯:收藏家与历史学家》中的技术批判

第一节 被忽视的技术批判

本雅明的技术批判能够为已然来临的技术时代提供何种启示,可以预见,这个议题将经久不衰。该议题首先一如既往地触及本雅明思想尚具争议的方面,即如何看待其历史唯物主义立场与技术思考之间的关联。本章拟从《爱德华·福克斯:收藏家与历史学家》一文出发,考察本雅明的技术批判,不仅因为此文之于本雅明同期思考的独特性,而且因为现有研究尚未认真对待其鲜明的马克思主义立场之于技术思想的深刻影响。[①] 实际上,如果恰当地理解这篇文章仍未受到应有关注的核心关节,将能够把握其中技术批判的重要性,后者恰好可以用"一种批判的工艺学史"(马克思语)来加以指示。

---

① 目前而言,更受重视的是从技术经验的角度强调本雅明与尼采思想之间的关联。参见 Benjamin-Handbuch: *Leben*, *Werk*, *Wirkung*. S. 458.

本雅明在"福克斯论文"(Der Fuchs-Aufsatz)①中表达了一种鲜明的技术批判,但此批判尚未得到国内外学界的足够关注,略究其原因,有如下三方面。

其一,论题史原因。众所周知,"福克斯论文"于1937年发表于《社会研究杂志》,是受霍克海默委托之作。彼时本雅明正流亡巴黎,经济困窘。霍克海默希望本雅明能够在马克思主义方向上发挥其艺术理论专长。事实证明,"福克斯论文"大获成功,不仅霍克海默对此青睐有加,布莱希特也专门写来了表达赞赏的信件。②

就总论旨而言,"福克斯论文"可以视为马克思主义的"艺术社会学"。通常认为,论文副标题"收藏家和历史学家"(Der Sammler und der Historiker)已显明论旨。"收藏"是本雅明持续终生的旨趣,即便在巴黎流亡期间,他也不仅从思想上思考收藏的本质,而且开始了另一项新的收藏工作,即为《拱廊计划》作巴黎国家图书馆馆藏的摘录。③ 因此,本雅明在论文中延续了关于收藏家的思考,并将之与历史学家的角色链接起来。这种链接不妨视为对收藏家形象的一种强化,因为历史学家的任务构成了另一个更重要的议题,即批判如何打破意识形态加诸历史的连续性。

毫无疑问,本雅明已经以文化史批判的方式提出了后来在《论历史的概念》中继续展开的历史批判的核心见解。他坦率地指出,历史唯物主义者不可能毫无恐惧地看待科学和艺术的成就:"从没有哪一份文化的档案,不同时也是一份野蛮的档案。尚无任何文化史正确地评价了这种构造的实情,

---

① 本文所引文本均参考 Walter Benjamin, *Gesammelte Schriften. Band II*. 1, S. 465-505. 后引文凡涉此出处,均缩写为 GSII. 1。本文凡提及此文,均作"福克斯论文"(Der Fuchs-Aufsatz)。该文中译见本雅明:《艺术社会学三论》,第97—105页。文中凡引文,均参考原文有所改动。中译本取自苏尔卡普出版社1963年以"艺术社会学三论"为副标题的编辑本。参见 Walter Benjamin, *Das Kunstwerk im Zeitalter seiner technischen Reproduzierbarkeit: Drei Studien zur Kunstsoziologie*, Suhrkamp, 1963.

② 霍克海默与本雅明就"福克斯论文"的通信,可参见 Walter Benjamin, GSII. 1, S. 1329-1345. 布莱希特的信可参见 Walter Benjamin, GSII. 1, S. 1354.

③ *Benjamin-Handbuch: Leben, Werk, Wirkung*. S. 455.

也很难奢望能做到这点。"①正是这种激进的历史唯物主义立场,既受霍克海默的称赞,又使得他在关键之处有所保留。

其二,效果史原因。本雅明笔下的"收藏家"和"历史学家"的形象深入人心,因为两者确实构成了贯穿本雅明一生的思想着力点,这就赋予了"福克斯论文"一种独特的居间地位。阿伦特曾以"潜水采珠人"来形容本雅明从藏书癖到搜集引语这一以贯之的"收藏家"形象。②福克斯的研究不同于传统的艺术史,囊括漫画、色情艺术以及礼仪史,亟须一种处理新材料的新方法。正如有的评注者所指出的,本雅明的赞赏之举其实也是夫子自道:"创新之处在于,面对可指摘的材料,意图的表达尤其丝毫没有削弱。这一点在图像释义、大众艺术思考以及再生产技术研究中贯彻始终。福克斯的作品在这些方面有首创之功,是未来任何关于艺术作品的唯物主义研究的组成部分。"③有趣的是,这种表述鲜明的倾向性却经历了去批判化的效果史。在汉语学界,尤其伴随着本雅明更引人注目的作品《技术再生产时代的艺术作品》(Das Kunstwerk im Zeitalter seiner technischen Reproduzierbarkeit)影响甚广的标题的误译(即根据最初的英译本,以《机械复制时代的艺术作品》译名广为传播)④,"媒介"与"意图"之间的联系容易被

---

① Walter Benjamin, GSII.1, S. 477.

② 本雅明:《启迪:本雅明文选》,第 57 页及以下。

③ Walter Benjamin, GSII.1, S. 479.

④ 最初的英译本(收入阿伦特编本雅明文选《启迪》)将此文标题翻译为"The Work of Art in the Age of Mechanical Reproduction"(1969),汉语学界最广为流传的中译标题《机械复制时代的艺术作品》即据此而来。参见本雅明:《启迪:本雅明文选》,第 231—264 页。后出的英译本则将标题重译为"The Work of Art in the Age of Its Technological Reproducibility"。参见 Walter Benjamin, *The Work of Art in the Age of Its Technological Reproducibility and Other Writings on Media*, edited by Michael W. Jennings, Brigid Doherty and Thomas Y. Levin, Harvard University Press, 2008. 据此,中译标题为"技术(可)复制时代的艺术作品",基本对应德文原题名。但问题在于,德文"Reproduzierbarkeit"的词根"produzieren"意即"生产",再考虑到这篇论文的基本语境,应直译为"可再生产的"。"可复制"实际上是一种再生产的手段。关于此新译名的提法及解释,请参见曹卫东:《从救赎批判到交往理性》,《文化研究》2021 年第 46 辑。

割裂,而"上层建筑"本身的物质性和能动性则受到忽视。

另一方面,历史批判的议题从一开始便处于关注与争执的中心。霍克海默1937年就"福克斯论文"初稿写信给本雅明,已专门提及他对其中历史批判的保留态度。霍克海默被本雅明批判文化概念的拜物教性质所触动,并嗅到了其中的神学气息——"过去的不义已然发生并且结束。牺牲者确确实实牺牲了。归根结底,你的见解属于神学。如果一个人全然严肃地接受[历史的]未完成性,他就必须相信最后的审判。然而,我的思想在这方面浸染了过多的唯物主义"[1]。本雅明肯认了霍克海默的敏锐,但无论是回信还是论文本身,都并未挑明历史对象的未完成性是否真正依赖于一种隐匿的神学,由此造成了长期聚讼不休的公案。[2] 但论文提出的关键问题——关于历史的认知和感知在历史唯物主义视野之下究竟应做何设想——并未得到应有的关注。按本雅明的说法,对传统文化概念或艺术观的破坏性认知,与"技术"本身密切相关,但在目前效果史的笼罩下,技术批判的角色大受削弱。

其三,行文结构的原因。考虑到论文的委托性质及研究对象,本雅明必须在纯粹的个人兴趣和外部考量之间取得平衡,但这也并不妨碍他将自己的计划投射到福克斯身上。[3] 从同期思考来看,"福克斯论文"恰好处于《技术再生产时代的艺术作品》与《论历史的概念》之间,因此我们才得以看到其中文化再生产议题与历史批判的紧密结合。因此值得注意的是,本雅明在全面评价福克斯的工作之前,不惜花费整整两节的笔墨陈述了技术批判概要。

但是,对于技术批判所要求的一种激进的文化史批判语境,解释者的态度从来是模棱两可的。连哈贝马斯也对本雅明强调技术的破坏性力量不以为然。[4] 实际上,技术与文化再生产之间的关系是无法简单割裂开来的。技

---

[1]　Walter Benjamin, GSII. 1, S. 1332.

[2]　本雅明的回信可参见 Walter Benjamin, GSII. 1, S. 1338.

[3]　*Benjamin-Handbuch：Leben-Werk-Wirkung*. S. 456.

[4]　哈贝马斯:《合法化危机》,第90—91页。

术并非一个纯然中性的外部推进器,仿佛已经造成了那些不可扭转的事实之后,人们的判断才接踵而至。对技术的思考也不是替想象中的技术事实及后果收拾残局。换言之,技术批判指向的不是工具本身(例如大机器、AI),恰恰是工具运用于再生产环节的知识前提。而这些知识前提的运作视野,又反过来影响着社会再生产。马克思遵从其时代的说法,将这种生产性的知识前提在自然科学中的分解称为工艺学。只有遵从这条线索,才能理解"福克斯论文"中的技术批判何以同时对抗实证主义与历史主义这两种权威性的意识形态。

第二节 作为技术批判的历史主义与实证主义批判

一言以蔽之,本雅明认为,历史主义坚持过去的永恒性及连续性,实证主义坚持自然科学的唯一有效性,因此两者分别是精神科学领域与自然科学领域的形而上学。就此而言,历史主义批判是对"历史"的去先验化,实证主义批判是对"自然"的去先验化,两者的合题技术批判则是对"技术"的去先验化。从历史唯物主义的视角来看,技术为文化的生产、传播及存续所提供的再生产模式恰恰粉碎了历史主义的文化史迷思。而技术及其社会运用的知识前提又只有在破除了实证主义的禁锢之后,才得以正确地理解。本雅明正是据此在"福克斯论文"的前两节中展开了两种批判。

其一,本雅明的历史主义批判根本上针对了理解"过去"的资产阶级意识形态。这种批判根本上是朝向过去的;若"过去"的罪责得不到清算,"未来"也不过是老调重弹。真正的未来维度只有在过去和当下所交织的批判性语境中,才能获得讨论的前提。本雅明引证恩格斯的观点,后者在致梅林的信中发挥了马克思的思想,认为诸如政治、法律、科学乃至艺术、宗教等意识形态部门实际上并不存在"历史"。也就是说,历史的连续性、封闭性、完成性只是纯思维领域中的形而上学"进步"幻象。与既往史学研究的冷静、超然不同,本雅明强调,"忧虑"才能引导研究者从事辩证的史学研究,后者才"意识到这一个过去的碎片与这一个当下的碎片恰恰共在其中的批判性星丛"①。这个说法明显呼应了《路易·波拿巴的雾月十八日》的著名开篇——悲剧与笑剧的对照所反映的一种认识要求,即舍弃对历史的"静观"(Beschaulichkeit)。本雅明据此区分了历史主义与历史唯物主义各自的特征,分别是"史诗要素"和"建构要素","历史唯物主义者必须放弃历史的史诗要素。历史对他而言成为建构的对象,这建构所产生的不是空洞的时间,而是某个时代、某种生活以及某个作品"②。同时,两者不同的特征决定了处理历史经验的不同视角。

> 历史主义意味着过去的永恒图像;历史唯物主义则是关于过去的次次皆独特的一种经验,后者的前提是以建构要素去瓦解史诗要素。历史主义束缚在"曾有一次"之中的巨大力量,在这种经验中得到了释放。凭借历史激发出每个当下皆新的经验——这就是历史唯物主义的任务。因此,它求助于当下意识,去炸开历史的连续性。③

必须指出,本雅明反复提及史诗要素,正是回应卢卡奇早年历史哲学援引的史诗形式,后者借道黑格尔思想,意指历史总体性。正因如此,本雅明才强调,历史唯物主义将历史理解视为可理解事物的"后世生命"(Nachleben),直到当下仍能感触其心跳。④ 虽未言明,但"后世生命"概念恰恰暗中针对卢卡奇视历史为"骷髅地"(Schädelstätte)的末世神学隐喻,这一

---

① Walter Benjamin, GSII. 1, S. 467.
② Walter Benjamin, GSII. 1, S. 468.
③ Walter Benjamin, GSII. 1, S. 468.
④ Walter Benjamin, GSII. 1, S. 468.

点完全为阿多诺所领会。① "后世生命"预设了历史的未完成性。认为当下与过去所聚合的、从历史连续性的假象之中炸出的瞬间,包含了真理的认知要素。因此,收藏家实际上就是旨在把握历史事物之"后世生命"的历史学家,同时,"收藏/搜集"就是把具有"后世生命"的历史事物从过去中挑选出来的技术。"后世生命"打开了一种批判性的解释学视野,正是在这个意义上,历史主义批判为技术批判提供了最关键的历史哲学前提。

其二,本雅明的实证主义批判则更多指向了技术的实践。在"福克斯论文"的第2节,本雅明从唯物主义教育的角度,攻击了诸多社会主义理论家关于自然科学之于无产阶级的功用问题。他重点引述了科恩关于马克思、恩格斯与拉萨尔(Ferdinand Lassalle)就教育问题的争辩。

> 对马克思和恩格斯而言,拉萨尔式教育理想的可贵之处在于思辨哲学,而非[供奉哲学的]神龛……两人越来越强烈地……被引向自然科学……,事实上对于一个总想着机器运转的阶级来说,也可以直截了当地将自然科学称为科学,正如对据有财富的统治阶级来说,所有的历史事物都不过是其意识形态的既定形式。②

这表明,实证主义作为意识形态,在于将"自然科学"普遍化为"科学",由此赋予"自然科学"以绝对正当的价值。

在本雅明看来,无论是从圣西门(Claude-Henri de Rouvroy)到普福,还是从倍倍尔(August Bebel)到恩格斯,以往的社会主义理论家都未能摆脱思辨哲学的重要遗产。本雅明尤其提及恩格斯《路德维希·费尔巴哈和德国古典哲学的终结》中的著名论点,即技术的进步将彻底驳倒康德的"自在

---

① Theodor Adorno, *Gesammelte Schriften*, Bd. 1: *Philosophische Frühschriften*, S. 357.

② Walter Benjamin, GSII. 1, S. 473.

之物"。用恩格斯的话来说,事物之谜一旦能够通过实验和工业等技术实践活动揭示出来,就不再是玄妙的"自在之物"。① 就此而言,实证主义的哲学内核也可以看作是对"自然本体"(die Natur-an-sich)的信奉,仍是一种思辨的形而上学。换言之,实证主义所坚持的唯物主义将"物质"或"自然"重新确立为统一世界的原则,而这条辩证法的还原之路恰恰只是再一次颠倒了黑格尔头足倒立的辩证法,相当于将"自然"重新形而上学化,即将"历史"重新自然化。② 从实证主义出发,技术仅仅是依据科学规律对"自然"还原及分解的自然科学手段,也是增强人之自我力量(而非人与自然"和解")的外部手段。

因此,本雅明看到,自然科学若想满足恩格斯的角色要求,就必须成为技术的基础,然而,

> 技术确实不只是一个纯粹的自然科学意义上的构件(Tatbestand),同时也是一个历史意义上的构件。因此,技术迫使我们审查人们尝试在自然科学和精神科学之间建立起来的实证主义的、非辩证的区隔。人类向自然的提问取决于其生产状况。这一点反映了实证主义的失败。实证主义在技术发展中只承认自然科学的进步,而不承认社会的倒退。实证主义没有看到,技术的发展决定性地取决于资本主义。③

换言之,实证主义通过对技术本质的纯自然科学化,遮蔽了技术的历史

---

①　恩格斯:《路德维希·费尔巴哈和德国古典哲学的终结》,第 19 页。

②　Albrecht Wellmer, "Kommunikation und Emanzipation", in: Urs Jaeggi und Axel Honneth (Hrsg.), *Theorien des Historischen Materialismus*, S. 471.

③　"Tatbestand"通常译为"构成要件",实际上是德国的诉讼法概念,18 世纪被用来翻译"Corpus delicti"(犯罪事实),指构成犯罪事实成立的条件的总和。本雅明借用这个术语指单凭自然科学的要素构不成技术成立的条件。Walter Benjamin, GSII. 1, S. 474.

维度(即其资本主义运用),而后者实际上也属于作为活动的技术"本质"的有机组成部分。本雅明由此看到,整个 19 世纪的意识形态特征恰好源于"对技术的错误理解"①。

　　霍克海默曾对上述洞见大加赞赏,视之为整篇论文最具价值的部分,认为其"阐明了十九世纪意识形态的广阔领域"②。因为,技术在 19 世纪欢欣鼓舞地发展,直到 20 世纪才结出恶果,其破坏性最终释放于战争之中。实证主义在科学理解中遮蔽了技术的破坏性力量,正如历史主义在历史理解中遮蔽了历史的倒退,两者皆成为资本主义的权威意识形态。换言之,在资本主义鼓吹技术只会带来社会进步的地方,本雅明深刻地觉察到了一种早已发生的失败。但他又并非一名技术悲观主义者,并非要呼吁去技术化或某种浪漫主义的回归,而恰恰是要揭露技术具有破坏性的一面。总之,"福克斯论文"中的技术批判,不仅是对文化的生产、传播以及存续受技术条件变迁的影响的思考,而且是对技术本身的社会运用的知识前提的思考。技术及其产物,根本上体现的仍然是人与自然的基本关系。

第三节　朝向"一种批判的工艺学史"

　　本雅明的技术批判因其独树一帜而备受关注,但与马克思"工艺学批判"之间的具体关联,仍少有研究者关注。③ 实际上,本雅明的技术批判无论是从主题上还是方法上,都直接受马克思有关"工艺学"(Technologie)的批判思想的启发。近年来,国内学界已有敏锐的学者提出要重构马克思的工艺学批判,以便恰切理解当下技术时代中新技术(如人工智能)所引发的文

----

① Walter Benjamin, GSII. 1, S. 475.

② Walter Benjamin, GSII. 1, S. 1332.

③ 参见刘方喜:《从机械复制到机械原创:人工智能引发文化生产革命》,《中国社会科学报》2019 年 4 月 22 日;刘方喜:《超越"鲁德谬误":人工智能文艺影响之生产工艺学批判》,《学术研究》2019 年第 5 期。

化哲学革命。① 这种呼吁恰逢其时,因为马克思当年撰写工艺学批判史的设想,在劳动资料发生更加剧烈和深刻改变的今天,无疑对亟须重新理解的社会关切具有重大意义。刘方喜依据马克思工艺学的相关文献指出,马克思工艺学批判的完整命题是"工艺—生产力—生产关系革命构成完整的三层结构"。② 这三重结构实际上涉及资本主义生产方式分别在技术、经济以及社会和批判三个层面上的表现。换言之,工艺学批判的完整命题,实际上思考的是技术作为人类活动在历史进程中的完整形象。

　　众所周知,《资本论》第一卷第四篇第十三章"机器和大工业"是马克思"工艺学批判"的重要文献。实际上,本雅明对这部分的内容应该再熟悉不过了,因为他在《论波德莱尔的几个主题》中的第八节反复引用了这部分内容。本雅明在这里谈到技术迫使人的感官接受复杂的训练,认为马克思关于流水线工人的分析鲜明地揭示了这一点。③ 可以说,本雅明先于其同时代人,洞察到工艺学批判在文化历史领域中的巨大潜能。但略显遗憾的是,后来不少研究者并未延续本雅明的思路,更看重工艺学"分析",而不是工艺学

　　① 近年来,学者刘方喜倡导回归马克思的"生产工艺学""工艺学批判",以便理解新技术(尤其是人工智能)条件下文化生产及社会发展的突破。参见刘方喜:《工艺学批判重构:物联网生产方式革命与马克思归来》,《东南学术》2018 年第 5 期;《技术、经济与社会奇点:人工智能革命与马克思工艺学批判重构》,《马克思主义与现实》2018 年第 6 期;《当机器成为艺术生产主体:人工智能引发文论生产工艺学转向》,《江海学刊》2019 年第 3 期;《生产工艺学批判:人工智能革命的科学社会主义分析框架》,《甘肃社会科学》2019 年第 5 期;《文化三级跳:人工智能的工艺史定位》,《西南民族大学学报(人文社会科学版)》2021 年第 2 期。此外,张福公提供了马克思工艺学思想的具体思想来源及脉络。参见张福公:《马克思的工艺学批判与历史唯物主义的客体向度》,《哲学动态》2021 年第 2 期。关于马克思工艺学文献的综述,参见张福公:《国外学界关于马克思工艺学思想研究的历史与现状:基于文献史、思想史的考察》,《教学与研究》2018 年第 2 期。
　　② 刘方喜:《工艺学批判重构:物联网生产方式革命与马克思归来》,《东南学术》2018 年第 5 期。
　　③ 本雅明:《巴黎,19 世纪的首都》,第 220—222 页。

"批判"①——有趣的是,可以说前者恰恰对应于"福克斯论文"所批判的那种一般"文化史"概念。

为了阐明本雅明对马克思工艺学批判思想的创造性吸收,我将集中讨论《资本论》第一卷第十三章的一个关键注释,马克思在其中正式提出了"一种批判的工艺学史"(eine kritische Geschichte der Technologie)设想。② 为了更好地突显本雅明技术批判主题与该注释主题的亲缘性,不妨将后者分解为三个部分进行讨论。我认为,这个注释不仅已经包含了"福克斯论文"中历史主义批判和实证主义批判的基本大纲,而且已提示了本雅明晚期文体实践(批评实践)的方法论。

其一,"批判的工艺学史"构想包含了一种历史哲学,提示了历史主义批判的基本立场。马克思在注释中开门见山地指出:

> 如果有一部考证性的工艺史[批判的工艺学史],就会证明,18世纪的任何发明,很少是属于某一个人的。可是直到现在还没有这样的著作。达尔文注意到自然工艺史,即注意到在动植物的生活中作为生产工具的动植物器官是怎样形成的。社会人的生产器官的形成史,即每一个特殊社会组织的物质基础的形成史,难道不值得同样注意吗?而且,这样一部历史不是更容易写出来吗?因为,如维科所说的那样,人类史同自然史的区别在于,人类史是我们自己创造的,而自然史不是我们自己创造的。③

---

① 一个有代表性的论点可参见 Matthias Fritsch, *The Promise of Memory*: *History and Politics in Max*, *Benjamin*, *and Derrida*, State University of New York Press, 2005, p. 205.

② Karl Marx, *Das Kapital*. *Kritik der Politischen Ökonomie*: 1 Bd., *Hamburg* 1872/*Karl Marx*. *Text.*, in: MEGA II. 6, Dietz Verlag, 1987, S. 364.

③ 马克思、恩格斯:《马克思恩格斯文集 第五卷》,中共中央马克思恩格斯列宁斯大林著作编译局编译,人民出版社 2009 年版,第 428—429 页。

毫无疑问，马克思关于"一种批判的工艺学史"的设想是纲领性和基调性的，其所切中的与其说是 18 世纪的技术状况，不如说是现代技术的基本精神，即不仅是技术起源，而且是技术运用的开源性与社会性。马克思强调，技术并不能仅归功于"某一个人"（天才人物）的突破，而且要归功于经验的大众累积，打开的是一种对历史的批判性还原视野。如果大众不曾得到技术的福祉，其原因应该到社会的异化中去寻找。提及维科的人类史观点恰恰是为了阐明，阻止人们批判性地面对"社会组织的物质基础的社会力量"的，同样是人类自身的创造。异化就意味着人无法理解自身类存在的产物，因此无法理解自身作为类存在的本质及目的。① 马克思所提出的工艺学史的批判总纲，几乎原封不动地为本雅明所承袭。本雅明认为，历史唯物主义者因其历史视野，有必要为科学和艺术的成就感到惊恐，因为"它们的存在不仅归功于伟大天才的辛劳，而且或多或少归功于这些伟大天才同时代人的默默无闻的劳役"②。

其二，"批判的工艺学史"也包含了实证主义批判的基本诉求，虽然这个注释看似对之着墨不多——"那种排除历史过程的、抽象的自然科学的唯物主义的缺点，每当它的代表越出自己的专业范围时，就在他们的抽象的和意识形态的观念中显露出来"③。这里提及的自然科学的唯物主义代表，主要指德国博物学家福格特（Karl Vogt）、德国医生毕希纳（Ludwig Büchner）、荷兰生理学家摩莱萧特（Jacob Moleschott）等人，他们试图以无神论和自然科学教化民众，以达尔文主义解释社会发展。④ 恩格斯曾尖锐地指出："这种唯物主义在理论上同 18 世纪的唯物主义几乎完全没有差别，它胜于后者的

---

① 　关于本雅明与维科思想关系的初步分析，请参见汪尧翀：《从语言再出发：本雅明的先锋文体与历史唯物主义》。

② 　Walter Benjamin, GSII. 1, S. 476.

③ 　马克思、恩格斯：《马克思恩格斯文集 第五卷》，第 428—429 页。

④ 　马克思、恩格斯：《马克思恩格斯文集 第五卷》，第 931—932 页。

地方主要只是拥有较丰富的自然科学的材料,特别是化学和生理学的材料。"①这反映了当时德国自然科学领域中旧形而上学的回潮,显示了自然科学的唯物主义没有正确对待黑格尔历史哲学的划时代的思想。

当然,马克思对工艺学的界定,首先也脱离不了把握自然科学在具体大工业生产中的实际表现:

> 大工业的原则是,首先不管人的手怎样,把每一个生产过程本身分解成各个构成要素,从而创立了工艺学这门完全现代的科学。社会生产过程的五光十色的、似无联系的和已经固定化的形态,分解成为自然科学的自觉按计划和为取得预期有用效果而系统分类的应用。②

但关键是,马克思并未简单停留在工艺学分析的层面,即仅仅将工艺学视为对一个中性的、客观的技术过程的分析,而是前进到工艺学批判的社会事实层面,认为现代工业具有革命性的技术基础,引发了社会内部的分工变革,从而导致工人阶级日益增长和最终的贫困。③ 如果工艺学本身仅接受自然科学的态度而对机器的资本主义应用视若无睹,便陷入了一种实证主义的意识形态。换言之,马克思已经把握了技术基础的进步可能导致社会的退步,这一点也正是上文已经论述过的本雅明实证主义批判的核心立场。

其三,"批判的工艺学史"提示了本雅明从事历史唯物主义研究的基本方法论。在长注释中,马克思也专门谈及了唯物主义研究方法论问题。

> 工艺学揭示出人对自然的能动关系,人的生活的直接生产过

---

① 马克思、恩格斯:《马克思恩格斯文集 第二卷》,中共中央马克思恩格斯列宁斯大林著作编译局编译,人民出版社 2009 年版,第 601 页。

② 马克思、恩格斯:《马克思恩格斯文集 第五卷》,第 559 页。

③ 马克思、恩格斯:《马克思恩格斯文集 第五卷》,第 560 页。

> 程,从而人的社会生活关系和由此产生的精神观念的直接生产过
> 程。甚至所有抽象掉这个物质基础的宗教史,都是非批判的。事
> 实上,通过分析找出宗教幻象的世俗核心,比反过来从当时的现实
> 生活关系中引出它的天国形式要容易得多。后面这种方法是唯一
> 的唯物主义的方法,因而也是唯一科学的方法。①

马克思所说的工艺学实际上已经是批判的工艺学了,旨在揭示"人的社会生活关系和由此产生的精神观念"的根源在于人与自然所缔结的交换关系,即在自然的历史化进程之中。因此,马克思要求不从"观念"出发,因为资本主义社会可以凭借意识形态制造关于宗教的虚假意识,由此扭曲意识与现实的基本关系。换言之,从"宗教幻象"出发揭示其所反映的"世俗核心"的意义,就未必是真义;不先抓住"世俗核心"的准则,当然就无从判断宗教幻象的实质。相反,马克思要求回到具体的"历史进程",从"当时的现实生活关系"中推导出其"天国形式",即抽象的宗教教义。这样,宗教教义所包含的意识形态就被揭示出来,同时,宗教的实质也得到了澄清。如果从"技术"最广泛的意义来说,这种科学的唯物主义方法,确实可以被称为"一种批判的工艺学史",或者说,这种对某个时期的现实生活关系的研究,确实可以被称为"史学"(Historie)。②

我认为,如果充分考虑本雅明的文体转向,尤其是考虑"福克斯论文"同时期的《拱廊计划》,不妨也将本雅明的研究设想视为"一种批判的工艺学史"。1928 年出版的《单向街》正是本雅明对自身所处的社会生活之细节的历史细察。虽未言明,但这种谋篇布局已经透露出了明确的史学意味。随着本雅明着手于《拱廊计划》,雄心勃勃地要把握 19 世纪的资本主义历史,

---

① 马克思、恩格斯:《马克思恩格斯文集 第五卷》,第 429 页。

② 杨俊杰建议,重视本雅明使用"historisch"(译为"史学的")与"geschichtlich"(译为"历史的")两词的区别。参见杨俊杰:《本雅明历史哲学论纲考辨》,中国社会科学出版社 2018 年版,第 57 页及以下。

他也愈发注意到历史唯物主义方法论的问题。属于这个计划一部分的波德莱尔论文,便尤其见证了他这一时期的努力。更重要的是,本雅明在"方法论片段"中提出了关于历史唯物主义的方法论思考:"从马克思主义角度理解历史就必然要求以牺牲历史的直观性(Anschaulichkeit)为代价吗? 或者怎样才能将直观性与马克思主义方法的实施相结合?"①值得一问的是,这里的"历史的直观性"难道不就是马克思所谓"历史进程"或"当时的现实生活关系"吗? 本雅明的辩证意象的思路,不正是从这种历史的直观性出发,而试图把握住整个 19 世纪的资本主义历史的观念形式及其秘密吗? 限于论题及篇幅,在此暂不做更详尽和具体的比较研究。但不妨先行回答的是,本雅明在此孜孜以求的历史唯物主义无法回避的方法论要求,不恰恰朝向了"一种批判的工艺学史"吗?

最后,值得强调的是,考虑到"福克斯论文"的原初意图及其思想史位置,一门历史唯物主义的艺术理论也应包含在"一种批判的工艺学史"之中,或者更准确地说,恰恰是"一种批判的工艺学史"的牵引,使得历史唯物主义的艺术理论获得了完全不同于以往的新视野和新方法。当然,本雅明对此已经做了有效的尝试。要厘清这一点,则需另行撰文。

---

①　本雅明:《〈拱廊计划〉之 N》,参见《作为生产者的作者》,第 118 页。Walter Benjamin, *Das Passagen-Werk*, in ders., *Gesammelte Schriften V · 1*, S. 575.

| 第三章 |

内在批判的极限：阿多诺论审美经验的否定性

第一节　问题史之一："艺术社会学"论争

　　论及阿多诺关于审美经验之否定性的思考，不可回避的是其问题史语境，否则无法看清其思想的性质及策略。众所周知，阿多诺曾在 20 世纪 30 年代广泛涉足文学艺术论争，相比之下，国内学界耳熟能详的是另一场当时围绕德国表现主义运动的论争。实际上，彼时关于"艺术自律"的论争同样对"理论"影响深远。从西方马克思主义美学发展史内部来看，围绕"艺术自律"的论争，激起了一个重大美学议题，即艺术商品化（Zur-Ware-Werden der Kunst），或者说艺术作品（Kunstwerk）与商品形式（Wareform）之关系疑难。明确了这一点，"否定性"论题与"肯定性"论题的关联性，以及支撑命题的基本知识语境，才会从这场文化论争中浮现。以"艺术社会学"之名产生的论争，主要发生在布莱希特、本雅明以及阿多诺之间；而"文化肯定性批判"指示了阿多诺与马尔库塞等人在哲学层面的关键区别。

　　上述两个阶段的问题史将构成本章的前两部分，旨在表明阿多诺何以无法满足于社会批判，尽管他极力回应了布莱希特和本雅明对艺术自律的摒弃。阿多诺面对社会批判的复杂态度，归根结底取决于他解决观念论哲学之枢机难题的雄心。本章最后一部分将由此考察阿多诺坚持审美经验之悖反性质的思想方式,即建构"悖论的作品美学"。从理论层面(哲学)来说,这是阿多诺寄望"哲学",坚持内在批判方法的极限点;同样,从经验层面(艺术史)来说,这是阿多诺在理论上应对先锋派冲击交出的答卷。

首先应该明确的是此处提及的"艺术社会学"(Kunstsoziologie)这一模糊称谓的含义。无论是布莱希特、本雅明,还是阿多诺,针对的首要问题是"艺术自律",知识背景则是韦伯关于艺术在历史进程中逐步获得自律功能的社会学描述。实际上,韦伯的阐述只是他从社会学角度揭示西方理性主义发展后果的宏大理论建构的一部分。但对此后果的揭示及解释,对后来的批判理论影响深远。根据哈贝马斯的权威性阐释,韦伯的合理化理论牵涉其思想布局,可以从社会、文化、个性的三分法加以阐明。① 社会合理化指资本主义经济和国家的分化,是韦伯力主解释的核心现象,而文化及个性层面上的合理化现象则相对次要。文化合理化又可以分为现代科学及技术、自律的艺术以及宗教伦理合理化。个性层面的合理化则关切不同的生活方式。

可以说,上述三个层面之间的关系非常复杂,既相互对应,又相互决定和相互渗透。仅就艺术合理化而言,它在文化层面(价值领域)表现为自律的艺术,在社会层面(行为系统)表现为艺术组织(生产、分配及接受、艺术批评),在个性层面(行为结构及价值趋向)则表现为主观主义的反文化生活方式。② 关键在于,艺术合理化在社会合理化过程中不发挥主导作用,仅作为日常生活合理化压力的补偿。这既界定了审美经验的有限性,又明确了审美领域相对于认知及道德领域之规范演化的不同步,以及经验等级上的差等,即审美经验作为超越日常经验的高阶经验。

不过,审美经验在外部社会功用上的分化及规定性,与其内部特征的形成,并非还原论关系。这一点至关重要。一方面,艺术分别在三个层面上形

---

① 哈贝马斯:《交往行为理论(第一卷)》,第210页。
② 哈贝马斯:《交往行为理论(第一卷)》,第219页,图表3。

成了自律特征,具有社会性;另一方面,艺术在获得社会性特征的同时,也把内在特征从自身漫长的前史中蒸馏出来,使审美活动的核心原则确立于一种带有普遍性诉求的主观主义——自愿。① 人们只要与艺术打交道,便会从中获得审美经验,这再自然不过。审美活动的"自愿",意味着审美经验具有自发的、不受强制的鲜明特征。这样,艺术社会学的核心论题,即刻画进入资本主义阶段之后艺术的悖论特性,才显现出来。换言之,艺术社会学针对的是"艺术"的资本主义形态及运行。因此,艺术社会学不是简单地将"艺术"还原为一种社会—心理进程——顺便说,这种还原论彻底否定了艺术所表征的"自由"——而是从一个有待解析的社会关系场域去看待"艺术"。这个社会关系场域也就是上述文化合理化三个层面在现代性进程中的相互分化、相互冲突乃至相互渗透。在厘清上述背景后,再回头观察 19 世纪的艺术社会学论争。

1930 年,布莱希特因歌剧《三毛钱歌剧》的电影改编权,卷入了一场"三毛钱诉讼案"(Dreigroschenprozeß)。② 诉讼的焦点在于,布莱希特不愿放弃原来合同所规定的电影改编权,而电影公司因剧本改动过大且已投入巨资,解除了合同并将改编工作委托给他人。法院驳回了布莱希特的诉讼,电影公司也准备和解,但布莱希特立即上诉,并希望案件公开讨论。原因在于,布莱希特将这次诉讼视为一次"社会学实验",一方面为了检验"市民意识形态的当代状况",另一方面也为了把战火引向美学领域。

比格尔认为,"三毛钱诉讼案"的意义在于首次尝试把握艺术在晚期资本主义社会中的地位。③ 布莱希特丝毫不在意自律理论的"真理性内容",而

---

① 耀斯:《审美经验与文学解释学》,第 3 页。

② 克诺普夫:《贝托尔特·布莱希特:昏暗时代的生活艺术》,黄河清译,社会科学文献出版社 2018 年版,261 页及以下。

③ Peter Bürger, *Kunstsoziologische Aspekte der Brecht-Benjamin-Adorno-Debatte der 30er Jahre*, in: *Seminar:Literatur-und Kunstsoziologie*, Suhrkamp Verlag, 1978, S. 11.

是将艺术是否"真"等同于其在社会中是否具有"可行性"。换言之,这种观点的极端性在于,将资产阶级艺术的自律诉求,转让给了(电影的)营销机构。一旦艺术自律的诉求无法在资本为王的电影工业中贯彻始终,自律思想便暴露其非真。比格尔指出,布莱希特既没有将艺术的自律理解为意识形态,也没有将之理解为真与非真的矛盾统一,而是将之理解为"纯粹的幻觉"。① 布莱希特从这种片面性出发,强调"自律"概念在资产阶级社会中的制度化,强调这种制度化同时具有生产者和接受者的行为特征。

对布莱希特而言,艺术作品之为商品,并非指作品(例如电影)使用新媒介,沾染了商品性质,而恰恰指"整个艺术无一例外地"变成了商品。同时,变革的进步意义在于使艺术自律概念瓦解,即通过资本主义生产方式摧毁资产阶级的意识形态。关键在于,布莱希特从中预见了新的概念,"艺术"不再是"享乐工具",而是"教育原则"。因此,艺术整体变革的思想不仅规定了艺术社会学的基本框架,而且直接影响了本雅明和阿多诺。总体而言,阿多诺旗帜鲜明地反对布莱希特的观点,本雅明则在很大程度上受到了布莱希特的影响。

很容易看到,布莱希特以电影为武器攻击艺术自律,与本雅明《技术再生产时代的艺术作品》一书密切相关。布莱希特标举电影技术的变革力量:"这种装置(即电影装置)可谓独树一帜,摆脱了旧日非技术的、反技术的、与宗教结合的'魅力型艺术'。"②技术装置导致了旧艺术概念解体过程的加速。毫无疑问,本雅明追随布莱希特,坚持旧艺术和新技术相互对立,肯认后者才是具有进步指向、推动艺术发展的要素。比格尔指明了其中的关联:"布莱希特所谓'与宗教结合的"魅力型艺术"',用本雅明的术语来说就是光晕艺术(auratische Kunst)。对此,本雅明也追随布莱希特,从文化对象的不

---

① Peter Bürger, *Kunstsoziologische Aspekte der Brecht-Benjamin-Adorno-Debatte der 30er Jahre*, S. 12.

② 转引自 Peter Bürger, *Kunstsoziologische Aspekte der Brecht-Benjamin-Adorno-Debatte der 30er Jahre*, S. 14.

可接近性中推导出'光晕'(die Aura),并由此将艺术复归于神圣物的临近之中。"①分歧也在于,新技术媒介对艺术的变革,对布莱希特而言仍只是可能性,是艺术商品化的补充性命题,但对本雅明而言,这已成为核心论题。

值得强调的是,本雅明从未将"光晕"简单理解为一种内审美意义上的审美经验或审美价值,相反,他的出发点是接受视角。光晕式接受涉及艺术作品的唯一性及原真性,随着再生产技术的发展必然崩解。因此,艺术作品光晕的崩解实际上是一种感知类型的崩解,其原因一在媒介,二在公众需求。布莱希特同样认为,新媒介必然引起感知方式的变革:"观影是阅读小说的另外的方式。"更为挑衅的是,"大众的庸俗远比知识分子的趣味更扎根于现实"②。本雅明则将上述要素结合起来,认为技术媒介(尤其是电影)所导致的感知方式的变革,即"散心"(Zerstreuung)的接受方式,符合大众的利益。因此,本雅明用光晕概念成功地把握了作品与接受者之间符合自律艺术概念的关系类型:"光晕概念是一个关系概念(Relationsbegriff)。它既不能简单地归入作品类型,也不能简单地归入一种接受者类型;它更多标明的是两者之间交互产生的关联(Bezug)。"③上述观点对于理解本雅明的意图非常重要,只有从接受视角切入,不少问题才会迎刃而解。实际上,本雅明论点的革新意义主要在于摧毁观念论美学,后者完全漠视关系项的历史变迁,也就是说,漠视作品与接受者、生产者之间的社会关联。

对本雅明而言,早期摄影的光晕并不仅仅是彼时简陋技术设备的产物——"对此更应关注的是,当时被拍对象与新技术彼此非常精准地吻合默契,而日后到了摄影没落时期,两者又同样精准地背道而驰"④。只有从这个

---

① Peter Bürger, *Kunstsoziologische Aspekte der Brecht-Benjamin-Adorno-Debatte der 30er Jahre*, S. 14.

② Peter Bürger, *Kunstsoziologische Aspekte der Brecht-Benjamin-Adorno-Debatte der 30er Jahre*, S. 14.

③ Peter Bürger, *Kunstsoziologische Aspekte der Brecht-Benjamin-Adorno-Debatte der 30er Jahre*, S. 15.

④ 本雅明,《艺术社会学三论》,第 24 页。

角度出发,本雅明"摄影史研究"意味深长的革命性才会浮现出来。如果在
《摄影小史》的结尾部分找到他对消遣艺术的讽刺性批判(这正是阿多诺的
指责之一),人们也许会略感惊讶。本雅明在此处更直白地道出了审美经验
的意识形态属性。摄影的演化史,既成为创造性"艺术"的过程,也是逐步商
业化,逐步为销售和广告服务的过程。换言之,文化中介——从最通俗的意
义上说,也就是形形色色的商业—人文景观——掩盖了矛盾关系,"真正的
现实转换成了功能性存在,比如,工厂使人间关系物化就没有在照片上体现
出来"①。正是这一点决定了摄影与绘画的紧张关系,或者说,摄影艺术与艺
术的紧张关系,而非技术层面上进步与否的关系。本雅明据此区分创造性
摄影与构成性摄影的理据,也并非技术,因为两者都可以熟练地运用"拼接"
或"人为的构成"。② 从这个意义上说,本雅明之所以垂青超现实主义或俄罗
斯电影,与其说因其技术上的革新,毋宁说因其技术革新与所表达的对象
(即蕴含对艺术商品化反抗的对象)是精准契合的。

　　上述这一点对于理解阿多诺的思想介入不可或缺,因为他的观点始终
呼应或针对着本雅明。简言之,本雅明强调技术与作用对象的离合,根本上
是强调历史关系,同样,文化对象所蕴含的针对艺术商品化的反抗,不是超
历史的,而是必须经接受视角才能产生;阿多诺则指责本雅明忽视了艺术自
律中的真理要素,即艺术是工具理性所支配的社会中的"自由象征"
(Zeichen der Freiheit)。③ 毫无例外,这同样是一种历史哲学的眼光,艺术自
律的悖论性质只有在晚期资本主义阶段才得以充分暴露。

　　阿多诺从自己的立场出发,对布莱希特—本雅明论题的要素做了吸收
和改造。本雅明结合了布莱希特的激进命题,将艺术领域中媒介变革与技
术变革关联起来,认为像电影这样的新媒介形式将导致新的、激进的、暗合

---

① 本雅明,《艺术社会学三论》,第 36 页。

② 本雅明,《艺术社会学三论》,第 37 页。

③ Peter Bürger, *Kunstsoziologische Aspekte der Brecht-Benjamin-Adorno-Debatte der 30er Jahre*, S. 16.

大众利益的接受类型,由此与旧艺术决裂。相反,阿多诺虽然也接受了光晕崩解所带来的接受方式变革,但他坚持认为,散心只是"娱乐音乐"的接受标志。不同于本雅明对散心作为历史进步的感知方式的赞许,阿多诺反而从中看到一种退化因素。至少在音乐中,阿多诺强调,散心带来的并非批判距离,而是一种对瞬间印象之直接性的接受。阿多诺在《音乐中的拜物特征与听的退化》(1938)这篇回应之作中,从接受方式的变革中推导出资本主义社会发展导致的大众文化的强制性。

> 为大众音乐的遗忘和突然识别所准备的感觉行为方式是"去集中"。如果这些标准化生产——除了一些明显的诸如流行片段以外完全雷同——不允许对听众来说并没有变成不堪忍受的全神贯注地听,无论如何,这些人不再能专注于听。他们经受不住全神贯注听的紧张,听之任之,如果他们大而化之地听,便可以与之达成妥协。本雅明所提及的娱乐状况中电影院的统觉同样适用于轻音乐。通常的商业爵士乐只能行使它的功能,因为它不是以留神的模式来听的,确切地说,是在交谈尤其是伴舞过程中被感知的。人们一再听到这种说法:爵士乐很适合于伴舞,但听起来却很恐怖。但是,如果电影作为一个整体似乎也以一种去集中的思考方式来理解,那么,去集中的听就不可能获得一种整体感知。①

当然,在此不可能展开更多细节。至少从整体上看,艺术社会学所牵涉的分化问题在通常的讨论中极易被漠视。一方面,对作品的理解实际上不可脱弃于与社会场域(生产、接受)所建立的具体关系;另一方面,对作品的理解取决于其本身的媒介类型,包括绘画、摄影、电影、音乐等等。同时,分

---

① 阿多诺:《音乐中的拜物特征与听的退化》,参见《社会批判理论纪事(第6辑)》,方德生译,江苏人民出版社2015年版,第262页。

化问题的凸显又必然会提出总体性诉求,即"艺术"或"文化"本身的特性问题。换言之,要在分殊之中寻找共性,便逾出了艺术社会学的范围,而必须考虑哲学的一般问题。

第二节 问题史之二:文化肯定性的批判

艺术社会学论争最终必然触及文化(艺术)的总体性概念。不管本雅明从何种角度接受布莱希特的命题,他在关于文化的总体性概念上与布莱希特是一致的,那就是揭示文化作为资产阶级意识形态的历史性与退步性,同时把握艺术彻底成为商品这一历史唯物主义进路的思想意义。布莱希特和本雅明试图在艺术社会学所解析的历史关系项之中,发现变革的无限潜能,这将使"艺术"一扫伴随自律理论的社会悖论。一方面,艺术给予受贫乏现实支配的人以幸福允诺;另一方面,艺术慰藉平息了人们在现实中遭遇不公而产生的痛苦和愤怒。因此,本雅明在揭示光晕艺术借静观建构起"艺术神学"之际,也揭示了后光晕艺术凭借散心所激发的变革潜能。[①] 从美学角度说,本雅明已摒弃了诸如艺术美之类的传统的审美经验概念。但是,阿多诺一方面接受了布莱希特和本雅明关于资产阶级文化总体性概念的批判,另一方面又坚持艺术自律的合法性。这就意味着他实际上从思想策略的角度来理解艺术自律命题,换言之,关键并不在于"艺术自律"的命题本身,而在于透过"艺术自律"命题所显示的悖论思辨方式。阿多诺对之加以吸收,并将其汇入其否定辩证法的思想姿态之中。总之,捍卫艺术自律的问题史线索,实则是法兰克福学派美学理论的主流,其集中表达始于马尔库塞的著名论文《文化的肯定性》。

论家通常将《文化的肯定性》一文视作法兰克福学派美学理论的纲领性文献之一。马尔库塞接踵霍克海默及本雅明 1936 年发表于《社会研究杂

---

① 本雅明:《艺术社会学三论》,第 56 页。

志》的论文,研究和反思资产阶级文化领域的当下事实。马尔库塞追溯文化概念从古代哲学到德国观念论的演化,目的是提炼出文化至资产阶级时代才获得的普遍性特征,并仍以韦伯的艺术社会学问题为起点。

> 　　亚里士多德并没有断言,真、善、美的东西具有普遍有效性和强制性的价值,它们同样应该"自上而下"地渗透和转移到那个为生活提供物质必需品的必然王国。只要提出这个主张,我们就立即会面临作为资产阶级实践及其相应世界观的核心的文化概念。[①]

　　毫无疑问,肯定性文化当仁不让地提出了古代哲学未曾设想过的诉求,但美作为独立价值王国的一员,所提出的普遍性要求又与美在资产阶级文化格局中的地位相互抵触——美仅仅作为真与善的补充角色。换言之,审美活动只能从虚构意义上为社会实践的压迫提供心理补偿。

　　显然,美的悖谬性就在于其非现实性的现实性。一方面,美允诺了资本主义未来的现实性,但这种幸福允诺本身是当下能够体验到的,具有不可抹杀的现实性;另一方面,美提供尚未实现的幸福允诺,缓解和巩固了既有的现实不公,又导致其允诺是永远无法兑现的,这种观念上的永恒性又是非现实性的。马尔库塞认识到,美的悖论说明,存在着一个资产阶级主体哲学有意拒斥,也无法把握的主观经验领域,其模糊不清的、善恶不辨的性质表达在一个较窄的文化概念(即"灵魂")中,"灵魂确实必不可少,它就像是个体未表达、未实现的生命。灵魂文化以虚假的形式吸收了那些在日常生活中无处安身的力量和需求"[②]。马尔库塞试图用"艺术美"的效力来把握灵魂的意义。这一点至关重要,因为尽管艺术美是虚幻的,但仍然保留了当下的真实诉求,"因为只有借助美,幻象的世界才能唤起熟悉的、当下的显象,质言

---

① 马尔库塞:《艺术与解放》,朱春艳、高海清译,人民出版社 2020 年版,第 125 页。

② 马尔库塞:《艺术与解放》,第 146 页。

之,现实的显象"。① 因此,艺术美的幸福幻象无论如何也包含了解放现实的推力。

实际上,马尔库塞所表达的仍然是从总体上扬弃文化的理想。

> 当美不再表现为现实的幻象,而是表达了现实以及现实中的快乐时,它将找到新的化身。这种潜能的先兆,在体验古希腊雕像毫无造作的展示和莫扎特或晚期贝多芬的音乐时,你可以预先体验到这种潜能。不过,美以及对它的享受甚至也有可能不会转移到艺术上。这样的艺术也有可能没有目标。②

因此,正如哈贝马斯所评论的那样,马尔库塞显示了与本雅明截然不同的目标。③ 马尔库塞意识到对文化的扬弃可能是虚假的,因此他拒绝从后光晕艺术(即大众文化的兴起)透露出的革命能量。在马尔库塞看来,只要解放性的理念和形象在现实性中仍以疏离的形式出现,后者就类似于审美形式,仍然具有潜能。直到三十年之后,马尔库塞对本雅明诉诸先锋派艺术的做法仍抱有疑虑:"本雅明仍然相信,'资产阶级艺术'中的'寄生虫般的'精英主义特征和它的欣赏性可能会被'震撼'所颠覆——法西斯主义已经驱散了这种幻觉,一个容易接受种族灭绝和地球毁灭的社会似乎对艺术中的震颤免疫。"④在马尔库塞看来,从古典艺术推进至超现实主义,从艺术美推进至震撼,从精英主义推进至大众文化,并不能解决艺术的悖论。相反,关键在于摆脱自律艺术的框架,把艺术从中获得的能量抽取出来。换言之,艺术经意识形态批判之后的剩余物,一旦被整合到更广阔的物质生活过程中,便

---

① 马尔库塞:《艺术与解放》,第 151 页。

② 马尔库塞:《艺术与解放》,第 161 页。

③ Jürgen Habermas, *Bewußtmachende oder rettende Kritik*: *Die Aktualität Walter Benjamin*, S. 54-56.

④ 马尔库塞:《艺术与解放》,第 272 页。

能够废止文化的肯定性。

由此可见,马尔库塞要捍卫晚期资本主义艺术所取得的真理性内容,却要摆脱其在此阶段无法摆脱的悖论。不管艺术自身如何发展,其在特定历史阶段已获得的"本质"(特性)始终是无时间性的。这种无时间性的秘密就是感性的秘密,它宛如一叶扁舟,在理性的怒涛上漂荡。马尔库塞因此拒绝艺术的商品化论题:"世界就是商品形式背后的那个东西:风景就是风景,人就是人,物就是物。"[①]这实际上也是阿多诺对艺术特性的基本理解,"世界"实际上就是那种摆脱了物化(即同一性宰治)的否定性。唯一的不同在于,马尔库塞仍然坚持哲学的总体性问题。

这样,从阿多诺、马尔库塞到哈贝马斯,法兰克福学派美学理论的源流中形成了一个反先锋艺术的思想漩涡。拒绝超现实主义及之后的先锋派运动是一个关键点。首先,这种拒绝与庸俗的社会学观念划清界限,后者否认艺术的超越性,从而将激发审美体验的感性形式的有效性还原为某种社会机制或进程。当然,审美经验得以发生的传统要素,例如生产主体、作品形式、接受者体验的真实性等,确实遭遇了传统美学的危机语境,但是否能够简单摒弃这些要素,至少仍是悬而未决的。马尔库塞于此有句发人深省的妙语:"塞尚的画即使放在厕所里也仍旧是塞尚的画。"[②]

其次,这种拒绝表面的粗暴实际上隐含了不太为人关注的知识论诉求,后者才真正击碎了传统意义上"审美经验"的合法性。审美经验之传统的触发机制受到了严重的攻击——感性形式所组织的传统编码形式失效了。从传统的意义阐释角度来说,艺术作品根本上是符码。现成品(Ready-made)剔除了所有的传统艺术隐喻,自身成为一个新的艺术隐喻,即艺术作品吸纳了自身的生产过程,使之变得可见。这意味着传统意义上的"作品美学"连同其本体论的知识支撑失去了意义。现成品的真正刺激毋宁说是挑战了传

---

①　马尔库塞:《艺术与解放》,第 152 页。

②　马尔库塞:《艺术与解放》,第 280 页。

统的艺术"超越性",从根本上仍属于"内在批判",而非外部消解。因为现成品艺术的出发点并非在于混淆商品与艺术品之间的分界,尽管其含糊其词似乎直接模糊乃至动摇了这种界限。

从上述反先锋艺术的倾向可以看到,法兰克福学派美学理论——本雅明几乎是唯一的例外——的一项基本共识在于,艺术的矛盾性能够通过其超越性(无时间性)得到克服。问题的关键只取决于,究竟要用何种框架来理解艺术的无时间性。虽然必须补充的是,艺术的矛盾性本身是阶级社会的历史产物,但这并不意味着超越性本身也仅仅是阶级社会的意义产物,会随着矛盾性的消解而消解。艺术的超越性固然以矛盾性的样态现身,既是(特定历史条件下的)慰藉,又是(特定历史条件下的)反抗,但归根结底是一种(若在特定历史条件下,即解放了的社会之中)有待实现且能够实现的自由现实。应该说,艺术的超越性——而不是艺术自律——才是文化肯定性批判作为意识形态批判所要捍卫的基本目标。

总之,阿多诺方案的要旨,就是从上述两大问题史的辩驳中析出难以消解的悖论性要素。其一,在艺术社会学的论辩中,他以大众文化批判及文化工业理论反对艺术商业化。他坚持认为,如果艺术作品成为文化产品,艺术享受倒退为消遣,那么新型的商品拜物教就会产生,法西斯主义所挑动的市民施受虐狂性格与大众艺术的接受,不过是一体两面。[①] 这实际上是以社会心理学分析回应布莱希特以及本雅明的挑战,意味着他仍然停留在主体哲学诉诸内在批判的传统之中。

其二,阿多诺的内在批判又和马尔库塞关于"灵魂"的意识形态批判相互呼应,两者共享了同一种观念论底色。但不同的是,马尔库塞仍坚持总体性概念。对文化的扬弃只能是总体扬弃,尽管艺术已获得的"本质"要素——马尔库塞将之限制在西方古典艺术阶段——不会随之瓦解,准备在新的唯物主义框架中转化为新感性潜能。换言之,马尔库塞要求保留自律

---

① 　哈贝马斯:《交往行为理论(第一卷)》,第 458 页及以下。

艺术的实质内涵,同时要求这种内涵彻底解脱理性主义的所有支撑。

不同之处在于,阿多诺虽然也坚持艺术作品超语境的真理性内容,但同时坚守作为表达的真理概念,即语言与现实之间的同一性。但正如《启蒙辩证法》所揭示的,如果理性一开始便与人的自我保存不可切割,或者说,概念一开始就渗透着工具理性,那么这种已陷入异化的理性的自我批判(自我反思)就缺乏把握住真理概念的理论工具。因此,阿多诺认为,应当更深入地批判理性概念,以便能够继续满足理性的认知功能,而不必把传统的概念推论作为唯一正当且有效的工具。问题恰恰在于,要使语言摆脱推论的钳制,需要的是一种"无意图"的语言,或者说,一种让显现的真理重新开口说话的语言。毕竟,显现意味着真理感性地显现于艺术作品之中,真理的感性显现实际上是我们与作品打交道时所遭遇的审美经验。但是,真理"显现"毕竟还不是表达,故而真理又被审美经验所遮蔽。因此,为了应对发生在艺术作品中的真理危机,阿多诺的运思就转向了如何处理审美经验的遮蔽问题。

第三节　悖论的作品美学

从思想色彩上来说,阿多诺理解审美经验的背景仍是黑格尔主义,即审美经验的性质决定性地依赖于真理概念。德国观念论的成就在于,真理(理念)必然以其所分裂而成的理念世界与形象世界的合题出现。这种分裂对于传统哲学而言,实际上又是一种增长。黑格尔正由此将市民社会(或者说感性世界)纳入思想体系。换言之,德国观念论的"整体",比传统哲学空洞的一元论本体,增加了为了理念与形象的集合。这种转化虽然仍存在着内部矛盾,但使人有可能通过感性的、时间性的世界认识到真理。[①] 事实上,理念是无时间性的,也就是不可说的,但它能够显示,即为我们所经验。人所能认知的一切都无法超出经验,因为经验始终是已经逝去的,属于时间性的

---

　　① 　科耶夫:《论康德》,第13—21页。

东西。审美经验所把握的就是在时间中感性显现的、形象的东西,但同时这也是触及真理的必由之路。美学的意义就在于让审美经验开口说话,即对艺术作品进行阐释,从中挖掘出真理。可是,当我们用概念(理性)来把握审美经验的时候,形象世界就遁去了,变成灰色,变得虚无。在此意义上,审美经验又显示为对真理的遮蔽。哲学的任务当然是去除遮蔽而彰显真理。

不妨在此重提霍克海默关于哲学的规定:"哲学有意识地努力把我们的所有认识联合成为一种语言结构,给予事物以正确的名称。"①除非彻底摒弃现代理性主义的规范内涵,否则熔铸认识要素的语言结构一定是某种概念结构。哈贝马斯在此基础上解释了阿多诺坚持的理论策略。

> 阿多诺在 20 世纪 30 年代就已经认识到,哲学必须学会"放弃总体性问题"和"不要没有符号功能就难以为继(符号功能看起来一直都是用特殊代表一般,至少唯心主义是这样认为的)。"当时,阿多诺就用本雅明的隐喻概念,从方法论上掌握了这样一个主题,即"重建已经成为第二自然的历史中的符号",并通过把"自主理性"中最细小的环节组合起来,来设计出一套"解释非意向性内容"的纲领。②

这就提示了一个实情,即在阿多诺思想中,艺术社会学与一般哲学的视角并不是分裂的,尽管两者始终存在着知识论诉求上的张力。两种问题史必然在艺术的真理性上交锋。艺术商品化强调,艺术必然在全面变革之后才会获得其真理性;而文化肯定性批判要求保留艺术的超越性,认为艺术的超越性是艺术本身所固有,且发展至晚期资本主义阶段所彻底显明的真理。从前者看后者,文化肯定性批判显得像是一种并不彻底的文化史批判;从后

---

① 转引自哈贝马斯:《交往行为理论(第一卷)》,第 475 页。
② 转引自哈贝马斯:《交往行为理论(第一卷)》,第 477 页。

者看前者,艺术商品化过于激进,以至于有使意识形态批判失去标准、堕入商业主义的危险。因此,虽然两者表面上都试图否定"艺术自律",但细究起来,仍存在关键性差别。前者要从外部彻底地击碎艺术自律框架,后者则要从内部瓦解艺术自律框架的悖论,将艺术的再生产潜能——在肯定性文化中,唯有艺术才能在社会生活的总体中再生产出作为幸福的文化价值①——提取出来,使之摆脱观念论美学的困扰——后者可从席勒的审美教育理念一直延续到法西斯主义的大众文化理论。

阿多诺选择了介于上述两种问题史之间的居间道路,所确立的核心任务在于,必须在能够解释艺术史发展的同时,接受文化肯定性批判所显明的艺术超越性本质。换言之,阿多诺必须从内审美角度,论证其反先锋派立场的合理性。进一步说,阿多诺要从理论策略上使艺术的超越性解脱于生产者与接受者的束缚。实际上,从社会学角度看,阿多诺不仅接续了韦伯的艺术社会学论题,而且接续了马克思的交换价值批判,从而完成了这一任务。②但他后来意识到,外部的社会学解析并不能彻底替代一般哲学的说明。只有能够先于社会学解析提供出艺术作品的内在说明,美学及其分析要素才能进入真理的场域。因此,唯有艺术作品才能成为"重建已经成为第二自然的历史中的符号"的范本,唯有作品美学(Werkästhetik)才能够超出生产和接受这类已然异化的社会关系,实现真正的和解。阿多诺建构作品美学的思路,也恰恰对应于其回应两大问题史论争的思路,分别回应了艺术社会学层面的艺术自律问题,文化肯定性批判层面的艺术超越性问题(即具体艺术媒介的认知内涵问题),哲学层面的悖论运思问题,由此可以细分为如下三个方面。

第一,作品美学旨在于内审美意义上重新确立艺术自律。阿多诺反对一般意义上的艺术自律,真正反对的是艺术商品化造成破坏的一面,市场产

---

① 　马尔库塞:《艺术与解放》,第 149 页。

② 　哈贝马斯:《交往行为理论(第一卷)》,第 212 页及以下。

生了资产阶级自律艺术的同时,也催生了文化工业。本文第一节已经涉及他在 1938 年的文章中以爵士乐为例的批评。晚年的阿多诺在《美学理论》中以"艺术的去艺术化"(Entkunstung der Kunst)为题,总结了批判的要旨。

> 　　艺术自律惹恼了文化消费者,他们视之甚高,却发现这种自律只不过是商品的拜物教性质……艺术作品若只是接纳主观投射的白板(Tabula Rasa),便丧失了资格。艺术作品沦为了纯粹的物品,沦为了对观赏者进行心理学分析的工具,显示了去艺术化的极端后果。观赏者用千篇一律的自我的回声,当作是对物化了的艺术作品缄默不语的补偿。文化工业使这种机械论运转起来,并加以利用。①

　　阿多诺在这段引文中,宣泄着对艺术商品化的尖锐讽刺。在他看来,艺术作品一旦变成商品,对审美经验的解释就必然屈从于经验主义或心理主义的阐释。这类阐释的共性在于,对艺术作品的感性自在进行物理—心理(或刺激—反应)的归因。这样一来,艺术自律看似确立了一种具有自身规律的主观价值,即如马尔库塞所言,"没有被卷入社会劳动过程、不具有交换价值的'灵魂'",但其效力终究取决于某种支撑了文化工业的社会心理学,即将关于艺术作品的审美经验仅仅作为市民受压抑自我的空洞补偿。因此,去艺术化所批判的正是艺术之内在超越性的丧失。

　　第二,作品美学强调艺术媒介本身不可抹除的差异性。为了辩护艺术的超越性,阿多诺同样在《美学理论》中重拾了韦伯的艺术社会学论题。韦伯考察艺术生产的技术对艺术的影响,分析的是和声技巧、现代记谱法以及

---

　　①　转引自 Jürgen Habermas, *Bewußtmachende oder rettende Kritik*：*Die Aktualität Walter Benjamin*, S. 62-63. 另,哈贝马斯这段引文比阿多诺《美学理论》的原段落有一定程度的删减,但并不影响阿多诺这段文字的核心意义。阿多诺的原文请参见 Theodor W. Adorno, *Ästhetiche Theorie*, Suhrkamp, 2003, S. 33.

乐器制造业的发展。阿多诺则将之延伸至先锋派艺术的分析,结论是技术的进步并不能带来艺术本质的进步。[①] 有鉴于此,他在与本雅明的通信中重新强调了源于音乐的基本经验:"正是对自律艺术的技术法则的坚持不懈的执着追求改变了艺术,而且并没有使得艺术成为一个禁忌或物神,而是使得艺术接近了自由状态,成为可以自觉生产和制造的事物。"[②]哈贝马斯指出,阿多诺的立论凸显了艺术媒介在接受类型上的根本差异——文学和音乐仍依赖于资产阶级个体阅读或聆听的专注,而建筑、戏剧、绘画,尤其是以电信媒体为载体的大众文学及流行音乐依赖于集体接受,装载了本雅明所谓"世俗启示"的希望。这正是布莱希特以来,探讨(某种程度上应蜕变为大众文化)文学的启蒙价值究竟如何才有效的争论关键。[③] 摄影革命的星星之火,随着电影的出现才燃遍了本雅明所处的时代。但不应忽视的是,阿多诺更多的是从内审美视角强调艺术媒介本身的差异性。

本雅明以摄影为例,已经意识到图像是不能言说的,图像只能显现。也就是说,图像无法凭借自身的要素,即图像无法凭借图像来阐明自身。因此,摄影必然需要阐释。[④] 音乐也是一样。尽管存在音乐语言(旋律、曲调等),但实际上,音乐也无法言说。总之,如果说真理显现于艺术作品之中,那么,真理在摄影中就显现为图像,在音乐中就显现为音乐语言。但真理无法在这种情况下言说自身,正如图像不能言说自身,音乐也不能言说自身。图像和音乐都只能凭借一种自身之外的媒介(即语言)来言说自身所显现的

---

① Theodor W. Adorno, *Ästhetiche Theorie*, S. 312-314.

② 参见阿多诺 1936 年 5 月 18 日致本雅明的通信。

③ 从这个意义上说,哈贝马斯在评述本雅明论文的第六节时,称《作为生产者的作者》反映了本雅明的一种迷茫,因为本雅明在将启示世俗化的同时,尚未找到其与政治实践的关联。当然,同时必须看到,在第六节的结尾,哈贝马斯正确地强调了应当将本雅明的经验论应用于历史唯物主义。这说明,哈贝马斯不反对本雅明的历史唯物主义取向,反对的是其理论的知识支撑和建构方式。参见 Jürgen Habermas, *Bewußtmachende oder rettende Kritik*: *Die Aktualität Walter Benjamin*, S. 84.

④ 本雅明:《艺术社会学三论》,第 39 页。

真理。换言之,是否能够自我传达,与媒介是否能够承载真理没有关系,却与我们是否能够获取真理、言说真理密不可分。因此,在所有的艺术媒介中,唯有文学是能够自我言说的。这就决定了语言(其自身也是一种媒介)之于一切艺术媒介的某种优先性。可以说,语言是"理论"的基底,美学也好,艺术理论也罢,都必须使用语言来解释作品,让作品向我们言说已经表达在其中的真理。美学或艺术理论的秘密就在对语言的思考之中。一旦抵达了这一步,本雅明思想的核心取决于语言哲学思考也就不足为奇了。正是从此视角出发,阿多诺关于西方理性史的批判,根本上也就是一种语言批判。确切地说,这种语言批判就是概念批判,也就是对概念性思考的批判。

第三,悖论的作品美学的特性最终取决于阿多诺关于概念的悖论运思。早在《启蒙辩证法》中,阿多诺就已经将语言批判贯彻到对西方形而上学史的批判之中,旨在揭示进行压迫的理性主体同时也是被征服的牺牲品。换言之,成为"主体"的前提是统一自我的形成,代价则是压制内在自然及其混乱的幸福冲动,以便实现主体的自我保存以及由此出发的对外在自然的征服。如果说主体被认为是一种致力于自我保存的意志,那么,其思想工具就是"概念",主体以此来安顿和统治现实。

因此,在阿多诺看来,概念性思考从一开始就避免不了物化的困境。但是,主体旨在摆脱物化,进行自我启蒙,追忆自身之中的"自然",又脱离不了作为中介的概念。这就是德国观念论悖论思考的顶点,是黑格尔体系及其后继者思考的出发点。哈贝马斯之所以将阿多诺的"否定辩证法"视为西方主体理论发展的一个重要环节,也是出于同样的理由。[①] 他认为,阿多诺让概念性思考接纳了一种模仿要素以对抗工具理性,但为了避免其堕落为非理性主义,又不得不让其本身便包含物化因素的理性,与模仿共存。因此,模仿要素必然被理性所客观化,存续于艺术作品之中。文化肯定性批判的遗产由此得以重新闪耀,曾经以"灵魂""自然"等名字储存的感性思想,如今

---

① 哈贝马斯:《交往行为理论(第一卷)》,第483页及以下。

以艺术之名复活。相对于工具理性的粗暴和分裂而言,艺术代表了和解的精神。韦尔默指出,审美和解是对所有散落之物的非暴力综合(gewaltlose Synthesis)。① 审美和解表达为审美显像,是真理在艺术作品中的感性显现。这就将艺术作品推论为对概念性思考的抗衡,对推论式话语的反抗。

显然,阿多诺比其他人更深刻地瞄准了这一悖论,不再试图简单地摆脱悖论,而是试图用概念来转述概念所不能说的东西,从语言哲学上将作为表达的哲学翻转过来。他让概念放弃从事其本职工作(即推论),而去从事其原本不可能从事的工作,即把握住非概念性的内容,后者恰恰是概念加以压制、排斥的东西,审美经验正是其中之一。以概念来超出概念本身,这种思想方法就是悖论的策略。② 因此,在阿多诺看来,审美经验的真理性恰恰就在于其否定性。

韦尔默正是在此意义上刻画了阿多诺揭示审美经验之否定性特征的基本逻辑。

> 真理在艺术作品之中感性地显现;这使艺术作品之于推论式认知具有了优先性。然而,恰恰因为真理感性地显现于艺术作品之中,所以真理又再次被审美经验所遮蔽;因为艺术作品不能表达真理,而只能使真理显现,所以审美经验便无法知悉其所经验到的究竟是什么。真理在刹那间向审美经验展现自身,同时却无法作为具体的、当下在场的东西被触及。③

因此,审美经验之否定性质的意义在于:一方面,审美经验的否定性是

----

① Albrecht Wellmer, *Zur Dialektik von Moderne und Postmoderne*: *Vernunftkritik nach Adorno*, Suhrkamp, 1985, S. 12.

② Theodor W. Adorno, *Negative Dialektik*, Suhrkamp, 1992, S. 27.

③ Albrecht Wellmer, *Zur Dialektik von Moderne und Postmoderne*: *Vernunftkritik nach Adorno*, S. 13.

针对传统意义上的审美经验概念,即各种类型的审美情感体验,后者仅仅是将主体对艺术的感知化约为了可塑的心理材料,从而为对内在自然的操控开辟了道路;另一方面,审美经验之否定性的核心任务在于,面对概念性思考捍卫艺术作品的完整性。审美经验宛若一道屏障,在推论式话语的追捕下捍卫着感性真理的合法性,审美显像难以避免被概念所瓦解,但并不意味着它是非真的。相反,潜藏其中的恰恰是绝对的真,唯有非推论式的话语才能够正确地加以处理。

众所周知,为了阐明非推论式的话语对艺术作品真理的把握,阿多诺曾打了一个著名的比方,用"谜语"(Rätsel)来形容艺术作品,即如下著名的宣言:"所有的艺术作品,乃至整个艺术,都是谜语。"①这就相当于,感性显现给出了真理的"明证性"(Evidenz),但同时,真理又必然在哲学上"不可触"(Ungreifbarkeit),两者的关系正如艺术作品与谜语(或字谜画)之间的关系。两者的相似之处就在于,"被它们所隐藏的东西得到了显现,而通过这种显现又将之隐藏起来"②。显现意味着审美经验的瞬时性,同时构成了其遮蔽性与否定性,而这种特性之于认知又恰恰是一种内在的"缺陷"。因此,为了去除艺术作品的内在"缺陷",必须动用阿多诺所谓的"解释性理性"(deutende Vernunft),即通过哲学解释来协助生产出真理性内容。归根结底,作品需要解释,这也就意味着需要在哲学上澄清审美经验,故而阿多诺强调:"真正的审美经验必然成为哲学,或者它就根本不是真正的审美经验。"③

显然,对阿多诺而言,"哲学"自身就是一种内在运作的悖论之思,一种否定辩证法,"认识的乌托邦就在于,凭借概念(Begriffen)发现了非概念之物(das Begriffslose),却无法将两者等而视之"④。因此,哲学的胜负最终还

---

① Theodor W. Adorno, *Ästhetiche Theorie*, S. 182.
② Theodor W. Adorno, *Ästhetiche Theorie*, S. 185.
③ Theodor W. Adorno, *Ästhetiche Theorie*, S. 197.
④ Theodor W. Adorno, *Negative Dialektik*, S. 21.

是依赖于语言这一最特殊的媒介。换言之,只要哲学的语言仍然是一种认知语言,一种束缚于形式逻辑的语言,其释义运作就无法触及审美显现之真理的直接性。阿多诺的这个说法,实际上包含了观念论哲学的一个核心难题,即任何反思都是对体验的扭曲和瓦解。因此,理性批判的最终困境转化为了语言哲学的疑难,在作品美学的意义上就显示为哲学语言和艺术作品的语言(对阿多诺来说就是音乐的语言)的根本关系。迄今为止,对这一问题最好的回答来自阿多诺的高足韦尔默。韦尔默是阿多诺之后几乎唯一同时掌握哲学和音乐的惊人才能的人。虽然他长期追随哈贝马斯的语用学道路,但心中萦绕不散的始终是阿多诺语言哲学的核心问题,至晚年他又重回语言与音乐的根本关系,最后一本著作也以此为题:《试论音乐与语言》。①

韦尔默从阿多诺的《论音乐与语言断片》中挖掘出阿多诺关于音乐与语言之关联的基本思想。阿多诺认为,哲学在认知—表达上的悖论说明,其始终束缚于"表意语言"(meinenden Sprach)。问题恰恰在于:表意语言虽然清晰,但不可触及绝对物;音乐的语言虽能够触及绝对物,但无法清晰地表达绝对物。因此,阿多诺强调,表达绝对物的语言,必须综合表意语言(哲学)与音乐语言(艺术),构型为一种"真实的语言"(wahren Sprache)。② 最终,艺术作品以上述方式实现了非推论式认知(审美认知)与推论式认知(哲学认知)的互补。一言以蔽之,阿多诺最终在语言哲学上将内在批判推到了自身的极限,以对审美经验之否定性的否定来完成其悖论的作品美学。

---

① Albrecht Wellmer, *Versuch über Musik und Sprache*, Carl Hanser Verlag, 2009.

② Albrecht Wellmer, *Zur Dialektik von Moderne und Postmoderne*: *Vernunftkritik nach Adorno*, S. 14.

参考文献

一、中文论著

［1］阿多诺.胡塞尔与唯心主义问题［C］//张一兵主编.社会批判理论纪事（第2辑）.张亮,译.北京:中央编译出版社,2007.

［2］阿多诺.社会批判理论经典拾遗:阿多诺［C］//张一兵主编.社会批判理论纪事（第2辑）.张亮,译.北京:中央编译出版社,2007.

［3］阿多诺.自然历史观念［C］//张一兵主编.社会批判理论纪事（第2辑）.张亮,译.北京:中央编译出版社,2007.

［4］阿多诺.音乐中的拜物特征与听的退化［C］//张一兵主编.社会批判理论纪事（第6辑）.方德生,译.南京:江苏人民出版社,2015.

［5］阿多诺.关于哲学家语言的提纲［EB/OL］.黄金城,译.（2018-08-01）［2020-02-25］.http://ex.cssn.cn/wx/wx_yczs/201808/t20180801_4522140.shtml.

［6］阿多诺.否定辩证法［M］.王凤才,译.北京:商务印书馆,2019.

［7］阿甘本.王子与青蛙:阿多诺与本雅明的方法问题［M］//阿甘本.幼年与历史:经验的毁灭.尹星,译.开封:河南大学出版社,2011.

[8] 阿伦特.瓦尔特·本雅明:1892—1940[M]//本雅明.启迪:本雅明文选.阿伦特,编.张旭东,王斑,译.北京:生活·读书·新知三联书店,2008.

[9] 艾兰,詹宁斯.本雅明传[M].王璞,译.上海:上海文艺出版社,2022.

[10] 巴特.作者的死亡[C]//巴特.罗兰·巴特随笔选.怀宇,译.天津:百花文艺出版社,2005.

[11] 白烨.现实主义与艺术现实:评加洛蒂的《论无边的现实主义》[J].外国文学评论,1987(2):128-130.

[12] 拜泽尔.狄奥提玛的孩子们:从莱布尼茨到莱辛的德国审美理性主义[M].张红军,译.北京:人民出版社,2019.

[13] 拜泽尔.浪漫的律令:早期德国浪漫主义观念[M].黄江,译.韩潮,校.北京:华夏出版社,2019.

[14] 贝克,吉登斯,拉什,等.自反性现代化:现代社会秩序中的政治、传统与美学[M].赵文书,译.北京:商务印书馆,2016.

[15] 本雅明.本雅明文选[M].陈永国,马海良,编.北京:中国社会科学出版社,1999.

[16] 本雅明.摄影小史＋机械复制时代的艺术作品[M].王才勇,译.南京:江苏人民出版社,2006.

[17] 本雅明.启迪:本雅明文选[M].阿伦特,编.张旭东,王斑,译.北京:生活·读书·新知三联书店,2008.

[18] 本雅明.机械复制时代的艺术作品[M]//本雅明.启迪:本雅明文选.阿伦特,编.张旭东,王斑,译.北京:生活·读书·新知三联书店,2008.

[19] 本雅明.写作与救赎:本雅明文选[M].李茂增,苏仲乐,译.上海:东方出版中心,2009.

[20] 本雅明.未来哲学论纲[M]//本雅明.写作与救赎:本雅明文选.李茂增,苏仲乐,译.上海:东方出版中心,2009.

[21] 本雅明.论原初语言与人的语言[M]//本雅明.写作与救赎:本雅明文选.李茂增,苏仲乐,译.上海:东方出版中心,2009.

[22] 本雅明.单行道[M].王涌,译.南京:译林出版社,2012.

[23] 本雅明.德意志悲苦剧的起源[M].李双志,苏伟,译.北京:北京师范大学出版社,2013.

[24] 本雅明.德国浪漫派的艺术批评概念[M].王炳钧,杨劲,译.北京:北京师范大学出版社,2014.

[25] 本雅明.作为生产者的作者[M].王炳钧,陈永国,郭军,等,译.开封:河南大学出版社,2014.

[26] 本雅明.《拱廊计划》之N[M]//本雅明.作为生产者的作者.王炳钧,陈永国,郭军,等,译.开封:河南大学出版社,2014.

[27] 本雅明.艺术社会学三论[M].王涌,译.南京:南京大学出版社,2017.

[28] 本雅明.巴黎,19世纪的首都[M].刘北成,译.北京:商务印书馆,2018.

[29] 本雅明.单行道[M].姜雪,译.北京:北京师范大学出版社,2019.

[30] 比格尔.先锋派理论[M].高建平,译.北京:商务印书馆,2017.

[31] 波德里亚.致命的策略[M].刘翔,戴阿宝,译.南京:南京大学出版社,2015.

[32] 柏格森.笑[M].徐继曾,译.北京:北京十月文艺出版社,2005.

[33] 柏拉图.柏拉图全集(第四卷)[M].王晓朝,译.北京:人民出版社,2003.

[34] 柏林.启蒙的三个批评者[M].马寅卯,郑想,译.南京:译林出版社,2014.

[35] 伯麦.自然批判理论[C]//施威蓬豪依塞尔,等.多元视角与社会批判:今日批判理论(下卷).张红山,鲁路,彭蓓,等,译.北京:人民出版社,2010.

[36] 伯麦.气氛:作为一种新美学的核心概念[J].杨震,译.艺术设计研究,2014(1):5-15.

[37] 布勒东.娜嘉[M].董强,译.上海:上海人民出版社,2009.

[38] 曹卫东,黄金城.德国青年运动[C]//曹卫东.德国青年运动(德国学术 第一辑).上海:世纪出版集团,上海人民出版社,2013.

[39] 曹卫东.审美政治化:德国表现主义问题[M].上海:世纪文景出版社,2015.

[40] 曹卫东,等.德意志的乡愁[M].上海:世纪文景出版社,2016.

[41] 曹卫东,汪尧翀.审美资本主义批判[J].北京师范大学学报(社会科学版),2018(2):64-70.

[42] 陈伟.非形式逻辑思想渊源[M].上海:复旦大学出版社,2017.

[43] 达米特.分析哲学的起源[M].王路,译.上海:上海译文出版社,2007.

[44] 德勒兹.康德的批判哲学[M].夏莹,牛子牛,译.西安:西北大学出版社,2018.

[45] 邓晓芒.审美判断力在康德哲学中的地位[J].文艺研究,2005(5):26-35.

[46] 蒂德曼.历史唯物主义还是政治弥赛亚主义?[C]//郭军,曹雷雨.论瓦尔特·本雅明:现代性、寓言和语言的种子.长春:吉林人民出版社,2003.

[47] 恩格斯.路德维希·费尔巴哈和德国古典哲学的终结[M].中共中央马克思恩格斯列宁斯大林著作编译局,编译.北京:人民出版社,2014.

[48] 福柯.什么是作者[C]//王岳川,尚水.后现代主义文化与美学.北京:北京大学出版社,1992.

[49] 弗洛伊德.一种幻想的未来文明及其不满[M].严志军,张沫,译.上海:上海世纪出版集团,2007.

[50] 格朗丹.哲学解释学导论[M].何卫平,译.北京:商务印书馆,2009.

[51] 哈贝马斯.重建历史唯物主义[M].郭官义,译.北京:社会科学文献出版社,2000.

[52] 哈贝马斯.后形而上学思想[M].曹卫东,译.南京:译林出版社,2001.

[53] 哈贝马斯.后民族结构[M].曹卫东,译.上海:上海人民出版社,2002.

[54] 哈贝马斯.现代建筑与后现代建筑[C]//福柯,哈贝马斯,布尔迪厄,等.激进的美学锋芒.周宪,译.北京:中国人民大学出版社,2003.

[55] 哈贝马斯.瓦尔特·本雅明:提高觉悟抑或拯救性批判[C]//郭军,曹雷雨.论瓦尔特·本雅明:现代性、寓言和语言的种子.长春:吉林人民出版社,2003.

[56] 哈贝马斯.交往行为理论(第一卷)[M].曹卫东,译.上海:上海人民出版社,2018.

[57] 哈贝马斯.合法化危机[M].刘北成,曹卫东,译.上海:上海世纪出版集团,2009.

[58] 哈贝马斯.理论与实践[M].郭官义,李黎,译.北京:社会科学文献出版社,2010.

[59] 哈贝马斯.现代性的哲学话语[M].曹卫东,译.南京:译林出版社,2011.

[60] 海德格尔.论根据的本质[C]//孙周兴.海德格尔选集(上).上海:生活·读书·新知上海三联书店,1996.

[61] 海德格尔.林中路[M].孙周兴,译.上海:上海译文出版社,2004.

[62] 海德格尔.形式显示的现象学[M].孙周兴,编译.上海:同济大学出版社,2004.

[63] 海德格尔.存在与时间[M].陈嘉映,王庆节,译.北京:生活·读书·新知三联书店,2006.

[64] 海德格尔.对亚里士多德的现象学解释[M].赵卫国,译.北京:华夏出版社,2012.

[65] 海德格尔.论哲学的规定[M].孙周兴,高松,译.北京:商务印书馆,2015.

[66] 海德格尔.康德《纯粹理性批判》的现象学阐释[M].溥林,译.北京:商务印书馆,2021.

[67] 黑格尔.哲学史讲演录 第四卷[M].贺麟,王太庆,译.北京:商务印书

馆,1983.

[68] 亨利希.在康德与黑格尔之间[M].乐小军,译.北京:商务印书馆,2013.

[69] 胡塞尔.哲学作为严格的科学[M].倪梁康,译.北京:商务印书馆,1999.

[70] 胡塞尔.欧洲科学的危机与超越论的现象学[M].王炳文,译.北京:商务印书馆,2001.

[71] 华勒斯坦,等.开放社会科学:重建社会科学报告书[M].刘锋,译.北京:生活·读书·新知三联书店,1997.

[72] 黄金城.有机的现代性:青年黑格尔与审美现代性话语[M].上海:上海人民出版社,2019.

[73] 霍克海默.霍克海默集[M].曹卫东,译.上海:上海远东出版社,2004.

[74] 霍克海默.传统理论与批判理论[M]//霍克海默.霍克海默集.曹卫东,译.上海:上海远东出版社,2004.

[75] 霍克海默.黑格尔与形而上学[M]//霍克海默.霍克海默集.曹卫东,译.上海:上海远东出版社,2004.

[76] 霍克海默.现代艺术和大众文化[M]//霍克海默.霍克海默集.曹卫东,译.上海:上海远东出版社,2004.

[77] 霍耐特.为承认而斗争[M].胡继华,译.上海:上海人民出版社,2005.

[78] 霍耐特.导论:正义论作为社会分析[M]//霍耐特.自由的权利.王旭,译.北京:社会科学文献出版社,2013.

[79] 吉登斯.亲密关系的变革——现代社会中的性、爱和爱欲[M].陈永国,汪民安,等,译.北京:社会科学文献出版社,2001.

[80] 伽达默尔.柏拉图《第七封信》中的辩证法与诡辩[C]//伽达默尔.伽达默尔论柏拉图.余纪元,译.北京:光明日报社,1992.

[81] 伽达默尔.真理与方法 哲学诠释学的基本特征 上卷[M].洪汉鼎,译.上海:上海译文出版社,1999.

[82] 伽达默尔.真理与方法 哲学诠释学的基本特征 下卷[M].洪汉鼎,译. 上海:上海译文出版社,1999.

[83] 伽达默尔.诠释学Ⅰ、Ⅱ 真理与方法(修订译本)[M].洪汉鼎,译.北 京:商务印书馆,2010.

[84] 伽达默尔.实践理性[M]//伽达默尔.真理与方法:补充和索引.洪汉 鼎,译.北京:商务印书馆,2010.

[85] 蒋运鹏.导读[M]//卡尔纳普.语言的逻辑句法.上海:上海外语教育 出版社,2012.

[86] 坎特.施特劳斯与当代解释学[C]//刘小枫.经典与解释的张力.程志 敏,译.上海:上海三联书店,2003.

[87] 康德.纯粹理性批判[M].邓晓芒,译.北京:人民出版社,2004.

[88] 康德.纯粹理性批判(第2版)[M].李秋零,主编.北京:中国人民大学 出版社,2004.

[89] 康德.康德著作全集 第5卷[M].李秋零,主编.北京:中国人民大学出 版社,2007.

[90] 康德.判断力批判[M].邓晓芒,译.北京:人民出版社,2008.

[91] 克内尔,纳塞希.卢曼社会系统理论导引[M].鲁贵显,译.台北:巨流 图书公司,1998.

[92] 克诺普夫.贝托尔特·布莱希特:昏暗时代的生活艺术[M].黄河清, 译.北京:社会科学文献出版社,2018.

[93] 科耶夫.论康德[M].梁文栋,译.上海:华东师范大学出版社,2020.

[94] 匡宇,黄金城,徐文贵,等.批判理论与语言哲学:阿多诺语言哲学五人 谈[EB/OL].(2018-08-01)[2020-02-25].http://ex.cssn.cn/wx/wx _yczs/201808/t20180801_4522140.shtml.

[95] 莱斯利.本雅明[M].陈永国,译.北京:北京大学出版社,2013.

[96] 利奥塔.非人:漫谈时间[M].夏小燕,译.重庆:西南师范大学出版 社,2019.

[97] 李秋零.康德的"目的论"情结:《判断力批判》的前史[J].宗教与哲学,2019(8):89-100.

[98] 李小红,寇鹏程.康德目的论美学的重大意义[J].西南大学学报(社会科学版),2008(1):153-156.

[99] 刘创馥.黑格尔的判断形式批判及其形上学意涵[J].揭谛,2013(25):33-74.

[100] 刘创馥.黑格尔新释[M].北京:商务印书馆,2019.

[101] 刘方喜.工艺学批判重构:物联网生产方式革命与马克思归来[J].东南学术,2018(5):183-191.

[102] 刘方喜.技术、经济与社会奇点:人工智能革命与马克思工艺学批判重构[J].马克思主义与现实,2018(6):130-137.

[103] 刘方喜.当机器成为艺术生产主体:人工智能引发文论生产工艺学转向[J].江海学刊,2019(3):119-128.

[104] 刘方喜.从机械复制到机械原创:人工智能引发文化生产革命[N].中国社会科学报,2019(4).

[105] 刘方喜.生产工艺学批判:人工智能革命的科学社会主义分析框架[J].甘肃社会科学,2019(5):49-55.

[106] 刘方喜.超越"鲁德谬误":人工智能文艺影响之生产工艺学批判[J].学术研究,2019(5):147-155,178.

[107] 刘方喜.文化三级跳:人工智能的工艺史定位[J].西南民族大学学报(人文社会科学版),2021(2):161-168.

[108] 刘倩兮.选择与超越:浅析《论无边的现实主义》[J].大众文艺,2012(8):144.

[109] 刘小枫.现代性社会理论绪论[M].上海:上海三联书店,1998.

[110] 刘小枫.施特劳斯与古今之争[C].上海:华东师范大学出版社,2010.

[111] 刘小枫.施特劳斯与现代性危机[C].上海:华东师范大学出版社,2010.

[112] 卢卡奇.历史与阶级意识:关于马克思主义辩证法的研究[M].杜章智,任立,燕宏远,译.北京:商务印书馆,1996.

[113] 卢卡奇.历史与阶级意识[M].杜章智,任立,燕宏远,等,译.北京:商务印书馆,2014.

[114] 鲁曼.艺术的分化[M]//鲁曼.文学艺术书简.张锦惠,译.台北:五南图书出版股份有限公司,2013.

[115] 卢梭.爱弥尔:论教育(上)[M].李平沤,译.北京:商务印书馆,1996.

[116] 罗蒂.偶然、反讽与团结[M].徐文瑞,译.北京:商务印书馆,2003.

[117] 罗森.作为政治的解释学[C]//刘小枫.施特劳斯与古今之争.上海:华东师范大学出版社,2010.

[118] 罗森.维特根斯坦、施特劳斯与哲学的可能性[C]//张志林,程志敏.多维视界中的维特根斯坦.郝亿春,李云飞,等,译.上海:华东师范大学出版社,2005.

[119] 罗森.金苹果[C]//刘小枫.施特劳斯与古今之争.上海:华东师范大学出版社,2010.

[120] 马尔库塞.审美之维:马尔库塞美学论著集[M].李小兵,译.北京:生活·读书·新知三联书店,1989.

[121] 马尔库塞.爱欲与文明[M].黄勇,薛民,译.上海:上海译文出版社,2012.

[122] 马尔库塞.单向度的人[M].刘继,译.上海:上海译文出版社,2014.

[123] 马尔库塞.艺术与解放[M].朱春艳,高海清,译.北京:人民出版社,2020.

[124] 马克思,恩格斯.马克思恩格斯文集 第二卷[M].中共中央马克思恩格斯列宁斯大林著作编译局,编译.北京:人民出版社,2009.

[125] 马克思,恩格斯.马克思恩格斯文集 第五卷[M].中共中央马克思恩格斯列宁斯大林著作编译局,编译.北京:人民出版社,2009.

[126] 马克思.路易·波拿巴的雾月十八日[M].中共中央马克思恩格斯列

宁斯大林著作编译局,编译.北京:人民出版社,2015.

[127] 马克思.1844年经济学哲学手稿[M].中共中央马克思恩格斯列宁斯大林著作编译局,编译.北京:人民出版社,2016.

[128] 麦卡锡.哈贝马斯的批判理论[M].王江涛,译.上海:华东师范大学出版社,2010.

[129] 倪梁康.自识与反思[M].北京:商务印书馆,2002.

[130] 倪梁康.从"海德堡学派"看"自身意识"的当代诠释与诘难[C]//赵汀阳.论证3.桂林:广西师范大学出版社,2003.

[131] 丕平.施特劳斯的现代世界[C]//刘小枫.施特劳斯与古典政治哲学.张新樟,游斌,贺志刚,等,译.上海:上海三联书店,2002.

[132] 皮平.作为哲学问题的现代主义:论对欧洲高雅文化的不满[M].阎嘉,译.北京:商务印书馆,2007.

[133] 桑巴特.奢侈与资本主义[M].王燕平,侯小河,译.上海:上海世纪出版集团,2005.

[134] 史密茨.新现象学[M].庞学铨,译.上海:上海译文出版社,1997.

[135] 施特劳斯.苏格拉底问题六讲[C]//刘小枫,陈少明.苏格拉底问题.北京:华夏出版社,2005.

[136] 施特劳斯.回归古典政治哲学[M].朱雁冰,译.北京:华夏出版社,2006.

[137] 施特劳斯.自然权利与历史[M].彭刚,译.北京:生活·读书·新知三联书店,2006.

[138] 施特劳斯,科耶夫.论僭政[M].何地,译.北京:华夏出版社,2006.

[139] 施特劳斯.德意志虚无主义[C]//刘小枫.苏格拉底问题与现代性.彭磊,丁耘,娄林,等,译.北京:华夏出版社,2008.

[140] 施特劳斯.柏拉图《法义》的论辩与情节[M].北京:华夏出版社,2011.

[141] 施特劳斯.古典政治理性主义的重生[C].郭振华,译.北京:华夏出版

社,2011.

[142] 施特劳斯.海德格尔式存在主义导言[C]//施特劳斯,潘戈.古典政治理性主义的重生.郭振华,译.北京:华夏出版社,2011.

[143] 施特劳斯.苏格拉底问题五讲[C]//施特劳斯,潘戈.古典政治理性主义的重生.郭振华,译.北京:华夏出版社,2011.

[144] 施特劳斯.作为严格科学的哲学与政治哲学[C]//施特劳斯.柏拉图式政治哲学研究.张缨,等,译.北京:华夏出版社,2012.

[145] 施特劳斯.古今自由主义[M].马志娟,译.南京:江苏人民出版社,2012.

[146] 斯密特.阅读施特劳斯[M].高艳芳,译.北京:华夏出版社,2012 年.

[147] 朔勒姆.瓦尔特·本雅明和他的天使[C]//郭军,曹雷雨.论瓦尔特·本雅明:现代性、寓言和语言的种子.长春:吉林人民出版社,2003.

[148] 陶锋.阿多诺美学中的"语言转向"[C]//尹树广.语言哲学:国外马克思主义、现代西方哲学.北京:人民出版社,2016.

[149] 图根哈特.自我中心性与神秘主义:一项人类学研究[M].郑辟瑞,译.上海:上海译文出版社,2007.

[150] 汪民安.生产:第一辑[C].桂林:广西师范大学出版社,2004.

[151] 汪尧翀."词的美学尊严":阿多诺早期语言论纲中的审美主义[J].文艺理论研究,2020(2):185-195.

[152] 汪尧翀.从语言再出发:本雅明的先锋文体与历史唯物主义[J].文艺研究,2020(4):27-39.

[153] 汪尧翀.走向"一种批判的工艺学史":论本雅明《爱德华·福克斯》中的技术批判[J].文艺争鸣,2021(11):128-134.

[154] 威尔顿.另类胡塞尔:先验现象学的视野[M].靳希平,译.上海:复旦大学出版社,2012.

[155] 韦尔默.后形而上学现代性[M].应奇,罗亚玲,编译.上海:上海译文出版社,2007.

[156] 魏格豪斯.法兰克福学派:历史、理论及政治影响(下册)[M].孟登迎,赵文,刘凯,译.上海:上海人民出版社,2010.

[157] 维姆萨特,比尔兹利.意图谬见[C]//赵毅衡."新批评"文集.北京:中国社会科学出版社,1988.

[158] 维特根斯坦.逻辑哲学论[M].韩林合,编译.北京:商务印书馆,2019.

[159] 文德尔班.哲学史教程 下卷[M].罗达仁,译.北京:商务印书馆,2017.

[160] 罗大冈."无边的现实主义"还是无耻的"现实主义"? ——评加罗的近著《天边的现实主义》[J].文学评论,1964(6):57-71.

[161] 吴兴明.美学如何成为一种社会批判[J].文艺研究,2006(12):18-28.

[162] 吴兴明.海德格尔将我们引向何方? [J].文艺研究,2010(5):5-17.

[163] 吴兴明.反省中国风:论中国式现代性品质的设计基础[J].文艺研究,2010(10):16-17.

[164] 吴兴明.重建生产的美学:论解分化及文化产业研究的思想维度[J].文艺研究,2011(11):5-15.

[165] 吴兴明.许燎源的意义—设计分析:中国式现代性品质的艰难出场[J].中外文化与文论,2013(1):86-96.

[166] 吴兴明.论前卫艺术的哲学感:以"物"为核心[J].文艺研究,2014(1):10-24.

[167] 吴兴明.人与物居间性展开的几个维度:简论设计研究的哲学基础[J].文艺理论研究,2014(5):6-15.

[168] 吴兴明.走向物本身:论许燎源[J].雕塑,2017(2):22-27.

[169] 夏皮罗.现代艺术:19 与 20 世纪[M].沈语冰,何海,译.南京:江苏凤凰美术出版社,2015.

[170] 雅尼克,图尔敏.维特根斯坦的维也纳[M].殷亚迪,译.桂林:漓江出

版社,2016.

[171] 杨俊杰.本雅明历史哲学论纲考辨[M].北京:中国社会科学出版
社,2018.

[172] 耀斯.审美经验与文学解释学[M].顾建光,顾建于,张乐天,译.上
海:上海世纪出版集团,2006.

[173] 伊格尔顿.瓦尔特·本雅明或走向革命批评[M].郭国良,陆汉秦,
译.北京:商务印书馆,2015.

[174] 伊瑟尔.虚构与想象:文学人类学疆界[M].陈定家,汪正龙,等,译.
长春:吉林人民出版社,2003.

[175] 张福公.国外学界关于马克思工艺学思想研究的历史与现状:基于文
献史、思想史的考察[J].教学与研究,2018(2):97-106.

[176] 张福公.马克思的工艺学批判与历史唯物主义的客体向度[J].哲学
动态,2021(2):26-37.

[177] 周正兵.试论康德美学的先验转向:兼就目的性原理的形成与邓晓芒
先生商榷[J].安徽大学学报(哲学社会科学版),2006(5):24.

[178] 朱立元.康德美学研究的新突破:曹俊峰先生《康德美学引论》新版读
后[J].武陵学刊,2012(6):139-141.

[179] 庄振华.康德"目的"概念析义[J].北京社会科学,2014(12):81—90.

二、外文论著

[1] ADORNO T W. Einleitung[C]//Adorno T W., u. a. Der Positivismusstreit
in der deutschen Soziologie. Darmstadt-Neuwied: Luchterhand, 1978.

[2] ADORNO T W. Subject and Object[C]//Arato, Andrew, Gebhardt,
et al. The Essential Frankfurt School Reader. New York: Bloomsbury
Academic, 1982.

[3] ADORNO T W. Gesammelte Schriften, Bd. 5[M]. Tiedemann, Rolf,

et al. , (Hrsg.). Frankfurt am Main: Suhrkamp Verlag, 1990.

[4] ADORNO T W. Negative Dialektik [M]. Frankfurt am Main: Suhrkamp Verlag, 1992.

[5] ADORNO T W. Gesammelte Schriften, Bd. 1: Philosophische Frühschriften [M]. Tiedemann, Rolf, et al. , (Hrsg.). Frankfurt am Main: Suhrkamp Verlag, 1997.

[6] ADORNO T W. Die Aktualität der Philosophie[M]//Adorno T W. Gesammelte Schriften, Bd. 1: Philosophische Frühschriften. Tiedemann, Rolf, et al. , (Hrsg.). Frankfurt am Main: Suhrkamp Verlag, 1997.

[7] ADORNO T W. Ästhetiche Theorie[M]. Frankfurt am Main: Suhrkamp Verlag, 2003.

[8] ADORNO T W. Ontologie und Dialektik (1960/1961) [M]. Tiedemann, Rolf, (Hrsg.). Frankfurt am Main: Suhrkamp Verlag, 2006.

[9] ADORNO T W. Theses on the Language of the Philosopher[C]// Pala, Michael, et al. Adorno and the Need in Philosophy: New Critical Essays. Toronto: University of Toronto Press, 2007.

[10] ADORNO T W. Ästhetik(1958/1959) [M]. Frankfurt am Main: Suhrkamp Verlag, 2009.

[11] ADORNO T W. Ästhetische Theorie[M]//Adorno T W. Gesammelte Schriften, Bd. 7. Tiedemann, Rolf, (Hrsg.). Frankfurt am Main: Suhrkamp Verlag, 2016.

[12] ADORNO T W. Noten zur Literatur[M]//Adorno T W. Gesammelte Schriften, Bd. 11. Tiedemann, Rolf, (Hrsg.). Frankfurt am Main: Suhrkamp Verlag, 2017.

[13] ADORNO T W. Philosophische Frühschriften[M]. Frankfurt am

Main: Suhrkamp Verlag, 2018.

[14] ALLEN A, MENDIETA E. From Alienation to Forms of Life: The Critical Theory of Rahel Jaeggi[C]. University Park, PA: The Pennsylvania State University Press, 2018.

[15] ALLEN A, MENDIETA E, et al. Justification and Emancipation: The Critical Theory of Rainer Forst[C]. University Park, PA: The Pennsylvania State University Press, 2019.

[16] ARENDT H. Der Liebesbegriff bei Augustin: Versuch einer philosophischen Interpretation[D]. Berlin:Verlag von Julius Springer, 1929.

[17] ARENDT H. Eichmann in Jerusalem: A Report on the Banality of Evil[M]. New York: Penguin Books, 1977.

[18] ARENDT H. The Life of the Mind[M]. New York: Harcourt Brace Jovanovich, 1981.

[19] ARENDT H. Lectures on Kant's Political Philosophy[M]. Beiner, Ronald, (ed). Chicago: University of Chicago Press, 1982.

[20] ARENDT H. Love and Saint Augustine[M]. Chicago: University of Chicago Press, 1996.

[21] ARENDT H. Der Liebesbegriff bei Augustin: Versuch einer philosophischen Interpretation[M]. Hildesheim:Georg Oims Verlag, 2006.

[22] BABLER M, DRÜGH H(Hg.) Einleitung: Konsumästhetik[C]// BaBler M, Drügh H(Hg.) Konsumästhetik: Umgang mit käuflichen Gegenständen. Bielefeld: Transcript Verlag, 2019.

[23] BENJAMIN W. Das Kunstwerk im Zeitalter seiner technischen Reproduzierbarkeit: Drei Studien zur Kunstsoziologie[M]. Frankfurt am Main: Suhrkamp Verlag, 1963.

[24] BENJAMIN W. Erkenntniskritische Vorrede[M]//Benjamin W. Gesammelte Schriften Bd. I. Tiedemann, Rolf, Schweppenhäuser, et al. , (Hrsg.).

Frankfurt am Main: Suhrkamp Verlag, 1974.

[25] BENJAMIN W. Gesammelte Schriften II · 1[M]. Tiedemann, Rolf, Schweppenhäuser, et al. , (Hrsg.). Frankfurt am Main: Suhrkamp Verlag, 1977/1991.

[26] BENJAMIN W. Über das Programm der kommenden Philosophie [M]//Benjamin W. Gesammelte Schriften II · 1. Tiedemann, Rolf, Schweppenhäuser, et al. , (Hrsg.). Frankfurt am Main: Suhrkamp Verlag, 1977/1991.

[27] BENJAMIN W. Über Sprache überhaupt und über die Sprache des Menschen[M]//Benjamin W. Gesammelte Schriften II · 1. Tiedemann, Rolf, Schweppenhäuser, et al. , (Hrsg.). Frankfurt am Main: Suhrkamp Verlag, 1977/1991.

[28] BENJAMIN W. Gesammelte Schriften V · 1[M]. Tiedemann, Rolf, Schweppenhäuser, et al. , (Hrsg.). Frankfurt am Main: Suhrkamp Verlag, 1977/1991.

[29] BENJAMIN W. Das Passagen-Werk[M]//Benjamin W. Gesammelte Schriften V · 1. Tiedemann, Rolf, Schweppenhäuser, et al. , (Hrsg.). Frankfurt am Main: Suhrkamp Verlag, 1977/1991.

[30] BENJAMIN W. The Correspondence of Walter Benjamin, 1910—1940[M]. Scholem G, Adorno T W. , (Hrsg.). Evelyn M J, (trans). Chicago: University of Chicago Press, 1994.

[31] BENJAMIN W. Gesammelte Briefe (Bd. 2,1919—1924) [M]. Gödde C, Lonitz H, (Hrsg.). Frankfurt am Main: Suhrkamp Verlag, 1996.

[32] BENJAMIN W. Gesammelte Briefe (Bd. VI, 1938—1940) [M]. Gödde C, Lonitz H, (Hrsg.). Frankfurt am Main: Suhrkamp Verlag, 2000.

[33] BENJAMIN W. The Work of Art in the Age of Its Technological

Reproducibility and Other Writings on Media［M］. Jennings, Michael W., Doherty, et al., (eds). Cambridge：Harvard University Press, 2008.

［34］BERTRAM G W. Gesellschaftskritik als Sprachkritik?［C］//Hogh Philip, Deines, Stefan. Sprache und Kritische Theorie：Frankfurter Beiträge zur Soziologie und Sozialphilosophie. Frankfurt am Main：Campus Verlag, 2016.

［35］BLOCH E. Revueform in der Philosophie［M］//Bloch E. Erbschaft dieser Zeit. Frankfurt am Main：Suhrkamp Verlag, 1962.

［36］BRUNKHORST H, Kreider R, Lafont C. The Habermas Handbuch［C］. Stuttgart：J. B. Metzler, 2009.

［37］BÖHME G. Ästhetischer Kapitalismus［M］. Berlin：Suhrkamp Verlag, 2016.

［38］BÜRGER P. Kunstsoziologische Aspekte der Brecht-Benjamin-Adorno-Debatte der 30 er Jahre［M］//Bürger P. Seminar：Literatur-und Kunstsoziologie. Berlin：Suhrkamp Verlag, 1978.

［39］BÜRGER P. Zur Kritik der idealistischen Ästhetik［M］. Frankfurt am Main：Suhrkamp Verylag, 1983.

［40］BÜRGER P. Nach der Avantgarde［M］. Weilerswist：Velbrück Wissenschaft, 2014.

［41］DANTO D. Zwischen überhöhung und Kritik：Wie Kulturtheoretiker zeitgenössische Kunst interpretieren［M］. Bielefeld：Transcript Verlag, 2011.

［42］DEWS P. The Limits of Disenchantment：Essays on Contemporary European Philosophy［M］. London：Verso, 1995.

［43］EIAND H, JENNINGS M W. Watter Benjamin：A Critical Life［M］. Massachusetts：The Belknap Press of Harvard University Press, 2014.

［44］FERBER I. Philosophy and Melancholy：Benjamin's Early Reflections on Theater and Language［M］. Palo Alto：Stanford University Press，2013.

［45］FERRIS, D. The Cambridge Introduction to Walter Benjamin［C］. Cambridge：Cambridge University Press，2008.

［46］FORST R, HARTMANN M, JAEGGI R, et al. Vorwort［C］//Forst R, Hartmann M, Jaeggi R, et al. Sozialphilosophie und Kritik. Frankfurt am Main：Suhrkamp Verlag，2009.

［47］FRANK M. Selbstbewußtseinstheorien von Fichte bis Sartre［M］. Frankfurt am Main：Suhrkamp Verlag，1991.

［48］FRANK M. Ansichten der Subjektivität［M］. Frankfurt am Main：Suhrkamp Verlag，2003.

［49］FREUNDLIEB D, HUDSON W. Reason and Its Other：Some Major Themes［C］//Freundlieb D, Hudson W. Reason and Its Other：Rationality in Modern German Philosophy and Culture. Providence and Oxford：Berg Publishers, Inc. ，1993.

［50］FREUNDLIEB D. Dieter Henrich and Contemporary Philosophy：The Return to Subjectivity［M］. London：Routledge，2017.

［51］FRIEDMAN M. Reconsidering Logical Positivism［M］. Cambridge：Cambridge University Press，1999.

［52］FRITSCH M. The Promise of Memory：History and Politics in Max, Benjamin, and Derrida［M］. New York：State University of New York Press，2005.

［53］GADAMER. Subjektivität und Intersubjektivität, Subjekt und Person［M］//Gadamer. Gesammelte Werke. Bd. 10. Hermeneutik im Rückblick. Tübingen：Mohr，1995.

［54］GANDESHA S. The "Aesthetic Dignity of Words"：Adorno's Philosophy of Language［C］//Donald Burke. Colin J. Campbell, Kathy Kilon（Ed. ）

Adorno and the Need in Philosophy: New Critical Essays. Toronto: University of Toronto Press, 2007.

[55] HABERMAS J. Technik und Wissenschaft als >Ideologie< [M]. Frankfurt am Main: Suhrkamp Verlag, 1978.

[56] HABERMAS J. Arbeit und Interaktion: Bemerkungen zu Hegels Jenenser >Philosophie des Geistes< [C]//Habermas J. Technik und Wissenschaft als >Ideologie<. Frankfurt am Main: Suhrkamp Verlag, 1978.

[57] HABERMAS J. Kleine Politische Schriften I-IV[M]. Frankfurt am Main: Suhrkamp Verlag, 1981.

[58] HABERMAS J. Die Moderne—ein unvollendetes Projekt[C]//Habermas, Jürgen. Kleine Politische Schriften Ⅰ-Ⅳ. Frankfurt am Main: Suhrkamp Verlag, 1981.

[59] HABERMAS J. Theorie des kommunikativen Handelns, Bd. 1[M]. Frankfurt am Main: Suhrkamp Verlag, 1981.

[60] HABERMAS J. Was heißt Universalpragmatik? [C]//Habermas J. Vorstudien und Ergänzungen zur Theorie des kommunikativen Handelns. Frankfurt am Main: Suhrkamp Verlag, 1989.

[61] HABERMAS J. The Dialectics of Rationalization[M]//Dews P. Autonomy and Solidarity: Interviews with Jürgen Habermas. London: Verso, 1992.

[62] HABERMAS J. Theorie des kommunikativen Handelns: Zur Kritik der funktionalistischen Vernuft, Bd. 2[M]. Frankfurt am Main: Suhrkamp Verlag, 1995.

[63] HABERMAS J: Traditionalist der Moderne. Glossen und Assoziationen zu Sean Scully[N]. Neue Zürcher Zeitung. 2002-12-28.

[64] HABERMAS J. Einleitung[C]//Habermas J. Rationalitäts-und

Sprachtheorie. Philosophische Texte, Bd. 2. Frankfurt am Main: Suhrkamp Verlag, 2009.

［65］HABERMAS J. Auch eine Geschichte der Philosophie: Vernünftige Freiheit. Spuren des Diskurses über Glauben und Wissen, Bd. 2［M］. Berlin: Suhrkamp Verlag, 2019.

［66］HAMMER E. Experience and Temporality: Toward a New Paradigm of Critical Theory［M］. Macmillan: Palgrave, 2017.

［67］HENRICH D. Die Anfänge der Theorie des Subjekts［C］//Honneth A. Zwischenbetrachtungen: Im Prozeß der Aufklärung. Frankfurt am Main: Suhrkamp Verlag,1989.

［68］HENRICH D. Noch einmal in Zirkeln: eine Kritik von Ernst Tugendhats semantischer Erklärung von Selbstbewußtsein［C］// Bellut, Müller-Schöll. Mensch und Moderne. Würzburg: Verlag Königs hause Neumamn 1989.

［69］HENRICH D. Theorieformen moderner Kunsttheorie［C］//Henrich D, Lser W, Theorien der Kunst. Frankfurt am Main: Suhrkamp Verlag, 1993.

［70］HENRICH D. Denken und Selbstsein: Vorlesungen uber Subjektivitat ［M］. Frankfurt am Main: Suhrkamp Verlag, 2007.

［71］HINZ B. Zur Dialektik des bürgerlichen Autonomie-Begriffs［C］// Autonomie der Kunst: Zur Genese und Kritik einer bürgerlichen Kategorie. Frankfurt am Main: Suhrkamp Verlag, 1972.

［72］PHILIP H, STEFAN D, Kommunikation und Ausdruck: Sprachphilosophie nach Adorno［M］. Weilerswist: Velbrück thesis, 2015.

［73］PHILIP H, STEFAN D, Sprache und Kritische Theorie: Zur Einleitung ［C］//Philip H, Stefan D, Sprache und Kritische Theorie: Frankfurter Beiträge zur Soziologie und Sozialphilosophie. Frankfurt am Main:

Campus Verlag, 2016.

[74] HONNETH A. Umverteilung als Anerkennung: Eine Erwiderung auf Nancy Fraser[C]//Honneth A. Umverteilung oder Anerkennung? Eine politisch-philosophische Kontroverse. Frankfurt am Main: Suhrkamp, 2003.

[75] HONNETH A. Vorbemerkung[C]//Honneth A. Dialektik der Freiheit: Frankfurter Adorno-Konferenz. Frankfurt am Main: Suhrkamp, 2003.

[76] HONNETH A. Verdinglichung: Eine anerkennungstheoretische Studie[M]. Frankfurt am Main: Suhrkamp, 2005.

[77] HONNETH A. Rekonstruktive Gesellschaftskritik unter genealogischem Vorbehalt[M]// Pathologien der Vernunft: Geschichte und Gegenwart der Kritischen Theorie. Frankfurt am Main: Suhrkamp, 2016.

[78] HONNETH A. Vorwort[C]//Philip H, Stefan D, Sprache und Kritische Theorie: Frankfurter Beiträge zur Soziologie und Sozialphilosophie. Frankfurt am Main: Campus Verlag, 2016.

[79] HORKHEIMER M. Critical Theory: Selected Essays[M]. O'Connell M J, (trans). New York: Herder and Herder, 1972.

[80] HORKHEIMER M. >Dialektik der Aufklärung< und Schriften 1940-1950 [C]//Horkheimer M, Gesammelte Schriften, Bd. 5. Frankfurt am Main: Frscher, 1987.

[81] HÖFFE O. Kants Kritik der Reinen Vernunft: Die Grundlegung der Modernen Philosophie[M]. Müchen: C. H. Beck, 2004.

[82] JAEGGI R. Entfremdung: Zur Aktualität eines sozialphilosophischen Problems[M]. Frankfurt am Main: Suhrkamp Verlag, 2016.

[83] JAEGGI R, CELIKATES R. Sozialphilosophie: Eine Einführung [M]. München: C. H. Beck, 2017.

[84] KANT I. Kritik der reinen Vernuft[M]. Hamburg: Felix Meiner

Verlag, 1993.

[85] KRACAUER S. The Mass Ornament: Weimer Essays[M]. Levin T Y, (trans). Cambridge: Harvard University Press, 2005.

[86] KRAMER S. Walter Benjamin zur Einführung[M]. Hamburg: Junius Verlag, 2003.

[87] KREUZER J. Die der Gewalt vollständig unzugängliche Sphäre der Sprache: Über ein Denkmotiv Walter Benjamins[C]//Philip H, Stefan D, Sprache und Kritische Theorie: Frankfurter Beiträge zur Soziologie und Sozialphilosophie. Frankfurt am Main: Campus Verlag, 2016.

[88] LEMKE A. Zur späteren Sprachphilosophie[C]//Lindner B. Benjamin-Handbuch: Leben, Werk, Wirkung. Stuttgart: J. B. Metzler Verlag, 2006.

[89] LINDNER B. Benjamin-Handbuch: Leben, Werk, Wirkung[C]. Stuttgart: J. B. Metzler Verlag, 2006.

[90] LÖWITH K. Max Weber and Karl Marx[M]. London and New York: Routledge, 2003.

[91] LUKÁCS G. Geschichte und Klassenbewußtsein[M]//Lukács G. Werke, Bd. 2. Neuwied und Berlin: Luchterhand Verlag, 1968.

[92] LUKÁCS G. Heidelberger Philosophie der Kunst(1912—1914)[M]//Lukács G, Márkus G, Benseler F. Werke, Bd. 16. Darmstadt: Luchterhand Verlag, 1974.

[93] LYOTARD J-F. Lessons on the Analytic of the Sublime[M]. Palo Alto: Stanford University Press, 1994.

[94] MAGERSKI C. Kunstautonomie als Problem. Avantgarde, Kulturindustrie und Kulturpolitik[C]//Karstein, Uta, Zahner, et al. Autonomie der Kunst?. Wiesbaden: Springer Verlag, 2017.

[95] MAIER J. Vico and Critiacal Theory[J]. Social Research, 1975, 4 (43): 845—856.

[96] MARQUARD O. Abschied vom Prinzipiellen: Philosophische Studien [M]. Stuttgart: Reclam, 1981.

[97] MARX K. Das Kapital. Kritik der Politischen Ökonomie, Bd. 1 [M]// Marx. MEGA II. 6. Berlin: Dietz Verlag, 1987.

[98] NASCIMENTO A. Rationalität, Ästhetik und Gemeinschaft: Ästhetische Rationalität und die Herausforderung des Postmodernen Poststrukturalismus für die Diskursphilosophie[D]. der Johamn Wolfgang Goethe-Universität Zu Frankfurt am Main, 2002.

[99] MONIKA B, MARIA-D C (Hrsg.), Ästhetik und Kunstphilosophie: in Einzeldarstellungen von der Antike bis zur Gegenwart[C]. Stuttgart: Alfred Kröner Verlag, 1998.

[100] PALMIER J-M. Walter Benjamin, Lumpensammler, Engel und bucklicht Männlein, Ästhetik und Politik bei Walter Benjamin [M]. Frankfurt am Main: Suhrkamp, 2019.

[101] PETERSDORFF D. Fliehkräfte der Moderne: Zur Ich-Konstitution in der Lyrik des frühen 20. Jahrhunderts[M]. Tübingen: Max Niemeyer Verlag, 2005.

[102] POTHAST U. Über einige Fragen der Selbstbeziehung[M]. Frankurt am Main: Vittorio Klostermann, 1971.

[103] REESE-SCHÄFER W. Karl-Otto Apel und die Diskursethik: Eine Einführung[M]. Wiesbaden: Springer, 2017.

[104] ARNIM G, UWEM. Wörterbuch der philosophischen Begriffe[C]. Hamburg: Felix Meiner Verlag, 2013.

[105] RITTER J, GRÜNDER K, GOTTFRIED. Historisches Wörterbuch der Philosophie. Bd. 9[M]. Basel: Schwabe&CO AG Verlag, 1998.

[106] Rorty R. Philosophy and Social Hope [M]. London: Penguin Books, 1999.

[107] ROSA H. Alienation & Acceleration [M]. Lancashire: Gazelle Book Services, 2010.

[108] ROSEN S. The Limits of Analysis[M]. New York: Basic Books, Inc. , 1980.

[109] ROSS N. The Aesthetic Ground of Critical Theory: New Readings of Benjamin and Adorno[M]. New York: Rowman & Littlefield, 2015.

[110] RÖTZER F. Einführung[C]//Rötzer F. Französische Philosophen im Gespräch. Müchen: Klaus Boer Verlag, 1987.

[111] SCHÖTTKER D. Konstruktiver Fragmentarismus: Form und Rezeption der Schriften Walter Benjamins[M]. Frankfurt am Main: Suhrkamp Verlag, 1999.

[112] SCHÖTTKER D. Benjamin liest Wittgenstein. Zur sprachphilosophischen Vorgeschichte des Positivismusstreits[J]. Weidner, Daniel, Weigel, Sigrid. Benjamin-Studien 1. München: Fink, 2008: 91—106.

[113] SEEL M. Ethisch-ästhetische Studien[M]. Frankfurt am Main: Suhrkamp, 1995.

[114] STEINER U. Walter Benjamin[M]. Stuttgart · Weimar: J. B. Metzler, 2004.

[115] STRAUSS L. City and Man[M]. Chicago: University of Chicago Press, 1978.

[116] STRAUSS L. Philosophy as Rigorous Science and Political Philosophy [M]//Strauss L. Studies in Platonic Political Philosophy. Chicago: University of Chicago Press, 1983.

[117] STRAUSS L, CROPSEY J. History of Political Philosophy[M]. Chicago: The University of Chicago, 1987.

［118］STRAUSS L. Social Science and Humanism［C］//Strauss L, Pangle
　　　T L. The Rebirth of Classical Political Rationalism: An Introduction to
　　　the Thought of Leo Strauss. Chicago: The University of Chicago Press,
　　　1989.

［119］STRAUSS L. The Three Waves of Modernity［C］//Strauss L,
　　　Gildin H. An Introduction to Political Philosophy: Ten Essay by
　　　Leo Strauss. Detroit: Wayne State University Press, 1989.

［120］STRAUSS L. The Living Issues of German Postwar Philosophy
　　　［C］//Meier H. Leo Strauss and the Theologico-Political Problem.
　　　Cambridge: Cambridge University Press, 2009.

［121］TIEDEMANN R. Studien zur Philosophie Walter Benjamins［M］.
　　　Frankfurt am Main: Suhrkamp Verlag, 1973.

［122］TIEDEMANN R. Dialektik im Stillstand: Versuche zum Spätwerk
　　　Walter Benjamins［M］. Frankfurt am Main: Suhrkamp Verlag, 1983.

［123］TÖmmel. Wille und Passion: Der Liebesbegriff bei Heidegger und
　　　Arendt［M］. Frankfurt am Main: Suhrkamp Verlag, 2013.

［124］TUGENDHAT E. Selbstbewußtsein und Selbstbestimmung［M］.
　　　Frankfurt am Main: Suhrkamp Verlag, 1979.

［125］VAIHINGE H. Die Philosophie des Als Ob. System der theoretischen,
　　　praktischen und religiösen Fiktionen der Menschheit auf Grund
　　　eines idealistischen Positivismus. Mit einem Anhang über Kant und
　　　Nietzsche［M］. Leipzig: Verlag von Felix Meiner, 1922.

［126］VAIHINGE H. The Philosophy of "As If": A System of the
　　　Theoretical, Practical and Religious Fictions of Mankind［M］. New
　　　York: Routledge, 2021.

［127］WELLMER A. Kommunikation und Emanzipation［C］//Jaeggi U,
　　　Honneth A. Teorien des Historischen Materialismus. Frankfurt

am Main: Suhrkamp Verlag, 1977.

[128] WELLMER A. Zur Dialektik von Moderne und Postmoderne: Vernunftkritik nach Adorno[M]. Frankfurt am Main: Suhrkamp Verlag, 1985.

[129] WELLMER A. Ludwig Wittgenstein: Über die Schwierigkeiten einer Rezeption seiner Philosophie und ihre Stellung zur Philosophie Adorno [C]//Wie Worte Sinn machen: Aufsätze zur Sprachphilosophie. Frankfurt am Main: Suhrkamp Verlag, 2007.

[130] WELLMER A. Versuch über Musik und Sprache[M]. München: Carl Hanser Verlag, 2009.

[131] WITTE B. Benjamin and Lukács: Historical Notes on the Relationship between Their Political and Aesthetic Theories [J]. New German Critique, 1975(5): 3-26.

[132] YOUNG-BRUEHL E. Hannah Arendt: For Love of the World [M]. New Haven: Yale University Press, 1982.

[133] ZAHAVI D. Husserl und Die Transzendentale Intersubjektivität: Eine Antwort auf die sprachpragmatische Kritik[M]. Dordrecht: Kluwer Academic Publishers, 1994.

后　记

　　这些论文得以幸运地结集成书并忝列"中国当代文艺学话语建构丛书",首先要感谢丛书主编、中国社科院文学所吴子林研究员的提议,他的勉励使我有机会对过去十余年的研究做一番自我审视。思考这类议题的时间跨度,从博士阶段延续至今,其间我有幸得到了北京师范大学文艺学研究中心、中国社科院文学所诸多师长方方面面的悉心指导和大力支持,从中获益匪浅,对此常感激于心。2018 年受中国社科院小语种出访项目支持,我得以赴柏林自由大学哲学系进行短期访学,在德语文献搜集、学术文化参与等方面受益颇多。从 2018 年至今,在文学所、马克思主义文学理论与文学批评研究室以及理论学科的大力支持下,我围绕"批判理论"组织筹办了数次工作坊,也得到了学界同人热心的参与和支持,敦促我更深入地思考和推进相关议题,谨向诸位师友表达诚挚谢意。此外,本书各章内容曾发表于《文学评论》《文艺研究》《文艺理论研究》《文艺争鸣》《中国图书评论》《东南学术》《外国美学》《中外文化与文论》《文化与诗学》《文化研究》《国际比较文学(中英文)》等刊物,由衷感谢诸位编辑老师的厚爱及指教。

　　我愿将这本小书,题献给我的学术引路人吴兴明教授,寄托我最沉重的哀思。吴老师已于 2022 年 12 月 2 日遽归道山。本书的关键性论题,如关于主体理论的反思、审美主义批判、批判理论美学转型等,无不见证了吴老师思想的深刻影响。他犀利敏锐、直击关键的表述,更是这些细琐零碎的学术织物之中真正闪光的经纬。诚然,他思想姿态的闪光,他曾反复震撼过我的话语,随时可以从他不朽文章之中重温;然而,他作为一个独一无二的个体,思想与生命鲜活澎湃之现场,却没入虚无。相聚之时日,言谈之泉涌,永难复归,唯余哀叹,透显这命运:无常!无以言表,却不得不说的,亦是这时刻。但,我们无法再向死者诉说,死亡让对话堕落为独白。

感谢四川大学文新学院卢迎伏、匡宇两位师兄一直为我传递信息,让我得以遥送吴老师最后一程。他仙逝之后,我又重温了过去的一次谈话录音。仍记得那是 2016 年 8 月盛夏的一天。录音里除了吴老师清晰有力的声音,还有潺潺雨声。那天成都大雨倾盆,但大家仍聚在许燎源博物馆。身旁许多无人落座的竹椅,茶的热气在雨意中若有若无。对面椅子里,吴老师正聚精会神地说话,挥动着手势,抑扬顿挫的语调——那是思想的声音,更是生命的气息——真切地把我带回了与他相见的每一时、每一刻。